폴 크루그먼,
좀비와 싸우다

Arguing with Zombies

폴 크루그먼 Paul Krugman

2008년 신무역론과 신경제지리학에 기여한 공로로 노벨 경제학상을 수상한 미국의 대표적인 경제학자. 1953년 뉴욕 롱아일랜드에서 출생. 1974년 예일대학교를 졸업했으며, 1977년 매사추세츠 공과대학에서 경제학 박사 학위를 받았다. MIT와 프린스턴대학교에서 교수로 재직했고 스탠퍼드, 예일, 런던경제대학에서도 경제학을 강의했다. 1991년 존 베이츠 클라크 메달을, 1995년 미국경제학회에서 주는 애덤 스미스상을 수상했다. 그는 경제학자들의 경제학자이기도 하다. 2011년 경제학 교수들을 대상으로 '현존 학자 중 가장 좋아하는 경제학자'를 묻는 설문 조사 결과 크루그먼이 선정되었다.

공적 지식인의 책무를 중시하는 크루그먼은 정부 정책에 대한 비평에 언제나 적극적이다. 영국《파이낸셜타임스》 수석 경제논설위원 마틴 울프는 크루그먼을 가리켜 "미국에서 가장 미움받고, 가장 존경받는 칼럼니스트"라고 평했다. 미국의 격월간 외교 전문지《포린 폴리시》는 2012년 크루그먼을 "100대 글로벌 사상가" 중 한 사람으로 선정했다.

크루그먼은 명칼럼니스트이자 베스트셀러 저자로도 유명하다. 학술지에 게재한 200여 편의 논문과 경제학 교과서 외에도 상아탑의 경계를 넘은 대중서 20여 권을 집필했고, 많은 책이 베스트셀러가 되었다.《포천》《슬레이트》를 비롯한 여러 매체에 거시 경제학, 국제 경제학 및 정치, 외교 문제에 대한 수백 편의 칼럼을 왕성히 써왔고 특히《뉴욕타임스》에는 격주로 게재하는 폴 크루그먼 칼럼을 20년 넘게 연재하고 있다.

폴 크루그먼은 2015년 6월 프린스턴대학교에서 은퇴한 뒤 뉴욕시립대학교 경제학부 교수로 일하고 있다.

폴 크루그먼,
좀비와 싸우다

나쁜 신념과 정책은 왜 이토록 끈질기게 살아남는가

폴 크루그먼 지음 | 김진원 옮김

옮긴이 김진원

이화여자대학교에서 국어국문학을 공부했다. 사보 편집 기자로 일했으며 환경 단체에서 텃밭 교사로도 활동
했다. 어린이 도서관 자원봉사 활동을 하면서 어린이와 청소년 책에 관심을 갖게 되어 현재 '어린이책 작가교
실'에서 글공부를 하고 있다. '한겨레 어린이청소년책 번역가그룹'에서 활동했으며 《부의 흑역사》《아이엠
C-3PO》《경제학의 모험》《노인을 위한 시장은 없다》《책을 읽을 때 우리가 보는 것들》《세상 모든 꿈을 꾸는
이들에게》《학교여, 춤추고 슬퍼하라》《예일은 여자가 필요해》 등을 우리말로 옮겼다.

폴 크루그먼, 좀비와 싸우다

2022년 7월 26일 초판 1쇄 발행 | 2022년 8월 23일 초판 2쇄 발행

지은이 폴 크루그먼 | 옮긴이 김진원 | 발행인 박윤우 | 편집 김동준, 김유진, 성한경, 여임동, 장미숙, 최진
우 | 마케팅 박서연, 이건희 | 디자인 서혜진, 이세연 | 저작권 김준수, 백은영, 유은지 | 경영지원 이지영, 주
진호 | 발행처 부키(주) | 출판신고 2012년 9월 27일 | 주소 서울 서대문구 신촌로3길 15 산성빌딩 5-6층 |
전화 02-325-0846 | 팩스 02-3141-4066 | 이메일 webmaster@bookie.co.kr | ISBN 978-89-6051-934-3
03320

만든 사람들
편집 여임동 | 교정교열 좌세훈 | 표지 디자인 오필민 | 본문 디자인 이세연

동료이자 친우인 고故 우베 라인하르트를 기리며.

그는 보건 경제학 분야의 논의를 전개해 나갈 때 어느 누구보다 앞장섰으며

덕분에 나는 우물 안 개구리가 되는 우를 피할 수 있었다.

추천의 말

29년째 이코노미스트, 즉 환율이나 금리 같은 중요한 경제 변수를 예측하고 분석하는 일을 하면서 가장 큰 도움을 준 이는 바로 《폴 크루그먼, 좀비와 싸우다》의 저자 폴 크루그먼이었다. 이 책의 추천사를 쓰면서 그의 책이 집에 몇 권 있는지 세어 보았더니 9권인 것을 보고 깜짝 놀라기도 했다. 나는 왜 그토록 폴 크루그먼을 좋아할까? 여러 이유가 있지만 그가 매우 확률 높은 예측가인 데다, 일관된 자신의 사고 분석 체계를 가지고 경제를 해석하는 면이 좋았다.

전략적 무역 정책이라는 1990년대의 흘러간 도그마에 대한 그의 날카로운 분석을 담은 《경제학의 향연》부터 1997년 외환 위기를 전후한 올바른 경제 정책 방향을 역설한 《불황의 경제학》까지 그의 분석은 매우 정확하고 통찰력 있었다. 특히 2008년 글로벌 금융 위기에 대응해 공격적인 통화 공급 확대 정책이 필요하다고 설파한 《지금 당장 이 불황을 끝내라》의 주장은 금융 위기 이후 미국 등 선진국 경제가 기적적인 회복을 기록하는 데 큰 도움이 되었다.

그리고 《폴 크루그먼, 좀비와 싸우다》는 트럼프 행정부의 각종 실책을 맹공격한다. 감세 정책과 무역 분쟁 같은 좀비스러운 아이디어들이 제

2차 세계 대전 이후 쌓아온 미국에 대한 신뢰를 훼손하며 불평등을 심화하고 재정을 망가뜨릴 수 있음을 지적하는 대목에서는 속이 시원했다. 부디 많은 독자들이 이 책을 통해 크루그먼의 통찰력을 엿볼 수 있기를 바라는 마음 간절하다.

– 홍춘욱(이코노미스트)

차례

1장
부자 감세: 좀비는 왜 그토록 강할까?

2장
누구를 위한 무역 전쟁인가?

6장
기후 변화 부정: 좀비의 활약

7장
트럼프 정치의 본질

8장
언론은 어떻게 정치를 내리막길로 몰아넣었는가

9장
사회 보장 제도 구하기

10장
보편적 의료 보험을 물어뜯는 좀비들

11장
오바마케어를 향한 공격

12장
거품과 붕괴

13장
위기 관리를 방해하는 그릇된 믿음

14장
진지하고 점잖은 척하는 긴축 좀비

15장
유로화, 의도는 선했으나 결말은 지옥인

16장
잔소리꾼들과 헛소리꾼들이 재정을 위협한다

17장
경제학의 위기

18장
나의 연구 방법과 경제학 탐색법

감사의 말

이 책을 구성하는 글은 대부분 신문에 발표한 논평이다. 이러한 유의 글쓰기가 지닌 속성이라면 글과 관련해 거의 처음부터 실시간 논의나 공동 작업조차 불가능하다는 점이다. 아침에 일어나, 커피를 몇 모금 마시고는, 어떤 내용을 써야겠다고 결정한다. 미리 계획을 세워 보았자 별 소용이 없다. 여러 사건 사고로 계획이 뒤집어지기 일쑤기 때문이다. 오후 5시까지 어떤 글이든 써 낸다. 블로그에 올리는 글은 어렴풋한 구상에서 공유에 이르기까지 채 한 시간도 걸리지 않는 만큼 토론할 기회가 훨씬 더 적다. 뼈 있는 비판이나 비평을 바라며 내가 주로 의지하는 유일한 사람은 아내 로빈 웰스Robin Wells다. 종종 더할 나위 없이 귀중한 조언을 내게 건넨다.

그런데 논평은 여러 쟁점을 놓고 현재 벌어지는 논의의 배후를 밝히는 데 주안점을 둔다. 지난 15년 동안 이 책에 수록한 글을 써 오면서 참으로 많은 이로부터 지혜와 통찰을 빌려 왔다. 몇몇 이름을 언급하고자 한다. 명단이 매우 미비하다는 점 충분히 인정한다. 그 기간 동안 지면이나 블로그에 문자 그대로 수천 편의 글을 싣고 올렸지만, 그때그때 필요한 전문 지식을 누구에게 기대었는지 기억하지 못하는 경우가 허다하다.

부당하게도 많은 이가 빠져 있다.

의료 보험과 관련해서는 우베 라인하르트Uwe Reinhardt에게서 크나큰 도움을 받았다. 이 책을 라인하르트에게 바친다. 조너선 그루버Jonathan Gruber에게서도 여러모로 도움을 받았다.

딘 베이커Dean Baker 덕에 미국의 주택 시장에 엄청난 거품이 끼어 있다고 확신할 수 있었다.

브래드 드롱Brad DeLong과는 2인조처럼 힘을 합쳐 케인스형 위기 대책을 촉구했다.

효율적 금융 시장의 문제를 다룰 때에는 저스틴 폭스Justin Fox의 연구에 크게 기댔다.

마이크 콘잘Mike Konczal 덕에 긴축 경제학의 잘못된 논리를 이해하고 사이먼 렌-루이스Simon Wren-Lewis 덕에 그 잘못된 논리가 왜 영국에 만연한지 파악할 수 있었다.

리처드 코건Richard Kogan은 눈덩이처럼 불어나는 부채 문제가 실재하지 않음을 처음으로 내게 일깨워 주었다.

이매뉴얼 사에즈Emmanuel Saez와 가브리엘 주크먼Gabriel Zucman은 세제稅制에 관해 모든 경제학자에게 방대한 가르침을 주었거니와 이들을 통해 나는 민주당의 새 법안, 특히 워런 부유세를 이해할 수 있었다.

채드 바운Chad Bown은 트럼프의 관세 정책으로 어떤 사달이 벌어지고 있는지 일목요연하게 설명해 주었다.

기술과 불평등 사이 관련성 혹은 무관련성에 대해 내가 알고 있는 내용 대부분은 래리 미셸Larry Mishel에게서 배웠다. 종종 스톤센터의 동료 재닛 고닉Janet Gornick의 도움을 받아 불평등 자료가 가리키는 보다 일반적 의미를 이해했다.

　운동 보수주의와 관련해 내가 아는 대부분은 대개 릭 펄스타인Rick Perlstein이 알려 주었다.

　스톤센터의 또 다른 동료 레슬리 맥콜Leslie McCall은 세금과 그 올바른 지출에 유권자들이 보이는 태도의 정치학을 이해하도록 (적어도 덜 틀리게끔) 도와주었다.

　빼어난 학자인 마이클 E. 만Michael E. Mann과는 서신을 교환하며 기후 과학을 둘러싼 사악한 정략을 이해할 수 있었다.

　마지막으로 노턴 출판사의 드레이크 맥필리Drake McFeely에게 감사를 전한다. 《뉴욕타임스》에 글을 쓰기 오래전부터 무역을 주제로 쓴 내 책을 여럿 출판해 주었다. 맥필리의 손길이 닿지 않았다면 그토록 훌륭한 책으로 세상에 나올 수 없었을 것이다.

일러두기

- 이 책은 Paul Krugman의 *Arguing with Zombies: Economics, Politics, and the Fight for a Better Future* (New York, NY: W. W. Norton & Company, Inc., 2020)를 옮긴 것이다.
- 본문의 ( )와 [ ]는 원서의 표현이고, 〔 〕는 옮긴이가 원문의 이해를 돕기 위해 추가한 표현이다.
- 본문의 이탤릭체(도서명 제외)는 작은따옴표로 옮겼다.
- 외국 인명·지명 등의 표기는 국립국어원에서 펴낸 외래어표기법을 원칙으로 하되, 일부는 통용되는 표기를 따르기도 했다.

머리말: 코로나19 시대의 좀비

《폴 크루그먼, 좀비와 싸우다》의 하드커버 판본이 2020년 1월에 출간되었다. 나를 비롯해 어느 누구도 좀비 대재앙이 불과 몇 주 뒤에 닥친다는 사실을 알지 못했다.

그렇다. 미국은 "뇌 내놔"라고 울부짖으며 비척비척 돌아다니는 무리에 아직 짓밟히지 않았다. 어찌 되었든 아직은. 그런데 코로나 바이러스감염증-19〔코로나19〕Covid-19가 전 세계적으로 퍼지면서 도시의 일부가 유령 도시로 변해 버렸다. 외식부터 쇼핑까지 우리가 평소에 당연시한 많은 일상이 멈추었다. 이로 인해 2008년 금융 위기 이후의 침체보다 몇 배나 더 깊은 경기 침체가 촉발되었다.

위기가 이 정도에 이르자 여러 방면에서 이례적인 정책 대응이 필요해졌다. 미국은 실로 이례적으로 대응했다. 이례적이다 못해 거의 비현실적으로 다가올 만큼 형편없이 대처했다.

이 글을 쓰는 지금 코로나19 대유행pandemic, 팬데믹이 5개월째로 접어들고 있다. 코로나 바이러스는 미국에서 하루 1000명에 가까운 목숨을 앗아 가고 있다. 미국보다 인구가 많은 유럽연합EU의 일일 사망자 수와 비교하면 10배가 넘는 수치다. 여러 선진국에서는, 몇 가지 제약은 따랐지만, 얼마간 일상생활을 회복할 수 있었다. 미국은 오히려 뒷걸음치는 상황이다. 거의 대부분 지역이 최소한의 부분적 봉쇄 조치로 되돌아가고 있다.

어쩌다 상황이 이토록 악화일로로 치달았을까?

분명 이 책에 실린 어떤 글도 코로나19 대유행 시대의 정책을 주제로 삼지 않는다. 하지만 코로나 바이러스에 어떻게 대처할 것인가를 놓고 정치 논쟁을 벌일 때 전개되는 여러 양상은 이 책의 하드커버 판본을 읽은 누구에게나 무척 익숙하게 다가온다.

나는 하드커버 판본 서문에 이렇게 썼다. 미국 정치에서 보이는 양극화 때문에 "어떤 경제 문제를 놓고 증거가 말하는 내용을 인정하는 일조차 당파적 행위로 보는 경우가 많다." 그런데 그런 현상은 경제학에만 국한하지 않는다. 과학 논쟁 역시 정치화되어 있다. 우리는 오래전부터 여러 권력자가 기후 과학이 내린 결론을 받아들이지 않는 현실에 익숙해 있다. 상황이 이럴진대 전염병학 또한 똑같은 운명에 시달리는 현실에 놀라지 말았어야 했다.

미국은 코로나19 대유행 정책을 원칙에 입각해 올바른 믿음〔선의〕 good-faith을 바탕으로 진지하게 토론해 나갈 수 있었다. 그런데 그렇게 하지 못했다. 오히려 유력한 용의자들은 코로나19가 제기하는 이런저런 위협을 묵살하고 축소하자고 일찌감치 결정 내렸다. 여기에는 재정적 이해관계, 이념, 약삭빠른 정치적 계산 등 여러 이유가 한데 섞였다. 그들은 자신들의 주장이 틀렸음이 몇 번이고 증명되었음에도 이를 무시하는 태도로 일관했다.

요컨대 코로나19 부정론은 기후 변화 부정론이나 감세 옹호론처럼 좀비 아이디어zombie idea였다. 그렇게 결국 좀비 대재앙zombie apocalypse이 닥쳤는지도 모른다.

코로나19 대유행 정책을 둘러싸고 벌어진 논쟁과 이 책의 하드커버 판본에서 다룬 논쟁 사이에 커다란 차이점이 있다면 바로 속도다. 현실에서는 기후와 관련한 헛소리의 결과를 확인하는 데 수십 년이 걸릴 수 있다. 잘못된 경제 정책도 손실이 뚜렷하게 드러나는 데 수년이 걸릴 수 있다. 그러나 지금은 기하급수적 증가도 척척 계산해 낼 수 있는 덕분에 우리가 코로나19 시대를 버텨 내고 있다. 결과가 매우 빠르게 밝혀져 플로리다주와 텍사스주에서 성급하게 경제 활동 재개를 선언한 일처럼 해로운 결정이나, 제2차 전염병 대유행은 오지 않는다고 〔2020년〕 6월 중순 마이크 펜스Mike Pence 부통령이 분별없이 장담한 일처럼 잘못된 주장이 실없는 농담으로 드러나는 데 불과 수주밖에 걸리지 않는다.

좀비가 되면 으레 그렇다고들 하지만, 이성적으로 재앙의 실재를 꾸준히 소리 높여 외쳐도 헛소리 장사꾼을 막아 세우기에는 역부족이었다. 〔2020년〕 2월에 코로나19가 거짓말이거나 기껏해야 사소한 문제라고 무시한 바로 그 사람들이 두 달 뒤 6만 명이 목숨을 잃고 나서도 경제 활동의 조기 재개는 위험하다는 경고를 거부했다. 다시 석 달 뒤 8만 명이 생명을 앗기고 나서도 그 사람들은 경제 회복이 "로켓선rocket ship"처럼 날아오르는 길에 어떤 장해물도 있을 수 없다고 주장했다.

어쩌면 그 요점은 그림으로 가장 잘 표현할 수 있을지 모른다. 여기 내 친구가 그린 도표가 있다. 친구는 @TBPInvictus라는 이름으로 트위터에 글을 올리는데 도널드 트럼프Donald Trump가 한 말을 하루가 다르게 늘어나는 사망자 수와 나란히 인용해 놓았다. 이들 좀비는 "뇌 내놔"라고 중얼거리지 않는다. 그들은 "전진progress만이 살길"이라고 중얼거린다.

어쩌다 이 지경까지 이른 것일까? 이어지는 글에서 나는 코로나19 대유행이 제기한 여러 정책 문제와, 미국이 무엇을 할 수 있었고 무엇을 해야만 했는지 살펴보는 내용을 출발점으로 삼으려 한다. 그리고 정책 담론과 공공 정책이 실제로 어떤 과정을 거쳐 왔는지 다루고자 한다. 끝으로 미국이 지나온 그 독특한 자멸의 길을 어떻게 해석할 수 있는지 논의하고자 한다.

코로나19 대유행 시대의 정책

코로나19가 처음 발생했을 때 늦지 않게 바이러스의 확산을 막을 만큼 코로나19가 얼마나 멀리, 얼마나 빨리 퍼지는지 알아차린 사람은 거의 없었다. 나 역시 무지했다. 자가 격리에 해당하지 않을 때면 나는 늘 사회경제적 불평등 스톤센터Stone Center on Social-Economic Inequality에 나가 있는데 그곳에서 2월 말에 흥겨운 파티를 꽤 크게 열었다. 그것도 뉴욕에서! 그래도 어느 누구 하나 걱정하지 않았다.

전염병이 이미 퍼질 대로 퍼져 있다면 무엇을 할 수 있을까? 한 가지 가능한 대책은, 많은 사람이 감염되어 항체를 형성해 그 전염병이 결국 유야무야로 끝날 때까지 그냥 퍼지도록 내버려 두는 것이다. "집단 면역 herd immunity"이라 일컫는 전략이다. 코로나19 증상이나 정도가 대체로 경미했다면 실행할 만한 접근법이었을지 모른다. 그런데 불행히도, 코로나 바이러스에 걸린 많은 수가 목숨을 잃고 살아남더라도 오랫동안 후유증에 시달릴 수 있다.

게다가 사람들은 전염병과 맞닥뜨릴 경우 정부가 뭐라고 하든 여느 때와 다름없이 생업을 이어 나가지 못한다. 스웨덴은 여러 이유를 내세웠지만 실은 봉쇄 조치를 피하려 애쓰면서 집단 면역을 실시했다. 어찌 되었든 이는 봉쇄 조치나 다름없었다. 스웨덴에서는 2020년 상반기에 산업 생산이 15퍼센트나 감소했다. 100만 명당 사망자 수는 이웃한 덴마크와 비교해 5배나 많았다.

그럼 어떻게 해야 할까? 여러 국가에서 효과를 본 바로는 억제하고 경계하는 전략을 펴는 것이다.

우선, 전염병을 퍼뜨릴 수 있는 활동을 강력히 제약하는 것이다. 술집도 닫고 음식점도 닫기, 사람들을 되도록 집 안에 머무르게 하기, 외출할 때에는 반드시 마스크를 쓰도록 강제하기, 바이러스를 옮기는 사람이 비교적 적은 수로 줄어들 때까지 그 제한 조치를 유지하기 등이다.

이와 같은 제한 조치를 실시하는 데는 물론 재정 비용이 어마어마하게 들지만, 그 정도 비용은 부유한 국가라면 어렵지 않게 감당해 낼 수 있다. 더 심각한 문제는 그 부담이 야기하는 불평등이다. 예컨대 봉쇄 조치로 음식점이나 호텔처럼 어떤 부문에서 일하는 노동자는 소득을 거의 전부 잃고, 다른 어떤 부문에서 일하는 노동자는 별 영향을 받지 않는다. 봉쇄 조치가 실효를 거두려면 일자리를 잃은 노동자와 문을 닫은 사업체를 지원해야 한다. 이는 실업 수당을 통해 직접적으로 이루어질 수도 있고 사업체에 보조금을 제공해 노동자의 급여를 보전하는 방식을 통해 간접적으로 이루어질 수도 있다. 실제로는 대다수 국가에서 이 두 가지 접근법을 결합해 실시하고 있다.

신규 실업자를 지원하는 일에는 부수 이익이 따른다. 경제 전반을 안정화하는 데 도움이 된다는 점이다. 그러한 지원을 실시하지 않으면 소득을 잃은 사람은 그만큼 소비를 더 줄일 수밖에 없고, 이는 아직 봉쇄되지 않은 다른 경제 부문에서 2차 일자리 감소를 일으킬 수 있다. 따라서 코로나19 대유행에 따른 지원 혜택은 "경기 부양stimulus"보다는 재해 구호에 더 가깝다고 여겨야 하지만 그 혜택에는 경기 부양 요소 역시 내포하고 있다.

이러한 정책을 효율적으로 실시해 낸다면 인구 내 바이러스 감염을 급격히 줄일 수 있다. 그런 다음 진단-추적-격리 조치를 수행해 조심스럽게 차츰차츰 일상을 회복할 수 있다. 곧 수많은 검사를 통해 코로나19 보균자를 재빨리 찾아내서는, 그들과 접촉한 사람을 신속하게 모두 추적하고, 위험 시기가 지났다고 확신할 때까지 전염시킬 가능성이 있는 사람을 전부 격리하는 것이다.

이 글을 쓰는 지금 뉴질랜드에서는 —객관적으로 다른 어떤 곳에서도 멀리 떨어진 이 섬에서는— 이 전략으로 코로나19를 뿌리 뽑은 듯 보인다. 다른 성공담은 그리 완벽하지는 않지만 그럼에도 깊은 인상을 남긴다. 2020년 여름 무렵 가장 눈에 띄는 국가는 단연 이탈리아였다. 이탈리아는 서구 국가로는 처음으로 심각한 전염병 발병 사태를 겪었다. 초기 몇 주 상황은 끔찍했다. 그런데 음식점과 카페를 다시 열었음에도 하루에 사망자 수가 10명 내외로 떨어졌다. 내가 이탈리아의 사례를 강조하고픈 이유는 이탈리아가 관료 체계의 효율성 면에서나 규칙을 따르고자 하는 국민의 의지 면에서나 평판이 그리 좋지 않다는 점에서다. 하지만 그럼에도 이탈리아는 수준 높은 선진국임에는 틀림없으며 그 위기를 잘 헤쳐 나왔다.

미국은 안타깝게도 그렇게 하지 못했다. 어떤 사정이 있었던 걸까?

미국의 부정론이 그리는 포물선

미국의 코로나 바이러스 대응 정책이 실패라는 이야기는 복잡하지 않다. 백악관과 여러 주 정부를 좌지우지하는 정치 분열이란 한 축이 그 과정의 단계 단계에 놓인 위협을 축소했다. 우파 논객들은 코로나19 대유행이 트럼프 반대파가 트럼프를 무너뜨리려 지어낸 거짓말이라는 주장까지 제기했다. 우파 정치인들은 코로나 바이러스 통제 조치를 내리는 일에는 꾸물거렸지만, 이 늑장 대처로 인해 자칫 코로나19 감염자 수와 사망자 수가 다시 폭증할 수 있다는 경고에도 앞서 내린 제한 조치를 푸는 일에는 재빨랐다.

난장판을 방불케 하는 미국의 코로나19 초기 대응 정책에 몇 가지 평곗거리를 늘어놓을 수 있다. (2020년) 2월과 3월 초순 트럼프가 코로나 바이러스가 심각한 위험을 초래한다고 이미 알고 있었음을 우리는 지금이야 (밥 우드워드Bob Woodward 덕분에) 알고 있지만, 당시 정책입안자들은 어떤 조치를 취해야 코로나19의 확산을 억제할 수 있는지 충분히 깨닫지 못했다. 3월 중순 이후 미국은 대부분의 지역에서 꽤 강력한 봉쇄 조치를 내렸다. 봉쇄 조치는 코로나 바이러스 지원, 구호 및 경제안정법Coronavirus Aid, Relief and Economic Security Act, CARES Act으로 뒷받침되었다. 그 입법 조치는 불완전했지만 실직한 노동자와 피해가 심각한 사업체에 톡톡한 경제 구제 효과를 낳았다. 실제로 일부 평가에 따르기로, 미국에서 2200만 개 일자리가 사라졌음에도 긴급 재난 지원 덕에 빈곤을 확대하지 않고 오히려 축소할 수 있었다.

4월 중순 코로나19 대유행의 중심지인 뉴욕 지역에서 신규 확진자와 사망자 수가 급감하기 시작했다. 확실히, 술집, 음식점, 체육관 등 여러 곳을 계속 봉쇄하며 사람들에게 반드시 마스크를 쓰게끔 규제한 미국 북동부에서 이탈리아와 비슷한 궤도를 그려 나갔다. 미국 전역에서 비슷한 포물선을 그렸다면 미국의 코로나 바이러스 대응 정책이 성공담을 쓰리라고 여겨졌을지 모른다.

그러나 미국의 나머지 지역은 뉴욕이 주는 교훈을 배우지 않았다.

4월 중순, 중대한 전환점이 찾아왔다. 그런데 방향이 틀렸다. 몇몇 중서부 주에서 코로나19 대유행에 따른 영업 제한 조치에 반대하는 시위가 격렬하게 벌어졌다. 일부 시위자는 무기를 휘두르고 정부 청사를 점거하기까지 했다.

대규모 민중 봉기는 아니었다. 적어도 일부는 진정한 풀뿌리 시민 참여가 아니라 우파 부유층과 정치 공작원들에 의해 조작된 시민 참여였다. 시위 규모도 비교적 작아서 100여 명 남짓 모였을 뿐이었다. (2020년 5월 미네소타주 미니애폴리스에서 비무장한 흑인 남성 조지 플로이드가 경찰의 과잉 진압 과정에서 목이 눌려 질식사하면서) 지난 6월 온 미국을 뜨겁게 달구며 대규모 참여로 이어진 "흑인 생명도 소중하다Black Lives Matter" 시위 때와는 양상이 달랐다.

그런데 도널드 트럼프는 "미시간을 해방하라LIBERATE MICHIGAN" "미네소타를 해방하라LIBERATE MINNESOTA" 등을 트위터에 올리며 반봉쇄 시위를 적극 지지한다고 표명했다. 그리고 주로 주지사가 공화당 소속인 [남부의 노스캐롤라이나주에서 캘리포니아주에 이르는] 선벨트 지대의 여러 주에서 코로나19 감염률이 매우 높고 진단 역량도 한참 낮아 주민들의 안전을 보장할 수 없었음에도 제한 조치를 속속 풀어 나갔다.

엎친 데 덮친 격으로 코로나 바이러스의 확산을 막을 수 있는 아주 간단한 예방책—특히 공공장소에서의 마스크 착용—이 문화 전쟁culture war으로 번졌다. 트럼프가 6월 20일 털사 경기장[오클라호마주 BOK 센터]에서 실내 선거 유세를 벌였을 때 대다수가 마스크를 쓰지 않은 것은 아니었지만, 참석 인원이 예상보다 훨씬 적었음에도, 서로 가까이 붙어 있었다. 행사 운영 요원이 사회적 거리두기를 지켜야 한다는 내용의 안내 표지를 조직적으로 없앴기 때문이다.

그리고 코로나 바이러스가 닥쳤다.

코로나19의 지지자들

바이러스는 당신이 공화당이든 민주당이든 개의치 않는다. 전염병학은 결코 정치학이 아니다. 미국 최고의 전염병학자 앤서니 파우치Anthony Fauci는 로널드 레이건Ronald Reagan 대통령 시절[1981~1989]에 미국 국립 알레르기 및 감염성 질환 연구소National Institute of Allergy and Infectious Diseases 소장에 임명된 이후 여러 대통령을 내리 거치면서 지금까지 계속해서 그 직책을 맡고 있다. 그럼 코로나19 대유행 대응 정책이 어떻게 당파적 문제로 전락했을까? 코로나19 부정론이, 그리고 파우치 악마화가 어떻게 미국 우파 사이에서 보편적 추세로 자리 잡았을까?

한 가지 대답을 찾자면, 코로나19 대응 정책이 기후 정책과 마찬가지로 돈이 왔다 갔다 하는 문제라는 점이다. 음식점, 술집, 현장에서 즐기는 유흥업이나 도박업이 코로나 봉쇄 조치로 큰 타격을 입었다. 레저 산업이나 서비스 산업은 예컨대 석탄 산업만큼 공화당을 향한 지지로 똘똘 뭉쳐 있지 않지만 각 산업 모두 정치 활동에 활발하게 참여하며 전부 공화당 쪽으로 기울어 있다. 일부 산업 이해관계자는 빠른 경제 재개에 찬성하며 이를 적극 요구했다. 그것이 자신들의 경제적 이해에 부합한다고 여겼기 때문이다. 그러나 그들이 틀렸다는 점은 거의 확실했다. 실패로 끝난 경제 활동 재개 조치는 위기만 키웠을 뿐이다. 미국이 보다 책임감 있게 행동했더라면 그 정도로까지 악화하진 않았을 것이다. 그러나 그렇게 하지 않았고 상황은 보다 끔찍한 파국으로 치달을 수밖에 없었다.

다른 한 가지 대답을 찾자면, 코로나19 대응 정책을 둘러싼 정치적 계산이다. 코로나 바이러스가 덮친 해에 선거가 예정되어 있었다. 트럼프도 공화당 주지사도 경제 운영이 크게 성공적이라는 주장을 앞세워 출마할 계획을 세워 놓고 있었다. 그래서 그들은 코로나19 대유행을 서둘러 과거지사로 묻어 버리고 이제 곧 경제 호황으로 되돌아갈 수 있다고 믿고 싶어 했다.

다시 한 번 강조하건대, 그들은 틀렸다. 경제 활동 재개는 두 달 남짓 일자리 창출을 빠르게 이끌었지만 코로나 바이러스가 조금도 통제되고 있지 않는다는 점이 분명해지면서 경제 회복세가 멈추었다.

단언하건대, 코로나19 대유행 대응 정책이 정치화한 주요 요인은 내가 하드커버 판본 서문에서 일컬은 후광 효과halo effect였다. 전염병학은 본래 당파성을 띠지 않지만 그 정책이 내포하는 의미는 우파가 믿고 싶은 내용과 배치된다. 우파는 코로나19를 통제하기 위해 어떤 정책을 실시해야 한다면 그것이 보다 평등한 사회를 건설하기 위해 정부가 더 폭넓게 개입해야 한다는 주장을 탄탄하게 뒷받침할 것이라고 우려한다. 아마 틀리지 않을 것이다.

이는 코로나19 대유행 대응 정책의 경제적 측면에는 분명 들어맞는다. 계속되는 봉쇄를 견뎌 내려면 국가는 일을 할 수 없는 사람들에게 대규모로 지원을 확대해야 한다. 미국이 실제로 실시한 지원 규모는 내 예상을 넘어섰다. 하지만 특별한 재난으로 고통 받는 대중을 도울 수 있다면 왜 다른 덜 특별한 재난으로 고통 받는 사람을 도와서는 안 되는 걸까?

사실, 진보주의자들은 코로나 바이러스 구제 정책의 초기 성공이 사회 전반에 걸쳐 보다 탄탄한 안전망이 구축되어 있음을 입증하는 것이라고 이미 주장하고 있다. 그래서 보수주의자들이 재난 구호 정책의 조기 종료를 정당화할 수 있는 일자리 붐을 기대하며 서둘러 봉쇄 조치를 끝내고자 하는 열망을, 용납할 수는 없지만, 이해할 수는 있었다. 보수주의자들에게는 플랜 B도 없었다. 확대 실시하던 실업 수당이 예정대로 7월 말에 끝나 더는 지급되지 않으면 한여름에 접어들 무렵엔 대참사가 닥치리라는 점이 이미 불 보듯 뻔했다. 그런데 그 수당 지급이 종료되었을 때 백악관과 공화당 상원의원들은 민주당 하원의원들과 합의를 이루어 내기는커녕 민주당의 제안에 동의조차 하지 않았다.

코로나19 부정론이 단지 경제 회복을 바라는 것이었다면, 우리는 트럼프나 그를 따르는 주州 공화당원들이 영업을 재개할 때 감염을 막을 수 있는 예방 조치도 함께 추진할 것으로 기대했을지 모른다. 사람들은 마스크를 쓰면 쇼핑을 할 수 있고 2미터 거리두기를 하면 이러저러한 일을 할 수 있다. 그리고 영업 재개를 지지하는 대다수 제안에는 약간의 선별이 필요했다. 소매점과 야외 식당은 괜찮았지만 술집과 실내 식당은 당장은 일렀다.

그런데 실제로는 코로나19 대유행 예방 조치를 하나부터 열까지 다 반대하는 운동이 벌어졌다. 트럼프는 마스크 착용을 거부했고 "정치적으로 올바른politically correct" 기자를 조롱했다(기자는 마스크를 착용하고 있었다). 마스크를 쓰고자 하는 의지가 곧 당파적 노선에 따라 나뉜 것이다. 사회적 거리두기 역시 마찬가지였다. 기본 예방 조치조차 실천하지 않으려는 이런 태도로 인해 경제를 재개하려는 시도는 실패로 끝날 수밖에 없었다. 도대체 왜 그랬을까?

대답을 찾자면, 다시 후광 효과다.

현대 미국의 보수주의는 대체로 이기주의의 신성화에 다름 아니다. 즉 구속받지 않는 사리사욕 추구가 번영과 행복을 여는 열쇠라는 주장 말이다. 우파는 타인을 보호하려면 희생을 약간 감수해야 할지도 모른다는 제안에 무조건 분노부터 쏟아낸다. 그 분노는 세제洗劑에 인산염 사용의 금지나 전구의 에너지 효율 기준 등 희생이 작을 때 특히 극에 달하는 듯 보인다.

그런데 코로나19 대유행에 취하는 합리적 대응 정책은 결국 서로의 행복을 일부 책임지는 일이다. 마스크를 쓰지 않고 다니거나, 붐비는 술집에 가면 코로나19에 걸릴 위험이 조금 높아질 뿐일지도 모른다. 그런데 보다 중요한 점은, 그와 같은 나의 행동이 다른 사람이 코로나19에 걸릴 위험을 크게 높인다는 것이다. 외출할 때에는 마스크를 쓰고, 술은 집에서 마시는 행동은 배려다. 하지만 보수주의의 기본 원칙은 사실상 그런

배려를 모른다.

　미국의 코로나 바이러스 대응 정책은 엄청난 참사였다. 수천 명이 아무런 까닭 없이 생목숨을 잃었다. 심각하지만 짧았을지 모를 경기 침체가 끝이 보이지 않는 장기 불황으로 이어졌다. 어쩌다 상황이 이 지경에 이르렀는지 묻는다면 대답은 이것이다. 다 좀비 탓이다.

서문: 선한 싸움

전문가punditry로 활동하겠다는 계획은 애초부터 없었다.

1977년 대학원을 마칠 때 내가 그리던 구상은 교육과 연구에 헌신하는 삶이었다. 나는 공개 토론에서 어떤 역할을 맡게 되더라도 정책입안자에게 이것은 효과가 있고 저것은 효과가 없다고 냉철하게 지식을 제공하는 사람 즉 테크노크라트technocrat가 되리라 생각했다.

가장 자주 인용되는 내 연구를 살펴보더라도 대개는 정치적 성향을 거의 띠지 않는다. 연구 목록을 훑어 보아도 경제 지리학economic geography과 국제 무역에 관한 논문이 주를 이룬다. 이들 논문은 정치성이 없을뿐더러 정책도 거의 다루지 않는다. 오히려 무역과 산업 입지location of industry의 세계적 형태를 파악하려는 시도가 전부다. 내 연구는 경제학 분야의 전문 용어jargon를 빌리면 "실증 경제학positive economics"으로 세상이 어떻게 작동하는지를 분석한다. 세상이 어떻게 작동해야 하는지를 처방하는 "규범 경제학normative economics"이 아니다.

그러나 21세기의 미국에서는 정치적이지 않은 것이 없다. 어떤 경제 문제를 놓고 증거가 말하는 내용을 인정하는 일조차 당파적 행위로 보는 경우가 많다. 예를 들어 연방준비제도연준, Fed가 국채를 대량 매입하면 인플레이션이 치솟을까? 실증에 따른 답은 분명 "아니올시다"다. 단, 경제가 불황에 빠졌을 때라면 말이다. 연준은 2008년 금융 위기가 닥치자 국채를 3조 달러어치 사들였고 인플레이션은 낮게 유지되었다. 하지만 연준의 정책이 위험천만하게 인플레이션을 부채질한다는 주장이 사실상 공화당의 공식 입장으로 굳어졌고, 그런 탓에 단순히 현실을 인정하는 태도만 보여도 자유주의 진영으로 몰렸다.

실로 몇몇 경우에는 어떤 질문만 던져도 그것을 당파적 행위로 여긴다. 소득 불평등이 왜 생기는지 그 까닭을 물으면 보수주의자의 상당수는 당신을 비非미국적un-American이라 비난한다. 보수주의자들이 보기에는 소득 분배를 주제로 삼거나 중산층과 부유층의 소득 증가를 비교하기만 해도 그것은 곧 "마르크스주의자의 요설"이 된다.

물론 경제학뿐만이 아니다. 그래도 우리 경제학자들은 기후과학자들에 견주면 그나마 나은 편이다. 기후과학자들이 막강한 이해 집단이 어느 누구의 귀에도 들어가지 않길 바라는 결론에 이를 때 받는 핍박이란 무시무시하다. 총기 폭력의 원인을 연구하는 사회과학자들은 또 어떤가. 1996년부터 2017년까지 미국 질병통제예방센터CDC는 화기로 인한 부상과 사망 연구에 말 그대로 단 한 푼도 지원받지 못했다.

그렇다면 앞으로 학자들은 어떻게 해야 할까? 정치 참여의 열망을 외면하고 연구에만 매진하는 것도 대응 방법이다. 나는 그와 같은 선택을 존중할 수 있으며, 대다수 분야의 학자만 아니라 경제학계의 학자에게도 이는 마땅한 선택이다.

그런데 우리에게는 공공 지식인public intellectual 또한 필요하다. 연구 활동을 이해하고 존중하면서도 기꺼이 정치 투쟁에 뛰어드는 사람들이 있어야 한다.

　이 책은 논평 모음집이다. 주로《뉴욕타임스》에 실은 글로 나는 이 글들을 써 나가면서 공공 지식인의 역할을 해내려 노력했다. 어쩌다 그 자리까지 이르게 되었는지 그리고 그 자리에서 무엇을 하려고 하는지 뒤에서 허심탄회하게 털어 놓을 작정이다. 그런데 먼저 다른 질문을 하나 던져 볼까 한다. 도대체 정치화politicization가 무엇일까?

정치화를 낳은 원인

정치에는 여러 쟁점이 있으며 좌우 양 축에 딱 들어맞지 않는 각양각색의 입장을 분명한 목소리로 밝히는 사람도 꽤 떠올릴 수 있다. 예컨대 총기 규제를 적극 지지하며 지구 온난화에 맞서 강력한 정책을 실시해야 한다고 주장하지만, 사회 보장 제도와 메디케어노인 의료 보험, Medicare를 없애기까지는 않더라도 민영화하기를 바라는 유권자도 떠올려 볼 수 있다.

　그러나 현실을 들여다보면 현대 미국에서 정치는 실상 매우 단선적이다. 선출직 의원 사이에서 특히 그렇다. 보편적 의료 보험 같은 쟁점을 두고 한 하원의원이 어떤 입장을 취한다고 말해 보라. 그러면 그 의원이 기후 정책에서 어떤 입장을 내세우는지 짐작할 수 있다. 그 반대 경우도 마찬가지다.

　무엇으로 이 단선적인 정치적 차원을 설명할까? 우선 전통적인 좌우 연속체left-right continuum다. 당신은 시장 경제에 내재하는 위험과 불평등을 해소하는 데 공공 정책이 어느 정도의 역할을 맡아야 한다고 보는가? 당신은 우리 사회가 세금을 높게 매기고, 사회 안전망을 탄탄히 갖추고, 노동자들을 폭넓게 보호하는 현대 덴마크처럼 되기를 바라는가, 아니면 자유방임주의가 판을 치던 과거 도금 시대Gilded Age의 미국처럼 되기를 바라는가?

한 측면에서 보면, 이 논쟁의 중심축은 가치다. 좌파 진영은 철학자 존 롤스John Rawls가 체계화한 사회 정의의 개념을 주로 따른다. 곧 이들은 사람들이 자신이 어떤 사람이 될지, 어떤 역할을 할지 모르더라도 선택 가능한 사회를 지지해야 한다고 믿는다. 기본적으로 이 도덕적 입장은 "신이 은총을 내리지 않는다면 나도 별 다를 바 없다"다. 종종 신이 하는 역할이 없더라도.

우파 진영은, 대조적으로, 불평등과 위험을 낮추려는 정부의 개입을 부도덕하게 바라본다(혹은 그런다고 주장한다). 부유층에 세금을 매겨 빈곤층을 돕는 일은 그들이 보기에 도둑질이나 매한가지다. 아무리 그 뜻이 갸륵하더라도.

경제학은 당신이 어떤 가치를 지녀야 한다고 알려줄 수 없다. 하지만 어느 특정 가치군群을 반영한 정책에서 무엇을 기대할 수 있는지는 설명해 줄 수 있다. 그런데 바로 그 지점에서 정치화가 등장한다. 특히 정부 역할의 확대에 반대하는 이들은 그런 역할이 비도덕적일뿐더러 비생산적이고 심지어 파괴적이라고까지 주장하고 싶어 한다. 증거가 그러한 주장에 들어맞지 않으면 증거도, 그 증거를 제시하는 사람도 다 공격한다.

원칙적으로 이런 유형의 정치화는 우파에서도 좌파에서도 생겨날 수 있다. 실제로 막강한 권력자가 예컨대 가격 통제는 공급 부족을 낳는다거나 통화 발행은 인플레이션을 일으킨다는 점을 인정하지 않은 시대와 국가가 있었다. 베네수엘라의 최근 역사를 보라. 미국에서도 일부 좌파 진영은 우리를 (그래, 나를) 기업 이해 집단과 한통속이라 공격한다. 다양한 방법으로 보편적 의료 보험 혜택을 보장할 수 있으며 그러면서도 민간 보험이 하는 중요한 역할을 유지해 나갈 수 있다고 지적하는 것이다.

그러나 돈과 권력이 주무르는 현실을 감안하면 현대 미국에서 모든 영역으로 파고드는 정치화는 대개 우파 진영이 가하는 압력을 반영한다.

어쨌든, 최소 정부minimal government가 낮은 세금으로 운영하는 사회를 지지하는 철학적 논거가 있음에도, 현대 보수주의는 이성적 설득보다는 우리가 도금 시대로 발길을 되돌릴 경우 개인적으로 크게 이득을 취할 사람들이 있다는 사실에 더 기댄다. 그런 사람들이 많지 않을 수도 있겠지만 그들은 엄청난 부를 쥐고 있다. 자신들이 선호하는 방향으로 나아가면 모두에게 이롭다는 관점을 퍼뜨리는 일이 여러모로 그들에게는 큰 이익이 된다. 게다가 우파 억만장자들이 지원하는 자금은 좀비 아이디어를 강력히 떠받친다—좀비 아이디어는 반증反證에 의해 이미 쇠멸되었어야 하는데 여전히 비척비척 걸어 다니며 사람들의 뇌를 파먹고 있다.

가장 끈질긴 좀비는, 부유층에 세금을 물리는 일이 경제 전반에 막대하게 해악을 입히며 따라서 고소득층에 매기는 세금을 낮추면 경이로운 경제 성장을 누리게 될 것이라는 주장이다. 이 신조는 현실에서 늘 실패를 거듭해 왔지만 어찌 된 셈인지 공화당 안에서는 어느 때보다 위세를 떨치고 있다.

여러 다른 좀비도 있다. 세금도 조금 내고 혜택도 조금 받는 국가를 바라는 사람들은 안전망 제도는 유해할 뿐 아니라 시행할 수도 없다고 주장하고 싶어 한다. 그래서 보편적 의료 보험의 실시는 불가능하다고 주장하는 데 진력한다. 미국을 제외한 다른 선진국에서는 전부 어느 정도 그 제도를 실시하고 있음에도 그렇다.

말속을 알아들으리라 본다. 그런데 과세나 지출 분석이 정치화하는 현상은 쉬 이해할 수 있다고 쳐도, 정치화는 왜 그것이 계층의 이해와 정확히 맞아떨어지지 않는 영역까지 확장되는 걸까? 억만장자도 살기 좋은 지구가 필요할 텐데 기후 변화가 왜 좌파와 우파가 대립하는 쟁점이 될까? 경기 후퇴로 접어들면 모두가 피해를 입는데 보수주의자들은 왜 통화 발행으로 침체에 맞서는 일에 반대할까? 인종 문제를 바라보는 태도가 왜 과세나 지출에 대한 입장과 그토록 밀접한 연관성을 보일까?

그 대답에는 여러 가지가 있지만 많은 것이 이렇게 모인다. 곧 정치적 행위자들이 온갖 형태의 정부 행동주의에는 어떤 후광 효과가 따른다고 믿는다는 것이다. 이런 내 생각이 크게 틀리지 않으리라 본다. 온실가스 배출을 줄이는 공공 정책이 필요하다는 주장에 설득된 사람이라면 불평등을 낮추는 공공 정책이 필요하다는 견해도 더 순순히 받아들인다. 통화 정책으로 경기 침체와 맞설 수 있다는 의견에 설득된 사람이라면 의료 보험 대상자를 확대하는 정책 역시 지지할 가능성이 더 크다.

언제나 그랬다. 1940년대와 1950년대의 미국을 되돌아보자. 우파는 케인스 경제학을 거부하며 맹렬하게 싸웠다. 케인스 경제학을 대학에서 가르치지 못하게끔 막을 정도였다. 존 메이너드 케인스John Maynard Keynes가 자신의 경제학은 "온건 보수주의moderately conservative" 이론이라고, 자본주의를 지키려는 방도이지 뒤집어엎으려는 의도가 아니라고 명확하게 못 박았음에도 그러했다. 왜 그랬을까? 우파는 케인스 경제학을 일반적으로 큰 정부가 등장하는 '쐐기의 가는 날thin edge of the wedge'〔아무것도 아니긴 해도 바람직하지 않은 일에 대한 전조〕로 본 때문이다. 그런데 지금 미국의 정치는 그때보다 훨씬 더 극과 극으로 치닫고 있고, 그 결과 정치화는 더 넓은 영역으로 침투하고 있다.

후광 효과 외에 정치 전략화의 영향도 있다. 알다시피, 미국의 정치는 이차원을 떠었다. 일차원이 아니었다. 다시 말해 좌와 우의 축만 아니라 인종 평등/차별의 축 또한 있었다. 오늘날에도 유권자 상당수가 자신들을 위한 큰 정부는 좋아해도 피부색이 더 짙은 사람들은 좋아하지 않는다. (그 반대인 자유 지상주의자 즉 작은 정부와 인종적 관용racial tolerance을 지지하는 입장은 논리적으로 가능해도, 보타이를 맨 수십 명을 제외하고 이에 찬동하는 지지자는 거의 찾아보기 힘들다.) 하지만 큰 정부를 옹호하는 인종 차별주의 정치인도 찾아보기 힘들다. 그 대신 이해타산에 밝은 우파는 백인 노동자 계층이 의지하는 제도를 공격하면서도 이들의 인종적 적대감에 영합해 백인 노동자 계층을 회유하려 애쓴다. 그래서 인종적 관용과, 젠더 평등이나 성 소수자 권리를 옹호하는 여러 사회적 자유주의social liberalism도 다른 모든 것과 마찬가지로 정치적 분열에 휘말렸다.

이 모든 결과로, 내가 말했다시피, 정치적이지 않은 것이 없게 되었다. "누구나 자신의 의견을 말할 권리는 있지만 누구도 자신의 의견에 맞게 사실을 왜곡할 권리는 없다"라는 대니얼 패트릭 모이니한Danniel Patrick Moynihan의 언명은 유명하다. 하지만 현대 미국에서는 많은 사람이 대체로 사실을 왜곡할 권리가 있다고 철석같이 믿고 있다. 이는 곧 테크노크라트로서의 꿈, 곧 정치적 중립을 지키는 분석자가 되어 정책입안자들이 보다 효율적으로 통치하도록 돕겠다는 이상이 적어도 지금은 망상일 뿐임을 가리킨다. 그러나 우리가 하나의 사회를 이루며 어디로 향해 나아가는지 관심 있는 학자에게는 그것만이 유일하게 허락된 역할이 아니다.

양극화 시대의 전문가 활동

당신이 경제학과 같은 전문적 분야의 주제에 제법 밝으면서 대중의 담론에 곧 전문적 사안에 지식이 없거나 관심이 없는 사람들이 그 주제를 토론하는 방식에 영향력을 끼치고 싶어 하는 사람이라고 가정해 보자. 이는 분명 내 상황을 가리키지만 다른 여러 사람에게도 적용된다. 몇몇 경제학자가 이미 공공 영역으로 옮겨 갔다. 공공 지식인으로 새롭게 자리매김한 탁월한 경제학자 조지프 스티글리츠Joseph Stiglitz, 영국의 사이먼 렌-루이스Simon Wren-Lewis 같은 이들이다. 경제학에 대한 배경 지식을 탄탄하게 갖춘 저널리스트도 그 수가 늘고 있다. 《뉴욕타임스》의 데이비드 레온하르트David Leonhardt, 《워싱턴포스트Washington Post》의 캐서린 램펠Catherine Rampell 같은 이들이다. 그런데 공공 지식인의 역할을 훌륭하게 수행하려면 어떻게 해야 할까?

이 책의 마지막 장에는 〈나의 연구 방법론How I Workd〉(1991)이 실려 있다. 이 글에서 나는 연구 규칙을 4가지로 정리한다. 그래서 전문가 활동을 펴 나갈 때에 내가 정해 놓은 규칙도 그와 비슷하게 4가지로 제시해 보려 한다. 이 책에서 거의 모든 내용을 전할 때에도 이 4가지 규칙들을 따랐다. 첫 번째 규칙과 두 번째 규칙은 논란을 불러일으킬 여지가 없지만 세 번째와 네 번째 규칙은 내가 보기에 다소 논란이 될 소지가 있다. 4가지 규칙은 다음과 같다.

- 항상 쉬운 내용으로 다루자.
- 영어로 쓰자.

- 부정직에 정직하자.
- 동기를 밝히기를 두려워 말자.

"항상 쉬운 내용으로 다루자"를 살펴보자. 경제학에는 까다로운 질문이 수두룩하다. 진지하고 정직한 연구자들이 서로 의견을 달리하는 질문도 허다하다. 경제전문가pundit-economist라면 이런 질문을 어떻게 다루어야 할까?

대답을 하자면, 대개는 이와 같은 질문들과 가능한 한 항상 거리를 유지해야 한다는 것이다. 사실 현실 속에서 벌어지는 경제학 논쟁은 대부분 쉬운 질문들을 다룬다. 올바른 답이 명확하게 존재하지만 그 답을 막강한 이해 집단이 받아들이고 싶어 하지 않는 질문들이다. 이러한 질문들에 초점을 맞추어 옳은 대답을 전하려 노력하면 공개 토론을 활성화할 수 있다. 어려운 질문도 도외시해서는 안 되겠지만, 그런 질문으로 논쟁을 벌이기에 신문의 기명記名 논평 지면op-ed page은 적합한 공간이 아니다.

예컨대 정부 부채가 끼치는 영향에 관해 대중이 꼭 알아야 할 내용이라면 불경기인 때에는 예산 균형을 맞추려 애쓸수록 불황의 그늘이 더 짙어진다는 점과, 가속화하는 부채 소용돌이debt-spiral에 대한 불안은 지나치게 과장되어 있다는 점이다. 그 외에도 어느 이자율을 잣대 삼아 사회 기반 시설 지출을 가늠해야 하는가와 같은 질문처럼 좀 더 복잡한 쟁점들도 있다. 하지만 쉬운 질문들에도 글거리가 차고 넘친다.

"영어로 쓰자"를 보자. 경제 전문가라면 영어로 글을 써야 한다고 말할 때, 물론 이 말은 곧이곧대로의 뜻이 아니다. 사실 독일어로 기본 경제 개념을 설명하는 사람이 더 많았다면 세상은 모양새가 지금보다 더 나아졌을지도 모른다. 내 말은 유능한 전문가가 되려면 오히려 일상 언어를 사용해야 하며 사람들이 생소한 개념을 이미 이해하고 있다고 단정 짓지 말아야 한다는 의미다.

내가 의미하는 바를 분명히 이해하기 위해 내 논문에서 가장 빈번히 인용되는 〈수확 체증과 경제 지리학Increasing Returns and Economic Geography〉을 살펴보자. (이 논문은 1991년에 발표했는데) 연구에만 몰두하던 그 시절 나는 경제학자 사이에서 직관을 넓히고 낮은 수준의 수학으로도 설명을 잘하는 명쾌한 저자라는 평판을 얻고 있었다. 그럼에도 논문에는 방정식 외에도 다음과 같은 문장이 나온다. "불완전 경쟁과 수확 체증이 일어날 때에는 금전적 외부 효과pecuniary externality가 중요하다." 이 문장을 속속들이 이해하는 사람이 내 《뉴욕타임스》 독자층의 1퍼센트라도 될까?

전문 용어를 피하는 일은 말처럼 쉽지 않다. 이는 전문 용어가 대부분 목적에 맞아떨어지기 때문이기도 하다. 곧 위 인용문은 대상 독자들에게 중요한 바를 알려 주고, 특수한 기술 용어 없이 동일한 논지를 펼치려면 수천 개 단어까지는 아니라도 수백 개 단어가 필요하다. 전문 용어를 피하기가 쉽지 않은 또 다른 이유는 몇 년 동안 특정의 전문적 주제에 파묻혀 살다 보면 제아무리 명민하고 교육을 잘 받은 사람이라 해도 평균치의 사람들이 실생활에서 어떻게 이야기를 나누는지 가늠하기가 어려울 수 있기 때문이기도 하다

나는 20여 년 동안 《뉴욕타임스》에 글을 써 왔다. 그러나 아직도 교열 담당자에게서 이해하지 못하겠다는 (따라서 독자도 이해하지 못 할 것이라는) 내용과 관련해 종종 질문을 받는다. 내가 일반 독자도 경제학자와 똑같은 의미로 단어를 쓸 것이라 부주의하게 여긴 때문이다. 일례로 경제학자들

이 "투자investment"라고 말할 때 그것은 보통 공장이나 사무실 건물 등을 새로 짓는다는 뜻이다. 독자들이 "투자"를 주식을 매수한다는 말이 아니라고 생각하길 바란다면, 경제학자들은 이 단어를 자세히 풀어 설명해야 한다.

그렇다고 독자를 바보라고 가정해야 한다는 의미가 아니다. 어떻게 소통해야 할까 고심해야 한다는 말이다. 사실, 2019년 발표한 〈미국 농촌의 실상Getting Real About Rural America〉은 앞서 언급한 1991년 논문을 살짝 손질한 글이었다. 나는 내가 전하려는 내용을 독자 대다수가 이해하리라 여겼지만, 그들 가운데 다수는 화를 터뜨렸다.

"부정직dishonest에 정직하자"로 넘어가 보자. 지금 우리는 내가 정한 전문가 활동의 4가지 규칙에서 보다 논란을 낳는 부분으로 들어섰다. 설명했듯, 오늘날에는 정치적이지 않은 게 없다. 그 결과, 주제가 경제학이든 다른 분야든 대중에게 널리 알려진 여러 주장이 그릇된 믿음〔자기기만, 악의〕bad faith을 바탕으로 삼고 있다.

가장 확실한 사례를 들어 보면, 부자 감세를 주장하는 사람들은 자신들이 증거를 살펴보고 그런 결론에 다다른 척하지만 실상은 그렇지 않다. 또 그들의 입장을 바꾸도록 설득할 증거도 없다. 실제로, 그들은 골대를 옮기는shifting goalposts〔자신에게 유리하게 몰래 조건을 바꾸는〕식으로 자신들의 주장에 제기되는 반증反證에 대처하고 있다. 예컨대 빌 클린턴Bill Clinton이 세금 인상을 하면 불경기를 일으킬 것이라고 예측한 바로 그 사람들이 지금은 클린턴 시절의 호경기가 일부 로널드 레이건의 1981년 감세로 장기간 이익을 본 덕분이라고 주장한다. 아니면 그들은 아예 거짓말을 꾸며내서는 수치를 조작하고 추정을 사실로 둔갑시킨다.

그렇다면 경제 전문가는 이와 같은 현실을 어떻게 다루어야 할까? 여러 경제학자에게서 공감을 살 만한 한 가지 대답은 올바른 믿음[선의]good-faith에 바탕을 두고 논쟁을 벌이는 것처럼 계속 행동하는 것이다. 즉 증거를 일목요연하게 제시해 어째서 이 관점은 적절하고 어째서 저 관점은 부적절한지 설명하고는 딱 그 지점에서 멈추는 것이다.

짐작하고 있겠지만, 나는 이것만으로는 충분하지 않으며 솔직히 독자에게 불공정하다고 생각한다. 그릇된 믿음에 기반을 둔 주장과 맞닥뜨렸을 때 그들 주장이 틀렸거니와 사실 그것이 그릇된 믿음에서 비롯하는 것임을 대중에게 알려야 한다. 다른 예를 들자면, 연준이 채권을 매입할 경우 인플레이션이 널뛰듯 뛴다고 내다본 이들이 틀렸음을 지적하는 일은 중요하다. 하지만 그들 중 누구도 자신이 길을 잘못 든 이유를 설명하기는 고사하고 순순히 틀렸다고 인정하지 않았음을, 그들 가운데 일부는 공화당이 백악관에 입성하자마자 별안간 입장을 번복까지 했음을 지적하는 일 또한 중요하다.

다시 말해, 우리는 정치적 논쟁에 널리 퍼져 있는 부정직에 정직해야 한다. 종종 허위가 의도를 드러내는 법이다. 그와 같은 결론이 나를 마지막 규칙으로 이끈다.

"동기를 밝히기를 두려워 말자." 나는 정책 논쟁이 당연히 올바른 믿음을 바탕으로 이루어진다고 누구나 생각하는 세상에서 우리가 살았으면 싶다. 나뿐만이 아니리라. 일례로 "양적 완화quantitative easing"―연준의 채권 매입 같은―가 실제로 경기 부양에 얼마나 효과적인지를 두고 논쟁이 치열하다. 나는 회의적 입장이지만 낙관적 입장도 존중할 수 있으며 양쪽 다, 내가 생각하기에, 설득에 열려 있다.

그런데 21세기 미국에서 벌어지는 중요한 정책 논쟁에서 대체로 한쪽은 늘 그릇된 믿음으로 무장하고 주장을 펼친다. 나는 앞서 이 점을 짚고 넘어가야 한다고, 즉 감세의 영향력을 부풀려 말하는 주장은 거짓일뿐더러 그런 주장을 내세우는 사람들은 일부러 부정직하게 굴고 있음을 독자에게 알려야 한다고 강조했다. 여기서 나는 한 걸음 더 내디뎌 독자들에게 공정하다는 의미는 곧 저들이 왜 부정직한지 설명하는 것이라 주장하고자 한다.

대체로 이는 현대 미국의 보수주의들이 지닌 속성을 하나하나 드러내는 일일뿐만 아니라 우파 억만장자들의 이해에 영합하며 사실상 공화당을 장악한 언론 조직과 두뇌 집단think tank이 서로 아귀가 맞아 돌아가는 조직망을 속속들이 밝혀내는 일이기도 하다. 이 조직망 —"운동 보수주의movement conservatism"— 때문에 감세 마술의 미신 같은 좀비 아이디어가 계속 활개를 치고 돌아다니고 있다. 상대편이 진정 올바른 믿음을 토대삼아 논쟁을 벌이고 있다면 그 사람이 품은 동기에 의문을 제기하는 행동은 옳지 못하다. 그런데 논쟁을 펴는 상대가 그릇된 믿음에 차 있다면, 그들의 동기를 파악하는 일은 단지 무슨 일이 일어나고 있는지 정직하게 밝히는 문제일 뿐이다.

나는 세상이 그렇지 않았으면 하고 바란다. 순진하게 학문만 파던 젊은 시절이 그리울 때가 있다. 그땐 그저 올바른 답을 구하려고 노력을 기울였으며 함께 논쟁을 벌이는 사람은 당연히 나와 똑같은 도전 의식으로 뭉쳐 있다고 여겼다. 그러나 유능한 공공 지식인이 되고자 한다면, 당신이 바라는 세상이 아니라 당신이 지금 발을 딛고 선 세상을 다루어야 한다.

이 책에 대해서

내가 《뉴욕타임스》에 글을 쓰기 시작한 것은 2000년부터다. 이보다 앞서 몇 년 동안 《포천Fortune》과 《슬레이트Slate》에 매달 글을 실었지만 그때 나는 여전히 연구에 주로 전념하는 경제학자였다. 사실 내가 쓴 논문 가운데 가장 훌륭하다고 자부하는 학술 논문인 〈악순환: 일본의 경기 침체와 유동성 함정의 재출현It's Baaack: Japan's Slump and the Return of the Liquidity Trap〉은 1998년에 썼다.

《뉴욕타임스》는 내가 주로 기업이나 경제학을 주제로 글을 쓰리라 기대했다. 그런데 나는 《뉴욕타임스》도 나 자신도 전혀 예기치 않은 위치에 서게 되었다. 조지 W. 부시George W. Bush 행정부는 (지금 트럼프주의자들이 그 수준을 능가하고 있지만) 과거 미국 정치에서 유례를 찾아볼 수 없을 정도로 부정직했고, 내가 보기엔, 분명 거짓 구실로 미국을 전쟁에 휘말리게 했다. 그런데 주요 언론사에 글을 싣는 어느 누구도 이 점을 나서서 지적하지 않았다. 그래서 내가 그 임무를 맡아야 한다고 생각했다.

이 기간 동안 내가 쓴 글에서 가장 나은 글을 엮어 2003년에 《대폭로The Great Unraveling》란 제목으로 출간했다. 그래서 이 시기는 다시 다룰 필요가 없다고 본다.

아주 드물게도 《대폭로》는 2004년에 판매고가 오른다. 부시가 대통령에 재선되고 난 뒤다. 당시만 해도 다른 많은 사람이 전쟁으로 치닫는 저 기만적인 진군에 맞서 싸웠고, 그래서 나는 예컨대 사회 보장 제도를 민영화하려는 시도나 의료 보험 혜택을 확대하려는 노력처럼 내 전공 분야와 훨씬 관련 깊은 쟁점에 마음 놓고 집중할 수 있었다.

이 책에서는 3분의 1 이상을 할애해 2008년 금융 위기와 그 여파를 다양한 측면에서 파헤친다. 그 위기를 예측한 사람은 정말 아무도 없었다. 일어나지 않은 수많은 다른 위기를 예견한 사람들을 빼고는. 나는 미국의 주택 시장에 거품이 엄청나게 끼어 있다는 점은 깨닫고 있었다. 그런데 막상 거품이 꺼지면서 뒤따른 피해에는 충격을 금치 못했다. 규제에서 벗어난 "그림자shadow" 금융이 몸집을 키운 탓에 미국의 금융 체계가 얼마나 허약해졌는지 미처 깨닫지 못해서였다.

그러나 일단 붕괴가 일어나자 이 분야를 연구해 온 경제학자들은 자신들에게 친숙한 영역과 마주했다. 경제학자들은 금융 위기의 이론뿐 아니라 역사도 아주 잘 안다. 또한 위기의 여파로 경제가 어떻게 움직일지도 훤히 꿰고 있다. 앞서 언급한 1998년 논문의 주제가 바로 일본만의 독특한 문제에서 서구 사회 전반의 표준이 된 상황, 즉 제로 금리임에도 완전 고용을 회복하지 못하는 상황일 때 어떤 일이 닥치는가였다.

2008년 금융 위기 이후 5년 남짓한 그 시기는 나에게 최고의 시간인 동시에 최악의 시간이었다. 기고가로서의 역할과 학술 연구가 거의 완벽하게 맞아떨어져 내가 정책입안자들이 무엇을 해야 하는지 발언을 쏟아낼 수 있는 위치에 놓였다는 의미에서는 최고의 시간이었다. 반면, 정책입안자들이 한결같이 경제학자들의 지식을 활용하기를 거부하고 그 대신 그릇된 주장, 종종 그릇된 믿음에 토대를 둔 주장에 현혹되어 예산 적자에 집착하면서 그 결과 불필요한 고통이 막대하게 초래되었다는 의미에서는 최악의 시간이었다.

이 책의 나머지는 주로 제목이 가리키는 내용을 다룬다. 감세 좀비부터 기후 변화 부정 좀비까지 이러저러한 좀비와 싸움을 벌인다. 이들 좀비가 비척비척 돌아다니게끔 끊임없이 길을 닦아 대는 운동 보수주의도 다룬다. 물론 도널드 트럼프도 상당한 비중을 차지한다. 나는 트럼프가 과거와 단절된 인물이라고는 보지 않는다. 오히려 트럼프는 지난 수십 년 동안 운동 보수주의가 우리를 몰아 온 궤도에서 정점에 서 있는 인물이다.

이 책의 말미는 보다 가벼운 읽을거리로 채웠다. 솔직히 말해 그다지 가볍지만은 않다. 하지만 내 기분이 밝아지는 내용이다. 마지막 부분에는 경제학과 비교적 관련이 높은 글을 가려 실어 내 지적 탐구의 뿌리로 되돌아간다. 《뉴욕타임스》에 실은 글보다 어렵고 전문 용어도 꽤 등장하지만 일부 독자라도 노력을 기울여 내가 여러 쟁점을 놓고 실제로 어떤 고민의 과정을 밟아 나가는지 알았으면 하는 바람이다.

결국 이 책이 전하는 이야기는 진실을 규명하고, 정의를 실현하고, 좀비를 추방하려는 투쟁을 담고 있다. 그 싸움에서 온전한 승리를 거머쥘 수 있을지 알지 못한다. 쓰라린 패배를 맛볼지도 모른다. 그래도 그만 한 이상이라면 분명 싸워 볼 만한 가치가 있지 않을까.

1장

부자 감세: 좀비는 왜 그토록 강할까?

최강 좀비

로널드 레이건이 1981년 8월 대대적인 감세안을 통과시켰다. 공교롭게도 미국 경제가 경기 후퇴로 막 빠져들던 때였다. 1979~1982년의 미국 경제 상황을 "이중 침체〔더블딥〕double-dip recession"라고들 보는데, 바로 그 두 번째 침체에 접어들던 시기였다. 실업률이 대공황 이후 가장 높게 치달았다. 그런데 1982년 말에 들어 경제가 회복세를 보이면서 2년 동안 매우 빠른 성장을 거친 뒤 다시 서서히 가라앉아 정상적 속도로 돌아왔다.

눈치 챘겠지만 1981년이라면 아주 오래전이다. IBM이 데스크톱 컴퓨터를 처음 선보인 해로 명령어를 일일이 자판으로 쳐 넣어야 했던 사양仕樣이었다. 스마트폰은 수십 년 뒤에나 나올 터였다. 사회의식도 현재 기준에 비추면 도무지 이해할 수 없는 수준이었다. 일례로 미국 백인의 3분의 1만이 자신이 다른 인종과 결혼할 수 있다고 생각했다.

그런데 지금까지도 보수주의자들은 저 2년에 걸친 성장이 부자 감세가 발휘하는 마법의 힘을 입증한다고 굳건히 믿고 있다.

공교롭게도 보수주의자들은 1982~1984년에 일어났던 현상에 대해서도 잘못 알고 있다. 1980년대 초반의 경기 후퇴는 대체로 연준이 의도한 결과였다. 연준은 높은 인플레이션율을 억제하려고 이자율을 대폭 올렸다. 그러고는 1982년에 고삐를 늦추어 이자율을 뚝 떨어뜨렸다. 곧 1982~1984년의 호황은 대개 레이건의 감세 정책이 아니라 이 같은 금융 완화 조치로 설명할 수 있었다.

그런데 그런 잘못된 해석은 차지하고라도, 왜 우파는 제 마음에 드는 정책을 옹호하려고 저 케케묵은 일을 계속 끄집어낼까? 왜 보다 최근에 성공한 사례를 거론하지 않을까?

왜냐하면 그런 사례가 없기 때문이다.

부유층에 부과하는 낮은 세금이 번영의 비결이라는 신조는 1980년대 이후 거듭 시험을 거쳤다. 1993년에 시험이 있었다. 이때 빌 클린턴〔재임 1993~2001〕은 세금을 인상했고 보수주의자들은 재앙을 예견했다. 하지만 클린턴은 엄청난 규모의 경제 확장economic expansion을 이끌어 냈다. 조지 W. 부시 행정부 시절〔아들 부시. 2001~2009〕에도 시험이 있었다. 부시는 다시 세금을 인하했고 그 지지자들은 호황을 장담했다. 그런데 실제로는 성장에 맥이 빠지더니 경제는 금융 붕괴로 이어졌다. 시험은 2013년에도 있었다. 이때 버락 오바마Barack Obama〔재임 2009~2017〕가 부시의 감세 정책 일부에 시효를 만료하고 몇몇 세금을 올려 오바마케어Obamacare〔오바마 건강보험개혁법〕에 필요한 비용을 확보했다. 그러자 경제가 느리지만 꾸준히 성장세를 그렸다.

마침내, 도널드 트럼프[재임 2017~2021]가 시험대에 올랐다. 트럼프는 2017년 대폭적인 감세안을 통과시키면서 다시 한 번 경제 기적을 약속했다. 그런데 2019년 초까지도 트럼프의 감세 정책은 이렇다 할 성과 없이 대실패로 끝날 모양새다.

주 정부 차원에서도 시험이 여러 차례 있었다. 2011년에 캘리포니아주와 캔자스주는 서로 반대 방향으로 나아갔다. 캘리포니아주는 세금을 올렸고 이에 우파는 "경제적 자살행위economic suicide"라고 울부짖다시피 했다. 캔자스주는 세금을 내렸고 경제가 급성장세를 보이리라 내다보았다. 결과는 드러났다시피 캘리포니아주에서는 아무런 탈이 없었고 캔자스주에서는 예산 위기가 닥치면서 공화당 의원들의 의결로 감세 정책 대부분이 뒤집혔다.

요컨대 부자 감세가 모두에게 커다란 이로움을 안긴다는 주장만큼 철저하게 검증받고 처절하게 논박당한 경제 신조도 거의 없다. 그러나 그 신조는 끈질기다. 실은 공화당을 꽉 틀어쥐고 있어 당 내부에서 거의 어느 누구도 부자 감세에 회의적 표현을 입에 올리기조차 못한다.

나는 "좀비 아이디어"란 단어를 캐나다 의료 보험을 다룬 글에서 처음 보았다. 그 글에서 "좀비 아이디어"는 엄청난 수의 캐나다인이 의료를 목적으로 계속 미국으로 건너간다는 억설처럼 잘못된 주장을 가리키는 말로 쓰였다. 그 글에서 지적했다시피, 저런 주장은 수차례 반박되었고 캐나다 의료 제도 반대론으로서는 이미 명이 다했어야 했다. 그러나 계속 어기적어기적 돌아다니며 사람들 뇌를 파먹고 있다.

그런데 부자 감세라는 마법에 보내는 광신이야말로 최강 좀비다. 사실 이 최강 좀비를 죽이는 일이 왜 불가능한지 증명하기란 어렵지 않다.

부자 감세는 이롭다는 맹신이 사라지지 않으면 결국 누가 이득을 보는지 한 번만 따져 보라. 자신의 부 가운데 극히 일부를 떼어, 감세 바이러스를 흔쾌히 퍼뜨리는 정치인, 두뇌 집단—아니 실은 "무뇌" 집단—, 당파적 언론 매체를 지원할 의향이 있는 소수의 억만장자만 있으면 된다. 이것만으로도 쉽사리 좀비가 비척비척 계속 돌아다니게 할 수 있다.

이 장에 실은 글 일부에서는 저 좀비의 머리를 날려 버리려고 다시 한 번 노력을 기울인다. 어찌 되었든 누구 한 사람이라도 포기하지 않고 계속 시도해야 하기에.

그런데 이 점은 짚고 싶다. 대중은 감세 선전을 한 번도 믿어 본 적이 없다는 것이다. 여론 조사에 따르면, 유권자들은 늘 부자가 세금을 더 내기를 바라지 덜 내기를 바라지 않는다. 특히 2018년 중간 선거 이후 몇몇 민주당 의원은 대담하게 다시 한 번 고소득과 최상위 부에 세금을 부과해 사회에 필요한 우선 정책을 지원하는 제안을 내려고 했다. 이 장 마지막 부분에서 나는 이러한 구상을 일부 살펴본다.

트윙키 시대의 교훈

2012년 11월 18일

트윙키Twinkie는, 알다시피, 오래전인 1930년에 나왔다. 하지만 한 시대를 풍미한 이 과자는 우리 기억 속에서 1950년대와 영원히 떼려야 뗄 수 없는 관계에 있다. 그때 호스티스사Hostess社가 〔어린이 TV 프로그램〕〈하우디두디쇼The Howdy Doody Show〉를 후원하며 그 상표가 대중에게 널리 알려진 때문이다. 그런데 호스티스사가 파산하면서 보다 순수해 보이던 시절을 그리워하는 향수가 베이비붐 세대에 해일처럼 밀려들었다.

사실 1950년대는, 두말할 필요 없이, 전혀 순수하지 않았다. 그러나 트윙키 시대인 1950년대는 21세기에도 여전히 의미 있는 교훈을 들려준다. 무엇보다, 전후戰後 미국 경제의 성공은 오늘날 보수주의의 통설과는 달리 노동자를 업신여기거나 부자를 떠받들지 않아도 번영할 수 있다는 교훈이다.

부유층에 부과하는 세율 문제를 살펴보자. 현대 미국의 우파는 그리고 중도파라고 말하는 대다수는 최상위층의 낮은 세율이 성장에 필수적이라는 생각에 사로잡혀 있다. 어스킨 볼스Erskine Bowles와 앨런 심슨Alan Simpson은 적자 감축 계획안을 마련하는 책임을 맡았음에도 어찌 된 셈인지 "낮은 세율"을 "지침 원칙"으로 삼았다는 사실을 떠올려 보라.

그런데 1950년대에 최상위 계층의 소득에는 한계 세율marginal tax rate이 91, 오자가 아니다, 무려 91퍼센트나 되었다. 또한 1950년대에 기업 이익corporate profit에 부과하는 세금은 국민 소득national income과 비교하면 최근 몇 년보다 2배나 높았다. 가장 신뢰할 만한 추산에 따르면, 1960년경 미국 국민 최상위의 0.01퍼센트가 낸 연방세는 세율이 사실상 70퍼센트 이상이었으며 이는 오늘날 세율의 2배였다.

높은 세금이 부유한 사업가들이 짊어져야 하는 유일한 짐이었을까? 아니었다. 사업가들은 또한 지금으로서는 상상하기 어려울 정도로 막강한 협상력을 가진 노동자 세력에 직면해 있기도 했다. 1955년에는 미국 노동자의 약 3분의 1이 노동조합원이었다. 대기업에서는 경영자와 노동자가 대등하게 협상에 임했고, 따라서 기업은 그저 주주stockholder를 섬기는 게 아니라 다수의 "이해관계자stakeholder"를 아울러야 한다고 말하는 경우도 다반사였다.

경영진은 높은 세금과 권한 있는 노동자 사이에 끼여 이전 세대나 이후 세대의 기준에 견주면 상대적으로 가난한 편이었다. 1955년에 《포천》은 〈최고 경영진이 사는 모습How Top Executives Live〉이라는 글을 싣고 이들의 생활 방식이 옛날과 비교해 얼마나 소박해졌는지 강조했다. 1920년대의 거대한 저택, 대군大群 같은 하인, 화려한 요트는 더 이상 없었다.《포천》에 따르면, 1955년 무렵 전형적인 경영진은 보통 교외에 위치한 자그마한 집에서 살았고, 시간제 도우미를 썼고, 비교적 작은 배를 소유했다.

〈최고 경영진이 사는 모습〉은《포천》지가 어떤 인상을 받았는지 확인해 준다. 1920년대와 1950년대 사이 미국 최상위층의 실질 소득real income은 확연하게 떨어졌다. 중산층과 비교해도 그랬거니와 절대 수치상으로도 그랬다. 토마 피케티Thomas Piketty와 이매뉴얼 사에즈Emmanuel Saez 두 경제학자가 추산하기로, 1955년에 미국 국민 최상위 0.01퍼센트의 실질 소득은 1920년대 말 미국 국민 최상위 0.01퍼센트의 실질 소득에 절반에도 미치지 못했으며 전체 소득에서 차지하는 비율도 4분의 3 정도로 줄어들었다.

물론 오늘날에는 대저택, 하인 군단, 요트가 과거 어느 때보다 부피가 커져서 돌아왔다. 그리고 어떤 정책이든 부호plutocrat의 방식을 방해하는 조짐이 보이면 "사회주의socialism"라는 아우성이 빗발쳤다. 실제로 밋롬니Mitt Romney의 선거 운동〔2012년〕은 오로지 최상위 소득에 대한 세금을 조심스럽게 올리겠다는 오바마 대통령의 위협이, 여기에 일부 은행가들이 서투르게 처신해 왔다고 시사하는 오바마의 무모함이 더해지면서, 경제를 무력하게 만들고 있다는 전제에 토대를 두었다. 그렇다면 친親부호와는 거리가 멀었던 1950년대의 경제 환경은 틀림없이 미국 경제에 재앙을 안겨야 했다. 안 그런가?

사실 당시 몇몇 사람은 그렇게 생각했다. 폴 라이언Paul Ryan과 여러 현대 보수주의자는 에인 랜드Ayn Rand〔러시아 태생의 미국 소설가, 경제철학자〕를 열렬히 추종한다.《아틀라스Atlas Shrugged》(1957)에서 랜드가 묘사한, 파멸로 치달으며 부랑자가 들끓는 국가는 다름 아닌 드와이트 아이젠

하워Dwight Eisenhower 집권 시〔1953~1961〕의 미국이었다.

그런데 이상하게도 《포천》이 1955년에 억압당한다고 묘사한 경영진은 존 골트John Galt〔자유-시장 경제를 옹호한 랜드의 소설 《아틀라스》의 주인공〕를 따라 나서며 국가에서 자신의 재능을 빼 오지 않았다. 《포천》이 믿을 만한 소식통이라면, 오히려 경영진은 당시 어느 때보다 더욱 열심히 일했다. 제2차 세계 대전이 끝나고 수십 년 동안 높은 세금과 힘이 강한 노조는 사실 폭넓고도 광범위하게 공유되는 경제 성장을 이루었다. 이전에도 이후에도 1947년에서 1973년 사이처럼 중위 가계 소득median family income이 2배로 늘어난 적은 단 한 번도 없었다.

바로 그런 기억이 우리에게 향수를 불러일으킨다.

터놓고 말해서, 소수자와 여성이 제 분수를 지키고. 동성애자가 철저하게 자신을 숨기고, 하원의원이 "당신, 빨갱이야? 아니면 빨갱이 전력 있어?"라고 묻던 그 시절을 몹시 그리워하는 사람들이 우리 정계에 일부 있다. 하지만 그들을 제외한 우리 대다수는 그런 시절이 지나가서 무척 다행이라 여긴다. 우리는 도덕적으로 과거보다 훨씬 나은 국가를 이루었다. 참, 그리고 먹을거리도 정말 풍성해졌다.

그런데 그 길을 걸어오는 동안 우리는 중요한 점을 놓쳤다. 경제 정의와 경제 성장은 양립할 수 없는 게 아니라는 점을 잊었다. 1950년대 미국은 부유층에 정당한 몫을 내게 했다. 노동자에게 적절한 임금과 인간다운 복지를 위해 협상할 수 있는 힘을 주었다. 그러나 그 시절 미국은 예나 지금이나 한결같이 부자 감세를 외치는 우파의 선전과는 달리 번영을 누렸다. 우리는 다시 한 번 그렇게 할 수 있다.

역사상 최악의 세금 사기

2017년 11월 27일

도널드 트럼프는 자신의 재임 중에 일어나는 온갖 좋은 일을 역대 최대이자, 최상이자, 최고라고 공개 석상에서 즐겨 자랑한다. 예컨대 일자리 증가나 주가 상승 등이다. 그러면 사실 확인 기관팩트체커, fact-checker이 끼어들어 얼른 그 주장이 거짓임을 밝혀낸다.

그런데 지금 상원에서 벌어지는 일은 가히 트럼프스러운 행태의 결정판이라 할 만하다. 이번 주에 공화당 지도부가 청문회도 없이, 예상되는 경제적 파급력에 대한 기본 분석조차 할 시간도 없이 밀어붙이려는 법안은 희대의 세금 사기다. 규모가 너무나도 큰 사기라서 누가 사기를 당하는지도 분명치 않다. 중산층 납세자 또는 예산 적자를 걱정하는 사람, 혹은 둘 다 일지도 모른다.

한 가지만은 분명하다. 이런 형태로든 저런 형태로든 이 법안이 미국 국민 대다수에게 피해를 입히리라는 것이다. 유일한 최고의 승자는 부유층—특히 생계를 위해 일하기보다는 주로 자산 소득을 올리는 사람들—과 법이 뚫어 놓은 이러저러한 탈세 구멍을 신나게 들락날락하는 세무 변호사와 회계사들이다.

이 법안에서 핵심은 소득 중하위 가계에서 기업과 사업주로 소득을 크게 재분배한다는 데 있다. 법인세율corporate tax rate은 대폭 인하되는 반면 일반 가계는 잇따른 세금 변동으로 소액이나마 예상치 못한 세금을 낸다. 세금 변동이 그 자체로는 폭이 그다지 크지 않아도 중산층 납세자의 거의 3분의 2가 세금이 제법 오른다.

게다가 이 법안으로 오바마케어에서 일부가 폐지되어 소득 하위 가계의 지원은 대폭 줄어들고 중산층 다수의 보험료는 올라간다.

어떻게 그런 법안이 상원을 통과할 수 있을까 의문이 들지도 모른다. 그런데 바로 그 지점에서 사기 수법이 끼어든다.

이 법안은 기본 구조가 중산층에 부과하는 세금을 올리는 형태를 띠지만 한시적 세금 우대 조치도 다수 포함해 처음에는 세금 인상의 영향이 없다. 그 결과, 세법 시행 후 처음 몇 년 동안은 중산층 가계 대다수가 약간의 세금을 감면받는다고 여긴다.

그런데 여기서 중요한 것은 "한시적temporary"이라는 문구다. 한시적 세금 우대 조치는 시간이 지나면서 전부 줄어들거나 어느 시점에 다다르면 만료된다. 2027년이 되면 이 법안은, 이미 지적했다시피, 중산층에 세금을 올리며 이 인상한 세금으로 주로 부유층에 이로운 감세 비용을 충당하게 될 것이다.

누가 왜 시간이 지나면 효력이 사라지는 조항으로 가득 채워 법안을 작성할까? 그 이면에는 경제 논리도 정책 논리도 없다. 결국 양쪽에 한 발씩 걸치려는 속셈에 지나지 않는다. 다시 말해, 정치적으로 일부러 상황을 호도糊塗, double talk해 안전하게 숨을 공간을 파 놓는 것이다.

바로 이럴 심산인 셈이다. 이 법안이 일반 서민 가계를 희생양으로 삼아 부유층에 지나치게 이롭다고 지적하면, 공화당은 한시적 세금 우대 조치로 계급 전쟁 성격을 가리는 향후 몇 년을 들먹일 것이다. 그리고 법안에 쓰인 문구가 지금 뭐라고 말하든 나중에 세금 우대 조치를 실제로 의회에서 영구적 조치로 바꾸면 된다고 주장할 것이다.

한편 이 법안이 재정적으로 무책임하다고 지적하면, 공화당은 향후 10년 동안 적자가 "고작" 1조 5000억 달러 늘어날 뿐이며 그 이후로는 적자가 늘지 않는다고 말할 것이다. 왜냐하면, 알다시피, 세금 우대 조치는 2027년에 만료하며 따라서 이후 세금이 올라 세수가 크게 늘어날 것이기 때문이다. 어찌 되었든, 중산층 세금이 오른다는 저 주장이 법안 통과에 결정적 역할을 한다. 그래서 10년이나 지나야 적자가 늘지 않는 법안임에도 합법적 의사 진행 방해 연설필리버스터, filibuster을 피하고 상원에서 단순 다수결simple majority로 법안이 통과될 수 있다.

중요한 점은, 당연하게도 이 두 주장이 다 맞을 수 없다는 것이다. 이 법안은 중산층의 세 부담을 크게 올리거나 예산을 거덜 내어 버린다. 어느 쪽이 될까? 아무도 알지 못한다. 십중팔구 이 흉물덩어리 법안을 입안한 사람조차 알지 못할 것이다. 그러나 누군가는 사기를 당하고 있고, 그것도 한두 명이 아니다.

아, 그리고 기업 감세가 경제를 활성화하고 그만 한 성과를 내리라는 주장은 무시하자. 시카고대학에서 공화당의 조세안이 경제에 끼치는 영향을 주제로 설문 조사를 진행했다. 이러저러한 이념의 경제학자 42명이 설문에 참여했는데 그중 단 1명만이 조세안이 상당한 경제 성장을 가져올 것이라는 데 동의했다. 하지만 이 조세안이 미국 부채를 상당히 늘린다는 견해에는 아무도 이견이 없었다.

따라서 이는 엄청난 사기다. 이 사기가 정확히 어떤 성격을 갖는지는 불분명하지만 그것이 어느 쪽이든, 미국의 일반 서민 가계는 희생양이 될 처지에 놓인다.

그 이유를 설명하자면, 한시적 세금 우대 조치가 결국 영구적 조치가 되어 예산 적자가 장기적으로 크게 늘었다고 가정해 보자. 그다음엔? 우리는 어떻게 흘러갈지 안다. 공화당이 한순간에 재정 적자 매파deficit hawks 가면을 다시 뒤집어쓰고는 "복지권 개혁entitlement reform"을 요구할 것이다. 메디케어, 메디케이드Medicaid〔저소득층 의료 보험〕, 사회 보장 제도, 일반 서민 가계가 의지하는 제도에 대한 지원 축소 등등. 사실 공화당은 이런 복지 혜택 축소를 이미 논의 중에 있다. 호구들을 유인할 미끼 상품을 던지기도 전에 본 상품의 떡밥을 개기 시작한 격이다.

과연 이와 같은 어마어마한 사기가 성공을 거둘까? 청문회를 단 한 차례도 열지 않고, 의회 자체 공식 분석 기관scorekeeper〔의회예산처와 합동조세위원회Joint Committee on Taxation, JCT 등〕의 전반적 평가도 거치지 않은 채 공화당이 상원에 이 법안을 서둘러 상정한 이유는 자기네의 저런 꿍꿍이속을 국민들이 알아차리기 전에 법안이 통과되기를 바라기 때문이다.

이제 문제는 원칙을 지키며 정책을 거짓말로 속여서는 안 된다고 믿는 공화당 상원의원의 수가 저 불한당들의 질주를 막아 세울 만큼 존재하느냐다. 〔"이 법안" 곧 "감세 및 일자리법"은 상원을 통과해 2017년 12월 22일 도

널드 트럼프 대통령이 서명함으로써 그 변경 내용 대부분이 2018년 1월 1일에 발효되었다.]

트럼프 세금 사기 2단계

2018년 10월 18일

트럼프 감세안이 법〔감세 및 일자리법〕으로 제정되기 직전, 나는 그 안을 "역사상 최악의 세금 사기"라고 부르며 몇 가지 예측을 내놓은 바 있다. 적자가 치솟을 것이고, 그렇게 되면 공화당은 한 번 더 부채를 걱정하는 척할 것이며, 메디케어와 메디케이드와 사회 보장 제도의 혜택을 줄이라고 요구할 것이라는 내용이었다.

아니나 다를까 재정 적자가 치솟고 있다. 그리고 이번 주 미치 매코널Mitch McConnell 연방 상원 다수당〔공화당〕 원내대표는 재정 적자 급증에 대해 "대단히 위태롭다"라고 언명한 뒤 짐작대로 "메디케어와 사회 보장 제도와 메디케이드"의 혜택 축소를 요구했다. 그는 또한 중간 선거에서 공화당이 선전할 경우 공화당은 부담적정보험법Affordable Care Act, ACA〔환자 보호 및 부담적정보험법Patient Protection and Affordable Care Act, PPACA〕을 폐지할 수 있다고 시사했다. 수천만 명에게서 의료 보험 혜택을 없앨 수 있다는 것이다.

이런 일이 닥치리라고 예상하지 못한 정치분석가라면 다른 직업을 찾아봐야 한다. 뭐니 뭐니 해도 "야수 굶기기starving the beast" 전략, 곧 "부자 감세를 실시하고 그 결과 늘어난 적자를 구실 삼아 사회 안전망을 파괴하려"는 전략이야말로 공화당이 수십 년 동안 전통적으로 구사해 온 것이었으니까.

아, 그리고 공화당이 감세가 그만 한 가치가 있다고 주장하는 이유가 대체 무엇인지를 묻는 사람은 순진하기 짝이 없다. 공화당 의원들은, 자신들이 무슨 말을 하든지 간에 감세가 [적자에 영향을 주지 않는] 적자 중립적deficit-neutral일 것이라고는 결코 믿지 않았다. 그들은 감세를 밀어붙였는데, 감세는 부유한 기부자들이 원했던 바이고 그들이 재정 적자 매파처럼 행동한 것은 항상 사기였기 때문이다. 그들은 사실상 경제학적으로 터무니없는 헛소리를 믿지 않았다. 오히려 저 경제학적으로 말도 안 되는 헛소리가 그들을 돈으로 매수했다고 말하는 편이 더 정확하다.

그렇긴 해도 공화당이 구사하는 예산 미끼 상술에 나 또한 두 가지 점에서 놀랐다. 하나는 그 타이밍이다. 나는 매코널이 중간 선거 뒤까지 잠자코 있으리라 예상했었다. 또 하나는 그 거짓말이다. 나는 트럼프와 그 지지자들이 부정직할 것임을 알고 있었지만 그 거짓말이 그들만큼이나 뻔뻔할 것이라곤 생각지 못했다.

도대체 그들이 하는 거짓말은 무엇일까? 우선 재정 적자가 빠르게 치솟는 이유가 지출이 늘어난 결과이지 세수가 줄어든 탓이 아니라는 주장이다. 트럼프 행정부의 예산관리국장 믹 멀베이니Mick Mulvaney는 적자가 커지는 원인이 허리케인 구호 비용 때문이라는 주장까지 폈다.

그런 주장에 대한 근거는 엉성하기 짝이 없다. 달러로 환산하면 전년도 대비 지난 한 해 연방 세수는 살짝 늘어난 반면 세출은 약 3퍼센트나 늘어났다는 것이다.

이는 허섭스레기 같은 주장이고, 누구나 그 사실을 안다. 세수와 세출은 일반적으로 인플레이션, 인구 증가, 여타의 요인으로 매년 증가하기 때문이다. 버락 오바마의 두 번째 임기〔2013~2017〕동안 세수는 매년 7퍼센트 이상 증가했다. 적자 급증을 판단하는 근거는 정상적인 성장에서 얼마만큼 벗어났는가로 평가되며, 따라서 답은 다름 아닌 감세에 있다.

재정 적자의 근거에 대한 부정직은 대체로 공화당이 구사하는 기본 전술이다. 새로운 점이라면 예산 문제에서, 객관적으로 말해 모든 주요 정책 문제에서 공화당이 입장을 취할 때 그들 몸에 배어 있는 고의적인 호도다.

그런데 내가 말하는 고의적인 호도란 무슨 의미일까? 흠, 다음과 같은 사실을 떠올려 보자. 매코널이 재정 적자를 "복지권"(즉 메디케어와 사회 보장 제도) 탓으로 돌리며 특히 메디케어가 "지속 불가능"하다고 (거짓으로) 열변을 토하는 사이, 연방 하원 의장인 공화당의 폴 라이언을 지지하는 슈퍼팩super PAC〔미국의 억만장자들로 이루어진 민간 정치 자금 단체〕이 민주당이 메디케어의 지원을 축소하기를 원하고 있다고 비난하는 광고를 내보내고 있는 현실을 말이다. 그 〔정치적〕 시니시즘cynicism에 기가 막힐 지경이다.

그런데 딘 헬러Dean Heller, 조시 홀리Josh Hawley, 심지어 테드 크루즈Ted Cruz 같은 공화당 의원들의 행동보다 더 냉소를 부르는 것도 없다. 기저 질환이 있는 사람들을 보호하는 부담적정보험법의 폐지에 표를 던졌거나 그러한 보호를 이 법에서 없애려는 소송을 지지했던 이들 의원이 지금 줄기차게 주장하는 바는 자신들은 기저 질환자들을 보호하고 싶어 한다는 것이다.

요지를 말하자면, 우리가 지금 휘말린 정치 선전에서 모든 주요 정책 문제에 대해 한쪽이 자신들의 입장이라고 말로 내세우는 위치와 그들이 진짜로 발을 딛고 서 있는 위치는 정반대라는 점이다. 공화당은 여러 쟁점을 둘러싸고 펼치는 논쟁에서 자신들이 이길 수 없다고 이미 결론 내렸다. 하지만 공화당은 정책을 바꾸기는커녕 먹물을 쫙 뿌려 대며 자신들이 실제로 발 딛고 있는 곳을 유권자들이 알아차리지 못하기를 바라고 있다.

어째서 그들은 자신들이 들키지 않을 수 있다고 생각하는 걸까? 가장 주된 대답은, 그들은 자신의 지지자들을 분명 우습게 여긴다는 것이다. 그들의 지지자들은 대개 공화당 노선을 맹목적으로 따르는 폭스 뉴스Fox News나 여타 선전 매체에서 뉴스를 접한다. 다른 정보원에 의지하는 지지자들에게 호소할 때에도 공화당은 자신의 위치를 허위로 속이면 당의 실제 정책들이 크게 인기를 끌지 못하더라도 지지도를 만회할 수 있으며, 인종주의와 공포를 이용하면 위기에서 빠져나올 수 있다고 믿고 있다.

그러나 분명히 해 두자. 공화당의 시니시즘은 또한 여러 주류 뉴스 미디어를 함부로 경멸하는 태도를 수반한다. 역사적으로 미디어 기관은 거짓말을 하게 되는 것을 몹시 꺼려 왔다. 이 사람에 따르면 이러하고 저 사람에 따르면 저러하고 하는 식으로 보도하며 빠져나갈 구실을 마련해 두려는 미디어 기관들의 성향은 공화당에 매우 유리하게 작용했다. 현대 공화당이 민주당보다 거짓말을 더 자주 하는 현실을 감안할 때 특히 더 그랬다. 가장 노골적인 거짓조차도 그것이 실제로 거짓이라 밝히지 않고

"민주당에 따르면" 이러저러해서 거짓이라는 내용으로 머리기사와 함께 보도되는 경향이 있다.

어찌 되었든 이 시점에서 공화당은 전쟁은 평화, 자유는 예속, 무지는 힘이며 계속해서 메디케어를 없애려는 자신들이 사실은 이 제도의 진정한 수호자라 공언하고 있다.

이토록 거짓이 활개 치는 선거 운동이 정말 승리할 수 있을까? 그 결과를 알 수 있는 시간이 채 3주도 남지 않았다.

트럼프 감세는 어쩌다
물거품이 되었을까?

2018년 11월 15일

지난주를 수놓은 파란 물결blue wave은 도널드 트럼프가 2020년 선거에 돌입할 때 그의 주요 입법 성과가 단 하나뿐이라는 현실을 반영한다. 바로 기업과 부유층에 대한 대규모 감세다. 그럼에도 저 감세는 굉장한 일들을 하기로 되어 있었다. 공화당은 감세 정책이 자신들에게 선거에 큰 힘을 보태 줄 것이라 판단했고 경제에 엄청난 이익을 가져다줄 것이라 예상했다. 그런데 공화당이 정작 손에 쥔 것은 커다란 물거품이었다.

정치적 보상도, 물론, 전혀 돌아오지 않았다. 경제적 실적 또한 실망스럽기 그지없었다. 사실 2사분기에 꽤 빠른 경제 성장을 이루었지만 그런 급성장은 무척 흔한 현상이다. 2014년에도 상당히 큰 폭으로 더 빠른 성장을 기록했지만 거의 아무도 알아채지 못했다. 무엇보다 현 2018년의 성장은 주로 소비 지출과 놀랍게도 정부 지출이 주도한 것으로 감세 옹호자들의 기대와는 어긋난 일이었다.

한편 감세법 지지자들이 장담하던 뜨거운 투자 열풍도 그 조짐이 전혀 보이지 않는다. 기업이 감세에 의한 수익을 일자리 창출이나 생산력 증진이 아니라 자사주를 도로 매수하는 데 주로 썼기 때문이다.

그런데 감세의 영향이 왜 이토록 미미한 걸까? 개별 과세에 생겨난 결함투성이의 이러저러한 작은 변동은 일단 제쳐 놓자. 그 때문에 회계사가 몇 년 동안 무척 바빠지긴 하겠지만. 감세법안에서 핵심은 법인세를 대폭 인하하는 것이었다. 그럼에도 왜 그것이 투자를 더 늘리는 데 보탬이 되지 않았을까?

그 대답으로 내가 주장하고 싶은 바는, 사업상의 결정이 보수주의자들이 주장하는 것만큼 재정적 유인책─세율 포함─에 훨씬 덜 민감하게 반응한다는 점이다. 그런 현실 인식은 트럼프 감세 옹호론의 지반만을 약화시키지 않는다. 그것은 공화당의 경제 신조 전반을 침식해 들어간다.

사업상의 결정에 대해 살펴보자. 이자율 변동이 주로 주택 시장이나 달러의 국제적 가치에 미치는 영향을 통해서 경제에 작용한다는 점은 통화 분석에서 쉬쉬하며 숨기고 싶은 비밀dirty little secret이다(그리고 그 달러의 국제적 가치가 세계 시장에 나온 미국 상품의 경쟁력에 다시 영향을 미친다). 사업 투자에 대한 직접적 영향은 그것이 무엇이든 간에 너무 작아서 자료상으로 찾아보기조차 어렵다. 투자를 이끌어내는 요소는 오히려 시장 수요에 대한 인식이다

왜 그럴까? 한 가지 주된 이유를 꼽자면, 사업 투자는 가용 시간이 상대적으로 짧다는 점이다. 주택 담보 대출을 받아 수십 년 동안 서 있을 집을 사야 할지 말아야 할지 고심하는 경우라면 이자율은 매우 중요하다.

하지만 대출을 받아 예컨대 몇 년 지나면 고장 나거나 쓸모없어질 업무용 컴퓨터를 사려고 고민하는 경우라면 대출 이자율은 구매 여부를 결정하는 데서 중요한 고려 사항이 되지 않는다.

동일한 논리가 세율에도 적용된다. 현행 사업 소득 세율인 21퍼센트로는 해볼 만한 가치가 있어도 트럼프가 감세하기 전 세율인 35퍼센트로는 해볼 만한 가치가 없던 예비 사업 투자는 그리 많지 않다.

또한 기업 이익에서 상당 부분은 사실 독점력monopoly power에 대한 보상이지 투자에 대한 수익이 아니다. 따라서 독점 이윤monopoly profit에 대한 감세는 순전히 덤이며 투자나 고용에 아무런 명분도 주지 않는다.

현재 트럼프 편에 선 경제학자들을 비롯해 감세 지지자들은 미국이 현재 세계 자본 시장을 장악하고 있는 형세를 두고 유난을 떨었다. 그리고 세계 자본 시장에서 자금은 무조건 세후 수익after-tax return이 가장 높은 곳으로 흐른다고 주장했다. 그러면서 그들은 법인세가 낮은 국가들을 지목하는데 아일랜드처럼 외국인 투자를 많이 유치하는 것으로 보이는 사례다.

여기서 중요한 말은 "보이는"이다. 기업에는 장부를 조작할 —앗, 죄송합니다. 내부 가격을 조정할— 강력한 동기가 존재하고, 이는 신고된 수익이 저세율 조세 관할권low-tax jurisdiction에서 불쑥 튀어 나오는 모습을 띠며, 따라서 서류상으로 대규모 해외 투자가 되어 버린다.

그런데 그런 투자에는 눈에 보이는 부분보다 눈에 보이지 않는 부분이 더 크다. 예컨대 기업들이 아일랜드에 투자했다고 추정되는 막대한 자금은 정작 아일랜드에 현저하게 적은 일리자와 현저하게 적은 수입을 가져다주었다. 왜냐하면 아일랜드에 대한 대규모 투자가 대부분 회계 조작에 불과했기 때문이다.

이제 우리는 미국 기업이 세금을 감면받은 뒤 다시 미국으로 들여왔다고 신고한 돈이 왜 미국의 일자리에도, 임금에도, 투자에도 나타나지 않는지 그 이유를 알게 되었다. 실제로는 돈이 한 푼도 움직이지 않은 것이다. 해외 자회사는 자산 일부를 본국 모회사로 다시 이전했지만, 이는 회계 공작이었을 뿐 실질적 부문에는 거의 아무런 영향도 미치지 않았다.

따라서 기업에 세금을 인하한 결과는 결국 기업이 낼 세금이 적어진다는 것뿐이다. 그 이상도 그 이하도 아니다. 그런 결론에 다다르자 보수주의의 경제 신조에 내재하는 문제로 생각이 옮겨 간다.

보수주의의 경제 신조는 나머지 우리에게 좋은 일을 하게끔 기득권층에 유인 효과를 줄 필요성이 있다는 주장에 다름 아니다. 우파에 따르면, 우리는 부유층이 열심히 일하게끔 유인하기 위해 부유층에 세금을 인하하고 기업이 미국에 투자하게끔 유인하기 위해 기업에 세금을 인하해야 한다.

그런데 그런 보수주의의 경제 신조는 실제로 실패를 거듭하고 있다. 조지 W. 부시 대통령의 감세 정책은 호황으로 이어지지 못했다. 반면 버락 오바마 대통령의 증세 정책은 불황으로 이어지지 않았다. 캔자스주의 감세 정책은 주 경제에 활력을 불어넣지 못했다. 반면 캘리포니아주의 증세 정책은 성장을 늦추지 않았다.

그리고 트럼프의 감세 정책으로 보수주의의 경제 신조는 다시 고배를 마셨다. 불행히도, 정치인들에게 어떤 가치 있는 것을 이해시키기가 어려운 경우가 있다. 바로 그들의 선거 기부금이 그들이 이해하지 못하는 것에 달려 있을 때다.

트럼프의 감세 정책,
소문보다 훨씬 해롭다

◆

2019년 1월 1일

2017년 감세는 언론에서 호된 비판을 받았고 응당 그럴 만했다. 감세 지지자들은 투자와 임금이 치솟는다고 호언했고 또한 그것이 모두에게 채산이 맞는 일이라고 장담했다. 하지만 그 어떤 일도 일어나지 않고 있다.

그런데 언론 보도는 사실 아주 부정적이진 않았다. 우리가 읽은 기사는 대체로 다음과 같은 내용이었다. 감세로 미국 기업이 돈을 일부 도로 들여왔지만 그 돈을 임금 인상에 쓰지 않고 자사주 매입에 써서 경제 성장을 진작시키는 효과는 미미했다는 것이다. 반가운 소리는 아니지만 실상보다는 훨씬 낫다. 실제로 기업이 도로 들여온 돈은 한 푼도 없었고, 감세로 십중팔구 국민 소득만 줄었을 것이기 때문이다. 솔직히 말하면, 적어도 미국 국민의 90퍼센트가 저 감세 탓에 더 가난해질 것이다.

차례로 요점을 톺아보자.

첫째, 미국 기업이 "돈을 도로 들여왔다"라고 말할 때, 그것은 해외 자회사가 본국 모회사에 지불한 배당금을 가리킨다. 그 배당금이 2018년에 실제로 잠깐 급증했다. 세법 덕에 자회사 장부에서 모회사 장부로 자회사의 자산을 일부 이전해야 이로웠기 때문이다. 그러한 거래는 자회사 내에서 평가되는 모회사의 지분이 감소하는 형태로 즉 음陰의 직접 투자negative direct investment 형태로 나타났다(표1).

그런데 이와 같은 거래는 단순히 세금 때문에 회사 장부를 재정리하는 일일 뿐이라 꼭 실제와 일치하지는 않는다. 다국적 대기업 USA가 자회사인 다국적 대기업 아일랜드를 소유하고 일부 자회사의 자산을 모회사로 옮겨 오기로 결정했다고 가정해 보자. 표1에서 보듯, 이 경우 배당금과 직접 투자에서 동시에 반대로 향하는 움직임이 일어난다. 그러나 다국적 대기업 아일랜드의 자산을 늘 포함하는 다국적 대기업 USA의 전체

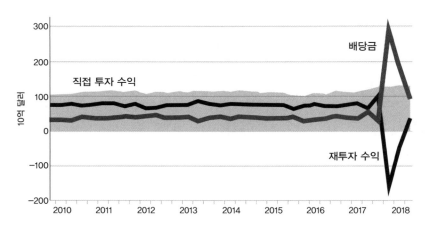

표1. **직접 투자 수익 수령액과 구성 요소**, 자료 출처: 미 상무부 경제분석국

대차대조표에는 어떤 변화도 생기지 않는다. 실재 자원은 전혀 이전되지 않았다. 따라서 다국적 대기업 USA는 미국에서 투자 능력을 얻지도 잃지도 않았다.

투자 자금이 정말 미국으로 이전되었는지 알고 싶다면 재무 회계에서 종합 수지overall balance를 들여다보아야 한다. 아니면 똑같아야 하는 (그리고 보다 정확하게 평가되는) 경상 수지balance on current account의 역을 보면 된다. 표2에서는 그 수지를 국내 총생산GDP에서 차지하는 비율로 보여 준다. 보다시피 기본적으로 아무런 변화도 일어나지 않았다.

따라서 감세는 일부 교묘한 회계 공작을 꾀하게는 할지언정 자본 흐름을 미국으로 더 돌리게 하는 데에는 아무 효과가 없었다.

그런데 감세는 국제적으로 한 가지 중요한 영향을 끼쳤다. 이제 미국이 외국인에게 돈을 더 낸다는 점이다.

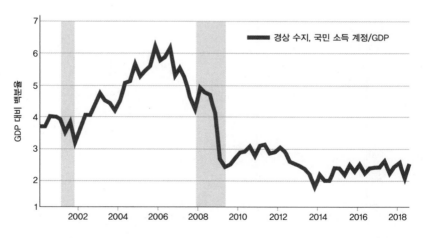

표2.　자료 출처: 미 상무부 경제분석국

명심하자. 감세가 낳은 단 하나 분명하고도 강력한 결과는 기업에 엄청난 이익을 안겼다는 것임을. 그로 인해 연방 정부가 법인 소득에서 걷던 세수가 곤두박질쳤다(표3).

꼭 알아야 할 점이라면, 오늘날처럼 세계화한 기업 체계에서는 미국을 비롯해 어느 국가든 기업 부문에서 상당 부분을 실제로 외국인이 소유하고 있다는 것이다. 직접적으로는 미국 내 기업이 외국 기업의 자회사이기 때문이기도 하고 간접적으로는 외국인이 미국 회사 주식을 소유하고 있기 때문이기도 하다. 실제로 미국 기업 이익의 약 3분의 1이 결국 외국인에게 돌아간다. 이는 곧 감면된 세금의 3분의 1이 미국 내에 머물지 않고 외국으로 흘러 나갔음을 가리킨다. 이런 경우라면 십중팔구 그 영향이 GDP 성장에 미치는 어떤 긍정적 효과보다 클 것이다. 따라서 감세는 십중팔구 미국을 더 가난하게 했지 더 부유하게 하지 않았다.

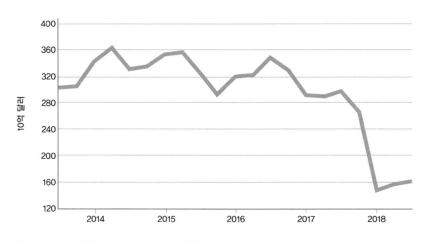

표3. **법인세 수령액**, 자료 출처: 미 상무부 경제분석국

아니 감세는 확실히 미국 국민 대다수를 더 가난하게 했다. 감면된 법인세 3분의 2가 미국 국민의 부담으로 돌아갔을 수도 있는 반면, 주식 84퍼센트가 미국의 상위 10퍼센트 부유층의 수중에 있다. 나머지 90퍼센트의 국민은 감세로 그 어떤 이익도 거의 얻지 못한다.

한편 감세는 그 자체로는 채산이 맞지 않는 만큼 여타의 방법으로 그 수지를 맞춰야 한다. 다른 세금을 올리거나, 사람들에게 가치 있는 제도에 지출을 줄이는 식이다. 그리고 그와 같은 인상 혹은 삭감에 따른 비용은 감세에 따른 본래의 이익보다 상위 10퍼센트에 훨씬 덜 집중될 것이다. 그래서 미국 국민 거의 대다수는 트럼프의 유일한 주요 입법 때문에 살기가 더 팍팍한 처지에 놓일 게 불을 보듯 뻔하다.

앞서 언급했듯, 대개 부정적인 보도조차도 감세 정책 전체가 얼마나 해로운 문제로 드러나고 있는지는 전하지 않는다.

부자 중세重稅의 경제학

2019년 1월 5일

나로서는 알렉산드리아 오카시오-코르테스Alexandria Ocasio-Cortez가 앞으로 하원의원으로서 얼마나 역량을 발휘할지 알지 못한다. 하지만 알렉산드리아의 당선은 그 자체만으로도 이미 값진 목적에 톡톡히 한몫하고 있다. 알다시피 젊고, 말도 조리 있는 데다, TV 화면도 잘 받는 비非백인 여성이 하원의원으로 활동한다는 생각만으로도 우파 진영의 다수는 심사가 몹시 뒤틀려 있다. 그리고 그들은 자신들의 광기 속에 무심코 본색을 드러낸다.

그 본색의 일부는 문화와 관련 있다. 알렉산드리아가 대학 시절에 찍었다는 춤 동영상에 우파 진영이 보이는 과잉 반응은 알렉산드리아에 대해서가 아니라 그 과잉 반응에 대해서 더 많은 것을 시사한다. 그러나 어떤 면에서 더 중요한 점은 드러난 우파의 본색이 그들의 지성과도 연관 있다는 것이다. 알렉산드리아가 "정신 나간" 정책 구상을 내놓았다고 맹렬하게 비난해 대는 우파의 모습은 실제로 누가 정신이 나갔는지 아주 잘 일깨워 준다.

현재 이목이 집중하는 논쟁은 알렉산드리아가 초超고소득에 부과하는 70~80퍼센트 세율을 지지한다는 데로 초점이 모이고 있다. 정말 미친 생각이다. 그렇지 않은가? 내 말은, 누가 그런 소리를 말이 된다고 여기겠느냐는 것이다. 그저 무식한 사람들이 그랬다. 이를테면, 흠, …… 노벨 경제학상 수상자이자(2010년, 공동 수상) 세계적으로 뛰어난 자타공인 공공 재정 전문가 피터 다이아몬드Peter Diamond 같은 사람들이다. (하지만 공화당은 다이아몬드가 자격 미달이라고 주장하며 그가 연준 이사에 임명되지 못하게 막았다. 정말이다.) 더구나 그 정책은 어느 국가에서도 실시한 적이 없었다. 단 한 국가만 빼고. 바로 …… 미국이다. 미국은 제2차 세계 대전 이후 35년 동안 그 정책을 시행했다. 미국 역사상 경제 성장을 가장 성공적으로 일군 때가 바로 이 시기였다.

좀 더 정확히 말하자면, 다이아몬드는 탁월한 불평등 전문가 이매뉴얼 사에즈와의 공동 연구에서 최적 최고 세율optimal top tax rate을 73퍼센트로 추산했다. 몇몇 경제학자는 더 높게 잡는다. 유수한 거시경제학자이자 버락 오바마 대통령의 경제자문위원회Council of Economic Advisers, CEA 전前 위원장 크리스티나 로머Christina Romer는 80퍼센트 이상으로 추산한다.

이 수치들은 어디서 비롯할까? 다이아몬드-사에즈 분석에서는 두 가지를 전제로 삼는다. 한계 효용 체감과 경쟁 시장이다.

한계 효용 체감diminishing marginal utility은 상식적으로도 알 수 있는 개념이다. 재화의 추가분이 주는 만족감은 그 가치가 저소득자보다 고소득자에게서 훨씬 줄어든다는 것이다. 연소득이 2만 달러인 가계에 1000달러를 더 주면 가계의 삶이 크게 달라진다. 반면 연소득이 100만 달러인 사람에게 1000달러를 더 준다 한들 그는 그 추가분을 알아차리지도 못할 것이다.

한계 효용 체감을 경제 정책에 적용할 때 그것이 시사하는 바는, 어느 정책이 최상위 부유층의 소득에 어떤 손해를 입히든 그것을 신경 쓰지 않아도 된다는 점이다. 그 정책 때문에 부자들이 아주 조금 가난해지더라도 오로지 한 움큼에 불과한 사람들만 영향 받을 뿐이다. 더구나 그들 삶의 만족도에는 거의 아무런 변화도 일어나지 않는다. 그들은 여전히 자신이 사고 싶은 건 무엇이든 살 수 있을 테니까.

그렇다면 왜 그들에게 세금을 100퍼센트 부과하지 않을까? 대답을 하자면, 그렇게 하는 경우 부자들이 그 많은 돈을 벌려고 무슨 일이든 하려는 동기가 사라지고 이는 경제에 해롭기 때문이다. 다시 말해, 부유층을 대상으로 하는 조세 정책은 부유층의 이해관계 그 자체와는 전혀 관계가 없어야 한다. 그러나 유인 효과가 부유층의 행동에 어떤 변화를 낳으며 나머지 사람들에게 어떤 영향을 끼치는지에 대해서만큼은 관심을 쏟아야 한다.

여기서 경쟁 시장competitive market이 등장한다. 어떤 독점력도 없고 여타 왜곡도 없는 완전 경쟁 경제 체제에서는 —즉 보수주의자들이 미국 시장이 바로 그렇다고 우리가 믿기를 바라는 그런 경제 체제에서는— 누구나 각자의 한계 생산물marginal product에 보수를 받는다. 예컨대 1시간에 1000달러를 받는다면 이는 1시간씩 일할 때마다 경제 산출량에 1000달러씩 가치를 더하기 때문이다.

그런데 그런 경우에 우리는 부자들이 얼마나 열심히 일하는지 왜 신경을 쓸까? 어떤 부자가 1시간 일을 더 해서 경제에 1000달러를 보태지만 그가 그 대가로 1000달러를 받는다면, 나머지 모든 사람의 소득을 합산한 결과combined income에는 아무런 변화가 생기지 않는다. 그렇지 않을까? 아, 하지만 변화가 생긴다. 그 부자는 자신이 추가로 받은 1000달러에 세금을 내기 때문이다. 고소득자들이 조금 더 열심히 일하도록 그들을 북돋는 데서 발생하는 사회적 편익social benefit은 저 가외의 노력으로 창출하는 세수다. 역으로 고소득자들이 덜 일해서 치러야 하는 비용은 고소득자들이 내야 하는 세금의 감소다.

좀 더 간결하게 말하면, 부유층에 세금을 부과할 때 우리가 염두에 두어야 할 점은 오로지 세수가 얼마나 오르느냐다. 따라서 초고소득자에 대한 최적 세율은 세수를 최대한으로 올릴 수 있는 과율이다.

그리고 우리는 이 최적 최고 세율을 부유층의 세전 소득이 실제로 세율에 얼마나 민감한지 나타내는 증거를 토대로 추정해 낼 수 있다. 앞서 얘기했다시피, 다이아몬드와 사에즈는 최적 세율을 73퍼센트로, 크리스티나 로머는 80퍼센트 이상으로 추산한다. 이 수치는 알렉산드리아의 말과 일치한다.

여담이지만, 시장은 완전 경쟁이 아니며 바깥에는 수많은 독점력이 실재한다. 그 현실을 감안하면 어떻게 될까? 그 대답은, 훨씬 높은 세율을 확실하게 지지하는 근거가 된다는 것이다. 짐작하건대 고소득자는 어마어마한 독점 수익을 올릴 테니까.

그래서 알렉산드리아는 정신 나간 듯 보이기는커녕 진지한 경제학 연구와 온전히 궤를 같이하고 있다(듣기로 알렉산드리아가 매우 훌륭한 몇몇 경제학자와 논의를 계속 해오고 있다고 한다). 한편 알렉산드리아에게 비난을 퍼붓는 사람들이야말로 정말 정신 나간 정책을 구상하고 있다. 그 광란의 중심에는 조세 정책이 놓여 있다.

알다시피, 공화당은 거의 언제 어디서나 부유층의 낮은 과세에 지지를 보낸다. 그 근거는 최상위층 감세가 경제에 크게 이로운 영향을 끼친다는 주장이다. 그런데 그 주장의 토대를 이루는 연구를……, 흠, 아무도 하지 않는다. 어느 기관에서도 공화당의 조세 구상을 뒷받침하는 진지한 연구를 내놓지 않는다. 왜냐하면 그 구상에 반하는 증거가 차고 넘치기 때문이다.

최고 한계 소득 세율top marginal income tax rate 대 1인당 실질 GDP 성장

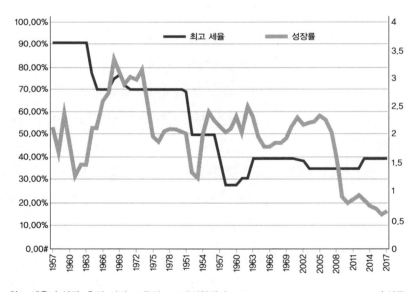

최고 세율과 성장, 출처: 어번-브루킹스 조세정책센터Urban-Brookings Tax Policy Center, 미 상무부 경제분석국

률의 궤적을 살펴보자(10년 이상 평가한 자료로 단기 변동은 조정을 거쳤다).

우리가 알다시피 미국은 한때 부유층에 매우 높은 세율을, 알렉산드리아가 제안한 세율보다 더 높은 세율을 적용했는데도 별 탈 없었다. 그 이후로 세율은 뚝뚝 낮아졌고 경제는 오히려 탈이 났다.

공화당은 비#당파적 경제학자들의 지지를 얻지도 못하고 또 모든 이용 가능한 자료에 의해 반박되는 조세 이론을 왜 고수하는 걸까? 누가 부유층에 대한 낮은 세금으로 혜택을 받는지 물어보라. 답은 자명해진다.

공화당을 죄고 있는 돈줄이 저 엉터리 경제학을 견지하라고 요구하기에 그 당은 분명 사기꾼에 불과한, 그래서 수치조차 그럴듯하게 속이지도 못하는 "경제학자들"을 선호한다.

이러한 이유로 나는 다시 알렉산드리아에게로, 그리고 알렉산드리아를 못 믿을 무식쟁이로 그려내는 저 각고의 노력으로 생각이 미친다. 세금 문제에 관한 한 알렉산드리아는 훌륭한 경제학자들이 하는 말을 그저 전할 뿐이다. 그리고 알렉산드리아는 공화당 지도부의 어느 누구보다 경제학을 더 잘 아는 게 틀림없다. 적어도 진실이 아닌 꼼수는 "알지" 못하니 말이다.

엘리자베스 워런,
시어도어 루스벨트 역할을 하다

2019년 1월 28일

미국이 누진 과세|progressive taxation를 고안해 냈다. 그리고 미국을 이끌던 정치인들이 단순히 세수를 늘리기 위해서가 아니라 경제력이 과도하게 집중하는 현상을 막기 위해서 부유층에 기꺼이 세금을 부과하겠다고 자랑스럽게 공언하던 시절도 있었다.

1906년 시어도어 루스벨트Theodore Roosevelt 대통령〔재임 1901~1909〕은 다음과 같이 말했다. "전력을 기울여 어마어마한 재산 축적과 관련한 문제를 해결하는 일이야말로 중요하다." 그러고는 이렇게 선언했다. 그런 재산의 일부는 "과도하게 불어나서 건전한 범위를 한참 넘어섰다."

오늘날 우리는 다시 한 번 소수의 손에 엄청난 부가 집중하는 시대를 살고 있다. 미국 부유층 상위 0.1퍼센트의 순자산이 하위 90퍼센트의 순자산을 합친 양과 맞먹는다. 게다가 그런 부의 집중이 점점 심해지고 있다. 토마 피케티가《21세기 자본Capital in the Twenty-First Century》에서 피력한 유명한 주장처럼 우리는 막대한, 그것도 종종 물려받은 재산이 지배하는 사회로 향하고 있다.

그렇다면 오늘날의 정치인들은 이 난국을 잘 헤쳐 나갈 수 있을까? 〔연방 상원의원〕엘리자베스 워런Elizabeth Warren이 과도한 부에 세금을 부과 하자는 인상 깊은 정책안을 내놓았다. 워런이 민주당 대통령 후보로 지명 되든 안 되든 그런 현명하고 대담한 의제가 논의 대상이 된다는 자체만으 로도 민주당으로서는 유익한 일이다.

워런은 순자산이 5000만 달러가 넘는 개별 가계에 연간 2퍼센트의 세금을 부과하고 10억 달러가 넘는 부에 1퍼센트의 추가세를 더 부과하 자고 제안했다. 이 정책안에 캘리포니아버클리대학 이매뉴얼 사에즈와 가브리엘 주크먼Gabriel Zucman의 분석도 덧붙였는데, 이 둘은 세계적으로 뛰어난 불평등 전문가다.

사에즈와 주크먼에 따르면, 이 세금은 소수 극부유층 약 7만 5000가 계에만 영향을 미칠 것이었다. 그러나 이들 가계는 매우 부유해서 향후 10년간 세수가 엄청나게, 약 2조 7500억 달러나 늘어난다.

정말이다. 이는 꽤 급진적인 정책안이다.

나는 사에즈에게 경제 특권층이 (자산이 아니라) 소득에서 세금으로 내는 몫이 얼마나 오르는지 물었다. 사에즈는 상위 0.1퍼센트는 평균 세 율이 36퍼센트에서 48퍼센트로 오르며 상위 0.01퍼센트는 평균 세율이 57퍼센트까지 오를 것으로 추산했다. 꽤 높은 수치지만 이 평균 세율은 1950년대의 그것과 거의 비슷한 수준이다.

이 정책안이 실현될 수 있을까? 부유층이 우회하는 길을 찾지 않을까? 사에즈와 주커먼은 부유세를 무겁게 부과하는 덴마크와 스웨덴에서 증거를 모아 이를 토대로 세금을 모든 자산에 적용하고 적절하게 강제한 다면 대규모 탈세로 이어지지 않는다고 주장한다.

그러면 유인 효과가 떨어지지는 않을까? 십중팔구 크게 떨어지지 않을 것이다. 한번 생각해 보자. 원대한 포부를 펼쳐 나가려는데 "두 번째" 5000만 달러에 세금을 추가로 내야 한다는 전망에 걸려 단념할 기업가가 과연 얼마나 될까?

사실 워런의 정책안은 이미 믿을 수 없을 정도로 부유한 사람이 재산을 더 키우거나 후손에게 물려주는 능력에 제한을 가한다. 그러나 과두 정치 왕조가 지배하는 사회로 향해 가는 발걸음을 늦추거나 돌려 세우는 일은 대세이지 오류가 아니다.

솔직히 나는 릴리 배첼더Lily Batchelder나 데이비드 카민David Kamin 같은 조세 분야 전문가들이 보인 반응에 깜짝 놀랐다. 둘은 워런의 정책안을 전적으로 지지하지는 않지만 분명 진지하게 고려해 볼 가치가 있는 사안으로 여기고 있었다. 카민은 워런의 정책안이 "실질적 문제에 초점을 맞추고" 있으며 "크게 주목받아 마땅하다"라고 썼다.《뉴욕타임스》는 워런을 "세상 물정 모르는 괴짜"라고 말한다. 하지만 괴짜야말로 세상에 깊은 인상을 남기는 법이다.

이 대담하기 짝이 없는 구상이 21세기 미국의 정치판에서 승산이 있을까? 물론 유력한 용의자들은 이미 워런을 [베네수엘라의] 니콜라스 마두로Nicolás Maduro나 심지어 이오시프 스탈린Iosif Stalin과도 견주고 있다. 실제로는 시어도어 루스벨트나, 이 문제에 관해서라면 워런은 오히려 드와이트 아이젠하워와 훨씬 더 닮은꼴임에도 말이다. 좀 더 중요한 점은, 내 생각에, 정치적 통념상 대개 급격한 부자 증세안은 아직도 미국 유권자들에게 극좌파로 비친다고들 여긴다.

그럼에도 여론 조사는 부자 증세에 대한 압도적 지지를 말해 준다. 최근 한 여론 조사에서는 자신을 공화당 지지자라고 밝힌 응답자의 45퍼센트가 알렉산드리아의 최고 세율 70퍼센트 안에 지지를 나타냈다.

말이 나온 김에, 많은 여론 조사는 또한 대중은 메디케어와 사회 보장 제도에 지출을 줄이는 방안이 아니라 늘리는 방안을 적극 지지하고 있음을 보여 준다. 이상한 얘기지만, 그러나 우리는 "복지권 개혁"을 요구하는 정치인이 너무 우파右派스러워 진지하게 받아들일 수 없다고 무시당한다는 소리를 거의 듣지 못한다.

경제적 불평등에 용감하게 맹공을 퍼붓는 일이 정치적으로 실행 가능하다는 점을 말해 주는 것은 비단 여론 조사만이 아니다. 억만장자의 행동을 연구하는 정치학자들에 따르면, 억만장자 대다수가 보다 낮은 세금을 요구하지만 대체로 은밀하게 요구한다. 짐작하건대, 그들도 자신들이 실은 얼마나 인망 없는 위치에 서 있는지 잘 알기 때문이다. 이런 "밀실 정치stealth politics"는 억만장자들이 실제보다 훨씬 자유주의적일 수도 있다는 한 근거가 된다. 그들 가운데 오로지 소수의 자유주의자만이 공개적으로 자신의 목소리를 내고 있으니까.

요컨대, 대담하고 진보적인 의제를 펼칠 기회는 대다수 정치 분야 전문가punditry가 꿈꾸는 것보다 훨씬 더 많을지도 모른다. 엘리자베스 워런이 그 의제를 향해 중요한 한 걸음을 이제 막 내디뎠고 민주당을 밀어붙여 더 큰 결실을 향해 나서게 하고 있다. 워런의 경쟁자들이 ─이들 가운데 몇몇 역시 무척 깊은 인상을 남기고 있는데─ 워런이 앞서 걸어가는 이 길을 따르기를 희망하자. 〔엘리자베스 워런은 2020년 미국 대통령 선거 민주당 후보 경선에 출마했으나 2020년 3월 5일 후보직을 중도에 사퇴했다.〕

2장

누구를 위한
무역 전쟁인가?

과장된 세계화와 반발

경제학자로서 내 경력은 출발이 국제 무역 연구였다. 그 주제와 경제 지리학economic geography 관련 주제—일반적으로 국가 내 공간뿐만 아니라 국가 간 공간 전반에 걸친 무역 및 생산 입지—로 쓴 연구가 내 논문 가운데 구글 학술 검색Google Scholar에서 가장 자주 인용된다. 그리고 바로 그 연구로 스웨덴 왕립 뭐라 하는 곳이 주는 상〔2008년 노벨 경제학상〕을 받았다.

그러니 해당 분야에서 쉬쉬하며 숨기고 싶은 비밀 하나쯤 밝힐 자격이 내게도 있으리라고 본다. 그 비밀이란, 국제 무역과 국제 무역 정책은 사람들이 생각하는 만큼 중요하지 않다는 것이다.

국제 무역과 국제 무역 정책이 전혀 중요하지 않다는 말이 아니다. 이 둘은 사실 많은 국가에서 매우 중대하다. 예컨대 방글라데시가 노동 집약적 상품(주로 의류)을 세계 시장에서 팔 수 없게 되면 그 국가는 문자 그대로 대량 기아를 겪을 수 있다. 하지만 미국처럼 큰 국가의 경우, 옳게 대처하든 그르게 대처하든, 우리가 무역과 관련해 하는 일은 예컨대 우리가 의료 보험 제도를 엉망으로 만드는 것보다 훨씬 덜 중요하다.

그럼에도 국제 무역은 몇 가지 이유로 경제 담론이나 정치 담론에서 특별한 지위를 차지한다.

경제학자들은 국제 무역의 여러 이점을 즐겨 강조한다. 국제무역이 대다수가 놓치는 통찰을 예리하게 지적해 주는 몇몇 지점의 하나라는 점에서다.

많은 이에게 다음과 같은 생각은 상식처럼 다가온다. 무역 수지가 흑자여야, 사는 것보다는 파는 것이 많아야 그 국가가 승리한다. 한 국가가 무역 상대국보다 생산력이 떨어지면 경쟁할 수 없다. 한 국가가 고생산성이 아닌 저임금을 토대로 상품을 판다면, 그것은 다른 국가의 생활 수준을 떨어뜨리는 일임에 틀림이 없다 등이다.

경제학자들은 왜 그중 어느 말도 사실이 아닌지 설명하기를 기꺼워한다. 무역은 보통 적자든 흑자든 거래하는 양 국가에 다 이롭다(그 거래가 각 국가 안의 모두에게 반드시 이익을 안기지 않더라도 말이다). 생산성이 낮은 국가도 그나마 잘하는 일에 집중하면 교역으로 이익을 볼 수 있다(앞서 든 방글라데시의 사례가 적절하다). 생산성이 낮은 국가들은 어쩔 수 없이 노동자에게 낮은 임금을 지급하지만, 이런 사실이 더 부유한 국가에 해를 입히지는 않는다. 부유한 국가들은 이러한 저임금으로 생산된 노동 집약적 상품을 싼 값에 구매하고 다른 상품을 생산할 수 있어서다.

그래서 경제학자들은 무역에 대해 할 말이 많다. 열에 아홉은 과하다 싶을 정도다. 무역 분야가 자신들이 지적으로 승리했다고 여기는 영역이기 때문이다.

또한 국제 관계를 깊이 숙고하는 이들도 무역을 주제로 말하고 싶어 한다. 현 세계 무역 체제는 국제 외교가 개가를 울리는 분야의 하나이기 때문이다. 제2차 세계 대전이 발발하기 전 국가들은 내킬 때마다 (수입품에 매기는 세금인) 관세를 부과하고 수입품을 제한하는 할당제를 실시했다. 보통 국익 때문에 내리는 조치라고 주장했지만 종종 국내 특수 이익 집단의 요구를 적극적으로 반영했다. 그런데 전쟁이 끝나고 전 세계에서 점점 더 많은 국가가 규약을 기반으로 결성한 체제에 가입해 서로 관세율을 협상했고, 마침내 한 국가가 규약을 어겼다고 다른 국가를 제소할 때 분쟁을 해결할 준사법 절차를 마련했다.

현 세계 무역 체제는 세상을 더욱 풍요롭게 만들겠다는 신념에서 창안되었다. 하지만 그게 전부는 아니었다. 현 세계 무역 체제는 평화를 증진하려는 목적 또한 있었다. 현대 세계 무역 체제를 구축한 미국 정치인들, 특히 프랭클린 D. 루스벨트Franklin Delano Roosevelt 행정부에서 오랫동안 국무장관을 지낸 코델 헐Cordell Hull〔1933~1944〕은 통상通商, commerce은 번영을 누리게 할뿐 아니라 평화를 지켜 내는 데에도 도움이 된다고 믿었다. 그래서 세계 무역 체제는 북대서양조약기구NATO나 국제연합UN과 같이 전후戰後 조직된 기구의 일부였고, 세계 무역 체제는 실제로 세계가 커다란 전쟁을 피하는 데 도움이 되는 것처럼 보였다.

한편, 세계 무역 체제로 탄생한 세상은 완전 자유 무역을 실시하기 보다는 대다수 생산품에 낮은 관세를 매기는 쪽으로 변모해 나갔다.

최종적으로, 국제 무역에 대한 논의, 실상 "국제international"라는 말이 들어가는 거의 모든 논의는 "과장된 세계화globaloney"〔global("세계적인")

과 baloney("잠꼬대 같은 소리" "허황된 말")의 합성어〕즉 심대한 주제를 다루는 거창한 논의에 혹하는 사람을 끌어들이는 자석이나 다름없다.

경제학자, 국제 관계 전문가, 세계화 허풍선이globaloneyer에게 희열을 불러일으키는 내용은 자연스럽게 반발 또한 불러온다. 수년간 이러한 반발은 주로 좌파로부터, 즉 얼마간 타당한 근거를 들어 블루칼라 노동자들의 임금을 낮추자는 압박이 가해지고 있다고 주장하는 노동 단체들로부터, 그리고 세계 무역을 광포한 자본주의가 과충전된 형태로 간주하는 급진적 단체들로부터 터져 나왔다.

그런데 무역에 대한 반발은 사뭇 다른 방향에서 나오며, 이는 사회 정의를 염려하는 태도와는 아무런 관련이 없다. 그 반발은 무역을 상식적으로 바라보는 직관은 아주 잘못이라는 말을 잘 듣지 않는 유형의 기업가들로부터 나오는데, 이들은 무역의 이점을 강조하는 어떤 주장도 거부하거니와 무역을 악마로 묘사하며 자신들의 입장을 더욱 단호하게 밀어붙이는 식으로 대응한다. 로스 페로Ross Perot를 기억하는 이들이 있을 것이다. 멕시코와 자유 무역을 하면 "귀가 멍멍해질 정도로 빨려 들어가는 소리"를 내며 미국 기업이 남쪽으로 떠내려간다고 경고했던 인물이었다.

그리고 2016년 이런 유형의 반反지성을 소유한 사람이, "내 직감은 이른바 전문가보다 더 똑똑하다"는 감성을 소유한 사람이 미국 대통령이 되었다. 때때로 도널드 트럼프가 보기보다 더 교양이 있다고, 트럼프가 우리가 무역 적자를 겪을 때마다 이는 누군가가 미국의 귀한 체액을 훔쳐 가고 있다는 의미라고 실제로 믿을 리는 없다고 주장하려는 사람들을 본다. 그러나 우리가 찾아볼 수 있는 모든 증거는 트럼프가 정확히 그렇게 믿고 있음을 시사한다.

그리고 여기서 중요한 점이 하나 있다. 미국은 세계 경제에서 거대한 경제 주체일뿐더러 미국의 국내 무역법은 특수 이익 집단이 의회에서 정치 활동을 못하게끔 설계되었고, 이를 위해 대통령에게 막대한 재량권을 부여했다는 점이다. 이 재량권을 통해 트럼프가 세계 무역 체제를 사정없이 파괴할 수 있는 지위에 앉게 되었다. 이 장에 실은 글들에서는 그런 무참한 대파괴 가운데 일부만 서술하고 있다.

아, 얼마나 트럼프스러운 무역 전쟁인가!

2018년 3월 8일

경제학자들과 재계 지도자들 사이에서는 도널드 트럼프가 철강과 알루미늄에 부과한 관세가 매우 형편없는 구상이며 그 관세가 촉발하는 무역 전쟁이 더 커질 경우 매우 파괴적인 결과를 낳을 것이라는 데 거의 범우주적인 의견 일치가 있다. 그런데 이 정책 재앙을 막을 가능성은 희박하다. 이 정책이 트럼프가 트럼프임을 예시해 주는 전형적인 사례라는 점에서다.

사실 장담하건대, 저 관세는 트럼프가 이제까지 한 일 가운데 가장 트럼프스럽다.

어찌 되었든 무역은 (인종주의와 마찬가지로) 트럼프가 이제껏 한결같은 입장을 고수해 온 사안이다. 트럼프는 수십 년 동안 여러 국가를 비난해 왔는데 그 국가들이 비교적 개방적인 미국의 시장을 이용해 미국에 손해를 입혀 왔다는 이유에서다. 트럼프의 시각이 해당 쟁점이나 심지어는 기본적인 사실조차 전혀 이해하지 못한 데서 비롯한다면 트럼프주의Trumpism는 처음부터 끝까지 싸움밖에 모르는 무지 그 자체다

그런데 잠깐, 이것만이 전부가 아니다. 우리가 국제 무역 협정을 맺는 데에는 다 그만 한 이유가 있다. 우리를 다른 국가의 불공정한 관행에서 보호하기 위해서만이 아니다. 국제 무역 협정의 진짜 목적은 오히려 우리를 우리 자신으로부터 보호하는 데 있다. 곧 무역 정책을 쥐락펴락하는 특수 이익 집단의 정치 활동과 철면피한 부정부패를 제한하는 데 있다.

그런데 트럼프 지지자Trumpocrat들은 특수 이익 집단들의 부패 또는 방행放行을 문제로 여기지 않는다. 세계 무역 체제는 대체로 트럼프 같은 사람이 지나친 영향력을 행사하지 못하게끔 견고하게 설계되었다고 말할 수 있다. 물론 트럼프는 이를 망가뜨리고 싶어 하지만.

배경을 잠깐 살펴보자. 일부가 믿는 것과 달리, 경제학 교과서에서는 자유 무역이 모두에게 두루두루 이롭다고 말하지 않는다. 오히려 무역 정책은 실질적 이해가 충돌하는 장이고, 이런 이해 충돌은 국가와 국가 사이에서가 아니라 각 국가 내 집단들 사이에서 압도적으로 나타난다. 예컨대 유럽연합을 상대로 한 무역 전쟁은 유럽연합이 보복을 않더라도 미국 전체를 더 가난하게 만들 수 있다(그건 유럽연합도 마찬가지다). 하지만 유럽과 치열한 경쟁에 맞닥뜨린 일부 산업에는 이로울 수 있다.

여기서 꼭 짚고 싶은 점이 있다. 보호 무역주의로 이익을 보는 작은 집단은 손실을 보는 훨씬 큰 집단보다 종종 정치적 영향력이 더 막강하다는 것이다. 바로 이것 때문에 의회는 가공할 무역 법안을 정기적으로 통과시키곤 했고, 그러한 법안은 1930년 악명 높기로 이름 난 스무트-홀리

관세법Smoot-Hawley Tariff Act of 1930〔미국에서 보호 무역 정책을 시행한 법〕에서 그 절정을 이루었다. 상당수 의원들이 매수되어 이런 수단 저런 방법을 거쳐 결국 거의 모든 사람이 국가 전체에는 해롭다고 이미 알고 있던 저 법을 제정했다.

그런데 1934년 프랭클린 D. 루스벨트가 무역 정책에 전에 없던 접근을 시도했다. 다른 국가와 호혜 무역 협정, 즉 상대국이 미국의 수출품에 관세를 내리면 호혜적으로 그 국가의 미국 수출품에도 관세를 내리는 내용의 협정 방식을 도입한 것이다〔1934년 호혜통상협정법The 1934 Reciprocal Trade Agreements Act, RTAA〕. 이 접근 방식으로 수출업자가 새로운 특수 이익 집단으로 등장해 보호 무역을 추구하는 특수 이익 집단의 영향력에 대항하는 길 항력拮抗力, countervailing power으로 구실하게 되었다.

루스벨트가 호혜 무역 협정으로 접근해 나가자 스무트-홀리법은 빠르게 효력을 잃어 갔다. 호혜 무역 협정은 전쟁이 끝나자 잇따른 국제 무역 협정으로 진화했으며, 이를 통해 오늘날 세계무역기구WTO가 감독하는 세계 무역 체제가 탄생했다. 사실상 미국은 자신의 구상에 따라 세계 무역 정책을 다시 수립했다. 그리고 효과가 있었다. 호혜적 관세 접근 방식에서 발전한 국제 무역 협정은 세계 곳곳에서 관세율을 크게 내렸고, 규약을 정해 국가들이 서로 합의한 약속을 철회하지 못하게 강제했다.

세계 무역 체제가 이렇게 진화해 오면서 낳은 결과는 대체로 매우 긍정적이었다. 미국뿐 아니라 세계 도처에서 관세 정책은 가장 더럽고 가장 썩은 내가 진동하는 정치 활동이었는데(티끌 하나 없을 정도는 아니지만) 놀라우리만치 깨끗해진 것이다.

그리고 나는 세계 무역 협정이 유익한 국제 협력의 인상적이면서도 고무적인 사례라 덧붙이고 싶다. 이런 의미에서 세계 무역 협정은 가늠하기는 어렵지만 민주 정치와 세계 평화에 실제로 한몫한다고 본다.

그런데 트럼프가 등장했다.

우리의 국제 협정과 합치하게끔 제정된 미국 무역법에 따라, 대통령은 매우 제한적으로 규정한 일정 조건에서만 관세를 부과할 수 있다. 하지만 트럼프의 철강과 알루미늄 관세는, 국가 안보를 구실로 내세워 정당하다고 호소하더라도, 명백한 허위인 만큼 이 시험을 통과하지 못한다.

따라서 트럼프는 사실상 미국 무역법을 위반했을 뿐 아니라 제 욕심을 채우려 세계 무역 체제를 내동댕이쳐 버린 셈이나 다름없다. 게다가 이러한 행태가 전면적 무역 전쟁으로 치닫는다면 우리는 부패가 난무하던 저 옛날로 되돌아가고 만다. 관세 정책은 다시 한 번 직권 남용과 뇌물 수수에 의해 주도될 것이며 국익은 고려되지 않을 것이다.

그러나 트럼프는 고심하는 기색이 눈곱만큼도 없다. 작금의 현실을 보면 미국 환경보호국Environmental Protection Agency, EPA은 오염 유발 기업의 꼭두각시가 운영하고, 내무부Interior Department는 연방 토지를 강탈하려는 치들이 운영하고, 교육부Education Department는 영리를 목적으로 하는 학교 산업이 운영하고, 이것이 끝이 아니다. 그러니 무역 정책이라고 다르리라는 보장이 있을까?

사실 스스로 트럼프 편에 섰던 여러 대기업과 자유-시장 분야 이론가도 트럼프가 무역 정책에 보이는 행보에는 소스라친다. 대체 그들은 무엇을 기대했던 걸까? 무역 정책 역시 트럼프가 일삼는 파괴 행위로부터 안전하다고 여길 만한 타당한 근거가 전혀 없었는데 말이다.

동맹국들은 미국을 신뢰할까?

2018년 6월 3일

트럼프 무역 전쟁이 일촉즉발의 상황이다. 독자들이 어떻게 그런 일이 가능할 수 있는지 몇 가지 물어 온다. 의회는 결국 미국의 무역 협정 파기 의안을 부결시켰고, 일각에서는 도널드 트럼프가 관련 입법을 요구했더라도 과연 그랬을까 하는 의구심을 떨쳐 버리지 못하고 있다. 어느 모로 보나, 공화당 내 다수는 트럼프가 외국 적대 세력과 결탁해도 정말 괜찮다는 입장으로 거의 확실하게 기울며 현재 사법 방해를 일삼고 있다. 그러나 여러 기업의 자산을 옭아매고 그 가치를 떨어뜨릴 수 있는 정책 활동은 전혀 다른 문제다.

그렇다면 트럼프가 이런 일을 할 수 있는 권한이 어떻게 생겨났을까? 그것으로 세계에 어떤 결과가 초래될까? 내게는 이번이 무역 체제와, 그리고 그 체제 내에서 미국의 무역 정책이 어떻게 돌아가는지 설명해 줄 수 있는 간결하면서도 학술적이지 않은 길잡이 글을 쓰기에 맞춤한 기회로 보인다.

무역 정책에서 우리가 꼭 이해해야 할 핵심 내용은 경제학 개론에 나오는 자유 무역 옹호론이 실제 정책에서는 거의 힘을 발휘하지 못한다는, 무역 협상에서는 확실히 그렇다는 점이다. 정책입안자들이 자유 무역 옹호론을 거부하거나 이해하지 못하기 때문이 아니다. 어떤 이는 그렇고 어떤 이는 그렇지 않지만 어느 쪽이든 별반 차이가 없다(객관적으로 말해, 어떤 학술 논문에서는 기초 경제학이 지금 내가 시사하는 것보다 훨씬 중요하다고 주장한다. 하지만 내 생각에 그런 연구는 나무랄 데 없이 훌륭하더라도 설득력이 떨어진다).

사실 지난 80년 동안 미국은 점점 더 자유로운 무역을 추구해 왔다. 이것은 부분적으로는 경제 이론이 끼치는 (매우) 간접적인 영향을 반영한 때문이기도 하고, 부분적으로는 좀 더 긴밀한 경제 통합이 평화와 자유세계의 결속에 이롭다는 믿음을 투영한 때문이기도 하다. 그러나 무역 자유화를 추구하는 과정에서는 추상적 이상보다 정치적 현실주의가 활개를 쳤다.

무역에서 정치적 현실주의political realism는 생산자 이익producer interest이 소비자 이익consumer interest보다 중요하다는 의미를 띤다. 생산자들이 훨씬 잘 조직화되어 있거니와 어느 특정 무역 정책에서 어떤 이해관계들이 얽혀 있는지 잘 알고 있다는 점에서다. 그 전형적인 사례가 설탕이다. 오랫동안 미국은 설탕 수입 할당제import quota로 설탕의 국내 가격을 세계 수준보다 7배나 높게 유지했다. 그 정책으로 수반하는 편익은 설탕업자 수천 명에게 돌아갔으며 그 각각에게 1년에 수만 혹은 수십만 달러를 안겼다. 그 비용은 소비자 수천만 명 사이로 얇게 퍼졌고, 소비자 대다수는 설탕 수입 할당제가 있는지조차 몰랐다.

설명에서 드러나는 불균형을 감안하면, 미국에서 실제로 생산할 수 있는 모든 상품에 수입 경쟁 산업의 이해가 무엇보다 우선으로 고려되어 보호 무역주의의 장벽이 높아질 것이라고 예상할 수 있다. 사실 1930년 대까지 미국의 무역 정책은 그런 방식으로 돌아갔다.

그런데 프랭클린 D. 루스벨트가 호혜통상협정법Reciprocal Trade Agreements Act, RTAA을 도입했다. 초기에는 양자 협상 체계로, 즉 합의를 통해 외국 정부가 미국 상품에 수입 관세를 내리면 미국 정부도 상대국의 상품에 수입 관세를 내리는 방식이었다. 특히 이 호혜통상협정법은 정치적 셈법을 바꾸어 놓으면서 수출 산업의 이해를 부각시켰다. 외국의 수입품과 경쟁하는 미국 내 기업은 여전히 보호 무역주의를 목청 높여 요구했지만 곧 미국 내 수출업자들이 외국 시장에 진출할 수 있는 정책을 요구하면서 견제에 부딪혔다.

호혜통상협정법이 잘못된 경제학에 토대를 두었다고, 즉 수출은 이롭고 수입은 해롭다는 중상주의 가설을 그대로 담았다고 지적할지 모른다. 하지만 그 형태가 계몽된 중상주의인 덕에 그렇게 마련한 절차는 대체로 유익한 경제 성과를 이끌어 냈다.

그런데 이와 같은 절차가 효과를 보려면 의회가 무역 정책의 세부 사항에 시시콜콜 간섭하는 일에서 한 발짝 물러나야 했다. 대신 행정부가 나서서 여러 사항을 협상한 다음 그 내용을 의회에서 찬반 투표에 부쳤다. 그 결과 제2차 세계 대전 전부터 관세율이 큰 폭으로 인하되었다.

그 뒤 1947년 미국과 그 동맹국들은 관세무역일반협정General Agree-

미국 관세 부과 대상 수입품의 무역 가중 관세율과 역사적 시기, 1930-2008, 자료 출처: 미 상무부 통계를 토대로 한 미 국제무역위원회United States International Trade Commission, USITC 위원 편찬물

ment on Tariffs and Trade, GATT 체제를 마련했다. 다자간 형태라는 것만 달랐을 뿐 호혜통상협정법과 기본 체제는 같았다. 나는 관세무역일반협정이 여러 지렛대와 톱니바퀴로 작동하는 장치라고 생각한다. 지렛대는 무역을 점점 자유롭게 하는 데 쓰이는 수단이며 정교하고 치밀한 협상(일제 협상round)으로 이루어져 있어서 관세 인하라는 결과를 낳는다. 톱니바퀴는 체제가 과거로 되돌아가는 일을 막는 데 쓰이며 국가들이 이전 약속을 번복하지 못하게 하는 규정으로 이루어져 있다. 하지만 일정 조건에서는 예외를 둔다.

왜 예외 조항이 있을까? 여기서 정치적 현실주의가 다시 끼어든다. 이 무역 체제의 창안자들은 유연성이 약간 필요하다고 깨달았다. 규정 체계가 너무 경직되면 부수어지기 쉬워 어떤 사건이 일어나 압력이라도 가하면 체계가 산산조각 날 수 있기 때문이다. 그래서 국가들은 다음과 같은 조건에 부합하면 관세를 새로 부과할 수 있는 권리를 부여받았다(무역법률에 정통한 사람이라면 내가 지나치게 단순화했음을 알 것이다. 그래도 핵심은 정확하다).

- 시장 혼란: 수입품이 갑자기 너무 빠르게 급증해 국내 생산자가 조율할 수 없을 경우 그들에게 약간 숨을 고를 여지를 줄 때.
- 국가 안보: 기간基幹 상품을 잠재 적국potential enemy에게 절대 의존해서는 안 될 때.
- 불공정 관행: 예컨대 보조금을 받는 수출품에 대응해 관세를 부과할 때.
- 투매(덤핑): 외국 기업이 원가 이하의 가격으로 상품을 팔며 시장을 점유하려 들 때.

미국에서는 누가 무역 사안이 위의 정당한 사유에 해당하는 사례라고 결정할까? 의회가 아니다. 의회는 루스벨트가 1934년에 봉해 놓은 벌집을 다시 건드릴 수 있기 때문이다. 그래서 행정부가 준사법 절차를 밟아 나간다. 절차에 따라 조사 기관이 무역 사안이 위 해당 조건에 들어맞는지 여부를 판단하고 이후 대통령이 조치를 취할지를 결정한다.

미국이 조치를 취했는데 무역 상대국이 그것을 정당한 사유가 아니라고 여긴다면? (혹은 거꾸로 미국이 상대 무역국의 조치에 반대한다면?) 국제 중재 재판을 요구할 수 있었지만 이 절차는 매우 더디고 번거로웠다. 그러다가 1993년 WTO가 출범하고 나서 지금은 그 과정이 대체로 꽤 빠르게 진행된다.

그러면 그다음엔? WTO가 어느 한 국가에서 부적절한 조치를 찾아냈다고 가정해 보자. WTO는 어떤 권한으로 그 판결을 강제할까? 직접적인 힘은, 없다. 무역 범법자를 급습할 만반의 태세를 갖추고 제노바에 주둔해 있는 검은 헬리콥터black helicopter 부대는 없다. 그 대신 WTO는 규정을 위반한 국가를 범법자라고 선언하고 피해를 입은 무역 상대국에 적절하다고 여기는 선에서 상대국에 보복할 권한을 부여한다.

역사적으로 그와 같은 위협이 통했다. WTO 제소에서 패소한 국가는 대개 뒤로 물러났고 자국의 무역 정책을 선회했다. 그러한 방법이 왜 통했을까? 상황이 걷잡을 수 없이 흘러가면 되로 주고 말로 받는 무역 전쟁으로 치달을 수 있음을 모두가 알았기 때문이다. 게다가 그런 무역 전쟁은 70년 동안 쌓아 올린 발전이란 공든 탑을 한순간에 무너뜨릴 수 있을 터였다.

이것이 트럼프에게로 우리의 시선을 이끈다.

세계 무역 체제는 사실 무척 놀라운 구조물로 기본 뼈대에서 끊임없이 보다 탄탄하고 긴밀한 국제 협력이 생겨난다. 체제는 몇 번 심각한 충격을 받았지만 꽤 굳건하게 버텼다. 특히 2008년 금융 위기를 겪고 난 뒤에도 지구상에서 보호 무역주의의 화려한 부활은 없었다. 그러나 세계 무역 체제는 법치와 엇비슷하기만 해도 무조건 경멸부터 드러내는 한 주요 세계 지도자를 다루도록 고안되지는 않았다.

역대 대통령들도 자신들의 권한을 이용해 관세를 부과했고, 그 명분이 늘 타당한 것도 아니었다. 버락 오바마조차 중국산 타이어에 한시적으로 "시장 혼란market disruption" 관세를 부과했다. 그렇지만 역대 대통령들은 항상 신중했다. 관세 조치는 일정 범위를 벗어나지 않았고 조치를 내린 경제적 근거에도 최소한 옹호할 만한 여지가 있었다.

그런데 트럼프는 한술 더 떠 국가 안보를 내세워 관세를 부과했다. 도무지 맥락이 닿지 않는다. 캐나다산 알루미늄 수입품이 왜 미국의 국가 안보를 위협하는지 일관하는 논거가 전혀 없다. 자동차에도 똑같은 조치를 취할 경우 그 정당성은 더욱 설자리가 없어진다. 사실 트럼프 행정부는 국가 안보가 정말로 우려스럽다는 시늉조차 거의 않는다. 트럼프는 자신이 그저 그렇게 할 수 있기 때문에 그렇게 하는 것일 뿐이다.

설상가상 무역 전쟁이 종반전에 접어든다는 뚜렷한 기미도 보이지 않는다. 유럽과 캐나다는 차치하더라도 중국이 내놓는 제안에 트럼프가 만족할까? 그 제안이 미국에 무역 적자를 안긴 채 끝난다면? 그것은 무역 정책으로 막을 수 있거나 혹은 막아야 하는 일이 아니다.

당연히 나머지 전 세계가 미국에 격분하고 있다. 이는 중요한 문제다. 무역 정책은 태생부터 정치성을 띤다는 점에서다. 트럼프의 손을 번쩍 들어 주어야 경제에 이로울지라도, 물론 이마저도 분명하지는 않은 일이지만, 미국의 민주주의 동맹국들은, 아니 전前 동맹국이라고 해야 할까, 앞으로 우리와 함께 나아갈 마음이 영 내키지 않을 것이다.

자, 이제 우리는 안다. 트럼프가 왜 지금 그가 하고 있는 조치를 취할 수 있는 권한을 가지게 되었는지. 그리고 그 조치가 왜 그토록 심각하게 위험한지.

관세가 다시 부패로 얼룩지다

2018년 9월 20일

평소라면 도널드 트럼프가 2000억 달러 규모의 중국산 제품에 관세를 부과한다는 발표에 곧 전면적인 무역 전쟁이 임박했다는 기사가 며칠째 신문 1면을 장식했을 것이다. 그런데 상황이 엄중한데도 관련 기사들은 신문 하단을 차지하다 잇단 다른 추문에 밀려 곧 묻혀 버렸다.

그러나 트럼프의 관세 조치는 정말 파급력 크고 정말 해로운 행보다. 관세 조치가 경제에 미치는 직접적 영향은 대단하지는 않더라도 결코 미미하지도 않을 것이다. 게다가 수치는 사태 전말의 일부만 드러낼 뿐이다. 트럼프의 무역 정책은 80년도 더 전에 미국 자신이 정해 놓은 규정을 거의 아무렇지도 않게 깨 버렸다. 관세는 특수 이익 집단이 휘두르는 힘이 아니라 국가 우선 과제를 반드시 반영해야 한다는 취지에서 마련된 규정이었다.

트럼프가 관세를 다시 부패로 얼룩지게 하고 있다고 말할 수 있다. 그리고 그 피해는 하루 이틀로 끝나지 않을 것이다.

1930년대까지 미국의 무역 정책은 부패했거니와 역기능을 낳았다. 관세가 전반적으로 높았다는 의미만이 아니다. 누가 얼마나 관세의 보호를 받느냐 하는 것이 특수 이익 집단 사이에서 약삭빠른 흥정과 끝 모르는 경쟁에 의해 결정되었다.

이러한 무법천지에 드는 비용은 경제에만 국한하지 않고 미국의 영향력을 해쳤으며 전 세계에 피해를 입혔다. 주목할 만한 점을 들자면, 제1차 세계 대전 이후 미국은 유럽 국가들에 전쟁 부채를 상환하라고 요구했다. 이는 유럽 국가들이 수출로 달러를 벌어들여야 하는 것을 의미했다. 그러면서 동시에 미국은 관세를 높게 부과하며 유럽 국가들의 불가피한 수출을 막았다.

그러다 1934년 프랭클린 D. 루스벨트가 호혜통상협정법을 도입하면서 형세가 바뀌었다. 관세를 외국 정부와 협상을 통해 조율해 나가자 수출 산업에는 시장 개방에 대한 이해관계가 생겼다. 그리고 이런 협상은 가부可否 투표의 대상이 되기 때문에 특수 이익 집단이 스스로 관세화 특별 대우special treatment〔관세화 유예〕 자격을 매수할 능력을 약화시켰다.

이와 같은 미국의 개혁은 세계 무역 체제에 본보기가 되었다. 그리고 WTO가 출범하면서 새 시대가 열렸다. 아울러 관세 정책이 악명 높은 부패에서 벗어나 놀라울 정도로 청정해졌다.

그런데 이 무역 체제의 창안자들은 체제가 정치적으로도 제 기능을 다하려면 유연성이 필요하다고 판단했다. 그래서 각 정부에 제한된 조건에서만 관세를 부과할 수 있는 권한을 부여했다. 산업계에 급증하는 수입품에 대처하거나, 불공정한 외국 관행에 대응하거나, 국가 안보를 강화할 시간 등을 산업계에 예비해 준 것이다. 이런 특별한 경우에 관세를 부과하는 권한이 미국에서는 신중하고 현명하게 쓰겠다는 조건하에 행정부에 있다.

그런데 트럼프가 등장했다.

이제까지 트럼프는 약 3000억 달러에 이르는 미국 수입품에 관세를 부과했으며, 관세율은 무려 25퍼센트까지 오를 상황이다. 트럼프와 그의 당국자들은 이것은 외국인에게 물리는 세금이라고 계속 주장하지만 실제로는 미국에 대한 큰 폭의 세금 인상이다. 관세는 대부분이 산업에 투입하는 원자재 및 여타의 자원에 부과하는 세금인 만큼, 트럼프의 관세 정책은 십중팔구 투자와 혁신에 찬물을 끼얹는 역효과를 낸다. 하지만 순전히 경제에 끼치는 영향은 전체 사태의 일부에 불과하다. 또 다른 일부는 절차process의 왜곡이다. 미국에는 대통령이 언제 관세를 부과하는지 정해 놓은 규정이 있다. 트럼프는 이 규정의 문구에는 간신히 따랐지만 규정의 정신을 비웃었다. 국가 안보라는 미명하에 캐나다산 수입품을 막는다고? 제정신인가?

중국의 불공정한 무역 관행에 대한 대응으로 짐작되는, 강경한 대對중국 발언까지도 실은 조작극이었다. 중국은 종종 세계 경제에서 골칫거리다. 그러나 이 같은 종류의 보복 관세는 구체적 정책에 대한 대응이어야 하고 상대국 정부에 미국의 요구를 만족시킬 만한 방안을 분명하게 제시해야 한다. 그런데 트럼프가 퍼붓는 비난은 그 근거가 대개 막연한 불만이고 따라서 어디에서도 끝날 조짐이 보이지 않는다.

달리 말해, 관세에 관한 한 트럼프는 다른 많은 문제에서 그랬듯 법치를 저버리고 사사로운 변덕을 채워 넣었다. 이는 두 가지 위험천만한 결과로 이어질 수 있다.

우선, 트럼프의 관세 정책은 썩어 빠진 부패로 향하는 문을 연다. 언급했듯, 관세는 그 대부분이 사업에 투입하는 자원에 부과한다. 여기서 몇몇 산업이 특혜를 입고 있다. 현재 트럼프 행정부는 수입 철강에 상당한 관세를 부과하고 있지만 허가받은 러시아 기업의 미국 자회사 등 일부 철강 사용자에는 무관세 철강 수입 권한이 주어졌다. (러시아 자회사의 면세가 대중에게 알려지면서 철회되었고, 관계자는 이 일이 "오기誤記, clerical error"에서 비롯한 일이라고 주장했다).

그렇다면 트럼프 행정부의 이러한 면세 기준은 무엇일까? 아무도 모른다. 하지만 정실주의情實主義, political favoritism가 판을 친다고 믿을 만한 근거는 충분하다.

무엇보다, 트럼프의 관세 정책으로 미국은 국가 간 협상에서 신뢰를 잃어버렸다. 과거 미국과 무역 협정을 맺은 국가들은 반드시 그 약속이 지켜지리라고 믿었다. 지금 협정국들은 미국이 국내 시장 접근을 보장하는 듯 문서에 서명을 해도 대통령이 허울만 그럴듯한 구실을 내세워 마음 내키는 대로 자국들의 수출품을 막을 수 있다는 점을 알고 있다.

요컨대 트럼프가 부과한 관세는 (아직) 그리 높지 않을지라도 이미 미국을 믿지 못할 상대, 무역 정책이 정치적 연고주의緣故主義, political cronyism로 돌아가는 국가, 편의에 따라 약속을 지키지 않을 가능성이 다분한 국가로 만들어 버렸다. 아무튼 내가 보기에 그런 작태로는 미국을 다시 위대하게 일으켜 세우지 못한다.

3장

불평등을 감추려는
좀비들

기울어지는 미국

나는 중산층이 근간을 이룬 사회에서 자랐다. 평등주의적 사회는 아니었다, 결코. 대기업 최고경영자가 일반 노동자보다 평균 약 20배 더 급여를 받았다. 그래도 극소수를 빼고는 모두 동일한 물질적 혜택을 누리며 세상을 살고 있다는 인식이 사회에 폭넓게 퍼져 있었다.

이제 더는 그렇지 않다. 현재 최고경영자는 일반 노동자보다 300배 이상이나 더 받는다. 다른 고소득 집단 역시 소득이 크게 늘었다. 평범한 노동자는 물가 상승을 감안하면 임금이 지난 40년 동안 아주 약간 오르거나 전혀 오르지 않았다.

미국이 기울어지는 현상, 다시 말해 소득이 소수의 특권층으로 이동하는 몫이 점점 늘어나는 현상은 이미 1980년대 말부터 뚜렷이 나타났다. 이러한 상황이 나 자신을 비롯해 많은 이에게 올바르지 못한 일로 다가왔다. 이것은 일반 가계가 경제 성장의 결실을 같이 누리지 못한다는 의미일 뿐 아니라 함께 나누는 사회에서 산다는 의식이 사라진다는 의미이기도 했다. 따라서 불평등이 심화하는 현상 이면에는 어떤 요소가 작용하고 있는지, 불평등 추세를 반전시키려면 어떤 조치를 취해야 하는지 진지한 논의가 활발하게 전개되리라고 예상했을지 모른다.

실제로 불평등의 원인과 결과를 주제로 다양한 학술 연구가 이루어졌다. 그 일부를 뉴욕시립대학의 사회경제적 불평등 스톤센터에서 내 동료들이 진행하고 있으며 나 역시 요즈음 이곳에서 활동하고 있다.

역시나 좀비의 침입이 있었다. 예견한 일이었다. 불평등이 매우 심해졌다고 인정하게 되면 이는 우리가 무언가를 해야 한다는 요구로 이어지지 않는가. 결과적으로, 거의 첫밖부터 기후 변화 부정 산업과 상당히 유사한 불평등 부정 산업이 등장해 불평등이 실제로는 늘지 않았다거나 전혀 문제가 되지 않는다는 주장을 내세웠다. 이 장에 실은 첫 번째 글에서 나는 그 주장과 맞서 싸운다. 1992년《아메리칸프로스펙트The American Prospect》에 발표한 글로, 내가 오래전에 논박했던 주장이 오늘날에도 되풀이되는 모습에 놀라지 않기를 바란다.

지난 수년 동안 불평등을 둘러싼 논의를 어지럽혀 온 보다 미묘한 문제는 널리 퍼져 있는 세 가지 오해와 관련이 깊다. 첫 번째는 불평등이 심화하는 까닭이 고학력 노동자가 저학력 노동자보다 대개 일을 더 잘하기 때문이지 소수의 고학력 노동자 하위 집단이 나머지 모두로부터 떨어져 나온 때문이 아니라는 주장이다. 나는 〈대학 졸업자 대 과두 정치〉에서 이 오해에 맞선다.

두 번째는 끈질기게 반복되는 것으로, 때때로 올바른 믿음〔선의〕goodfaith에서 항상 출발하지는 않지만, 노동자 계급의 부가 점점 줄어드는 이유가 가족의 가치를 점점 경시하는 현상처럼 사회 문제가 늘어나는 현실을 반영하기 때문이라는 주장이다. 〈돈과 도덕〉에서 나는 그 반대라고 주장한다. 미국의 노동자 계급이 사회에서 위축되는 증상은 기회 감소의 결과이지 그 원인이 아니다.

세 번째는 불평등이 전적으로 기술 문제 때문이라는 주장으로, 지식에 기반을 둔 산업이 성장하면서 사회가 고학력 노동자를 요구하거나 아니면 대개는 노동자를 로봇으로 대체한다는 것이다. 이 주장은 맞을 수 있다, 이론상으로는. 하지만 〈저임금은 로봇 탓이 아니다〉에서 내가 주장하듯이 증거에 따르면, 기술은 많은 이가 생각하고 싶어 하는 만큼 불평등의 심화와 관련이 깊지 않으며 그보다는 권력 관계가 훨씬 중요하다.

끝으로, 불평등이 심화하는 시대는 또한 지역 분할이 확산하는 시대이기도 하다. 미국에서는 부유한 지역으로 점점 수렴되던 가난한 지역이 다시 미끄러져 내려가기 시작했다. 이러한 현상은 트럼프 지지 지역에서도 나타났다. 이 장의 마지막에 실은 글에서는 지역 분열의 원인과 결과를 톺아본다.

부자, 우파, 그리고 사실

소득 분배 논쟁을 해부하다

《아메리칸프로스펙트》, 1992년 가을

1980년대 중반 경제학자들은 미국의 소득 분배에 예상치 못한 현상이 일어나고 있음을 알아차렸다. 30여 년 동안 소득 분배가 비교적 안정적으로 이루어져 왔는데 이후 임금과 소득이 급속히 더 불평등해지고 있었다. 곧 학계 연구자들 사이에서 불평등이 심화하는 이유를 놓고 열띤 논쟁이 불붙었다. 세계 경쟁 때문일까? 정부 정책 때문일까? 기술 변화 때문일까? 아니면 다른 요소 때문일까? 정치적 성향과 상관없이 어느 누구도 소득 분배에 급격한 변화가 생겨 나고 있다는 사실fact 자체에는 이의를 제기하지 않았다.

1992년에는 이 같은 우아한 학술 토론이 공개 토론에 자리를 내주면서 《뉴욕타임스》나 《월스트리트저널Wall Street Journal》이나 이러저러한 대중 잡지의 지면에서 논쟁이 펼쳐졌다. 이런 공개 논쟁에서는 두 가지 면모가 두드러졌다. 첫째, 보수주의자들은 자신의 사례를 제시하거나 자신의 반대자들을 공격하는 데서 매우 잔인한 본성을 드러냈다는 점이다. 둘째, 보수주의자들은 괴이하고 결국엔 변명할 여지도 없는 입장을 취했다는 점이다. 그들은 소득의 편중growing dispersion of income에 주목하는 이들에게 아무런 조치를 취할 수도 없고 취해서도 안 되는 합법적 이유를 들어 맞설 수 있었을 것이다. 하지만 몇 안 되는 경우 말고 보수주의자들은 사실에 입각해 견해를 세우지 않고 불평등이 어마어마하게 늘어나는 현실을 부정하기로 결정했다. 그런데 사실은 그들 편이 아니었다. 그래서 그들은 무리수를 두어 통계마저 왜곡하는 매우 어처구니없는 시도를 잇달아 감행했다.

이 이야기 전체를 관통하는 교훈은 두 가지다. 어떤 시각에서, 이 이야기는 교과서처럼 통계의 활용과 남용을 여실히 드러내 준다는 점이다. 이 글에서는 그 교훈을 살펴보면서 보수주의자들이 어떻게 기록을 왜곡하려 했는지, 보수주의자들이 왜 틀렸는지 밝힌다.《월스트리트저널》과 미 재무부와 이른바 경제 전문가 다수가 내보인 거짓과 무위무능의 결합은 이야기의 또 다른 점을 가리킨다. 다름 아니라, 미국의 보수주의가 도덕적으로 그리고 지적으로 얼마나 퇴락했는가 하는 점이다.

기초 자료를 살펴보는 것으로 시작하고자 한다. 이어 불평등이 커지고 있다는 명백한 사실에 보수주의자들이 펼치는 세 가지 공격 유형을 짚어 본다. (1) 통계에 따른 여러 주장을 헷갈리게 뒤섞어서 사실을 부정하는 노력, (2) 불평등의 심화가 분명한 사실이라 하더라도 로널드 레이건 시절에 보인 성장 기록으로 이를 제압하거나 부인하는 주장, (3) 소득 이동(성)income mobility으로 특정 시점의 소득 재분배를 비교하는 일이 무의미하다는 주장이다. 마지막 부분에서는 어떤 시각으로 전체 논쟁을 바라보아야 하는지 정리해 본다.

기본 사실 몇 가지

미국에서 소득 불평등이 심화하고 있다는 증거를 제공하는 몇몇 비공식 출처가 있다. 일례로《포천》은 오래전부터 해마다 경영자 보상executive compensation에 대한 설문 조사를 실시해왔다. 그리고 1970년대 중반 이후 최고경영진의 보수가 평균 임금이나 일반 임금보다 훨씬 빠르게 올랐다. 이 과정을 그래프 크리스털Graef Crystal이《과잉 소득을 찾아서In Search of Excess》(1991)에서 유쾌하게 탐색했다. 미시간대학에서 실시한 설문 조사들 또한 소득 분배에, 특히 시간 경과에 따른 소득 역학에 유익한 시각을 더했다. 일화적逸話的 증거anecdotal evidence도 있다. 톰 울프Tom Wolfe는 학계가 부의 집중이 날로 심각해지는 현실에 주목하기 훨씬 전부터 맨해튼 "요지에 위치한 건물Good Buildings"의 아파트에 대한 수요가 치솟는다고 지적했다. 사실 울프의《허영의 불꽃Bonfire of the Vanities》(1987)은 그 주제에 관해 우리가 알아야 할 내용을 거의 다 담고 있다.

인구 조사가 알려 주는 것들

미국 내 소득 분배를 다룬 학술 연구는 대개〔매월 실시하는〕상시인구조사 Current Population Survey, CPS의 인구 조사 자료를 토대로 한다. 이 자료에는 분명한 한계가 있는데, 그 점은 잠시 뒤에 살펴보려 한다. 그렇지만 출발점으로서 인구 조사 수치는 한 가지 커다란 이점을 갖는다. 논란의 여지가 없다는 점이다. 이전투구가 난무하는 소득 분배 논쟁에서 아무도 인구 조사가 편향되었다거나 왜곡되었다고 비난하지 않는다(곧 다음 차례가 될지도 모르지만).

표1에는 1970년대 이후 미국의 경제 흐름에 관심을 두는 사람이라면 꼭 염두에 두어야 할 내용이 담겨 있다. 표는 몇몇 기간별 소득 분배에서 특정 시점의 소득 증가율을 예시해 주고 있다.

백분위/연도		연간 증가율 %(소수점 첫째 자리에서 반올림)
20	1947~1973	2.6%
	1973~1979	0.4
	1979~1989	− 0.3
40	1947~1973	2.7
	1973~1979	0.4
	1979~1989	0.3
60	1947~1973	2.8
	1973~1979	0.7
	1979~1989	0.6
80	1947~1973	2.7
	1973~1979	0.6
	1979~1989	1.1
95	1947~1973	2.5
	1973~1979	1.1
	1979~1989	1.6

표1. 소득 이득 분배, 1947~1989, 자료 출처: 미 인구조사국

소득 분배는 백분율로 측정된다. 예를 들어 첫 번째 칸은 (오분위 중 최하위에서 가장 높은) 백분위 20에 해당하는 가계의 소득 증가율을 나타낸다. 백분위 범위를 20에서 95로 선택하는 것은 실제로는 양 극값을 배제하는 것을 의미한다. 그 결과 매우 중요한 증가 현상을 일부 놓치는데 특히 최상위에서 그렇다. 하지만 이 도표는 여전히 우리에게 유용한 기준을 제시한다.

선택한 시기는 세 구간으로 1947~1973년, 1973~1979년, 1979~1989년이다. 첫 번째 시기는 앨리스 리블린Alice Rivlin이 "호시절good years"이라고 부른 전후 대호황 시대다. 다음 두 시기는 경기 순환이 최고점에 이르던 1973년부터 역시 경기 순환이 최고점에 이르던 1979년까지의 1970년대와, 1979년 최고점부터 1989년 최고점까지의 1980년대다.

표에서 우리는 무엇을 알 수 있을까? 첫째, 1947~1973년 수치는 실질적이고 보편적인 번영이 어떤 모습을 띠는지 알려 준다. 이 시기에는 소득이 모든 집단에서 거의 똑같은 비율로 빠르게 올랐으며, 매년 2.5퍼센트 이상 증가했다. 둘째, 1973~1979년에는 경제가 생산성 증가productivity growth 둔화와 석유 파동oil shock으로 직격탄을 맞아 소득 증가율이 매우 느려졌고 고르지도 못했다. 마지막으로, 1979년 이후에는 전에 없던 형태가 등장했다. 소득 증가 속도가 대체로 더 떨어졌는데 특히 증가 형태가 한쪽으로 크게 치우쳐 소득이 중위보다 최상위 가계에서 훨씬 빠르게 증가하고 최하위 가계에서는 사실상 감소한 것이다.

아래에서 살펴볼 일부 보수주의적 논평에서 그 옹호론자들은 1980년대가 정상적 과정을 보이며 불평등의 심화를 더욱 조장하는 이례적 요소가 전혀 없다고 주장한다. 논의가 다소 복잡한 양상을 띠는 만큼 표1을 바탕으로 밑그림을 그려 기억해 두면 도움이 된다. "호시절" 시기의 성장은 미국에서 흔히 볼 수 있는 말뚝 울타리와 같다. 1980년대의 성장은 계단과 같고 부유층이 맨 꼭대기 단에 올라서 있다.

의회예산처에서 내놓은 수치

표1에 나타난 인구 조사 수치가 들려주는 이야기는 꽤나 분명하다. 그럼에도 그 이야기는, 고소득 가계의 소득까지 완전히 보여 주지 않는다는 점에서, 한동안 불완전할 수밖에 없었다.

인구 조사 수치는 고소득 가계를 연구할 때에는 별 소용이 없다. 두가지 문제 때문인데, 하나는 중요하고 다른 하나는 경미하다. 중요한 문제는 "톱-코딩top-coding"이라는 난해한 기술적 부분이다. 상시인구조사의 기초 설문지에서는 가계의 소득을 정확히 묻지 않는다. 그 대신 소득이 제시된 여러 항목 가운데 어디에 속하는지 묻는다. 그 항목에서 최고소득 "x 이상"은 현재 25만 달러다. 이것은 인구 조사 자료가 소득이 최고 수치 이상인 가계의 재산에서 어떤 변동이 생겼는지 아무 정보도 알려주지 않는다는 의미다. 경미한 문제는 인구 조사 자료가 고소득 가계의 중요한 소득원인 자본 이득capital gains을 계산에 넣지 않는다는 점이다.

인구 조사 자료를 활용하는 이들이 대개 백분위 95에 즉 상위 5퍼센트의 최하위보다 더 높은 분위에 주목할 수 없는 이유는 인구 조사 자료가 최고소득층에 관한 한 정보가 빈약하기 때문이다.

인구 조사 자료는 최고소득층 정보가 빈약하기 때문에, 해당 자료를 이용하는 사람들은 보통 백분위 95보다 즉 상위 5퍼센트의 최하위보다 더 높은 분위에는 주목할 수 없다. 1947~1973년에 각 분위에서 거의 같은 비율로 소득이 오른 때에는 최상위 인구 조사 자료가 취약하더라도 그것이 크게 문제되지 않았다. 그런데 1980년대에는 백분위 95 이상의 극부유층에서 소득이 더 빠르게 늘어났다.

누구나 표1에서 이 사실을 쉽사리 추정해 냈을지 모른다. 참고할 수 있는 자료가 소득 분배에서 위로 올라갈수록 소득도 더 많다는 점을 예시해 준다는 점에서, 우리는 참고할 수 없는 자료도 똑같은 양상을 보일 것으로 합리적으로 추정할 수 있다. 곧 상위 5퍼센트 내에서도 불평등이 커졌다고 추측해 볼 수 있다. 이는 예컨대 백분위 95보다 백분위 99가 소득이 더 늘어났음을 시사한다.

공신력은 덜하지만 최상위층에서 소득이 유난히 빠르게 올랐다고 추정해 볼 수 있는 증거가 있다. 특히 크리스털이 제시한 경영자 보상 수치에 따르면, 최고경영진의 보수는 일반 노동자의 보수의 3배였다. 실제로 거의 모든 시사평론가가 최상위층에서 부가 폭발적으로 늘어나는 뚜렷한 현상에 주목했다. 확실한 통계 증거만이 부족했을 뿐이다.

미 의회예산처Congressional Budget Office, CBO의 연구가 그 틈을 메웠다. 의회예산처의 책임하에 하원세입위원회House Ways and Means Committee가 연방 과세의 부담이 변동한 범위를 추산해 그 내용을 방대한 연간 간행물 그린북[경제 동향 보고서]Green Book의 보조 부록으로 제공했다. 이를 위해 의회예산처는 인구 조사 자료와 미국 국세청Internal Revenue Service, IRS 자료를 한데 합치는 모델을 개발했다. 이 모델로 의회예산처는 톱-코딩 문제를 피하고 과세 대상의 자본 이득도 통계에 포함할 수 있었다.

표2는 의회예산처가 1977~1989년의 각기 다른 소득 분배 구간에서

발생한 소득 이득income gains을 추산한 것이다. (1979~1989년 자료를 활용할
수 있다면 더할 나위 없겠지만 안타깝게도 과세 부담에 초점을 맞추어야 하는 본래
임무와 관련해 몇 가지 이유에서 의회예산처는 1979년을 추산에 넣지 않았다.) 표
2에 나온 자료는 표1에 나온 자료와 약간 다르다. 예컨대 오분위 최상위
개별 가계의 평균 소득이 아니라 오분위 최하위 개별 가계의 평균 소득에
서 변동이 나타난다. 그 수치는 이 기간 전체에 걸쳐 연간 변동률이 아니
라 백분율의 변동이다. 그럼에도 실상은 명확하게 그려진다. 소득 최상
위 가계에서 실로 엄청난 소득 이득을 취했다는 점이다. 특히 상위 1퍼센
트 가계는 소득이 12년 동안 약 2배나 올랐다. 증가율이 6퍼센트에 이르
는데, 이것은 최상위 부유층에 1980년대는 정말 살맛 나는 10년이었다
는 의미다. 각 분위에서 소득의 증가 속도가 떨어졌다는 사실과 비교해도
그러하고 전후 호황기와 비교해도 그러하다.

　　의회예산처 수치에서 우리가 배워야 할 중요한 점이 한 가지 더 있다.
최상위 부유층이 도대체 얼마나 부유한가다. 보수주의자들이 지금도 흔

백분위	증가율 %, 1977~1989
0–20	–9%
20–40	–2
60–80	8
80–90	13
90–95	18
95–99	24
100	103

표2.　소득 증가, 1977~1989, 자료 출처: 미 인구조사국

히 내세우는 이야기는 이른바 "부유층rich"이 실제로는 그렇게 부유하지 않다는 것이다. 보수주의자들은 종종 인구 조사 수치를 제시하면서 1989년에는 가계 소득이 겨우 5만 9550달러만 되어도 오분위에서 최상위에 들었고 고작 9만 8963달러만 되어도 상위 5퍼센트에 들었다고 지적한다. 이는 중산층이 미국 사회의 근간을 이루며 부당 이득에 대한 우려를 불러일으킬 만큼 부유한 사람은 아주 극소수임을 가리킨다.

그런데 의회예산처의 수치는 사뭇 다른 실상을 그리는데, 우리의 눈을 보다 높은 곳으로 향하게 하기 때문이다. 의회예산처에 따르면, 소득 상위 1퍼센트에 들기 위해서는 4인 가구 기준 (1993년 달러 가치로) 세전 소득이 적어도 33만 달러가 되어야 한다. 그런데 상위 1퍼센트의 경우 4인 가구의 평균 소득이 약 80만 달러였다. 이제 우리의 주제는 더 이상 중산층이 아니다.

"크루그먼 계산법"

소득이 미국의 소득 분배 최상위층에서 이토록 치솟았다는 사실은 주목할 만하다. 그런데 그 사실이 중요할까? 최근까지 대다수 경제학자는 그렇게 생각하지 않았다. 늘어나는 빈곤은 중요한 사회적 쟁점일지 모르지만 몇몇 사람이 매우 부유하다는 사실은 그저 사회적 호기심거리일 뿐이었다.

이 논의에 내가 한몫한 점은, 어떤 의미에서는 최상위층의 소득 증가가 사실로서 주요한 경제 쟁점임을 지적하고 그 핵심을 아주 간결하게 전했다는 것이다. 지금 악명을 떨치는 "크루그먼 계산법Krugman calculation"

에 따르자면, 평균 가계 소득의 증가분에서 70퍼센트가 상위 1퍼센트 가계에 돌아갔다.

1980년대 동안 통상 소득이 매우 느리게 올랐다는 점을 떠올리면서 논의를 시작해 보자. 일례로 표준 지수보다 인플레이션을 더 낮게 나타내는 조정된 소비자 물가 지수를 활용하더라도 중위 가계 소득, 즉 1989년 소득 분배 중간 지점의 가계 소득이 1979년보다 불과 4.2퍼센트 올랐다. 곧 중위 가계 소득은 매년 약 0.4퍼센트 오르는 데 그쳤다. 그리고 다양한 척도로 측정한 일반 노동자의 실질 임금은 1980년대 내내 하향세였다.

이제 누구나 미국에서 소득 증가세가 1973년 이전 호시절보다 느려지리라고 예측할 수 있다. 이는 생산성이 저하한 때문이다. 미국 경제에서 생산성 증가율은 전후 호경기 동안 연 3퍼센트였다가 1973년 이후로는 연 약 1퍼센트로 떨어졌다. 그리고 보통은 생산성 증가가 실질 소득 증가를 결정한다.

하지만 생산성 증가가 느리더라도 무시해도 될 정도는 아니다. 현재 미국은 1979년에 견주면 생산성이 상당히 높은 국가가 되었다. 그런데 일반 가계는 왜 그만큼 더 잘살지 못할까? 증가한 생산성은 다 어디로 갔을까?

가장 참값에 가까운 대답을 찾자면 평균 소득average income이 중위 소득median income보다 올랐다는 것이다. 표3은 1979~1990년 평균 가계 소득 대 중위 가계 소득을 보여 준다. 1979~1989년 평균 가계 소득이 11퍼센트 올랐고, 이는 생산성 증가율이 1퍼센트임을 감안했을 때 대략 예상할 수 있는 바로 그 수치였다. 따라서 그 계산에는 아무런 문제가 없다.

표1과 표2를 고려하면 중위 소득 대비 평균 소득이 오른 사실은 놀라

평균 소득	중위 소득
1979	100
	100
1980	97
	97
1981	95
	94
1982	95
	93
1983	96
	94
1984	99
	96
1985	102
	97
1986	106
	102
1987	107
	103
1988	108
	103
1989	111
	104
1990	108
	102

표3. 평균 소득 대 중위 소득, 1979~1990, 자료 출처: 미 인구조사국

운 일이 아니다. 소득이 더 불평등하게 분배될 때 누구나 예상할 수 있는 일이다. 최상위 소득이 오르는 속도가 평균 소득이 오르는 속도보다 더 빠를 경우 이에 상응해 하위로 내려갈수록 소득이 오르는 속도가 평균 소득보다 느릴 수밖에 없기 때문이다. 산술적 의미에서 보면, 생산성 증가분이 대부분 "빨대로 빨아들이는 듯siphoned off"고소득 계층에 몰려 나머지 아래 계층에는 소득을 늘릴 여유분이 거의 남아 있지 않았다고 할 수 있다. 나는 이것이 오로지 산술에 기반을 둔 분석임을 강조한다. 이것은 어떤 경제적 요인이 작용했는지, 특히 어떤 다른 현상이 일어날 수 있었는지 혹은 일어났어야 하는지 전혀 말해 주지 않는다.

그런데 내가 생산성 증가분이 대부분 "빨대로 빨아들이는 듯"고소득 가계로 몰렸다고 말할 때, 이는 어느 대상을 말하는 걸까? 소득이 6만 5000달러라서 오분위 중 최상위에 속하는 교사 부부? 아니면 도널드 트럼프?

표2는 우리가 교사 부부를 말하지 않는다는 점을 시사한다. 정말 어마어마한 소득 이득이 오분위 중 최상위에서도 맨 아래쪽이 아니라 맨 위쪽에 몰려 있다. 실제로 의회예산처 수치에 따르면. 십분위 9 즉 백분위 81과 90 사이 가계에 돌아가는 세후 소득분이 1977년에서 1989년 사이에 약간 떨어졌다. 따라서 빨대로 빨아들인 듯한 소득은 전부 상위 5퍼센트 혹은 상위 10퍼센트 가계에 돌아갔다. 그리고 표2를 보면 그 소득의 대부분이 상위 1퍼센트에 돌아갔다고 충분히 의심해 볼 만하다.

이 문제에 감을 잡기 위해, 그리고 솔직하게 말하자면, 내 생각에 지금까지 도외시한 어떤 흐름에 관심을 높이는 데 도움이 되기 위해 다음과 같은 사고 실험을 제안했다. 두 마을을 가정해 보자. 각 마을은 100가구고 각 가구는 가계 소득 분배의 백분위를 나타낸다. 특정 연도인 1977년과 1989년을 비교하므로 두 마을을 1977마을과 1989마을로 부르자. 의회예산처 수치에 따르면, 1989마을 총소득은 1977마을 총소득보다 약 10퍼센트 높다. 그렇지만 사실 소득 전체가 골고루 분배되어 모든 가구에서 소득이 10퍼센트씩 높은 것은 아니다. 1989마을에서 가장 부유한 가구는 1977마을에서 가장 부유한 가구보다 소득이 2배 더 많고, 1989마을 하위 40가구는 실제로 1977마을 하위 40가구보다 소득이 더 낮다.

이제 이렇게 물어보자. 1977마을과 1989마을 사이 소득 격차가 얼마나 나는지 두 마을에서 가장 부유한 두 가구의 소득 격차로 설명할 수 있을까? 똑같은 의미로, 미국의 평균 가계 소득 증가분의 얼마 만큼이 상위 1퍼센트 가계로 갔을까? 그 수치를 들여다보면 누가 "빨대로 빨아들이는 듯" 평균 소득의 증가분을 먹어 치웠는지 감이 잡히며 중위 소득이 아주 조금밖에 오르지 않은 사실도 설명이 된다.

결과는 실로 놀랍다. 평균 가계 소득 증가분의 70퍼센트가 상위 1퍼센트의 수중으로 들어갔다.

이것은 우리에게 무엇을 말할까? 1970년대 이후 중위 소득은 평균 소득을 따라잡지 못했음을, 달리 말하면 미국의 일반 가계는 생산성이 향상했음에도 거의 이득을 보지 못했음을 말해 준다. 그래서 우리가 "고소득high income" 가계라고 말할 때에는 정말 고소득을 의미한다. 지극히 평범한 여피족이 아니라 톰 울프가 그린 세상의 주인을 가리킨다.

부의 분배는 어떨까. 부—가계가 소유한 자산—와 소득은 서로 관련은 있지만 다르다. 부는 대개 소득보다 훨씬 더 편중해 있다. 현재 추산하기로는 최고소득 상위 1퍼센트 가계가 세전 총소득의 약 12퍼센트를 가

저가고, 최고자산 상위 1퍼센트 가계가 순자산의 37퍼센트를 가져간다. 부는 매우 편중해서 표본 조사로는 정확히 측정하기가 어렵다. 수백 명 혹은 수천 명을 대상으로 하는 무작위 조사에는 정말 부유한 사람이 소수만 포함될 것이다. 그럼에도 연준의 여러 연구자는 정교한 표본 추출 절차를 이용해 이 문제를 다루려 애썼다. 한 차례 그들이 실시한 조사에 따르자면, 평균 자산이 소득 분배의 경우와 마찬가지로 중위 자산보다 훨씬 빠르게 늘어났다. 불평등이 심화하고 있다는 분명한 신호였다. 1992년 3월의 조사 보고서에는 1983년 이후 부의 집중이 가파르게 증가해 상위 1퍼센트 가계에 돌아가는 몫이 31퍼센트에서 37퍼센트로 커졌다.

최근에 몇몇 학계 연구자가 (구체적으로 하버드대학의 클라우디아 골딘 Claudia Goldin과 브래드 드롱Brad Delong이 뉴욕대학 에드워드 N. 울프Edward N. Wolff와 손잡고) 자산 분배와 관련해 장기간에 걸쳐 과거에 나온 평가를 종합했다. 이에 따르면 미국에서 부의 집중은 1970년대 말에 저점을 기록했다. 이처럼 낮은 수준은 19세기 이후 다시 볼 수 없었다. 그러고는 다시 1920년대 수준으로 빠르게 치솟았다. 요지는, 자산 수치가 미국에서 경제적 불평등이 심각하게 그리고 급속하게 확대하는 전반적 추세를 뚜렷이 확인해 준다는 것이다.

정치적 함의

불평등이 심화하는 현상은 어떤 정책적 의미를 함축하지 않아도 된다. 분배가 균등하게 이루어지길 바란다 해도 다른 요건이 바뀌지 않는다면 (그리고 모두가 그 목표에 공감하지 않는다면) 우리는 무엇을 해야 할까? 현재 미국에서 임금 및 급여에 대한 통제 정책을 지지하는 사람은 거의 없다(골딘이 제2차 세계 대전의 임금 통제가 장기간에 걸쳐 임금 격차를 좁혀 온 듯 보인다고 지적했지만). 확대하는 불평등을 명분 삼아 누진 세제를 일부 부활시키자는 주장을 펼 수도 있다. 그러나 불평등의 심화는 대개 세전 소득의 변동에서 나오지 역진 세제 정책에서 나오지 않는다. 허버트 스타인Herbert Stein 같은 솔직한 보수주의자는 기꺼이 이렇게 말한다. "그렇다. 불평등은 심해지고 있다. 하지만 어떤 정책적 대응이 필요하다고는 보지 않는다."

그럼에도 다수의 보수주의자는 1992년 초 소득 분배 담론이 표면으로 떠오르자 분노를 터뜨렸다. 누구보다 《월스트리트저널》 편집진과 부시 행정부가 그 담론에 격분했다.

이유는 꽤 분명했다. 《월스트리트저널》 논설 편집장 로버트 바틀리Robert Bartley 같은 공급중시주의자supplysider는 레이건 시절의 거대한 경제적 성공이 자신들의 이념을 정당화한다고 믿는다. 그래서 이 시절이 대다수에게는 그리 성공으로 다가오지 않았다는, 소득이 대부분 극소수의 부유한 가계에 돌아갔다는 견해는 정치적으로 심각한 타격이 된다. 그리고 1992년 봄 뒤늦게 불평등에 관심이 일면서 실제로 빌 클린턴의 선거 운동은 대중이 분노를 쏟을 새로운 초점과 새로운 대상을 찾았다. 곧 중산층 유권자들에게 자신의 고통을 캐딜락 타는 복지 여왕 탓으로 돌리지 말고 부자 편만 드는 정부 정책을 비난하라고 촉구하기도 했다.

보수주의자들이 터뜨리는 실망과 분노는 이해할 수 있다. 그러나 행정부와 《월스트리트저널》과 이러저러한 보수주의 대변자들이 보인 반응은 용납할 수 없다. 그들은 보수주의의 집권 아래에서 불평등이 빠르게 심화했다는 엄연한 사실을 직시하기는커녕 그 사실을 부정하고 그 교훈을 저격했다.

보수주의자들의 대응1: 부정

가구 수

《뉴욕타임스》가 심화하는 불평등의 영향에 대해 내가 분석한 내용을 기사로 보도하자 (대통령경제자문위원회CEA 위원을 비롯해) 여러 보수주의 경제학자가 처음에 보인 반응은 다른 방식으로 계산해야 한다는, 평균 소득이 아니라 총증가분에서 얼마만큼이 상위 1퍼센트에 돌아갔는지 물어야 한다는 주장이었다. 이를 "CEA 계산법"이라 부르자. 여기에 쓰이는 수치는 매우 다른데, 베이비붐 마지막 세대가 성장하면서 미국 가구 수가 1977년에서 1989년 사이에 상당히 늘었기 때문이다. 그 결과 총소득이 올랐다. 그것도 10퍼센트가 아니라 약 35퍼센트나. 당연히 크게 늘어난 이 증가분에서는 최상위 부유층에 쌓이는 몫이 꽤 작아졌다. 그것도 70퍼센트에서 25퍼센트로. 이 조정된 수치가 《뉴욕타임스》에 기사화된 수치를 반박하는 증거로 워싱턴에 널리 퍼졌다. 실제로 한 주요 언론지가 《뉴욕타임스》가 실수를 저질렀다며 고소해 하는 기사를 실으려다 마지막 순간에 내가 맞고 대통령경제자문위원회가 틀리다고 경고를 받았다는 소리도 들었다.

　CEA 계산법에는 어떤 문제가 있을까? 우리가 답을 구하려는 질문을 기억해 보자. 미국의 일반 가계는 생산성이 상당히 높아졌음에도 왜 소득이 크게 오르지 않았을까? 그렇다면 생산성이 오른 데 따른 결실은 누가 챙겼을까? 잠시 골똘히 생각해 보면, 생산 가능 인구의 순증가를 포함한 소득 증가 수치를 이용하면 우리가 저 문제들에서 완전히 벗어난다는 점을 알 수 있다. 예를 들어, 소득 분배에서 하위 20퍼센트에 어떤 일이 일어났는지 살펴보자. 이들 가계에서 평균 소득이 의회예산처가 조사한 시기 동안 10퍼센트 떨어졌다. 그런데 가구 수가 25퍼센트 늘어 총소득이 15퍼센트 정도 올랐고, 그래서 CEA 계산법으로는 오분위 최하위도 경제 성장을 함께 나눈 셈이 된다. 이 집단에서 평균 가계 소득이 내려갔음에도 그렇다!

또한 대통령경제자문위원회의 보고서는 가상의 수치를 예로 들었는데 너무 복잡해 여기에 다시 옮길 수 없다. 요점만 짚자면, 노동 인구에 미숙련 노동자들이 대거 유입하면 중간 숙련도의 노동자들이 밀려날 수 있다는 것과, 이 경우 중위 소득에 정체가 일어나 어느 정도 숙련된 노동자들의 임금 상승을 가린다는 것과, 최상위 부유층만 이득을 얻는다는 "크루그먼 계산법"은 엉터리 분석법이라는 것이다. 대통령경제자문위원회 보고서는 이론상으로 옳다. 그러나 노동 인구와 임금에 대한 자료를 들여다 본 사람은 누구나 알 수 있듯, 실제 사실과 허위 사례는 다르다. 심화하는 임금의 불평등은 어떤 특성을 지닌 노동자의 임금 격차를 늘린다는 의미이지 혼입에 따른 노동 인구의 변화를 가리키지 않는다.

가구 규모

다음 쟁점은 보수주의자들의 계략에 어설프게 들어맞는다. 나와 의회예산처 사이의 엄연한 의견 차이를 다루기 때문이다. 결국 별 차이는 없지만. 이는 줄어드는 미국 가구의 규모에, 대응할 수 있다면 어떻게 대응하느냐는 문제다.

언급했듯, 의회예산처는 미未조정 가계 소득이 아니라 빈곤선poverty line의 배수로 계산한 "조정" 가계 소득"adjusted" family income, AFI을 측정하길 선호한다. 조정 가계 소득은 소득 그 자체보다 빠르게 올랐는데 가구 규모가 점점 작아지고 있기 때문이다. 1977~1989년 조정 가계 소득은 미조정 가계 소득이 10퍼센트 늘어난 것과 비교해 15퍼센트 늘어났다.

미조정 가계 소득이 아니라 조정 가계 소득으로 크루그먼 계산법을 쓰면 결과가 아주 조금 덜 극단으로 치닫는다. 최상위 1퍼센트가 증가분의 70퍼센트가 아니라 44퍼센트를 갖는다. 여전히 꽤 깊은 인상을 남기는 수치지만 과연 이 조정이 적절한 걸까?

의회예산처가 조정 가계 소득을 선호하며 이용하는 까닭은 그것이 물질적 생활 수준의 척도로 더 낫다고 의회예산처가 보기 때문이다. 곧 소득이 같을 때 1자녀 가구가 감당할 수 있는 부분을 3자녀 가구는 감당할 수 없다는 점에서다. 좋다. 하지만 미국 가구가 아이를 덜 낳겠다고 내리는 결정을 소득 증가 형태로 감안하면 그 개념이 지닌 유용성을 과장하는 듯 보인다(공화당 정강위원회는 과연 뭐라고 말할까?).

사실 미국의 일반 가구가 일하는 시간은 1980년대 동안 오히려 늘었다. 따라서 생산성과 비례해 가계 소득이 왜 오르지 않았는지 묻고 있다면 우리는 도리어 가구가 그 소득을 벌려고 더 열심히 일한 덕에 약간이라도 오른 임금을 무시할 수밖에 없다. 의회예산처가 조정을 거친 수치를 쓴 탓에 반대 방향으로 나아가는 셈이 된다. 달리 말해, 조정 가계 소득으로 측정하면 왜 수많은 가구가 VCR을 살 여유가 되는지 설명하는 데는 도움이 되지만 왜 수많은 가구가 부모보다 더 가난하다고 여기는지에 대한 이유는 놓친다.

하지만 이 모든 문제는 상대적으로 경미하다. 가구 규모 조정을 거쳤든 안 거쳤든 자료는 소득이 상위 1퍼센트로 빠르게 이동했다는 점을 확연히 드러내 준다.

자본 이득

〔공급중시 경제학자〕폴 크레이그 로버츠Paul Craig Roberts와 앨런 레이놀즈Alan Reynolds, 하원의원 리처드 아메이Richard Armey, 《월스트리트저널》논설 편집진 등 많은 보수주의 논객은 소득 평가에 자본 이득을 포함했다는 이유로 맹렬하게 의회예산처를 공격해 왔다. 그들은 자본 이득을 소득에 포함해 놓으면 몇 가지 점에서 부유층의 소득이 부풀려진다고 비난한다. 일회성 매매가 영구 소득인 양 들어간다, 부유층이 소유한 자산의 자본 이득은 계산에 넣으면서 중산층 가계가 주택 비과세로 얻는 이득은 뺐다, 자본 이득의 인플레이션 요소를 소득으로 간주한다 등등이다. 그리고 이들 논객은 하나같이 의회예산처의 자본 이득 평가가 부유층이 나머지 우리보다 더 뛰어나다고 결론짓는 근거라고 주장했다.

이런 비판마다 응수할 답변이 있다. 자산 매각asset sales은 언젠가는 일어난다, 주택에 대한 자본 이득은 비판자들이 생각하는 것보다 매우 작다, 인플레이션 요소는 인플레이션율과 함께 떨어진다. 그래서 오히려 최상위층의 소득 증가율이 과소평가 된다고 반박할 수 있다 등등이다. 하지만 중요한 점은 의회예산처 수치에서 자본 이득을 빼도 정말 별 차이가 없다는 것이다. 자본 이득을 넣는 경우, 의회예산처에 따르면, 상위 1퍼센트에 생기는 소득의 몫이 1977년에서 1989년 사이 7퍼센트에서 12퍼센트로 오르며, 조정 가계 소득에서 증가분의 44퍼센트가 이 집단으로 돌아간다. 자본 이득을 넣지 않는 경우, 의회예산처에 따르면, 상위 1퍼센트에 생기는 소득의 몫이 6퍼센트에서 10퍼센트로 오르며, 조정 가계 소득에서 증가분의 38퍼센트가 이 집단에 돌아간다. 의회예산처가 이를 보고하지 않을지라도 자본 이득을 뺀 "크루그먼 계산법"에 따르면, 그 수치는 60퍼센트 이상이 나온다. 바꿔 말해, 자본 이득 쟁점은 순전히 연막 공작에 다름 아니다.

우리는 초부자가 될 수 있을까?

연준에서 자산 연구가 나왔을 때 《월스트리트저널》의 앨런 레이놀즈뿐 아니라 공화당 하원의원 리처드 아메이도 즉각 공격에 나섰다. 레이놀즈는 그 연구가 3000가구의 설문 조사를 토대로 한 만큼 상위 1퍼센트에 대해 믿을 수 없다는 주장을 주로 폈다. 30가구는 표본으로 삼기에 너무 작다는 지적이었다. 이는 흥미로운 반응이었다. 연준의 연구가 두 단계 절차를 거쳤고 자신들의 평가가 상위 1퍼센트 400가구에 토대를 두었다고 찬찬히 설명하고 있었기 때문이다. 사실 그 연구가 통계학적 방법론에 기초한 조사 보고서 형태로 쓰여 있음에도 표본 크기에 대한 문제가 즉각 터져 나온 것이다. 이쯤 되면 레이놀즈가 골치 아프게 그 연구를 읽어 보지도 않고 공격을 퍼부었다고 누구나 단정 지을 수 있지 않을까.

아메이 공화당 의원은, 그 견해를 레이놀즈와 폴 크레이그 로버츠가 몇몇 기고에서 보도했는데, 다른 전술을 들고나왔다. 아메이는 연준의 이전 연구를 샅샅이 살펴보고서 중요하다고 여겨지는 사실을 찾아냈다. 소득이 5만 달러 이상인 가계의 평균 자산이 1983~1989년에 전체 평균 가계의 자산보다 늘어나는 속도가 더 느렸다는 점이다. 아메이는 이 사실이 부의 분배가 실제로는 덜 평등한 방향이 아니라 더 평등한 방향으로 나아갔음을 증명한다고 주장했다. 그런데 아메이는 "소득이 5만 달러 이상" 집단의 규모가 그 기간에 인구의 17퍼센트에서 20퍼센트로 증가한 점을 명백히 간과했다. 올해 대학 수능 시험SAT 상위 20퍼센트 학생의 평균 점수가 몇 년 전 상위 17퍼센트 학생의 평균 점수보다 낮다고 내가 말했다고 가정해 보자. 여러분은 우려를 표할까? 아니면 내가 표본에 추가한 3퍼센트의 학생이 평균을 분명 떨어뜨렸다고 지적할까?

자산 논쟁은 분배 논란에서 경미한 부분이었지만 오늘날 보수주의자들의 절박감, 몰염치, 한심한 능력 부족을 낱낱이 드러내는 사안이었다.

보수주의자들의 대응2: 성장 가로채기

보수주의자들이 두 번째로 친 방어선은 익숙한 것이다. 그들은 레이건 시절의 성장 기록이 공급중시주의 정책이 모두에게 이득을 안기며 소득 분배를 우려하거나 심지어 그것에 관심을 보이는 일조차 폐해가 된다는 점을 여실히 예시해 준다고 주장한다.

표3을 다시 보자. 1982년 경기가 후퇴한 때부터 1989년 경기 순환이 최고점에 이르는 때까지 중위 소득은 분명 상당히 올랐다(중위 소득은 12.5퍼센트 올랐고, 평균 소득은 16.8퍼센트 올랐다). 이 시기를 비교 기준으로 삼는다면 중위 소득이 평균 소득에 못 미치는 현상은 그다지 중요해 보이지 않는다. 문제는 이 시기가 과연 비교에 적합한가다.

거시 경제학 이론이 인류의 지식에 한 가지 확실한 기여를 했다면, 그것은 이론이 경기 순환〔경기 변동〕business cycle과 장기 성장long-term growth을 구분한다는 점이다. 장기 성장은 경제의 생산 능력을 확장해 나가면서 이루어진다. 경기 후퇴와 경기 회복은 그 생산 능력을 이용하는 정도에 변동이 있음을 나타낸다. 경기 후퇴로 들어서면 빨간불이 켜지고 경기 회복으로 들어서면 파란불이 켜지지만, 회복기 동안 일어나는 빠른 성장과 장기적 경제 성과의 향상을 혼동하지 말아야 한다. 경제가 생산 능력의 최대치에 다가가면 성장은 느려질 수밖에 없다. 게다가 경기 후퇴와 경기 회복은 집권 행정부보다는 연준과 훨씬 밀접한 관련이 있으며, 아울러 공화당에도 민주당에도 똑같이 일어난다. 바로 그런 이유로 경제 흐름을 정확하게 파악하는 과정에서 경기 순환의 고점을 서로 비교하거나 더 나아가 특정 실업률과 관련한 소득 수준에 어떤 현상이 나타나는지 질문하는 내용도 포함하는 것이다.

그런데 역설적이게도 경기 순환에 초점을 맞추는 기존 케인스주의를 처음부터 격렬히 반대한 공급중시주의 이론가들이 이제 자신이 옳았음을 주장하기 위해 1982~1989년의 경기 순환 회복기에 전적으로 매달렸다. 그렇게라도 해야 했던 이유는 자신들이 내놓은 정책이 장기 성장에 어떤 가속도도 내지 못했기 때문이다.

1982~1989년 중위 소득의 증가는, 즉 로버트 바틀리가 말하는 "살진 7년seven fat years"은 거의 확실하게 경기 순환의 일시적 회복을 가리키며, 따라서 이 일시적 회복은 1979년 최고점보다 겨우 4퍼센트 오른 수준에서 한계에 다다를 수밖에 없었다. 그리고 뒤이은 경기 후퇴로 ―1980년의 경기 후퇴가 지미 카터Jimmy Carter〔재임 1977~1981〕의 잘못이 아니듯이 경기 후퇴도 조지 H. W. 부시〔아버지 부시, 재임 1989~1993〕의 잘못이 아니며― 십중팔구 중위 소득은 1980년 수준보다 4퍼센트 미만으로 떨

어졌을 것이다.

"크루그먼 계산법"이 전하고자 하는 핵심 주장은 소득 불평등이 지나치게 급속도로 확대되어 대다수 가구가 장기 성장의 혜택을 그만큼 누리지 못했다는 것이다. 이 주장은 여전히 유효하다. 지난 15년을 난도질하다시피 아주 작은 조각을 내고는 좋은 내용은 삼키고 나쁜 내용은 뱉는 공급중시주의 이론가의 노력을 심각하게 받아들일 필요는 없다.

보수주의자들의 대응3: 소득 이동(성)

미국은 정적인 사회가 아니다. 올해에 소득이 높던 사람도 내년에는 소득이 낮아질 수 있고 그 반대의 경우도 있다. 앞서 두 가상 마을에서 똑같은 사람들이 (혹은 자녀들이) 1977년과 1989년에 반드시 똑같은 위치에 있다고 가정할 수 없다. 그리고 경제적 후생economic welfare은 주어진 해의 소득보다 장기간의 평균 소득에 더 좌우된다. 그래서 경제적 후생 분배에 대한 결론을 어느 한 해의 소득 분배 통계에서 너무 많이 끌어내면 얼마간 위험이 따른다.

소득 이동(성), 다시 말해 가구가 소득 순위를 오르내릴 때 경제적 카드패가 뒤섞이는 현상은 불평등이 빠르게 심화한다는 주장에 반박을 가할 수 있는 두 가지 논리를 제공한다. 첫째, 소득 이동(성)이 매우 높으면 평생 소득lifetime income 분배가 매우 균일하기 때문에 어느 특정 연도의 불평등 수준은 중요하지 않다는 논리다. 나는 이를 믹서 모델blender model로여기는데 믹서 안에서는 거품이 현재 어느 위치에 있든 믹서를 몇 분 돌리고 나면 각 거품이 평균적으로 절반 정도 위로 올라가 있기 때문이다.

둘째, 소득 이동(성)이 시간이 지남에 따라 늘어났다면 이것은 각 시점에서 심화하는 불평등을 상쇄할 수 있다는 논리다. 소득 이동(성)의 증가는 평생 소득 분배를 더 균등하게 하는 경향이 있다. 부자는 내려갈 길밖에 없고 빈자는 올라갈 길밖에 없다는 점에서다.

안타깝게도 이 두 가지 가능성은 그 어느 것도 실제 미국의 경제를 특징짓지 못한다. 미국에서 소득 이동(성)이 상당히 이루어지고 있다는 점은 분명하지만 그것이 소득 분배에 어떤 영향을 끼칠 만큼 크지는 않다. 예컨대 인구 조사 자료에 따르면, 1985년 소득 분배에서 오분위 최하위 가계의 81.6퍼센트가 그다음 해에도 여전히 최하위에 머물러 있었다. 오분위 최상위는 그 비율이 76.3퍼센트였다. 이동(성)은 기간이 길어지면 그만큼 증가하겠지만 그 정도가 그렇게 높지는 않다. 어번인스티튜트Urban Institute와 미 재무부의 공동 연구에 따르자면, 소득 분배에서 오분위 최상위 혹은 최하위에서 출발한 가계의 약 절반은 10년 뒤에도 여전히 같은 분위에 속해 있고 3~6퍼센트만이 최하위에서 최상위로 오르거나 최상위에서 최하위로 떨어졌다.

이조차도 소득 이동(성)을 부풀린 것이다. (1) 오분위 최상위에서도 맨 위쪽을 빠져나온 이들은 (예컨대) 보통 같은 분위의 맨 아래쪽에 있고, (2) 소득 분배에 변동이 있더라도 상하 이동은 대체로 상당히 고정적이고 장기적이다. 미시간대학 조엘 슬렘로드Joel Slemrod가 고소득층이 얼마나 끈질기게 그 자리에 있는지 예시해 주는 유용한 지표를 제시했다. 1983년에 소득이 10만 달러가 넘는 가계의 동년 평균 소득은 17만 6000달러였고, 1985년까지 7년 동안 평균 소득은 15만 3000달러였다.

1980년대 동안 소득 이동(성)이 크게 증가했다는 어떤 조짐도 없다.

미시간대학 그레그 던컨Greg Duncan이 다소 자의적이지만 합리적으로 "중산층middle class"에 대한 정의를 내리고 5년간 이 범주로 이동해 들어가거나 이 범주에서 이동해 나온 추이를 연구했다. 표4는 그 연구에서 나온 몇 가지 증거를 보여 준다. 표에 따르면, 중산층의 범주가 1980년대에 줄어들었고 그런 만큼 중산층 가구가 위로 올라가거나 아래로 내려갔을 가능성이 커졌다. 하지만 이에 상응해 가난한 가계가 중산층으로 올라서거나 부유한 가계가 중산층으로 내려갔을 가능성은 줄어들었다(가난한 가계가 부유해졌거나 혹은 그 반대인 경우가 거의 사라진 셈이다). 전반적 추세를 보면 소득 이동(성)에 변화가 거의 없다.

	기간 효과			순환 효과	
	전체 기간	1980년 이전	1980년과 이후	비후퇴기	후퇴기
고소득자 추이					
상위로 이동한 중소득자 비율(%)	6.7	6.3	7.5	6.9	6.2
하위로 이동한 고소득자 비율(%)	29.7	31.1	27.1	28.5	31.8
저소득자 추이					
상위로 이동한 저소득자 비율(%)	33.6	33.5	30.4	35.0	32.3
하위로 이동한 중소득자 비율(%)	7.0	6.2	8.5	6.2	8.5

표4. 중요한 소득 추이를 형성하는 성인 비율(%)
자료 출처: 디미트리 B. 파파디미트리우Dimitri B. Papadimitriou와 에드워드 N. 울프, 《21세기 말 미국의 빈곤과 번영Poverty and Prosperity in the USA in the Late Twentieth Century》(팔그레이브 맥밀란, 1993). SNCSC의 허락을 받아 수록함. 주: 후퇴기는 1인당 실질 가처분 개인 소득의 5년간 증가율로 정의한다. 1974~1975, 1979~1981년을 포함한다.

소득 이동(성)은 이론적으로 불평등의 심화를 해소하는 중요한 요소일지 모른다. 그런데 보다시피 현실적으로는 그렇지 못하다. 그러나 그런 사실이 보수주의자들이 소득 이동(성)을 쟁점으로 이용하려는 노력을 막지는 못했다.

글렌 허버드의 연구

1992년 6월 미 재무부 조세분석처Office of Tax Analysis, OTA는 콜롬비아대학에서 안식년을 보내는 경제학자 글렌 허버드Glenn Hubbard의 주도하에 보고서를 발표했다. 보고서는 미국에 대규모 상향 이동이 실재한다고 주장했다. 특히, 보고서에 따르면, 1979년 오분위 최하위에서 출발한 개인의 86퍼센트가 1988년 무렵 그 분위에서 이동했으며 실제로 오분위 최하위에서 출발한 개인이 같은 구간에 머물기보다는 오분위 최상위에 이를 가능성이 더 컸다.

그런데 허버드 보고서는 아무리 너그럽게 보아도 이상하기 짝이 없는 방법을 토대로 삼았다. 보고서는 1979년부터 1988년까지 총 10년 동안 소득세를 낸 일단의 개인을 추적해 이들 소득을 서로가 아니라 인구 전체 소득과 비교했는데, 10년 동안 꼬박꼬박 세금을 낸 개인이라는 조건에 따라 경제적으로 성공한 사람만 포함하는 강한 편향을 즉시 띠게 되었다. 전체 가계의 약 절반만이 10년 동안 꼬박꼬박 소득세를 냈기 때문이다. 성공한 사람에게 기우는 이런 편향은 표본 기간이 끝날 무렵 그 표본 집단에 빈자는 매우 적고 부자는 매우 많다는 사실에서 확연히 드러났다. 사실 표본 집단의 7퍼센트만이 표본 기간이 끝날 무렵 오분위 최하위에 들었고 28퍼센트가 오분위 최상위에 들었다. 좀 더 중요한 점은 표본 집단을 각 표본 집단이 아니라 인구 전체와 비교하면서 보고서는 기본적으로 나이가 많아짐에 따라 늘어나는 일반적 소득의 경향이 사회 이동(성)social mobility을 나타내는 것처럼 다루었다. 이 연구가 1979년 오분위에서 최하위로 분류한 사람의 중위 연령은 22세에 불과했다.

시카고대학의 노동경제학자 케빈 머피Kevin Murphy는 재무부 보고서가 밝혀낸 내용을 명쾌하게 다음과 같이 정리했다. "이것은 소득 이동(성)을 예시해 주는 모범적 사례가 아니다. 이런 사람은 구내 서점에서 일하다가 30대 초반에 직업다운 직업을 갖는 이다."

소득 이득

마침내 막바지에 이르렀다. 어쩌면 가장 효과적으로 혼란을 부추기는 보수주의자들의 주장일 수도 있다.

우선 사실을 톺아보자. 높은 평균 소득으로 출발하는 가계는 다음 10년 동안 소득 증가율이 낮아지거나 0 이하로 떨어지고, 낮은 평균 소득으로 출발하는 가계는 소득이 빠르게 오르는 양상을 보인다. 이는 사실 어번인스티튜트나 재무부 자료 모두에서 나타난다. 어번인스티튜트 수치를 보면 1977년에 오분위 최하위 가계는 1986년에 소득이 77퍼센트 올랐고 오분위 최상위 가계는 소득이 고작 5퍼센트 올랐다. 《월스트리트저널》 논설 편집장 폴 크레이그 로버츠를 비롯해 여러 사람은 이런 유형의 수치를 빈자가 부자보다 1980년대에 실제로 더 나았다는 증거로 잡아냈다. 이를 편의상 "월스트리저널WSJ 계산법"이라 부르자.

WSJ 계산법은 인상적으로 보인다. 그런데 찬찬히 들여다보면, WSJ 계산법은 미국에서 빠르게 불평등이 확산하고 있다는 결론과 완벽하게 맞아떨어진다. 계산법은 소득 이동(성)이 약간 있었다는 점만 보여 줄 뿐이며 아무도 이를 부정하지 않았다. 그리고 이러한 증거는 공급중시주의 정책이 빈자를 도왔다는 증표가 될 수 없다. 차라리 극소수의 사람이 몇 년 동안 연달아 복권에 당첨된다는 사실이 더 그럴듯하다.

안타깝게도, 수치로 나타낸 사례가 없으면 이 점을 설명하기가 어렵다. 어느 특정 연도에 전체 가계의 절반은 10만 달러를 벌고 나머지 절반은 20만 달러를 버는 경제를 가정해 보자. 이 경제를 믹서 모델에 넣어 보자. 이때 하위 50퍼센트에서 출발하는 가계가 10년 뒤 상위 50퍼센트 가계가 될 가능성이 50퍼센트이며 그 반대도 마찬가지라고 가정한다.

자, 이제 WSJ 계산법을 써 보자. 하위 50퍼센트에서 출발하는 가계는 10만 달러로 시작한다. 이 가계는 10년 뒤에는 평균 소득이 15만 달러이고 50퍼센트 이득을 본다. 상위 50퍼센트에서 출발하는 가계는 20만 달러로 시작한다. 이 가계는 10년 뒤에 평균 소득이 똑같이 15만 달러이며 33퍼센트 손해를 본다.

그렇다면 소득 분배가 더 공평해졌을까? 아니다. 소득 분배는 원래 그대로다. 우리가 보는 것은 "평균으로의 회귀regression toward the mean"라는 익숙한 통계적 현상이다. 핵심은, 부유한 사람은 처음부터 내려가는 길밖에 없고 가난한 사람은 처음부터 올라가는 길밖에 없다는 것이다. 따라서 소득 분배가 안정되어 있다면 소득 이동(성)은 WSJ 계산법 결과에 다다를 수밖에 없다. 소득 불평등이 심화할 때에도 여전히 같은 결과를 얻는다. 그리 새삼스러운 일도 아니다.

소득 이동(성)이 이 예시에서만큼 높으면 당연히 어느 특정 시점에서는 소득 분배가 크게 중요하지 않다. 하지만 우리가 이미 보았듯, 소득 이동(성)은 그만큼 높지 않다. 부자든 빈자든 대개 그대로 머물러 있다. 따라서 WSJ 계산법이 올바르게 보일 만큼 소득 이동(성)은 있지만 그것이 불평등이 확산하는 현실을 바꿀 만큼은 아니다.

좀 더 구체적인 그림을 바란다면 이렇게 생각해 보자. 특정 연도에 저소득층에서 일부가 고단한 한 해를 보내고 있다. 임시 해고된 노동자, 파산한 중소기업가, 흉년을 맞은 농민 등이다. 이들은 몇 년 뒤에는 형편이 훨씬 나아지고, 그래서 현재 저임금인 사람의 평균 임금이 크게 오르리라고 기대한다. 그러나 이것이 늘 가난한 사람도 소득이 오르리라는 의미는 아니다. 이들은 그렇지 않다. WSJ 계산법에서 무엇이 잘못되었는지 가장 분명하게 드러내 주는 방법은 어번인스티튜트의 이사벨 소힐Isabel Sawhill처럼 거꾸로 해보는 것이다. 이사벨의 자료에서는, 1977년에 오분위 최상위 가계의 소득이 1986년에는 11퍼센트 떨어졌다. 그런데 1986년 오분위 최상위 가계는 따로 살펴보니 65퍼센트나 이득을 얻었다! 보수주의자들은 즐겨 소득 이동(성)을 강조하는데, 이는 미국이 기회의 땅이라는 유구한 인상을 불러일으킬 수 있기 때문이다. 저 인상은 현실과 완벽하게 들어맞지는 않았더라도 항상 어느 정도는 맞아 왔다. 그런데 여러 증거를 고려해 볼 때 1980년대 소득 이동(성)은 심화하는 불평등이란 움직일 수 없는 대세에 변화를 불러올 만큼 늘어나지도 높아지지도 않았다.

1970년대 이후 미국에서 소득 불평등이 확대하는 현상은 경제적 조망에서 거의 눈에 띠지 않는 요소였다. 하지만 불평등 현상은 모든 경제 관련 통계에서 사실상 뚜렷하게 나타나며 국민의 생활과 결부된 거의 모든 영역에 영향을 끼쳤다. 이러한 흐름을 인정하거나 개탄할 수는 있어도 아무도 정색하며 그 흐름을 부정할 수 있다고는 여기지 않았을 것이다.

소득 분배를 둘러싼 논쟁에서 놀라운 교훈은 오늘날 보수주의자들의 사고방식에 대해 회자되는 내용이다. 알다시피, 화려한 미사여구로 반反 전체주의를 부르짖지만 다수의 보수주의자는 그 본능이 전체주의적이다. 기록에 자신들이 원하는 내용이 담겨 있지 않으면 그것을 숨기거나 속인다.

소득 분배를 두고 중요한 여러 쟁점이 있다. 왜 최상위층 소득은 치솟는 데 반해 최하위층 소득은 곤두박이치는지 그 이유를 정말 아무도 다 알지 못한다. 어떤 정책으로 그 흐름을 멈추거나 돌려세울 수 있을지 아직 합의에 이르지 못했다. 그러나 많은 보수주의자는 그 문제의 본질을 논의할 마음도 없을뿐더러 현실을 마주할 마음은 더욱더 없다. 그리고 그들이 살고 싶어 하는 환상의 세계에서 1980년대는 실제로 걸어온 진짜 모습이 아니라 그들이 당위로 꾸며 낸 가짜 모습을 하고 있다.

대학 졸업자 대 과두 정치

2006년 2월 27일

벤 버냉키Ben Bernanke 연준 의장(2006. 2~2014. 1)의 첫 의회 증언은 다들 인정하다시피 정말 최고였다. 그는 통화 정책이나 재정 정책을 설명하며 말 한마디 실수하지 않았다.

그런 버냉키가 잠시 더듬거렸다. 바니 프랭크Barney Frank 하원의원(민주당)이 소득 불평등을 지적하는 질문에, 그는 잠시 멈칫하고는 불평등이 심화하는 "가장 주된 요인"이 "고급 기술에 붙는 수수료의 인상과 고등 교육에 따른 보수의 증가"라고 밝혔다.

그런 견해는 현재 미국 사회에서 일어나는 현상을 근본적으로 잘못 읽은 것이다. 현실에서는 지식 노동자가 상당히 폭넓은 층을 형성하며 증가하는 모습을 볼 수 없다. 현실은 오히려 극단적 과두 정치oligarchy의 부상을 목격하고 있다. 소득과 부가 점점 소수의 특권층 수중으로 집중하는 것이다.

버냉키의 입장은 누구나 늘 듣는 내용이다. 그런데 내가 보기에 그것은 80-20 오류80-20 fallacy에 다름 아니다. 그 개념에 따르면, 점점 불평등해지는 사회에서 승자는 꽤 커다란 집단을 이룬다. 곧 신기술을 이용하고 세계화에 편승할 수 있는 능력을 갖춘 미국 노동자 20퍼센트 정도가 그런 기술이 없는 노동자 80퍼센트를 점점 앞지른다.

하지만 현실은 사뭇 다르다. 고학력 노동자가 저학력 노동자보다 앞서 나아갈지 모르지만 대학 학위가 커다란 소득 이득에 다다르게 하는 승차권인 적은 거의 없었다. 2006년 대통령경제보고서2006 Economic Report of the President에 따르면 대학 졸업자의 실질 소득은 2000년에서 2004년 사이에 실제로는 5퍼센트 이상 떨어졌다. 1975년부터 2004년까지로 기간을 더 늘리면 대학 졸업자의 평균 소득은 오르지만 그 상승폭은 매년 1퍼센트에도 못 미친다.

그렇다면 불평등이 확대하는 현실에서 승자는 누굴까? 상위 20퍼센트도 아니고 상위 10퍼센트도 아니다. 그 커다란 이득은 이보다 훨씬 더 작고 훨씬 더 부유한 집단에 돌아간다.

노스웨스턴대학의 이언 듀-베커Ian Dew-Becker와 로버트 고든Robert Gordon의 연구 논문 〈생산성 증가는 다 어디로 갔는가?Where Did the Productivity Growth Go?〉(2005)에 자세한 내용이 실려 있다. 1972~2001년 소득 분배에서 백분위 90에 속한 미국 국민의 임금과 급여 소득은 불과 34퍼센트, 그러니까 매년 약 1퍼센트가 올랐다. 대학 졸업자처럼 소득 분배에서 상위 10퍼센트에 들었다고 해서 커다란 소득 이득을 보장하는 자격증을 딴 셈이 아니었다.

그런데 소득이 백분위 99는 87퍼센트가 올랐고, 백분위 99.9는 181 퍼센트가 올랐으며, 백분위 99.99는 무려 497퍼센트가 올랐다. 오자가 아니다.

우리가 논의하는 대상이 누구인지 알아 보자. 초당파적 조세정책센 터Tax Policy Center, TPC는 올해 백분위 99의 소득은 40만 2306달러, 백분위 99.9의 소득은 167만 2726달러에 이른다고 추산한다. 백분위 99.99의 소득은 수치를 밝히지 않았지만 십중팔구 1년에 600만 달러를 훌쩍 넘어 설 것이다.

버냉키처럼 명석하고 정통한 사람이 왜 심화하는 불평등의 속성을 잘못 이해하는 걸까? 그것은 버냉키가 범하는 오류가 소득 격차를 주제 로 하는 정중한 논의를 주도하기 때문이다. 그런 오류가 진실이라서가 아 니라 위안이 될까 해서. 그 모든 것이 교육으로 귀결한다는 버냉키의 견 해는 아무도 심화하는 불평등을 탓할 수 없음을, 소득 불평등이 단지 노 동 현장의 공급과 수요에 대한 한 가지 사례일 뿐임을 시사한다. 버냉키 의 견해는 또한 불평등을 완화하려면 교육 체계를 개선해야 한다고 시사 한다. 더 나은 교육은 미국의 정치인이라면 거의 누구나 입에 발린 말로 라도 내세우는 가치다.

우리 사회에 과두 정치가 부상하고 있다는 판단은 더욱 불안감을 안 긴다. 불평등의 확대가 시장 원리market force만큼이나 권력 관계와도 상당 히 관련이 있음을 가리킨다는 점에서다. 안타깝게도 그것이 현실이다.

미국 사회에 과두 정치의 성격이 점점 짙어지는 문제를 우려해야 할 까? 그래야만 한다. 경제가 일으키는 물결이 점점 차오르는데도 배를 다 띄우지 못해서만이 아니다. 역사도 최근의 경험도 극도로 불평등한 사회는 부패가 몹시 심하다는 점을 우리에게 일깨우고 있다. 점점 벌어지는 소득 격차부터 잭 에이브러모프Jack Abramoff와 K스트리트 계획K Street project에 이르기까지 상황을 관통하는 인과 관계가 있다. 〔잭 에이브러모프는 미국의 사업가이자 워싱턴D.C. 정계의 로비스트다. K스트리트는, 금융 밀집 구역인 뉴욕의 월스트리트와 종종 비교되는, 미국 수도 워싱턴D.C.의 도로로 로비스트/로비 업체, 압력/이익 단체, 정치 컨설팅 회사들이 밀집해 있는 구역이다. K스트리트 프로젝트는 로비 행위도 일종의 청원권인 미국에서 1995년 시작된, 공화당이 주요 로비 회사와 압력 단체 등의 최고위직에 친親공화당계 인사를 심어 넣으려는 계획을 말한다.〕

나는 앨런 그린스펀Alan Greenspan과 궤를 같이한다. 그의 자유 지상주의적 뿌리를 감안하면 뜻밖이지만, 그린스펀은 확산하는 불평등이 "민주 사회democratic society"에 위협을 가한다고 수차례 경고한 바 있다.

그 위협에 맞설 정치적 의지를 모으기까지 시간이 걸릴지 모른다. 그러나 불평등과 겨룰 어떤 정책으로 나아가는 첫 걸음은 80-20 오류에서 벗어나는 것이다. 불평등은 대학 졸업자가 얻는 변변찮은 소득 이득이 아니라 극소수 특권층이 누리는 어마어마한 소득 이득으로 더욱 골이 깊어진다는 사실을 직시해야 할 때다.

돈과 도덕

2012년 2월 9일

최근 들어 불평등이 전 국민의 화두로 다시 떠올랐다. 〔2011년 9월〕 "월스트리트를 점령하라Occupy Wall Street, OWS"가 그 쟁점을 더욱 부각했고 의회 예산처가 점점 벌어지는 소득 격차와 관련해 신빙성 있는 자료를 제공했다. 더구나 계급 없는 사회라는 신화가 민낯을 드러냈다. 부유한 국가 가운데 미국은 두드러질 정도로 경제적, 사회적 지위를 대물림할 가능성이 가장 큰 국가다.

그리고 우리는 이어 어떤 일이 일어났는지 알고 있다. 느닷없이 보수주의자들이 정작 문제는 돈이 아니라 도덕이라고 주장하고 나선 것이다. 임금 정체나 그 밖의 것에는 신경 쓰지 마라, 진짜 문제는 노동자 계층에서 무너지는 가족의 가치다, 그리고 그것은 암만 해도 진보주의자 탓이다, 라는 주장 등등이다 그런데 정말 도덕이 문제일까? 그렇지 않다. 온전히 돈이 문제다.

보수주의자들로부터 나온 반발의 중심에는 찰스 머리Charles Murray의 《양극화: 백인의 미국, 1960~2010년Coming Apart: The State of White America, 1960-2010》(2012)이 놓여 있다. 객관적으로 말해, 이 책은 몇 가지 눈에 띄는 흐름을 집중적으로 조명한다. 책은 고졸 이하 학력의 백인 미국 국민 사이에서 혼인율과 남성의 경제 활동 참여율이 감소하고 있으며 혼외 출생률이 증가하고 있다고 밝히고 있다. 분명 백인 노동자 계층의 사회가 바뀌는 모습이 건전해 보이지는 않는다.

그러나 우리가 던져야 하는 첫 번째 질문은 바로 이것이다. 과연 그런 현실이 가치관의 전선에 그토록 어두운 그림자를 드리울까?

머리와 여러 보수주의자는 전통적 가족이 해체되면 사회 전체에 막심한 악영향을 끼친다는 듯 종종 가정한다. 물론 이와 같은 견해는 그 역사가 장구하다. 나는 머리가 쓴 책을 읽고 좀 더 앞서 비판의 날을 세운 거트루드 히멜파브Gertrude Himmelfarb의 《사회의 도덕적 해이: 빅토리아 시대의 미덕부터 현대의 가치관에 이르기까지The De-Moralization of Society: From Victorian Virtues to Modern Values》(1996)가 떠올랐다. 이 책은 대체로 머리의 책과 같은 논지를 펴고 있는데 미국 사회가 문란해지고 있다고 주장하며 빅토리아 시대의 미덕이 무너져 가면서 우리 사회가 더욱 방탕해지리라고 내다보았다.

하지만 사실은 전통적인 가족이 점점 기반을 잃어 가고 있음에도 사회의 병폐를 가리키는 일부 지표들이 매우 뚜렷하게 개선되었다는 점이다. 내가 아는 한 머리는 1990년 이후 모든 인종 집단에서 10대 임신율이 급감했다거나 1990년대 중반 이후 폭력 범죄가 60퍼센트 감소했다는 점은 한 번도 언급하지 않는다. 전통적인 가족이 광고에서 떠들어 대는 만큼 사회 결속에 중요하지 않은 건 아닐까?

그럼에도 노동자 계층의 전통적인 가족에 분명 변화가 찾아오고 있다. 문제는 어떤 변화냐는 것이다. 그리고 솔직히 보수주의자들은 매우 기민하게 그리고 정말 경솔하게 겉으로 드러나는 너무 뻔한 대답을 아주 놀랄 정도로 묵살해 버린다. 바로 저학력자가 지원할 수 있는 일자리 기회가 급격히 감소하는 현실 말이다.

미국에서 소득 격차와 관련해 우리가 아는 수치는 대개 개인이 아니라 가계에 초점을 맞추는데, 이는 몇몇 목적에는 부합한다. 하지만 소득 분배에서 하위 분위에 속할수록 소득 증가분이 미미하다는 점을 보면 이 증가분이 전부, 그렇다, "전부" 여성에게서 나온다는 사실을 깨달아야 한다. 유급 노동 인구에서 여성이 더 많을뿐더러 여성 임금이 예전만큼 남성 임금보다 많이 낮지 않기 때문이다.

그러나 저학력 남성 노동자에게도 현실은 전혀 녹록지 않았다. 물가 상승을 감안하더라도 고졸 남성의 초임 임금은 1973년 이후 23퍼센트나 떨어졌다. 고용 복지도 무너졌다. 1980년에는 고등학교를 막 졸업하고 민간 부문에 취업한 사람의 65퍼센트가 의료 보험 혜택을 받았지만 2009년에는 그 비율이 29퍼센트로 떨어졌다.

따라서 지금 우리는 저학력 남성들이 상당한 임금과 온당한 복지 혜택을 받는 일자리를 구하는 데 무척 애를 먹는 사회에 살고 있다. 그런데 어찌 된 셈인지 우리는 그런 남성들이 노동 인구에 덜 진입하고 결혼을 덜 한다는 사실에 새삼 놀라워한다. 그리고 다소 납득하기 힘든 논지를 펴며 오만한 진보주의자들이 야기하는 도덕의 붕괴가 일어나고 있음에 틀림없다고 결론 내린다. 머리는 또한 노동자 계층이 실제로 결혼을 하면 덜 행복해진다고 충고한다. 앞뒤가 안 맞는 소리지만, 돈 문제 때문에 그렇게 된다는 것이다.

한 가지 더 살펴보자. 이 논쟁에서 진정한 승자는 뛰어난 사회학자인 윌리엄 줄리어스 윌슨William Julius Wilson이다.

1996년 당시, 거트루드가 우리의 도덕적 해이를 개탄하던 바로 그 해에 윌슨이《일자리가 사라졌을 때: 새로운 도시 빈민의 세계When Work Disappears: The World of the New Urban Poor》를 펴냈다. 책에서 윌슨은 아프리카계 미국인 사이에서 주로 가치관의 붕괴로 일어나는 사회 분열이 실상은 대개 도시 지역의 생산직 일자리 부족이 그 원인이라고 주장했다. 윌슨이 옳다면, 또 다른 사회 집단 예컨대 백인 노동자 계층에서 경제적 기회가 그에 못지않게 줄어든다면 역시 그와 비슷한 일이 일어난다고 예상할 수 있다. 실제로도 그랬다.

따라서 온 나라를 뜨겁게 달구는 이 논쟁을 치솟는 불평등으로부터 미국 국민의 뒤처진 이른바 도덕적 결함으로 시선을 돌리려는 온갖 시도를 거부해야 한다. 전통적 가치는 사회적 보수주의자들이 우리에게 믿게 하려는 만큼 중요하지 않다. 그리고 어떤 경우든, 미국 노동자 계층에서 나타나는 사회 변화는 전적으로 급격하게 심화하는 불평등이 낳은 결과이지 그 불평등을 낳는 원인이 아니다.

저임금은 로봇 탓이 아니다

2019년 3월 14일

종종 그러듯 며칠 전에 나는 좀체 오르지 않는 임금과 치솟는 불평등을 주제로 열린 한 학회에 참석했다. 흥미로우면서도 열띤 토론이 이어졌다. 그런데 불현듯 머릿속에 한 가지 생각이 떠올랐다. 과연 얼마나 많은 참가자가 로봇이 임금과 불평등 문제에서 큰 비중을 차지하고 있다고 생각할까 하는 점이었다. 곧 사람들이 정말로 기계가 양질의 일자리를, 심지어 일자리 전반을 앗아 가고 있다고 생각하는가 하는 점 말이다. 대개 이와 같은 견해는 가설로도, 토막 상식으로도 언급되지 않았다.

더구나 이런 전제는 정책 논의에 실제로 영향을 끼친다. 예컨대 보편적 기본 소득을 강력하게 지지하는 주장은 주로 로봇 대재앙이 경제를 급습하면서 인간의 일자리를 더욱 줄일 것이라는 확신에 근거한다.

따라서 이러한 경우에는 일반적으로 받아들이는 상식이 정확하지 않다고 지적하는 일도 유익한 생각이라고 본다. 예측은 어려운 작업이다. 미래에 대한 것이라면 더욱더 그렇다. 어쩌면 머지않아 로봇이 실제로 우리 일자리를 전부 가로챌지도 모른다. 하지만 자동화automation는 지난 40년간 미국 노동자에게 일어난 역사에서 큰 부분을 차지하지 않는다.

우리에게는 정말 심각한 문제가 따로 있다. 그러나 그 문제는 기술과 거의 관련이 없고 정치 및 권력과 더 관련 깊다.

잠시 한 발짝 뒤로 물러나 질문을 던져 보자. 도대체 로봇은 무엇일까? 분명, 로봇은 그 모습이 C-3PO(《스타워즈Star Wars》 속에 나오는 휴머노이드 로봇)를 닮았거나 혹은 "말살하라! 말살하라!Exterminate! Exterminate!"라고 말하며 돌아다니는 존재(《닥터 후Doctor Who》(1963)에 나오는 폭력적이고 무자비한 로봇 달렉Dalek)일 필요는 없다. 경제적 관점에서 보면, 로봇은 이전에 인간이 하던 일을 기술을 이용해 수행하는 존재다.

그런 의미에서 로봇은 말 그대로 수백 년에 걸쳐 우리 경제를 탈바꿈해 왔다. 경제학의 창시자 가운데 한 사람인 데이비드 리카도David Ricardo 역시 1821년에 기계의 파괴적 영향에 대해 글을 썼다!

오늘날 사람들이 로봇 대재앙을 이야기할 때 대개는 노천 채굴이나 산정 제거 채굴mountaintop removal 같은 일은 염두에 두지 않는다. 하지만 이런 기술은 채탄 산업을 완전히 바꿔 놓았다. 석탄 생산량은 1950년에서 2000년 사이에 거의 2배로 늘었지만(그 생산량은 몇 년 전부터 떨어지기 시작했다), 석탄 광부는 그 수가 47만 명에서 8만 명 이하로 줄었다.

아니면 화물 수송 컨테이너화를 생각해 보자. 주요 항구 도시에서 부두 항만 노동자들은 현장에서 커다란 역할을 담당해 왔다. 그런데 1970년대 이후 세계 무역이 급성장하는 동안 "해상 하역"에 종사하던 미국 항만 노동자의 비율은 3분의 2나 줄어들었다.

기술의 파괴성은 전에 없던 현상이 아니다. 그렇다면 그 파괴성이 여전히 속도를 점점 높이고 있을까? 자료에 따르면 그렇지 않다. 로봇이 정말 노동자를 일제히 대체한다면 나머지 노동자들이 생산하는 상품의 양 곧 노동 생산성labor productivity은 급증하리라고 예상할 수 있다. 실제로 생산성은 1990년대 중반부터 2000년대 중반까지 그 이후보다 훨씬 더 빠르게 성장했다.

따라서 기술 변화는 케케묵은 이야기다. 새로운 이야기라면 노동자들이 그러한 기술 변화의 결실을 함께 누리지 못했다는 것이다.

변화에 대처하는 일이 결코 쉽다고 말하는 게 아니다. 채탄 부문의 고용이 하향세로 접어들면서 수많은 가계가 엄청난 타격을 입었고, 과거 탄광 지역이던 곳은 대부분 회복되지 못했다. 항구 도시에서 육체노동 일자리가 사라진 것은 분명 1970년대와 1980년대에 도시의 사회 위기를 불러온 한 원인이 되기도 했다.

기술 발전의 희생양은 얼마간 늘 있어 왔다. 그리고 1970년대까지 생산성의 향상은 노동자 대다수에게 임금 상승으로 이어졌다. 그러다 그 연결이 끊어졌다. 그런데 그 연결을 끊은 것은 로봇이 아니었다.

그럼 무엇이 그렇게 했을까? 경제학자들 사이에서 만장일치는 아니어도 점점 공감대를 넓혀 가는 합의가 하나 있다. 임금 정체를 일으킨 중요한 요인이 노동자들의 협상력 저하라는 점이다. 그 저하의 근본 원인은 결국 정치에 있다.

연방 최저 임금은 물가 상승을 감안하면 지난 50년 동안 3분의 1이나 떨어졌다. 이는 매우 분명한 사실이다. 같은 기간 노동자의 생산성은 150

퍼센트나 올랐다. 그 차이를 부른 것은 다름 아닌, 정치였다.

1973년에는 민간 부문 노동자의 4분의 1이 노동조합에 가입해 활동했으나 지금은 그 비율이 6퍼센트에 불과하다. 노동조합의 쇠퇴가 꼭 정치와 맞물려 있지 않을지도 모른다. 그런데 다른 여러 국가에서는 노동조합이 그만큼 퇴보하는 양상을 보이지 않았다. 현재 캐나다는 1973년 미국과 비슷한 노동조합 가입률을 보이고 있다. 북유럽 국가는 노동 인구의 3분의 2가 노동조합에 가입해 있다. 미국에서 노동조합의 쇠퇴라는 이례적 현상이 보이는 이유는 정치적 환경이 노동자 조직에는 몹시 적대적이고 노조 파괴를 일삼는 경영주에게는 매우 호의적이기 때문이다.

더구나 노동조합의 쇠퇴는 커다란 변화를 낳았다. 트럭 운송 부문을 살펴보자. 트럭 운송은 한때 괜찮은 일자리였지만 지금은 보수가 1970년대보다 3분의 1이 줄었고 노동 환경 또한 열악하다. 이러한 변화는 무엇에서 기인할까? 탈노조화가 그 설명에서 상당한 부분을 차지한다.

게다가 이렇게 쉽게 수치로 나타낼 수 있는 요소는 우리 정치에서 지속적으로 그리고 전반적으로 나타나는 반反노동자 편향이라는 지표밖에 없다.

그런 이유로, 나는 다시 이 질문을 던질 수밖에 없다. 왜 우리는 로봇 이야기를 그토록 자주 할까? 그 대답으로 내가 주장하고 싶은 바는, 이는 일종의 교란 작전이다. 우리 사회 체제가 노동자에게 불리하게 돌아간다는 현실을 직시하지 못하게끔 하려는 꼼수다. "기술 격차"를 이야기하며 실업률을 높게 유지하는 잘못된 정책으로부터 사람들의 관심을 다른 데로 돌리게 하는 수법과 비슷하다.

그리고 무엇보다 진보주의자들은 이런 안이한 운명론에 넘어가서는 안 된다. 미국의 노동자들은 지금보다 훨씬 더 나은 협상을 할 수 있고 또한 그래야 한다. 노동자들이 그렇게 못하는 한 그 잘못은 로봇이 아니라 정치 지도자들에게 있다.

트럼프 지지 지역은 왜 그럴까?

2018년 4월 2일

요즈음에는 거의 누구나 (타당한 근거를 들어) 미국이 무너져 내리고 있다고 생각한다. 하지만 이는 새로운 이야기가 아니며 단지 정치만을 가리키지도 않는다. 1970년대 이후 여러 영역에서 미국의 상황은 악화일로를 걸어 왔다. 정치적 양극화가 경제적 양극화와 병행해 나가는 동안 소득 불평등이 치솟았다.

정치적 양극화와 경제적 양극화는 둘 다 지리적 특성을 강하게 띤다. 경제적 측면에서 보면, 미국의 일부 지역 곧 주로 해안에 위치한 대도시는 더 나아졌고 다른 지역은 뒤처져 있다. 정치적 측면에서 보면, 부유한 지역은 대체로 힐러리 클린턴Hillary Clinton을 찍었고 낙후한 지역은 대체로 도널드 트럼프를 찍었다.

해안가 도시들이 매사 순조로웠다는 말이 아니다. 전반적으로 성공한 듯 보이는 대도시 지역에서도 많은 수가 경제적 나락으로 떨어졌다. 이뿐만 아니다. 주로 님비이즘Nimbyism 때문에 치솟는 주거 비용은 실질적 문제가 되고 있으며 또 증가하는 추세다. 여전히 지역 간 경제적 격차는 실재하며 지역 간 정치적 격차와, 하나부터 열까지 다는 아닐지라도, 밀접하게 관련 있다.

그런데 이와 같은 격차의 이면에는 무엇이 있을까? 트럼프 지지 지역Trumpland은 왜 그럴까?

지역 격차 현상은 미국에서 낯설지 않다. 사실, 제2차 세계 대전 이전에 세계에서 가장 부유하고 가장 생산력 높은 국가에는 찢어지게 가난한 농민도 수백만 명이 있었다. 이들 대다수에게는 전기도 실내 화장실도 없었다. 하지만 1970년대까지 그런 격차는 빠르게 좁혀졌다.

미국에서 가장 가난한 미시시피주를 예로 들어 보자. 1930년대에 미시시피주의 1인당 소득은 매사추세츠주의 1인당 소득의 30퍼센트에 불과했다. 그러나 1970년대 말 무렵에는 그 수치가 거의 70퍼센트까지 다다랐고 대다수는 격차가 줄어드는 이런 과정이 지속되리라고 기대했다.

그런데 상황은 외려 정반대로 흘러갔다. 오늘날 미시시피주의 1인당 소득은 다시 떨어져 매사추세츠주의 1인당 소득의 약 55퍼센트밖에 되지 않는다. 시각을 세계로 넓혀 비유를 찾자면, 시칠리아섬이 북부 이탈리아와 비교해 가난한 만큼 현재 미시시피주도 해안가 주와 비교해 가난하다.

미시시피주만이 유일한 사례가 아니다. 벤저민 오스틴Benjamin Austin, 에드워드 글레이저Edward Glaeser, 로런스 서머스Lawrence Summers가 새 논문에서 실증하듯. 1인당 소득의 지역 격차 해소는 더는 아무런 진척도 보이지 않는다. 낙후 지역에서 나타나는 상대적 경제 쇠퇴는 사회 문제도 부추겨, 중장년층에서 실업률이 상승하고 사망률이 증가하고, 마약 소비가 급증했다.

그 문제는 차치하더라도 이러한 전개가 암시하는 한 가지는 윌리엄 줄리어스 윌슨이 옳았다는 점이다. 비백인 도시 빈민이라는 사회적 병폐는 그 원인이 아프리카계 미국인의 불가사의한 문화적 결함에 있지 않으며 경제적 요인에, 특히 괜찮은 생산직 일자리의 소멸에 있다는 그의 주장은 유명하다. 아니나 다를까, 지방의 백인 역시 경제적 기회가 사라지는 비슷한 현실에 직면했을 때 유사한 사회적 혼란을 겪었다.

그렇다면 트럼프 지지 지역은 왜 그럴까?

대체로 나는 캘리포니아버클리대학 엔리코 모레티Enrico Moretti와 견해를 같이한다. 모레티의 《직업의 지리학The New Geography of Jobs》(2012)은 미국을 이해하려면 누구나 꼭 읽어야 하는 필독서다. 모레티의 주장에 따르면 경제의 구조적 변화는 고학력 노동자를 고용하는 산업에 유리했다. 아울러 이러한 산업은 이미 고학력 노동자들이 많은 지역에서 번성할 수 있었다. 그 결과, 이들 지역에서는 지식 집약 산업이 번창하고 고학력 노동자들이 더욱 유입되면서 다시 그 이점을 강화해 나가는 성장의 선순환이 일어나고 있다.

그리고 이와 동시에 저학력 노동 인구로 출발한 지역은 하향 곡선을 그리며 추락하고 있다. 지역의 전망이 어두운 산업에 매어 있기 때문이기도 하고 지역이 두뇌 유출에 해당하는 현상을 겪고 있기 때문이기도 하다.

이와 같은 구조적 요인이 분명 주된 줄기를 이루지만, 내가 보기에 제 발등을 찍는 정치도 상황에 한몫했음을 알아야 한다.

오스틴 등의 논문에서는 낙후 지역을 지원하는 국가 정책이 필요하다는 의견을 피력한다. 미국에는 이들 지역을 돕는 제도가 이미 마련되어 있다. 그런데 주 차원에서 그런 제도를 받아들이려 하지 않는다. 연방 정부가 상당한 비용을 부담하겠다고 나서도, 그리고 그 과정에서 일자리를 창출할 수 있어도 여러 주에서 메디케이드를 확장하는 데 거부 의사를 표하고 있다. 그것도 미국에서 가장 가난한 축에 드는 주들이 그러하다.

또한 캔자스주나 오클라호마주처럼 1970년대에는 비교적 잘살았지만 지금은 한참 뒤쳐진 몇몇 주를 눈여겨보자. 이런 주들은 세금 감면을 무리하게 실시해 결국 교육 체계마저 무참히 망가뜨리고 있다. 외부 세력이 구덩이로 밀어 넣었는데 그 안에서 구덩이를 더 깊게 파들어 가는 형국이랄까.

끝으로, 국가 정책에 관해 터놓고 말하자면, 트럼프 지지 지역은 사실 스스로 가난해지겠다는 쪽에 표를 던진 셈이다. 뉴딜 정책과 공공 투자는 전후의 지역 불균형 해소에 막대한 역할을 했다. 보수주의자들이 정부를 축소하는 데 쏟아붓는 노력은 미국 전역의 모든 사람에게 피해를 안기지만 공화당에 권력을 쥐어 준 바로 그 지역에 더욱 심각한 타격을 입힌다.

점점 벌어지는 미국의 지역 불균형을 해소하기 위해 어떤 정책이라도 취해야 한다. 아무리 현명한 정책이라도 힘겨운 싸움이 될 것이다. 그리고 우리가 실제로 마련할 가능성이 높은 정책으로는 저 불균형만 더욱 키울 뿐이다.

4장

점점 극단으로 치닫는
보수주의

운동 보수주의

"저는 어떤 조직적 정당에도 속해 있지 않습니다. 민주당원이니까요." 월 로저스Will Rogers[미국의 보드빌 공연가, 배우(1879~1935)]가 익살을 떨며 한 말이다. 이 농담은 로저스가 이처럼 말하던 당시에는 일부만 사실이었지만 지금은 거의 기정사실이 되었다. 내 말을 곧이곧대로 받아들이지는 말자. 정치학자라면 두 정당은 구조가 근본적으로 완전히 다르다고 설명할 테니까.

민주당이 꼭 불운하거나 무능한 것은 아니다. 그러나 민주당은 늘 이익 집단이 느슨하게 모인 연합체였다. 지금이야 북부 연합 지도자들과 남부 분리주의자들이 모두 당원이었던 시절만큼 느긋하지는 않고, 아울러 최근 몇 년 동안에는 이념에 따라 더욱 응집하는 경향을 보이기도 한다. 하지만 민주당의 경우 단 하나의 집단이 진두지휘하지는 않는다.

반대로 현대 공화당은 일사불란하게 고도로 체계화된 조직체처럼 보인다. 〔루퍼트〕 머독Murdoch 언론 제국을 위시해 주로 별반 다를 바 없는 억만장자 집단이 여러 두뇌 집단과 지지 단체 등을 지원하는데 그 대열을 보자면 아찔할 정도다. 종종 당 안팎에서 논객들은 이 조직체를 일러 "운동 보수주의movement conservatism"라고 부른다.

운동 보수주의는 미국 정치에서 늘 중요한 세력은 아니었다. 1970년대 이전에는 거의 존재하지 않았고, 1990년대까지도 공화당을 완전히 장악하지는 못했다. 그런데 현대 운동 보수주의는 유일한 보수주의의 형태로 위상이 높아졌다. 아울러 운동 보수주의는 미국을 심각한 정치 양극화로 내모는 장본이기도 한다. 다시 정치학자들은 이와 같은 현실을 가늠하는 방법을 찾아냈다. 적어도 최근까지, 민주당은 약간 좌편향이었고 공화당은 약간 우편향이었다. 미국 정치에 양극화가 존재한다지만, 정치학자들이 지적하듯 그 모양은 "비대칭적"이다.

그런데 미국의 정치와 정책에 의견을 내놓는 많은 이는 민주당과 공화당 양당 사이의 근본적 비대칭을 인식하지 못하거나 인정하려 들지 않는다. 우리에게조차 이를 가리키는 용어가 있다. 기계적 중립주의bothsidesism다. 기계적 중립주의는 우파에서 보이는 당파성이 얼마나 치우쳐 있든 좌파도 다를 바 없다며 미국이 안고 있는 문제를 잘 해결해 나가는 길은 양당에서 유능한 중도파가 서로 머리를 맞대고 대책을 강구하는 것이라고 주장한다. 이 태도는 일부러 세상 물정 모르는 척 시치미 떼는 것에 지나지 않는다.

미국에도 물론 급진적 좌파가 있지만, 이들이 민주당을 좌지우지하지는 않는다. 한편, 급진적 우파라면 본질적으로 공화당'이다'. 중도파라

부를 만한 정치인이 일부 있지만 그 정책관이 대략 여론과 일치한다는 점에서다. 사실 여론은 경제 쟁점에 대해 널리 알려진 것보다 훨씬 더 좌파와 가깝다. 어느 경우든 지금으로서는 사실상 중도파라 부를 만한 정치인이 모두 민주당이다. 중도파 공화당 의원들은 모두 공화당에서 쫓겨났다.

무엇보다 현실적으로 비대칭적 양극화를 참작하지 않고는 정치든 정책이든 논의를 전개할 수 없다. 정책 구상은 최소한 일부라도 얼마간 현실에서 일어날 가능성이 있는 일에 기반을 두기 때문이다. 이 장에 실은 글은 모두 이런 식으로든 저런 식으로든 운동 보수주의 시대의 미국 정치 현실의 자화상이다.

구태舊態당

2007년 10월 8일

최근 들어 조지 W. 부시 대통령을 진정한 보수주의의 길에서 벗어난 인물로 그리는 기사가 쏟아졌다. 기사에서는 공화당이 근본으로 돌아가야 한다고 강조한다.

글쎄, 나로선 진정한 보수주의가 무엇인지 잘 모른다. 하지만 곧 나올 책 때문에 상당한 시간을 들여 보수주의라고 자처하는 미국 정치 운동사를 탐색하며 연구했다. 그런데 부시는 그 보수주의라는 길에서 한 번도 이탈한 적이 없었다. 오히려 그는 현대 운동 보수주의의 표본이라 할 만하다.

일례로 사람들은 비싼 전쟁을 치르는 동안 부시가 세금을 내렸다는 데 놀라움을 금치 못한다고 말한다. 그런데 로널드 레이건도 막대한 군비 증강에 돌입하면서 세금을 낮춘 바 있다.

또한 사람들은 부시가 재정 전반에 걸쳐 무책임한 태도를 보였다는 데 놀라움을 금치 못한다고 말한다. 그런데 보수주의 지식인들은, 그들 스스로 밝힌 바에 따르면, 이미 30년 전에 재정 책임을 포기한 바 있다. 당시《더퍼블릭인터레스트The Public Interest》편집자 어빙 크리스톨Irving Kristol은 자신이 1970년대에 공급중시주의 경제학을 어떻게 받아들이게 되었는지를 다음과 같이 설명했다. "예산 적자나 이러저러한 통화 문제와 재정 문제에 오히려 무신경한 태도"를 취해야 했는데, 왜냐하면 "내가 보기에 새로운 다수당을 만드는 것이 당면 과제였기 때문이다. 그 다수당은 분명 보수주의적 다수당을 가리켰고 이는 결국 공화당이 다수당이 되어야 한다는 의미였다. 따라서 정치적 효율성이 우선순위가 되었고 정부의 회계 결손은 나중 문제가 되었다."

사람들은 부시 행정부가 정부의 핵심 기능을 민간 계약 업체에 외부 위탁하면서 계약 업체를 실질적으로 감독하지 않았다는 데 놀라움을 금치 못한다고 말한다. 그런데 이런 실정은 이라크의 재건 실패와 블랙워터 사건(2007년 9월)에서 여실이 드러난 바 있다.

하지만 1993년 당시 조너선 콘Jonathan Cohn은《아메리칸프로스펙트》에 기고한 글에서 이렇게 짚었다. "레이건과 부시 집권 시절, 계약 업체의 감독에 필요한 공무원의 지위며 수가 너무 빈약해 민간 위탁으로 얻을 것으로 추정한 이득이 증발해 버렸다. 담당 기관은 양쪽에서 가장 형편없는 사람들로 채워졌다. 사기가 꺾이고 체계가 잡히지 않은 공무원들과 책임감이 전혀 없는 민간 계약 업자들이었다."

사람들은 부시 행정부가 전반적으로 무능했다는 데 놀라움을 금치 못한다고 말한다. 그런데 좋은 정부good goverment에 보내는 무관심은 오래전부터 현대 보수주의의 원칙이다.《보수주의자의 양심The Conscience of a Conservative》(1960)에서 배리 골드워터Barry Goldwater는 다음과 같이 썼다. "나는 정부를 능률화하거나 정부를 더 효율화하는 데 관심이 없다. 내 관심은 정부 규모의 축소뿐이다."

사람들은 미국 의회와 법원이 고문 행위를 근절해야 한다고 명령을 내렸음에도 불구하고 부시 법무부가 헌법을 조롱하듯 비밀리에 고문을 허가하는 지시를 내렸다는 데 놀라움을 금치 못한다고 말한다. 그런데 이란-콘트라Iran-Contra 사건을 기억하는가? 레이건 행정부 때도 비밀리에 무기를 이란에 팔면서 금수 조치법을 위반했고 그 수익금으로 니카라과의 콘트라 반군을 지원하면서 의회가 못 박은 지원 금지령을 거역한 적이 있다.

참, 그리고 이란-콘트라 사건이 그저 무뢰한이 저지른 행각에 불과했다고, 당시 편리한 대통령 사면권[조지 H. W. 부시]까지 동원해 가면서 세심하게 은폐하며 보호한 고위층 인사들이 훤히 다 알면서도 승인한 일이 아니었다고 생각한다면, 내게는 니제르에서 보내온, 누군가는 사고·싶어 할 만한 편지가 있다.

사람들은 부시 행정부가 부정 선거와 싸운다는 미명 아래 소수 인종 집단의 투표권을 박탈하려고 공작을 폈다는 데 놀라움을 금치 못한다고 말한다. 그런데 레이건 행정부도 투표권리법Voting Rights Act에 이의를 제기하고 1980년까지도 그 법을 "남부의 수치humiliating to south"라고 표현한 바 있다.

사람들은 부시 행정부가 언론을 겁박하려 했던 시도—한동안 너무나 성공적이었던—에 놀라움을 금치 못한다고 말한다. 그런데 행정부의 이와 같은 언론 전략은, 그리고 이와 같은 전략을 구사하는 인물들은 대개 닉슨 행정부로 곧장 이어진다. 딕 체니Dick Cheney는 시모어 허시Seymour Hersh의 가택을 수색하길 바랐다. 지난주가 아니라 1975년에. 그리고 로저 에일스Roger Ailes 폭스뉴스FoxNews 회장은 닉슨의 언론 자문 위원이었다.

사람들은 부시 행정부가 반대를 반역과 동일시하려 했다는 데 놀라움을 금치 못한다고 말한다. 그런데 레이건처럼 순수한 보수주의의 아이콘으로 재창조되었으면서도 실생활에서는 훨씬 덜 매력적이었던 인물인 배리 골드워터는 조지프 매카시Joseph McCarthy 의원을 일편단심 지지했으며 선동 정치를 견책하는 발의에 반대표를 던진 상원의원 22명 가운데 한 사람이었다.

무엇보다 사람들은 부시 행정부가 보인 권위주의의 행태에 곧 법치를 경멸하는 태도에 놀라움을 금치 못한다고 말한다. 그런데《내셔널리뷰National Review》가 "남부 백인 사회는 승리에 필요한 수단이라면 무엇이든 부릴 권리가 있다"라고 선언하고, 짐작하건대 미국 헌법으로 알려진 문서에서 언급한, 평등하게 태어나는 미국 시민의 권리 목록을 참조한 뒤 제기될 수 있는 온갖 이의도 전혀 문제되지 않는다며 묵살해 온 지 꼬박 반세기가 흘렀다.

지금 자신들이 내세운 명분이 산산조각 난 채 흩어져 있는 모습을 내려다보며 보수주의자들은 이렇게 자문할지도 모른다. "아, 어쩌다가 이 사달이 났지?" 그러고는 속으로 이렇게 되뇔지도 모른다. "내 아름다운 우파가 아니야." 이렇게 물을지도 모르겠다. "맙소사, 여태 무슨 짓을 한 거야?"

그러나 저 운동이 구태의연하기는 예나 지금이나 똑같다. 그리고 조지 W. 부시는 운동 보수주의를 이어받은 충실하고도 또 충성스러운 후계자다.

〔"구태당"으로 옮긴 기사 제목은 "Same Old Party"로 역시 미국 공화당을 뜻하는 "Grand Old Party, GOP"를 차용한 표현이다.〕

에릭 캔터와
운동 보수주의의 종말

2014년 6월 12일

연방 하원 다수당 원내대표 에릭 캔터Eric Canter가 놀랍게도 예비 경선에서 패배했다. 얼마나 큰 사건일까? 매우 큰 사건이다. 로널드 레이건의 대선부터 버락 오바마의 대선까지 미국 정계를 쥐락펴락하던 —그리고 많은 전문가가 올해는 부활할 것으로 내다본— 운동 보수주의가 우리 눈앞에서 해체되고 있기 때문이다

보수주의가 전반적으로 소멸의 길을 걸어간다는 의미가 아니다. 역사학자 릭 펄스타인Rick Perlstein에게서 배운 용어 "운동 보수주의"에 나와 이런저런 사람이 부여하는 의미는 남다르다. 제도권과 연합체가 서로 맞물린 이 조직은 문화적·인종적 불안을 부추기며 선거에서 승리했고, 그 승리를 이용해 주로 특권층 위주의 경제 정책을 밀어붙이는 한편 정치적·이념적 충성파에 대한 지원망을 제공했다.

그런데 공화당 지지층은 캔터를 퇴짜 놓음으로써 자신들이 선거용 미끼 상술에 현명해졌음을 보여 주었고, 캔터는 낙마함으로써 그 지원망이 더는 고용 안정을 보장하지 못함을 보여 주었다. 약 30년 동안 보수주의는 내부에서 해결책을 찾을 수 있었다. 하지만 이제 더는 그럴 수 없다.

미끼 상술이라는 내 말이 의미하는 바를 이해하려면 2004년에 일어난 일을 돌이켜 보아야 한다. 조지 W. 부시는 자신이 국가 안보와 전통 가치의 투사인 체하며, 내가 즐겨 말하듯 동성 결혼한 테러리스트gay married terrorist들에 맞서는 미국의 수호자인 체하며 출마해 재선에 성공했다. 그러고는 곧바로 자신의 진정한 우선순위에 집중했는데 다름 아닌 사회 보장 제도의 민영화였다. 이는 토머스 프랭크Thomas Frank의 《캔자스에서 도대체 무슨 일이 있었나What's the Matter with Kansas?》(2004)에서 잘 설명된 유명한 전략에 딱 맞아떨어지는 실례였다. 공화당은 사회 쟁점으로 유권자들을 결집했지만 선거 이후에는 어김없이 방향을 틀어 기업과 상위 1퍼센트 부유층의 이해를 대변할 터였다.

그러한 봉사에 대한 보상으로 재계와 부유층은 우파 성향을 띤 (혹은 심지 굳은) 정치인에게 아낌없이 재정을 지원했고, 충성파에게는 안전망이라 할 수 있는 "극우 복지wing-nut welfarre"를 제공했다. 특히 자진해서든 아니든 퇴임하는 사람들을 위한 편안한 직위가 항상 그들을 기다리고 있었다. 로비 자리가 있었고, 폭스뉴스나 이러저러한 곳의 해설자 자리가 있었다. (부시의 전 연설 원고 담당자 두 명은 현재 《워싱턴포스트》 시사평론가다.) "연구직"으로도 갈 수 있었다. (릭 샌토럼Rick Santorum은 상원의원직을 잃은 뒤 다른 곳도 아닌 〔복합 기업 코크인더스트리스Koch Industries의〕 코크 형제가 지원하는 두뇌 집단에서 "미국의 적들America's Enemies"을 연구하는 활동을 책임졌다.)

성공적인 선거 전략과 안전망이 결합하면서 보수주의의 충성파가 되면 저위험 전문직의 진로가 보장되는 듯했다. 그렇게 뽑힌 사람들은 대의에 투철해야 했지만 점점 신념보다는 출세주의에 경도하는 기관원으로 전락했다.

캔터는 분명 그런 인상을 풍겼다. 나는 캔터가 보수주의 정신을 앙양하는 인물이라 일컫는 소리를 들은 적이 없다. 그의 정치적 언사는 비열하기만 할 뿐 패기가 없었고 종종 놀라우리만치 현실과 겉도는 목소리를 냈다. 일례로, 캔터가 2012년 노동절Labor Day을 축하한다고 트위터에 올린 글은 사업주에게 경의를 표하는 내용이었다. 캔터는 분명 내부 경기에 더 능한 인물이었다.

그런데 알다시피 그것만으로는 부족하다. 우리는 캔터가 왜 예비 선거에서 졌는지 그 이유를 정확히 알지 못한다. 그러나 공화당을 지지하는 유권자층은 분명 캔터를 믿지 않았다. 그가 자신들을 우선하는 과제가 아니라 기업의 이해를 우선하는 과제에 집중하리라 판단한 까닭이다(그리고 그 판단은 십중팔구 옳았을 것이다). 이제 곧 가장 첨예하게 떠오를 특별한 쟁점인 이민 역시 당 지지층과 지도부 사이에 간극이 큰 사안이다. 당 지도부는 라틴 아메리카계에 다가갈 길을 모색해야 한다고 보지 않는데 당 지지층이 그것을 싫어하기 때문이다. 아울러 지지층의 토착민주의[이민자배척주의]nativism와 풍부하고 값싼 노동력을 바라는 기업의 바람 사이에는 갈등이 내재해 있다.

그리고 캔터에게는 굶을 걱정이 없지만 ―그는 분명 K스트리트 계획에서 편안한 자리를 찾을 테니까― 캔터의 굴욕스러운 패배는 보수주의의 기관원이 되는 일이 과거에 그랬던 만큼 안전한 진로 선택이 아니라는 경고다.

그렇다면 운동 보수주의는 어디로 향하고 있을까? 버지니아주에서 뜻밖의 역전극이 벌어지기 전까지 언론은 공화당 주류파가 티파티Tea Party로부터 주도권을 곧 되찾아 온다는 취지의 보도를 대대적으로 쏟아냈다. 이는 실제로는 진짜 구닥다리인 운동 보수주의가 귀환한다는 주장이었다. 그러나 사실 여러 주류파 인물이 예비 선거에서 이길 수 있었던 데는 그들이 극단주의자로 변신한 것이 주효했다. 그리고 캔터의 패배에서 보듯 극단주의자의 입에 발린 겉말은 별 소용이 없다. 그 말을 지지층이 정말 진심이라고 믿어야만 승산이 있다.

장기적으로 ─십중팔구 2016년에 시작될〔미국 대통령 선거〕─ 이는 공화당에 불리한 소식이 될 것이다. 국가가 대체로 왼쪽으로 기우는 때에 정당이 사회 쟁점과 관련해 오른쪽으로 기울고 있다는 점에서다(동성 결혼 문제에 지지층이 얼마나 빨리 이탈했는지 생각해 보라). 그런데 지금 우리 눈앞에 보이는 공화당은 2008년 이래 더욱 극단으로 치달으며 정상적 국정 참여에는 관심이 더욱 멀어진 듯하다. 추잡한 정치판이 더욱 추악해질 일만 남았다.

중도 우파라는 엄청난 착각

2018년 10월 31일

무엇이 미국의 정치를 벼랑 끝으로 몰아가고 있는가? 인종 혐오와 이를 악용하려는 정치인의 냉소주의가 그 중심적 역할을 하고 있다. 그런데 다른 여러 요소도 간과할 수 없다. 알렉산더 혜르텔-페르난데스Alexander Hertel-Fernandez, 마토 밀덴버거Matto Mildenberger, 리 스토크스Leah Stokes가 (논설로서만 아니라 사회과학으로서도 손색이 없는) 오늘 자《뉴욕타임스》에 쓴 논평 기사는 내가 이미 미심쩍어 하던 내용을 확인해 주는 듯하다. 민심을 잘못 이해하면 정치적 입지도 협소해질뿐더러 공공 정책도 표류할 수밖에 없다는 것이다.

기사에 따르면 의원 보좌관들은 의원의 지역구 유권자들의 생각을 크게 오해하고 있다. 양당이 다 그러한데 공화당이 더 심하다. 세 필자가 딱 꼬집어 말하지는 않지만, 부담적정보험법 철폐를 제외하고는 민주당도 공화당과 '동일한 맥락에서' 실수를 저지르고 있다. 정도만 덜할 뿐이 랄까. 구체적으로 말하자면, 양당 모두 대중이 실제로 그들이 서 있는 곳 보다 더 오른쪽에 위치한다고 여기고 있다.

부담적정보험법 문제는 일단 열외로 치자. 나는 미국에서 실제로 벌 어지는 일이 궁금하다. 많은 여론 조사에 따르면, 유권자들은 기저 질환 자를 보호하고 저소득층 미국 국민이 의료 보험에 가입할 수 있도록 보조 금을 지원하기를 압도적으로 바란다. 입으로는 부담적정보험법을 탐탁 지 않게 말할지라도 그 법의 골자는 원하고 있다는 얘기다. 그래서 나는 여론 조사 결과를 곧이곧대로 받아들이지 않으려 한다. 어쩌면 민주당이 보기만큼 틀리지 않을 수도 있다.

또한 나는 세 필자가 실시한 조사를 다른 집단을 대상으로도 실시했 으면 싶다. 예컨대 주요 언론 기관에 포진한 정치분석가들 말이다. 왜냐 고? 내 추측이지만, 결과가 비슷하게 나올 것 같기 때문이다. 정치 논객 들도 유권자들이 실제로 그들이 서 있는 곳보다 더 오른쪽에 위치한다고 여기지 않을까. 나는 지금 워싱턴 정가도 똑같은 착각에 빠져 있다는 점 을 지적하고 있다. 미국이 보수주의나 기껏해야 중도 우파의 국가라는 시 각은 전혀 현실을 토대로 삼지 않은 것이다.

사실 공화당은 점점 극우 정당으로 변해 가고 있다. 공화당은 지난 24년 동안 4년을 제외하고 백악관이나 하원 혹은 두 곳 모두를 장악하면 서 정치적 경쟁력에서 우위에 있어 왔다. 그런데 이런 결과는 이미 기울 어진 운동장 탓이 크다. 공화당은 24년 동안 대통령 선거에서 유권자 투 표popular vote에서는 [민주당에] 단 한 번 이겼을 뿐이며 공화당이 하원을 지켜 냈을 때에도 득표수에서는 민주당에 뒤졌다.

또한 공화당이 선거전에 나서며 반영하는 정치적 전략이라는 것도 정책보다는 화제 몰이에 초점을 맞춘다. 다음 주 선거판[중간 선거]을 의료 보험이나 세금 감면이 아니라 무시무시한 아시아인으로 몰아가려는 도널드 트럼프의 광기 어린 시도는 우리가 오랫동안 보아 온 어떤 행태보다 더 파렴치하고 비열하지만, 그것이 기본적 성향에서 벗어난다고 볼 수는 없다. 아버지 부시는 윌리 호턴Willie Horton을 걸고넘어지며 선거를 치렀고, 아들 부시는 국가 안보를 등에 업고 선거를 이끌었다. 둘 다 실제 정책은 그리 대단하지 않았다.

사실 우리는 2004~2005년 공화당이 내건 선거 공약과 대중이 선호하는 정책 사이에 불협화음이 일었을 때 타산지석으로 삼을 교훈을 이미 얻었다. 부시[아들 부시, 조지 W. 부시]는 문화 전쟁이 임박했다는 분위기까지 풍기며 국가 안보를 전면에 내세워 선거에 임했다. 내가 종종 농담 삼아 말하듯, 부시는 동성 결혼한 테러리스트들을 적으로 앞세워 선거에 이겼다. 그리고 부시는 승리를 거머쥐자 당당하게 선언했다. 사회 보장 제도를 민영화하도록 위임받았다고. 물론 그렇지 않다.

그러나 많은 전문가가 그렇다고 생각했다. 2004년 선거 이후 몇 개월 동안 정치평론가 사이에서는 부시가 자신의 방식대로 사회 보장 제도를 뜯어고쳐야 하며 낸시 펠로시Nancy Pelosi[당시 하원 민주당 원내대표]처럼 부시의 행보를 막으려는 이들은 역사의 그릇된 편에 서 있다는 통념이 단단하게 굳어져 있었다. 그런데 (메디케어와 메디케이드뿐 아니라) 사회 보장 제도를 정말, 정말 아끼는 유권자로부터 어마어마한 반발이 쏟아지자 자칭 정치 전문가라는 많은 이가 깜짝 놀랐다.

그럼, 미국이 중도 우파의 국가라는 이런 착각에 빠져 있으면 어떤 영향을 낳을까? 그것은 분명 민주당이 과감한 정책을 추진하지 못하게끔 막는다. 자신들이 유권자들보다 훨씬 왼쪽으로 치우쳐 있다는 두려움 때문이다. 그 두려움을 키운 장본인은 대중이 양당 사이 어디쯤에 위치하는 중도주의자를 원한다고 줄기차게 주장해 대는 언론이었다. 대통령을 뒤따르는 행렬에 합류한 블룸버그Bloomberg[금융 정보와 뉴스를 제공하는 미국 미디어 그룹] 사단을 떠올려 보자. 그 구성원에 저명한 전문가는 다수인 반면 비언론인 유권자는 아마 세 명 정도에 불과했다.

공화당은 현실을 인식하는 눈이 매우 어둡다. 헤르텔-페르난데스 외 필자들은 트럼프 감세 정책이 내내 인기가 없었음이 이미 입증되었다고 정확히 지적하고 있다. 하지만 필자들은 공화당이 처음에는 그 감세 정책이 정치적으로 대성공을 거둘 것으로 확신했다는 점은 언급하지 않는다. "미국 국민들에게 이를 납득시킬 수 없으면 우리는 정치에서 손을 떼야 한다"라고 공화당 상원의원 미치 매코널은 선언했지만, 결국 공화당은 유권자들을 설득하지 못했다. 그리고 감세 정책은 사실상 공화당의 선전 내용에서 빠졌다.

또한 공화당은 기저 질환자 보호 제도를 없애려는 자신들의 시도에 대중이 반발하자 완전히 허를 찔린 듯 보인다. 하지만 곰곰이 생각해 보면 그런 반응이야말로 놀랍기 그지없다. 어떻게 거기가 급소라고 깨닫지 못할 수가 있었을까?

이러한 물음에 부딪히자 데이비드 로버츠David Roberts가 어제 쓴 글이 떠오른다. 그 글은 내가 한동안 고민해 온 내용을 보완해 준다. 로버트 뮬러Robert Muller[전 미국연방수사국FBI 국장(2001~2013)으로, 2016년 미국 대통령 선거에서 러시아 정보기관과 트럼프 캠프 사이 공모 의혹(일명 "러시아 게이트")을 수사한 특별 검사)의 구상이 대실패로 끝난 일과 관련해 로버츠는 우리가 "2세대 폭스뉴스 보수주의자들second generation of Fox News conservatives"을 상대하고 있다며, 이들 세대는 우파의 보호막 안에서만 자라서 보호막 밖에서 살아가는 사람들이 어떻게 말하고 생각하고 행동하는지 이해하지 못한다고 언급했다.

나는 이 말이 기관원이나 다름없는 공화당 전문 정치꾼들에게 딱 들어맞는다고 생각한다. 이 정치꾼들은 운동 보수주의 조직 안에서 성장했으며 일부 좌파 패배자를 제외한 모두가 자신들과 이념을 공유한다고 실제로 믿고 있다. 자신들의 당이 성공한 토대가 인종적 적대감이라고는, 대다수가 부자의 증세와 사회 보장 제도가 유지되기를 바란다고는 전혀 깨닫지 못한다.

그런데 바로 그 지점이 도널드 트럼프에게 유리하게 작용한다. 트럼프는 보수주의 온실에서 자라지 않았다. 트럼프가 보이는 매우 조야한 행태는, 그가 자신이 선거에서 이길 승산이 보수주의에 대한 독실한 신심을 거듭 증명하는 데 달려 있지 않고 추한 면모를 얼마나 과시하느냐에 달려 있음을 제대로 간파하고 있음을 가리킨다.

미국 정치에 부재한 부류들

2019년 2월 4일

커피업계 억만장자〔스타벅스 전 회장〕하워드 슐츠Howard Schultz는 "중도파 centrist"로서 폭넓은 지지를 얻을 것으로 여겨졌는데, 알다시피 〔대선 후보 로서 그의〕찬성률은 4퍼센트에 그쳤고 반대율은 40퍼센트였다.

민주당 의원 랠프 노덤Ralph Northam은 압승을 거두며 버지니아 주지 사에 선출되었는데, 의대 졸업 앨범에 실린 인종 차별 사진 때문에 당내 에서 격렬한 비난에 부딪히고 있다.

도널드 트럼프는 의료 보험 확대와 부자 증세를 선거 공약으로 내걸 었는데, 〔2017년 1월〕대통령에 취임하자마자 노동자 계층이 보낸 지지를 배신하며 대대적인 부자 감세를 밀어붙이고 수백만 명에게서 의료 보험 혜택을 빼앗으려 하고 있다.

이 사례들은 곧 설명하다시피 서로 이어진 이야기이며 하나같이 미국 정치에 두 부류가 유독 부재한 현실과 결부되어 있다.

그 두 부류 중 하나는 사회적으로는 자유주의 성향을 띠고 경제적으로는 보수주의 성향을 띠는 유권자들의 부재다. 이들은 슐츠가 자신이 표심을 잡을 수 있다고 판단한 부류였다. 그러나 근본적으로 이 부류는 존재하지 않는다. 존재하더라도, 맞다, 유권자의 약 4퍼센트일 뿐이다.

다른 하나는 사회적으로는 보수주의 성향을 띠고 경제적으로는 자유주의 성향을 띠는 정치인들의 부재다. 에두르지 말고 그냥 "인종주의 포퓰리스트racist pupulist"들이라고 하자. 이와 같은 조합을 환영하는 유권자들이 많은데 트럼프는 자신이 바로 그런 사람인 척했다. 하지만 트럼프는 그렇지 않았고, 그러기는 다른 이들도 마찬가지였다.

이 두 부류가 부재한 현실을 파악하는 일이야말로, 미국 정치를 이해하는 데 핵심을 이룬다.

옛날에는 의회에 인종주의 포퓰리스트들이 있었다. 뉴딜 연합New Deal coalition〔1930년대 대공황 시기에 루스벨트 민주당 정부의 뉴딜 정책을 지지하면서 형성된 서로 다른 사회, 지역, 계급, 인종 집단들의 친민주당적 유권자 연합〕에 든든한 버팀목이 된 세력도 대규모 대표단을 이룬 분리주의적인 딕시크랫Dixiecrat〔민주당 내 남부 보수파〕이었다. 그런데 이런 상황은 언제나 불안했다. 사실, 경제적 통합을 옹호하면 인종적, 사회적 통합도 지지하는 쪽으로 기우는 듯 보인다. 1940년대 무렵 북부 민주당 의원은 이미 북부 공화당 의원보다 더 친親민권적이었고, 노텀 사건에서 보듯, 민주당은 이제 인종주의의 기미조차 거의 용납하지 않는다.

한편, 현대 공화당은 부자 감세나 저소득층과 중산층의 복지 혜택 축소에 사활을 걸고 있다. 트럼프는 선거 유세에 나서고 있음에도 보다시피

별 다를 바 없는 행보를 이어가고 있다.

따라서 우리 정치 체계는 사회적으로 보수주의/인종주의이면서 부자 증세와 사회 보장 제도의 유지를 바라는 유권자들을 대변하지 못하고 있다. 민주당은 인종주의를 인정하지 않는다. 공화당은 아무런 거리낌 없이 인종주의를 용인한다. 당 주류파가 로이 무어Roy Moore〔엘라배마주 대법원장을 지낸 보수적인 백인 복음주의 성향의 인물〕의 상원의원 출마를 확고하게 지지한 사실을 떠올려 보자. 하지만 공화당은 유권자들에게 큰 힘이 되는 제도를 보장하지 않는다.

그런데 그 반대 입장을 취하는 즉 사회적/인종적으로는 자유주의이면서 경제적으로는 보수주의인 유권자들은 왜 그토록 적을까? 그 대답으로 내가 주장하고 싶은 바는 공화당이 너무 오른쪽으로 치우쳐 있기 때문이라는 것이다.

여론 조사는 이 지점에서 모호하지 않다. "중도center"를 민주당과 공화당이 양당 사이 어디쯤에 위치한다고 정의하면 경제 쟁점에 관한 한 대중은 중도에서 압도적으로 왼쪽으로 기울어 있다. 오히려 민주당보다 더 왼쪽에 놓여 있다. 부자 감세는 공화당이 내거는 핵심 정책이다. 그러나 유권자의 3분의 2는 부유층에 부과하는 세금이 실제로는 지나치게 낮다고 보며 불과 7퍼센트만이 그것이 너무 높다고 여긴다. 또한 유권자들은 엘리자베스 워런이 발의한 초부자 과세에 3 대 1로 과반수가 지지를 보낸다. 아주 적은 소수만이 메디케이드 지원의 축소를 바라는데, 최근 몇 년 동안 공화당이 내놓는 의료 보험안마다 그런 혜택의 감소에 중점을 두었음에도 그렇다.

그렇다면 공화당은 왜 유권자의 표심과 한참 동떨어진 입장을 내걸까? 왜냐하면 그들은 할 수 있었기 때문이다. 민주당이 민권 정당이 되는 사이 공화당은 일반 노동자들에게 피해를 입히는 정책을 추구하면서도 사회적·인종적 비非자유주의illeralism에 영합해 백인 노동자 계층을 끌어들일 수 있었던 것이다.

그 결과, 미국에서 경제적 보수주의자가 되면 그 이점에 소수 특권층만 혹할 정책들을 지지하는 셈이 되었다. 사실 이런 정책만을 원하는 사람은 아무도 없다. 그러한 정책들은 인종 혐오와 묶일 경우에나 먹힌다.

그렇다면 미국 정치에서 이들 부류가 부재한 공간은 미래에 무엇을 의미할까? 첫째, 물론, 슐츠는 어리석다는 점이다. 보수주의자로 남되 인종주의자와는 관계를 끊는 방향으로 공화당의 개혁을 꿈꾸는 이들 또한 다를 바 없다. 이 두 입장을 결합한 정치관을 바라는 이들이 매우 드물다는 점에서다.

둘째, 민주당이 더욱 왼쪽으로 기울어서 예컨대 부자 증세와 메디케어 확장을 제안해 선거에서 이길 전망을 어둡게 하고 있다는 우려는 터무니없이 부풀려진 것이라는 점이다. 유권자들은 경제적 측면에서는 왼쪽으로 나아가기를 바란다. 그 가운데 일부는 민주당이 민권을 옹호하는 태도에 반감을 품지만, 민주당은 차라리 영혼을 내다버릴지언정 민권을 포기할 수 없다.

한편, 인종주의자이지만 진짜 포퓰리스트는 아닌 트럼프와 달리 진정한 인종주의-포퓰리스트가 기꺼이 되고자 하는 정치인에게 설 자리가 있는지는 그리 분명하지 않다. 인종주의-포퓰리스트 유권자들은 상당수 있으며, 또 누군가 그들을 대변하려 한다고 생각할지도 모른다. 하지만 어쩌면 빅 머니big money가 중력처럼 끌어당기는 힘, 즉 이미 공화당을 완전히 장악했고, 이미 민주당을 유권자들이 진정으로 바라는 만큼 왼쪽으로 나아가지 못하게끔 거의 틀림없이 꽉 붙잡고 있는 힘이 너무나 막강한 지도 모른다.

어느 경우든 무소속 정치인에게 정말 여지가 남아 있다면 그 후보는 슐츠보다는 조지 월리스George Wallace처럼 보일 것이다. 기존의 전통적인 정당을 낮잡는 백만장자라면 유권자들이 무엇을 바라는지 신중하게 살펴야 한다. 〔조지 월리스는 인종 분리 정책 철폐 반대 등 확고한 분리주의와 포퓰리즘적 견해를 견지한 인물이다. 민주당으로 앨라배마주 주지사를 지냈으나 당적을 버리고 1968년 인종차별을 옹호하는 (무소속에 가까운) 미국 독립당American Independent Party 후보로 대통령 선거에 나서서 13.53퍼센트의 득표율로 1000만 표 가까이 얻어 제3당 후보로는 높은 지지를 받았다.〕

5장

이크! 사회주의!

21세기 빨갱이 사냥

미국은 메디케어형 제도를 합법적인 미국 거주자 모두에게 보장해야 할까? 이는 유권자들에게 던지면 여러 유의미한 반응을 볼 수 있는 현실적 질문이다. (사람들은 보통 메디케어에 가입할 수 있다는 방침은 환영하지만 민간 보험이 만족스러운 경우 이를 해지해야만 한다는 방안은 환영하지 않는다.)

미국은 사회주의를 받아들여야 할까? 이는 현실적 질문이 아니다. "사회주의socialism"는 저마다 다른 의미로 다가갈 수 있다는 점에서다. 사회주의는 고전적 정의로는 "정부의 생산 수단 소유"를 가리키며 유권자들은 확실히 그 이념을 달가워 않는다. 하지만 미국 정치에서는 그런 의미를 갖는 사회주의를 유럽이 "사회 민주주의social democracy"라 일컫는 체제와 뭉뚱그려 이야기하려는 오랜 전통이 있다. 사회 민주주의는 시장 경제이긴 하되 탄탄한 공공 사회 안전망을 갖추고 기업이 이윤을 쫓아 경영

전략을 세울 때 그 범위에 제약을 가하는 규정을 마련해 놓고 있다. 사실 메디케어는 실시되고 나서 굉장한 인기를 누리기 전까지 "사회 의료 보장 제도[의료 사회화 제도]socialized medicine"라고 맹비난을 받았고, 여러 끔찍한 경고에는 메디케어가 미국이 누리는 자유를 파괴할 것이라는 내용도 있었다.

예컨대 미국이 덴마크를 더 닮아 가야 한다고, 곧 시장 경제지만 지금보다 더 튼튼한 사회 안전망을 갖추어야 한다고 말하면 보수주의자들은 미국이 시장 원리를 무시해서 경제 파탄을 낳은 베네수엘라 꼴 나기를 바라는 것이냐고 힐난한다.

이 책에서 언급하듯 지금 공화당의 행태를 보면 그들은 사회주의라는 공포를 2020년 선거[대선] 운동에서 중심 주제로 삼으려는 경향이 뚜렷하다. 기본적으로는 사회 민주주의적인 현재 민주당에 도전적이긴 하지만 부정확하게 자신을 사회주의자로 일컫는다고 봐야 할 정치인들이 있어서 공화당이 이 사실을 이용하려 호시탐탐 기회를 노리는 것이다. 이런 공포 전략이 얼마나 주효할지 나는 알지 못한다. 그러나 공화당의 전략이 견인력을 얻는다면 그 까닭은 사회 민주주의가 어떤 정책을 펴는지 혹은 미국보다 훨씬 앞서 사회 민주주의의 길로 들어선 국가에서 국민들 삶이 어떤 모습을 띠는지 이해하는 사람이 매우 드물기 때문이다.

이 장에 실은 글은 다양한 각도에서 그 부족한 지식을 채워 넣으려 한다. 각각의 글은 서유럽에서 영위하는 삶의 진면모가 어떠한지 밝히고 있지만 나는 동시에 미국 사회가 작동하는 방식이 어떠한지 다루는 몇몇 신화도 해체해 볼 작정이다. 특히 자유-시장은 언제나 개인의 자유를 북돋는다는 끈질기면서도 그릇된 주장을 파헤쳐 보려 한다.

자본주의, 사회주의, 그리고 가짜 민주주의unfreedom

2018년 8월 26일

현재 《뉴욕타임스》 홈페이지에는 코리 로빈Corey Robin이 쓴 논평과 닐 어윈Neil Irwin이 쓴 뉴스 분석이 올라와 있는데 내 생각에 이 두 기사는 함께 읽어야 한다. 두 기사를 한 편으로 묶으면 1970년대 이후 수많은 대중 담론을 지배해 온 신자유주의 이념neoliberal ideology에 어떤 문제가 있는지 깊이 깨달을 수 있다(덧붙이자면 나는 물론 신자유주의 이념이라는 용어가 미국에 잘 들어맞는다고 본다).

어떻든 간에, 낮은 과세와 최소한의 규제가 갖는 장점이 과거에는 무엇이었고 또 현재에는 무엇일까? 일각에서는 작은 정부가 커다란 경제 성과를 낳는 데, 즉 배들이 전부 뜨도록 물결을 높이는 데 매우 중요하다고 주장한다. 게다가 이 주장은 신자유주의가 득세하는 시기에 경제 성장이 두드러지지 않고 그 성과분마저도 일반 노동자와 함께 나누고 있지 않음에도 끈질기게 지속되고 있다. 이 주장이 지속되기를 원하는 강력한 이해관계들이 도사리고 있기 때문이다.

　한편, 자유-시장이 곧 개인의 자유를 가리키며 규제 없는 시장 경제가 대중을 관료주의의 횡포에서 해방시킨다는 주장도 있다. 자유-시장에서는 우리가 우리 상관이나 물건을 파는 회사에 아부할 필요가 없다고들 말하기도 한다. 그들은 우리가 언제든 어디로든 갈 수 있다는 점을 잘 알고 있기 때문이다.

　로빈이 지적하는 바는, 시장 경제의 실상은 이와 전혀 다르다는 점이다. 사실, 특히 돈을 잘 벌지 못하는 사람뿐만이 아닌, 미국 국민 수천만 명이 일상에서 고용주의 선의와 더 막강한 여러 경제 주체에 끊임없이 휘둘리고 있다.

　솔직히 로빈이 제시한 여러 사례는, 브래드 드롱의 말처럼, 실제로

자료 출처: 미 노동통계국

여느 복합적인 경제 체제에도 적용할 수 있다. 나는 버라이즌Verizon[미국 최대 정보 통신 회사]과 사회보장국Social Ssecurity Administration, SSA을 상대할 때면 시간을 꽤 허비하곤 한다. 그래도 두 경우 다 분명 내 사회경제적 지위 덕에 최저 임금 노동자보다는 한결 수월하게 일을 마쳤다(한편 원성이 자자한 차량관리국Department of Motor Vehicles, DMV에서도 나는 이제껏 불쾌했던 경험이 한 번도 없었다). 그러나 자유-시장이 그 등식에서 권력 관계를 소거한다는 견해는 그저 세상 물정 모르는 소리일 따름이다.

그리고 그런 견해는 지금은 수십 년 전과 비교해 더욱 세상 물정 모르는 소리가 되었다. 어원이 지적하듯, 거대 경제 주체가 경제를 더욱 장악해 들어가고 있기 때문이다. 예컨대 수요 독점력이 임금을 떨어뜨리는 현상이 점점 뚜렷해지고 있다. 이게 다가 아니다. 소수의 기업으로 고용이 집중하는 추세나 시장 지배력을 강화하는 경쟁 금지 조항 또는 암묵적 담합 같은 요소는 우리가 고용되었을 때 단지 임금만 낮추지 않는다. 부당한 대우를 받을 경우 우리의 선택권을 줄이거나 아예 없애기도 한다. 폭력을 행사하는 상사가 있거나 회사 정책에 문제가 있어 일을 그만두면 우리는 새 일자리를 찾는 데 정말 애를 먹을 수 있다

그렇다면 방법이 없을까? 로빈은 "사회주의"가 해답이라고 말한다. 그러나 내가 아는 한 로빈은 사실 사회 민주주의를 가리키며 베네수엘라가 아니라 덴마크를 말한다. 정부가 의무화한 고용 보호는 기업의 고용과 해고 능력을 구속할 수 있지만 또한 공공연히 자행되는 폭력으로부터 노동자들을 방어해 주기도 한다. 노동조합은 노동자의 선택권을 다소 제한하지만 기업의 수요 독점력에 맞서는 중요한 균형추의 역할도 한다.

아, 그리고 사회 안전망 제도는 고통을 줄이는 것 이상의 역할을 할

수 있다. 사회 안전망 제도는 해방을 선사할 수도 있다. 많은 사람이 의료 보험 혜택을 잃을까 두려워 좋아하지 않는 직업에 마지못해 매달리고 있는 것으로 안다. 오바마케어는 결함이 있지만 이런 "고착화lock in"를 눈에 띄게 벗겨 냈다. 따라서 의료 보험 혜택을 전면적으로 보장하면 우리 사회가 한층 자유로워지지 않을까. 〔"고착" 또는 "고착화"는 경제 용어로, 특정 재화/서비스의 이용이 다른 재화/서비스로의 선택/전환을 제한해 기존의 것을 계속 구매하게 되는 현상을 말한다. 특히 다른 재화/서비스로의 선택/전환 시 발생하는 절차적, 경제적, 관계적 비용 등 대체/전환 비용이 클 때 나타난다.〕

얼마 전 나는 카토연구소Cato Institute가 발표한 50개 주의 경제 자유 지수index of economic freedom를 살펴보며 유쾌한 한때를 보냈다. 발표에 따르면 플로리다주가 가장 자유롭고 뉴욕주가 가장 부자유하다. (제가 이렇게 써도 되겠습니까. 정치 위원 동지?) 내가 지적했듯, 카토식 자유는 무엇보다 높은 영아 사망률과 관련이 깊은 듯 보인다. 죽음이 아니면 자유를 달라! (뉴햄프셔주가 플로리다주 바로 뒤를 잇는다.)

객소리는 그만두고, 한번 물어보자. 뉴욕주와 플로리다주 사이에 나타나는 현실적 차이 때문에 뉴욕 주민들이 덜 자유로울까? 뉴욕주는 노동조합이 매우 잘 조직된 주로, 노동 인구의 25.3퍼센트가 노동조합에 가입해 있다. 플로리다주는 노동 인구의 6.6퍼센트만이 노동조합에 가입해 있다. 이와 같은 현실이 뉴욕주의 노동자들이 누리는 자유를 침해할까? 아니면 기업이 휘두르는 권력 앞에서 뉴욕주의 노동자들에게 힘을 실어 줄까?

또한 뉴욕주는 메디케이드를 확대하고 부담적정보험법으로 전환하는 정책이 효과를 보도록 애써 왔다. 그래서 비非고령 성인 중 의료 보험

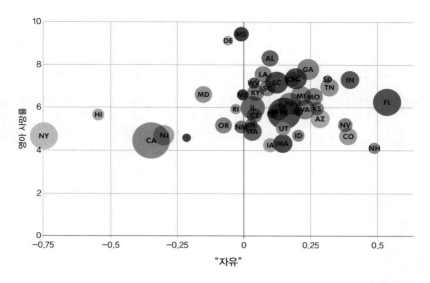

자료 출처: 윌리엄 P. 루거William P. Ruger와 제이슨 소렌스Jason Sorens, 〈50개 주에서의 자유: 개인 및 경제 자유 지수Freedom in the 50 States: An Index of Personal and Economic Freedom〉(카토연구소, 2018)

미가입자가 8퍼센트에 불과하다. 플로리다주는 그 수치가 18퍼센트에 이른다. 뉴욕 주민들이 보건법이라는 혹독한 규제 때문에 불만을 터뜨릴까? 아니면 자신들은 응급 의료가 절실한 상황에서 죽음으로 내몰리거나 실직할 경우 나락으로 떨어질 위험이 훨씬 작다는 것을 알고는 더 자유로움을 느낄까?

당신이 고액 연봉의 높은 전문직이라면 십중팔구 별반 차이가 없을 것이다. 그렇지만, 추정하건대, 대다수 노동자는 플로리다주보다 뉴욕주에서 적어도 얼마간 더 자유롭다고 느낀다.

현재로서는, 복잡한 사회에서 삶을 영위하는 데는 이러저러한 자유의 불가피한 희생이 수반되지만 그에 대한 완벽한 해결책은 없다. 따라서 이상향utopia은 차림표에 들어 있지 않다. 그런데 기업에는 무제한의 권력을 허용하고 노동자에게는 최소한의 권리만을 보호해도 된다고 부르짖는 자들이 자유의 수호자인 척하면서 너무 오랫동안 책임을 모면해 왔다. 사실 자유는 잃을 것이 남아 있지 않다는 것을 가리키는 또 다른 말이 아니다.

덴마크는 이상 없다

2018년 8월 16일

사회주의 지옥이 되느냐 마느냐, 그것이 문제로다. 미안하다, 나도 도저히 참을 수 없다.

지난 주말 폭스비즈니스Fox Business〔폭스뉴스 계열의 채널로, 2007년 개국한 미국의 케이블 TV 뉴스 채널〕진행자 트리시 리건Trish Regan이 베네수엘라와 더불어 덴마크를 사회주의의 참상을 예시해 주는 대표적 사례로 들면서 세계적으로 약간 물의를 일으켰다. 덴마크 재무장관이 리건에게 자국을 방문해 몇 가지 사실을 직접 보고 배워 가라고 제안까지 할 정도였다.

실은 리건은 보다 고약한 사례를 들 수 없었을 것이다. 또는 미국 진보주의자 관점에서 볼 때, 더 나은 사례를 들 수 없었을 것이다.

덴마크는 지난 수십 년 동안 우리가 오른쪽으로 방향을 틀었던 곳에서 왼쪽으로 (조심성 있게) 방향을 틀면서 실제로 미국과 매우 다른 길을 걸어 왔다. 그리고 덴마크는 꽤 잘해 내고 있다.

미국의 정치는 큰 정부를 반대하는 운동이 점령하다시피 했다. 덴마크는 정부 역할의 확대를 수용해 왔고 공공 지출이 GDP의 절반을 넘어 섰다. 미국의 정치인은 부자에게서 빈자에게로의 소득 재분배가 이루어 져야 한다는 주장에 공포를 드러냈다. 덴마크는 미국에서는 상상도 못할 규모로 재분배를 이루어 냈다. 미국의 정책은 조직 노동자를 점점 적대시 해 왔고 그 결과 노동조합이 사실상 민간 부문에서 사라져 버렸다. 덴마크는 노동자의 3분의 2가 노동조합에 가입해 있다.

보수주의 이념대로라면, 덴마크가 선택한 정책은 재앙으로 이어져 야 하고 코펜하겐 거리에는 잡초가 무성해야 했다. 사실 리건은 자신의 고용주가 덴마크에서 벌어져야 한다고 상상하는 내용을 그대로 묘사했 을 뿐이다. 덴마크가 정말 지옥이라면 덴마크는 그 사실을 숨기는 데 재 주가 아주 뛰어난 게 틀림없다. 내가 마침 덴마크에 있었고 덴마크는 대 단한 번영을 구가하는 듯 보였으니까.

게다가 자료도 내가 받은 인상과 일치한다. 덴마크 국민이 미국 국민 보다 구직 가능성이 크고 대체로 소득도 상당히 더 높다. 덴마크의 1인당 GDP는 전반적으로 미국보다 약간 낮지만 이는 실은 덴마크 국민이 휴가 를 더 내기 때문이다. 덴마크는 소득 불평등은 훨씬 낮으며 기대 수명은 더 높다.

분명한 사실은, 대다수 덴마크 국민이 같은 위치의 미국 국민보다 풍 요로운 삶을 누리고 있다는 점이다. 덴마크가 행복과 삶의 만족도 평가에 서 미국을 항상 앞지르는 데에는 다 그만 한 이유가 있다.

그런데 덴마크가 사회주의 국가일까?

자유 지상주의를 내세우는 카토연구소는 아니라고 말한다. "덴마크는 분명 자유-시장 경제다. 다만 복지 국가로 전환해 정부 지출이 높다." 바로 이 부분이 덴마크를 사회주의 국가로 치부하는 대단한 조건이 되는 셈이다.

사실 덴마크는 생산 수단의 정부 소유라는 고전적인 사회주의의 정의에는 전혀 들어맞지 않는다. 덴마크는 오히려 사회 민주주의에 더 가깝다. 시장 경제이되 자본주의의 결함을 탄탄한 사회 안전망을 비롯한 정부 정책으로 보완하고 있다는 점에서다.

그런데 폭스의 리건 같은 미국의 보수주의자들은 지속적으로 그리고 체계적으로 사회 민주주의와 사회주의 사이 경계를 흩트리고 있다. 2008년에 존 매케인John McCain은 단지 의료 보험 혜택의 확장을 요구했다는 이유로 버락 오마바가 사회주의를 원하고 있다고 비난했다. 2012년에 밋 롬니는 오바마가 "유럽의 사회 민주당원"으로부터 아이디어를 얻고 있다고 주장했다.

달리 말해, 미국 정치 담론에서는 시장 경제에서 덜 고약하고, 덜 잔인하고, 덜 궁핍한 삶을 살기를 원하는 사람이 누구나 사회주의자로 매도된다.

이런 중상모략 작전은 예상 가능한 결과를 낳는다. 미국 국민의 삶을 향상하려는 어떤 시도도 "사회주의"라고 부른다면 머지않아 수많은 이가 사회주의도 괜찮다는 결론에 다다를 수 있다는 결과다.

최근 갤럽의 여론 조사에서는 젊은 유권자들과 자신을 민주당원이라고 밝힌 다수가 자본주의보다 사회주의를 더 선호하는 것으로 나타났다. 그렇다고 해서 이와 같은 추세가 미국 국민 수천만 명이 정부가 경제의 감제고지瞰制高地, commanding heights를 점령하길 바란다는 의미는 아니다. 미국이 덴마크와 조금 더 닮기를 바라면 사회주의자가 아니냐고 힐난하던 많은 사람이 이제 사회주의가 그렇게 나쁜 게 아니라고 믿기에 이르렀다는 뜻이다. 〔"감제고지"로 번역한 "커맨딩 하이츠"는 군사 용어로는 "적의 활동을 살피기에 적합하도록 주변이 두루 내려다보이는 고지"를 의미하지만, 경제 용어로는 "국가 경제에 필수적인 기간산업" "국가 경제를 좌우하는 주도 세력" 등을 의미한다.〕

몇몇 민주당 정치인에게도 똑같이 말할 수 있다. 알렉산드리아 오카시오-코르테스를 다룬 기사가 쏟아졌다. 알렉산드리아가 예상을 뒤집고 예비 선거〔2008년 뉴욕주 제14선거구 연방 하원의원 민주당 경선〕에서 승리해서이기도 하거니와 스스로 사회주의자라고 선언해서이기도 하다. 그런데 고전적 정의에 비추면, 알렉산드리아의 공약은 전혀 사회주의적이지 않다. 부끄럽지 않을 정도로 사회 민주주의적일 뿐이다.

그리고 그 덕에 알렉산드리아는 민주당 나머지 의원과 함께 발맞추어 나아가고 있다. 민주당이 무엇을 표방하는지 묻는 기사를 읽을 때마다 나는, 후보자가 자신의 정책을 설명하는 경우 기자가 그 내용에 조금이라도 관심을 기울이고 있는지 의심스럽다. 오늘날 민주당은 실제로 인상적이리만치 사회 민주주의적 목표를 향해 단결된 모습을 보인다. 함께 내닫는 발걸음이 과거 어느 때보다 훨씬 힘차다.

사실 정책과 수사修辭 전략 모두에서 차이가 있다. 보편적 의료 보험 추진에 메디케어포올Medicare for All을 포함해야 하는가, 아니면 그저 보강된 메디케어 제도에 모두가 가입할 수 있는 권리를 포함해야 하는가? 민주당은 공화당이 사회 민주주의적 구상에 중상모략을 일삼는 태도를 그

저 무시하고 넘어가야 하는가, 아니면 "사회주의자"라는 비방을 영광의 훈장으로 바꾸려고 한층 노력을 기울여야 하는가?

그러나 이는 그리 심각한 분열이 아니다. 20여 년 전 당(민주당)을 난파시킨 진보주의자와 중도주의자 사이의 분열과는 사뭇 양상이 다르다.

분명한 사실을 짚자면, 지금 미국은 감내해야 하는 이상으로 쓰라린 고통을 감당하고 있다. 다른 선진국은 모두 보편적 의료 보험을 보장하고 미국보다 매우 견고한 사회 안전망을 구축해 나가고 있다. 그러니 꼭 사회주의자가 될 필요는 없다.

미국의 사회주의는
급진적이지 않다

●

2019년 2월 7일

1961년 미국은 보수주의자들이 판단하기에 가공할 위협에 직면해 있었다. 고령 인구를 대상으로 하는 국민 건강 보험 제도의 요구였다. 이 끔찍한 운명을 피하려고 미국의학협회American Medical Association, AMA는 바이럴 마케팅viral marketing의 선구적 시도라 할 수 있는 이른바 "오퍼레이션 커피 컵Operation Coffee Cup"을 시작했다.

작전 수행 과정은 이러했다. (흠, 때는 1961년이었다.) 미국의학협회는 의사 부인들에게 지인들을 집으로 초대해 녹음테이프를 틀어 주도록 했다. 로널드 레이건이 사회 의료 보장 제도〔의료 사회화 제도〕는 미국이 누리는 자유를 파괴할 것이라고 설명하는 테이프였다. 이어 의사 부인들은 메디케어의 위협을 규탄하며 의회에 항의 서신을 보낼 예정이었다.

확실히 저 전략은 별 효과를 거두지 못했다. 메디케어가 실시되었을

뿐 아니라 이후로 인기도 높아져서, 요즈음 공화당은 걸핏하면 (거짓으로) 민주당이 이 제도에 재정 지출을 줄일 계획을 세우고 있다고 공격한다. 그러나 저 전략, 곧 사회 안전망을 강화하거나 불평등을 해소하려는 어떤 시도도 미국을 전체주의라는 파멸의 길로 이끈다는 주장은 여전히 살아 있다.

바로 이러한 맥락에서 도널드 트럼프가 연두 교서에서 평소처럼 무시무시한 아시아인에 대해 경고를 보내다가 잠깐 화제를 돌려 사회주의가 내뺃는 위협을 언급하며 경고를 날린 것이다.

트럼프 지지자들 혹은 일반 보수주의자들에게 "사회주의"는 어떤 의미일까? 대답은, 그때그때 상황에 따라 다르다.

사회주의는 때로 경제적 자유주의를 의미한다. 그래서 트럼프의 연두 교서 발표 뒤 스티븐 므누신Steven Mnuchin 재무장관은 트럼프 경제를 크게 치켜세우고는 "다시는 사회주의로 돌아가지 않을 것입니다"라고 힘주어 강조했다. 듣자하니 그렇다면 미국이 2016년까지만 해도 사회주의 지옥이었다는 말인데, 과연 누가 알았으랴?

그런데 사회주의는 때로 소련식 중앙 계획 경제나 베네수엘라식 산업 국유화를 가리키기도 한다. 미국의 정계에서 그런 정책을 옹호할 사람이 단 한 명도 없다는 현실은 전혀 개의치 않는다.

그 꼼수란, 맞다 "꼼수trick"가 더 적당한 말이다. 다름 아니라 사람들이 눈치 채지 못하기를 바라면서 완전히 다른 이런 의미들 사이를 왔다 갔다 하는 것이다. 대학 학비가 무료이기를 바란다고? 우크라이나에서 기근으로 죽은 사람들을 떠올려 보라! 희화화하자는 것이 아니다. 지난 가을 트럼프 측 경제학자들이 사회주의를 주제로 펴낸, 온갖 험담을 늘어

놓은 보고서를 읽어 보라. 거의 그런 논지로 흘러간다.

　자, 현실을 있는 그대로 이야기해 보자.

　현재 미국의 일부 진보적인 정치인들은 스스로를 사회주의자라고 일컫고 30세 미만 유권자 대다수를 비롯해 유권자 상당수가 자신들은 사회주의에 찬성한다고 말한다. 그런데 정치인도 유권자도 정부가 생산 수단을 소유해야 한다고 주장하지는 않는다. 오히려 시장 경제의 폭주를 누그러뜨리는 어떤 요소를 사회주의라고 매도하는 보수주의자들의 표현을 너그러이 받아들이고 사실상 "흠, 그래, 그런 의미라면 나는 사회주의자다"라고 말했다.

　"사회주의"를 지지하는 미국 국민이 실제로 원하는 정책은 나머지 세상 사람들이 사회 민주주의라고 부르는 그것이다. 시장 경제지만 극도의 궁핍은 견고한 사회 안전망으로 막고 극단의 불평등은 누진 과세로 줄이자는 것이다. 덴마크나 노르웨이와 닮기를 바라지 베네수엘라와 닮기를 바라지 않는다는 것이다.

　그리고 북유럽 국가에 가 본 적이 없다면 사실 그곳은 지옥이 아니다. 미국보다 1인당 GDP가 다소 낮지만, 이는 덴마크가 미국보다 휴가가 더 길어서 그렇다. 북유럽 국가들은 미국과 비교해 기대 수명이 더 높고, 빈곤율이 더 낮으며, 전반적 삶의 만족도가 훨씬 더 높다. 아, 그리고 기업가 정신이 뜨겁게 살아 있다. 실패하더라도 자신이 의료 보험을 잃지 않으며 극심한 가난에도 빠지지 않을 것임을 알 때 모름지기 누구나 기꺼이 위험을 감수하며 창업 전선에 뛰어들지 않겠는가.

　트럼프 측 경제학자들은 북유럽의 사회 현실을 반反사회주의 선언에 끼워 맞추느라 분명 곤욕깨나 치렀을 것이다. 그들은 몇몇 군데에서는 북유럽 사회가 사회주의 국가가 아니라고 언급하고서 다른 몇몇 군데에서는 겉으로 보이는 모습과 달리 덴마크 국민들과 스웨덴 국민들이 고통 받고 있음을 증명해 내려 안간힘을 쓴다. 예컨대 픽업트럭을 모는 데 비용이 비싸다는 식이다. 내가 지어내 하는 소리가 아니다.

자유주의에서 전체주의로 이르는 미끄러운 비탈길slippery slope은 어떤가? 그런 길이 존재한다는 어떤 증거도 없다. 결단코. 메디케어는 자유를 파괴하지 않았다. 러시아의 스탈린주의와 중국의 마오주의는 사회 민주주의 국가에서 진화하지 않았다. 베네수엘라는 우고 차베스Hugo Chávez〔재임 1999~2013〕가 등장하기 오래전부터 부패한 산유국이었다. 농노제로 가는 길이 있어도 내 생각에 그 길을 택할 국가는 없다.

따라서 위기감을 키우려 사회주의에 대해 유언비어를 퍼뜨리는 사람들은 우매할 뿐 아니라 정직하지도 못하다. 하물며 그런 전략이 정치적으로 실효를 거둘까?

십중팔구 아닐 것이다. 어찌 되었든, 유권자들은 부유층에 세금을 인상하는 정책안을 비롯해 메디케어를 전 국민이 이용할 수 있도록 확대하는, 미국의 "사회주의자들"이 제안하는 정책에 대부분 지지를 보내고 있다(민간 보험을 강제로 포기해야 하는 정책안은 지지하지 않을지라도 그렇다. 그리고 이는 국가 단일 보험 제도의 순수성을 시금석으로 삼지 말라고 민주당에 보내는 경고이기도 하다).

한편으로, 부정직이 떨치는 힘을 절대 얕보아서는 안 된다. 우파 성향의 언론은 민주당이 대통령으로 누구를 지명하든 그를 제2의 레온 트로츠키Leon Trotsky로 그려내고 수백만 명은 그것을 그대로 믿어 버릴 것이다. 나머지 언론이 미국의 사회주의가 간직해 온, 떳떳한 작은 비밀을 보도하리라고 희망하자. 미국의 사회주의는 결코 급진적이지 않다고 말이다.

6장

기후 변화 부정
: 좀비의 활약

가장 중요한 문제

솔직히 이따금 기후 변화가 아닌 다른 쟁점을 논하느라 시간을 허비하는 건 아닐까 하는 의구심이 들 때가 있다. 내 말은, 우리 문명이 그 존립마저 뒤흔드는 위협에 직면해 있다는 것이다. 온실가스 배출을 줄이는 조치를 취하지 않으면 결국에는 다른 어떤 것, 예컨대 의료 보험 개혁, 소득 불평등 해소, 금융 위기 극복도 다 부질없는 일이 될 수 있다.

물론 꽤 타당한 이유들이 생기는 통에 글을 쓸 때마다 기후 변화의 위협을 다루지 못했다. 삶도 이어 나가야 하고, 정책도 마련해 나가야 한다. 그러나 때를 놓치기 전에 기후 위협에서 벗어나도록 손을 쓸 수 있다는 희망의 끈도 놓아선 안 된다. 요지를 말하자면, 글쓰기가 미치는 영향은 그 글이 얼마나 중요한 사안을 다루는지에도 달려 있지만 글이 얼마나 이슈들을 망라할 수 있는지에도 달려 있다. 레이먼드 챈들러Raymond Chandler

가 에세이 《심플 아트 오브 머더The Simple Art of Murder》에서 썼듯 "신에 관해 쓴 매우 따분한 책도 있고 생계를 꾸리며 정직하게 살아내는 법에 관한 아주 훌륭한 책도 있다."

또한, 좋든 싫든 기후가 점점 더 정치 쟁점으로 부각하면서, 기후 정책이 지지를 얻으려면 그것을 사람들이 관심을 쏟는 다른 문제와 묶어야 한다. 이 점은 곧 자세히 살펴볼 생각이다.

그래서 나는 기후 변화가 지닌 중요성에 걸맞게 보다 넓은 구상을 세워 그 주제를 항상 다루지도 혹은 따로 다루지도 않는다. 그런데 이런 태도를 돌이켜 보면서 질문이 일었다. 그럼, 경제학자들은 기후 변화 문제에 어떤 기여를 해야 할까? 내 생각에는 대답이 세 가지다.

첫째, 내가 기후과학자는 아니지만, 기후 변화를 둘러싼 정치적 논쟁은 경제 정책을 둘러싼 정치적 논쟁과 매우 유사한 면이 있다. 지구 기후도 경제와 마찬가지로 체계가 복잡하다. 기후 정책 분야에서도 경제 정책 분야에서처럼 어떤 사람은 진지하게 세계가 돌아가는 모습을 이해하려 애쓰고 어떤 사람은 기득권 때문에 증거가 뒷받침을 하든 말든 자신의 주장만 목청 돋워 외친다.

지난 수십 년 동안의 경험을 통해 진지한 연구와 정략적인 가짜 학문이 모두 어떤 모습을 띠는지 알고 있다. 한편에선 지구 기온을 분석해 유명한 "하키 스틱Hockey Stick" 그래프의 창안자 마이클 E. 만Michael E. Mann 같은 연구자의 논문이 주목 받고 다른 한편에선 만을 악마라고 묘사하며 그의 평판을 폄하하는 기후 변화 부정론자들의 분노에 찬 공격이 일어나는 모습을 볼 때 어느 편이 어느 편인지 분간하는 일이 전혀 어렵지 않다.

둘째, 기후 변화에 어떤 조치를 취하려 할 때 반대하는 논거의 하나로 온실가스 배출을 줄이고자 본격적인 시도를 하면 경제에 커다란 손실이 따른다는 주장이 있다. 그래서 그 논쟁에는 경제학과 직접 맞닿는 측면도 있다.

마지막으로, 경제 정책의 정치를 지켜보며 수년을 보내는 동안 일반 정책의 정치도 약간 깊이 들여다 볼 수 있는 안목이 내게 생겼다고 믿고 싶다. 특히 의료 보험 개혁이 걸어온 길은 내게 '완벽은 좋은 것의 적[너무 잘하려다 도리어 망친다]'이라는 원리의 좋은 본보기로 다가온다. 오바마케어처럼 공공–민간 혼합형 대안 제도보다 국가 단일 보험인 메디케어포올 제도가 우수하다는 타당한 논거가 있다. 하지만 15년 만에 처음으로 의료 보험 개혁을 단행할 수 있는 기회가 2009년에 실제로 주어졌을 때 확실히 미국은 국가 단일 보험 제도를 실시할 준비가 아직 되어 있지 않았다(십중팔구 여전히 그럴 것이다). 그래서 차선책을 밀어붙였다. 그 결과, 2000만 명이 의료 보험의 혜택을 받았다.

이 일이 기후 변화와 무슨 연관이 있을까? 경제학 개론을 듣는 학생은 모두 예컨대 탄소세처럼 요금을 물리는 방법으로 오염 문제를 효과적으로 다룰 수 있다고 배운다. 내 동료 일부도 순수주의자 같은 접근법을 고수하는 듯 보인다. 우리에게는 탄소세가 있어야 하며 오로지 탄소세만 있어야 한다는 것이다. 몇몇 진보주의자는 이른바 그린 뉴딜을 주장해 왔다. 그린 뉴딜은 기후 정책에 다른 목적을 결합해 탄소세 이외 다른 정책에도 크게 의지한다. 이 장에 실은 마지막 글에서 나는 기후 정책에 크리스마스트리 접근법, 그러니까 다양한 이해 관계자에 맞춰 여러 처방을 내놓는 방법을 써도 사실 괜찮다고 주장한다.

트럼프와 찰거머리 같은
기후 변화 부정론자들

2018년 10월 15일

기후 변화는 거짓말이다.

기후 변화는 일어나고 있지만 인간이 일으키지 않는다.

기후 변화는 인간이 일으키지만 그 어떤 조치든 일자리를 없애고 경제 성장을 망친다.

이는 기후 변화 부정론자들이 밟는 단계다. 단계라고 부르는 말이 어쩌면 틀릴지도 모른다. 아무리 철저하게 증거를 제시하며 논박해도 기후 변화 부정론자들은 자신들의 어느 한 주장도 결코 포기하는 법이 없기 때문이다. 바퀴벌레 발상이라고 표현하는 편이 더 낫지 않을까. 이미 다 없애 버렸다고 여기는 그릇된 소리인데도 어디선가 자꾸 튀어 나오기 때문이다.

어찌 되었든, 트럼프 행정부와 그 지지자들은, 기후 변화를 점점 기정사실화하는 가공할 허리케인이 잇달아 덮치고 유엔이 암울한 보고서〔2030년까지 온실가스 배출을 획기적으로 줄이지 않으면 전 세계는 파국적인 기후 변화의 길을 걸어야 할지 모른다는 내용의〕를 내자 수세에 몰리면서, 지난 며칠 동안 이런저런 온갖 억지 주장을 쏟아냈다. 요즘 상황이 여간해선 충격 받기 어렵긴 해도 가히 아연실색할 광경이라 하겠다. 하지만 이러한 광경은, 화석 연료 지지자들에게 수익을 올려 주는 것은 말할 것도 없고, 우리가 정치적 사리사욕을 채울 욕심에 문명도 기꺼이 위험에 빠뜨릴 위인들에 의해 지배되는 현실을 일깨워 준다. 바퀴벌레 같은 주장을 살펴보자. 세부 사항은 차치하고, 기후 변화를 부정하는 매우 다양한 주장, 곧 계속 바뀌지만 우리가 아무것도 해서는 안 된다는 요지는 늘 똑같은 주장은 기후 정책 반대자들이 그릇된 믿음〔자기기만, 악의〕을 토대로 주장을 펴고 있다는 징표다. 이뿐만 아니다. 기후 정책 반대자들은 기후 변화가 일어나는 현실이나 오염 물질 배출 감소를 다루는 경제학과 진지하게 맞붙으려는 노력도 않는다. 그들의 목표라면 오염원이 가능한 한 오랫동안 마음껏 오염케 하도록 내버려두는 것이며 그 목표에 부합하면 그들은 무엇이든 옳다고 물고 늘어진다.

그럼에도 최근 몇 년 동안 그들이 내세운 주장이 얼마나 철저하게 무너졌는지 언급할 가치는 있다고 본다.

요즈음 기후 변화 부정론자들은 기후에는 아무런 변화도 없다는 주장에서 잠시 살짝 물러선 듯 보인다. 이들은 이제까지는 기온을 유난히 따뜻하던 1998년과 비교하며 지구가 점점 더워지고 있다는 현실을 부정해 왔다. 7월 초순의 날을 5월의 따뜻한 날과 비교하며 여름이라는 계절이 있다는 사실을 부정하는 일이나 마찬가지였다. 그런데 그런 낡은 계략은 기온이 잇달아 기록을 갈아치우면서 설자리를 잃었다. 더구나 따뜻해진 대양으로 몸집을 불린 거대한 열대 폭풍이 기후 변화의 결과를 대중의 눈앞에 점점 뚜렷이 드러내고 있다.

그래서 새로운 전략이 등장해 이미 일어난 변화를 축소하고 있다. 기후 변화 모델은 "별반 성공적이지 못했다"라고 래리 커들로Larry Kudlow 백악관 국가경제위원회National Economic Council, NEC 위원장이 밝혔다. 그러나 실제로 기후 변화 모델은 성공을 거두었다. 지구 온난화는 지금까지 과거에 내놓은 예측과 잘 들어맞는다. "무언가는 늘 변하고, 그러니 그 무언가는 다시 변해 옛날로 돌아갈 것"이라고 도널드 트럼프는 〔CBS의〕 〈60분60 Minutes〉에 출연해 주장했다. 근거는, 역시나 없었다.

지구가 실제로 아주 조금 따뜻해지고 있을지도 모른다고 마지못해 인정하더라도 기후 변화 부정론자들은 온실가스가 그 원인이라고 하는 데는 의문이 있다고 주장한다. "〔기후 변화가〕 인간이 일으키는지 확실하지 않다"라고 트럼프가 말했다. 트럼프는 기후 변화가 중국이 지어낸 거짓말이라는 초기 입장을, 뭐랄까 다소 굽혔지만 "정치적 의도가 매우 다분한" 기후과학자들이 꾸며 낸 가공할 음모라고 여전히 여기고 있다.

한번 생각해 보자. 수십 년 전에 전문가들은 기초 과학에 입각해 온실가스 배출이 지구의 기온을 올린다고 예측했다. 트럼프 같은 사람들은 비웃었다. 그런데 전문가들이 내놓은 예측이 이제 현실이 되고 있다. 기후 변화 부정론자들은 온실가스 배출이 기후 변화의 범인이 아니라고, 다른 요소가 기후 변화를 일으켰음에 틀림없다고, 전부 다 음모라고 주장한다. 이럴 수가!

아니, 꼭 트럼프가 사우디아라비아는 사우디아라비아 대사관에 들어간 뒤 사라진 자말 카쇼기[Jamal Khashoggi〔왕세자 등 사우디 왕실 권력을 비판한 기사로 정부에 의해 반체제 인사로 몰린 사우디아라비아의 언론인(1958~2018). 자말 카슈끄지〕의 실종과는 아무런 관련이 없다고, 카쇼기는 정체불명의 제3자에게 죽임을 당했다고 말하려는 것처럼 보인다. 설마 하니.

마지막으로, 기후 정책에 드는 비용을 살펴보자. 나는 일전에 보수주의자들이 시장 경제의 힘과 유연성을 전적으로 믿지만 정부가 온실가스 배출을 감축하는 유인책을 마련할 경우 이러한 경제는 완전히 파괴될 것이라고 한 주장이 얼마나 황당한지 지적했다.

온실가스 배출을 줄이는 데 들어가는 비용 때문에 세상에 종말이 닥친다는 주장은 재생 에너지 기술이 비약적으로 발전한 현실을 감안하면 특히나 이상하다. 풍력과 태양광 발전 비용이 크게 하락해 있다는 점에서다. 한편 석탄 화력 발전소는 경쟁력이 너무 낮아져서 트럼프 행정부가 청정 에너지를 희생하면서까지 석탄 화력 발전소에 보조금을 지원하고 싶어 한다.

요컨대 기후 변화 부정론자들이 내세우는 주장은 늘 설득력이 떨어졌지만 이제 더욱 떨어지고 있다. 5년이나 10년 전에는 기후 변화 부정론자들에게 순순히 설득되었다 해도 이후 전개된 상황을 보면 현실을 다시 숙고해 보아야 한다.

물론 실제로 기후 변화 부정론에는 논리도 증거도 전혀 없다. 언급했다시피, 기후 변화 부정론자들은 분명 그릇된 믿음〔자기기만〕에 바탕을 두고 주장을 편다. 자신이 하는 말도 정말로 믿지 않는다. 코크 형제 같은 사람이 계속 돈을 벌게끔 구실을 찾고 있을 뿐이다. 게다가 자유주의자들이 온실가스 배출을 제한하기를 바라면 현대 보수주의자들은 대체로 자유주의자들의 입을 틀어막을 궁리만 한다.

　다른 관점에서도 지금 미국에서 벌어지는 일들을 들여다 볼 수 있다. 작금의 상황이 다름 아닌 타의추종을 불허하는 트럼프의 부패 사례라는 점이다. 우리에게는 트럼프와 그 일당이 자신들의 사사로운 이득을 지키려 미국을 팔아넘기고 있다고 믿을 만한 타당한 근거가 있다. 그러나 기후에 관한 한 저들은 미국만 팔아넘기는 게 아니다. 저들은 세계 전체를 팔아넘기고 있다.

기후 변화 부정론자들의 악행

2018년 11월 26일

트럼프 행정부는, 두말할 나위 없이, 속속들이 반反과학antiscience 행보를 걷고 있다. 실제로, 객관적인 현실마저 부정한다. 하지만 정부 통제력에는 여전히 한계가 있어, 트럼프 행정부는 지구 온난화가 지금 미국에 어떤 영향을 미치는지, 그리고 미래에 어떤 영향을 미칠 것으로 예상하는지 상세하게 담고 있는 국가기후평가National Climate Assessment, NCH의 발표를 막진 못했다.

사실 보고서는 블랙 프라이데이에 발표되었는데 분명 주목을 피하고 싶었기 때문이리라. 하지만 희소식에는 꾀가 통하지 않는 법.

국가기후평가의 발표는 기본적으로 기후 과학을 따르는 사람이라면 누구나 이미 아는 사실을 아주 자세하고 다양한 설명을 덧붙여 확인해 준다. 기후 변화가 국가에 커다란 위협이 되고 있으며 그 부작용이 일부 체감되고 있다는 것이다. 일례로, 최근 캘리포니아에서 재난(초대형 산불 캠프파이어Camp Fire)이 일어나기 전에 작성된 보고서는 미국 남서부 지역에서 증가하고 있는 산불의 위험성을 경고한다. 낙엽을 치우지 못해서가 아니라 지구 온난화 때문에 산불의 규모가 더 커지고 위험도 더 높아지고 있다는 내용이다.

그런데 트럼프 행정부와 의회 내 지지자들은 당연히도 이 분석을 무시한다. 기후 변화 부정climate-change denial은 온갖 증거에도 아랑곳 않고 공화당의 핵심 당론으로 자리 잡았다. 기후 변화 부정론자들이 어떤 과정을 거쳐 왔으며 어떤 악행depravity에 연루되었는지 이 시점에서 톺아보는 일도 의미가 있다고 본다.

잠깐, 악행이라니, 너무 지나친 말이 아닐까? 거의 모든 과학이 압도적인 합의로 뒷받침하는 통념이라도 그것에 동의하지 않는 사람이 있을 수 있지 않을까?

물론 그럴 수 있다. 그러나 그 주장이 올바른 믿음(선의)에 바탕을 두었을 때에만 그렇다. 그런데 올바른 믿음을 지닌 기후 변화 부정론자는 거의 찾아볼 수 없다. 이익을 쫓고, 정치적 우위를 점하고, 자기만족을 구하느라 과학을 부정하는 행위는 용납해서는 안 된다. 과학을 무시해 끔찍한 결과를 초래하면, 말했듯, 부정否定은 곧 패악이다.

이 모든 것을 매우 훌륭하게 다룬 책이 최근에 나왔다. 뛰어난 기후과학자 마이클 E. 만이 글을 쓰고 톰 톨스Tom Toles가 만평을 그린《누가 왜 기후 변화를 부정하는가The Madhouse Effect》(2016)로 나 역시 흥미롭게 읽었다. 만이 책에서 설명하기로, 기후 변화 부정은 담배 회사들이 흡연이 위험한지 아닌지 대중에게 혼란을 부추기려 오랫동안 벌여 온 선전 활동에서 시작된 보다 초기의 과학 부정science denial이라는 전철을 그대로 따르고 있다.

충격적인 사실은 1950년대 들어 담배 회사들이 흡연이 폐암을 유발한다는 것을 이미 알고 있었다는 점이다. 그런데도 이들 담배 회사는 흡연과 폐암 사이 연관성에 실제로는 논란이 있는 것처럼 보이게끔 하기 위해 아낌없이 돈을 쏟아부으며 지원했다. 자사가 생산한 담배 제품이 사람을 죽이고 있음을 인지했지만 대중이 이 사실을 알아차리지 못하게끔 공작을 벌여 온 것이다. 왜? 계속 수익을 내기 위해서. 이 정도면 악행이라 하기에 충분하지 않을까?

여러모로 기후 부정론은 암 부정론과 닮아 있다. 대중이 혼란에 빠져 있어야 재정 수익을 올리는 기업이, 기후 부정론의 경우는 화석 연료 회사가 일을 주동할 수 있다는 점에서 그렇다. 내가 알기로 기후 변화 회의론을 내세우는 몇몇 이름 있는 과학자는 하나같이 이들 회사나 검은 돈이 오고 가는 통로인 도너스트러스트DonorsTrust 같은 단체에서 거액을 받아 왔다. 공교롭게도 도너스트러스트는 매슈 휘터커Matthew Whitaker 신임 법무장관 대행이 트럼프 행정부에 합류하기 전 지원을 받은 바로 그 단체다.

그러나 기후 부정론은 암 부정론보다 정치적으로 더 깊이 뿌리를 뻗고 있다. 사실 지구 온난화가 날로 심각해지는 현실을 부정하지 않으면, 지구 온난화는 그 원인이 자연에 있다고 주장하지 않으면, 어떤 기후 정책이든 경제를 무너뜨린다고 강조하지 않으면 현대 공화당에서 입지를 탄탄하게 다질 수 없다. 기후 변화를 입증하는 엄청난 증거들은 농간이라는, 그 증거들은 전 세계 과학자들이 날조해 낸 거대한 음모라는 조잡한 주장을 인정하거나 묵인해야 한다.

도대체 누가 왜 그런 길을 따라갈까? 돈 때문이라는 게 아직까지는 주된 이유다. 유명한 기후 변화 부정론자들 거의 모두가 화석 연료 회사로부터 뇌물을 받는다. 여기에 이념 또한 한 요인으로 작용한다. 환경 문제를 진지하게 받아들이면 어떤 형태로든 정부 규제가 필요하다는 결론에 다다를 수밖에 없다. 그래서 고지식한 자유-시장 이론가들은 환경 문제가 실제로는 존재하지 않는다고 믿고 싶어 한다(소비자들이 화석 연료에 보조금을 주도록 강제하는 일은 분명 반기면서도).

끝으로, 나는 기후 변화 부정론에 상남자인 척 구는 가식적 요소가 끼어 있다는 인상 역시 떨칠 수가 없다. 진짜 사나이라면 재생 에너지 따위는 쓰지 않는다는 뭐, 그런.

무엇보다 그렇게 행동하는 동기가 중요하다. 중요한 경제 주체들이 자신들의 올바른 믿음 때문에 과학을 거부하고 기후 정책에 반대한다면, 그런 행동은 수치일지언정 죄는 아니다. 각고의 노력을 더 기울여 그 사람을 설득해 나가면 된다. 그러나 지금은 기후 변화 부정론이 탐욕과 기회주의와 자만에 뿌리 내리고 있다. 그리고 이와 같은 이유로 기후 정책에 반대한다면 그건 단연코 죄다.

정말이지 기후 변화 부정론은 악행임이 분명하다. 암 부정론이 시시해 보일 정도다. 흡연으로 사람이 죽어 가는데도 그런 현실을 대중에게 알리기는커녕 고의로 혼란을 부추긴 담배 회사들은 악의적인 존재였다. 하지만 기후 변화는 사람만 죽이는 게 아니다. 인류 문명 전체를 몰살할 수도 있다. 이처럼 엄중한 상황임에도 대중을 혼란으로 몰아넣고 있는 행위는 차원이 전혀 다른 악이다. 그들 가운데에는 자식을 키우는 사람도 있지 않을까?

분명히 못 박아 두자. 도널드 트럼프가 기후 변화 부정이라는 악행을 대표하는 본보기라면 이는 당 전체가 몇 년 전에 이미 어둠의 편으로 넘어갔다는 문제가 된다. 공화당은 그저 사악한 이념만 좇는 게 아니다. 현재로서는 사악한 존재 그 자체다.

기후 변화 부정,
트럼프주의를 낳다

◆

2018년 12월 3일

다수의 논객은 도널드 트럼프에 대한 공화당의 충성심에 당황한 듯 보인다. 당이 모든 영역에 걸쳐 트럼프를 기꺼이 지지하기 때문이다. 심지어중간 선거에서 쓰라린 패배를 당한 뒤에도 그랬다. 도대체 어떤 당이기에부패를 일삼으며, 외국 독재자 손에 놀아난 듯 보이는 지도자에게, 더구나 걸핏하면 사실을 부정하고 이를 지적하는 사람을 도리어 범죄자로 몰아붙이는 지도자에게 그토록 열렬한 지지를 보내는 걸까?

대답을 하자면, 공화당은 트럼프가 무대에 등장하기 오래전부터 기후 변화라는 사실을 부정하고 그 같은 사실을 발표하는 과학자들에게 범죄자 낙인을 찍는 데 진력해 온 당이다.

공화당이 항상 반反환경, 반反과학을 부르짖는 당은 아니었다. 조지H. W. 부시는 탄소 배출권 제도를 도입해 산성비 문제에 잘 대처한 바 있다. 2008년만 해도 존 매케인이 지구 온난화의 주범인 온실가스 배출을 제한하는 비슷한 제도를 제안한 바 있다.

하지만 그런 매케인이 속한 당은 이미 한참 전에 지금의 당이 되는 길로 들어섰다. 공화당은 기후 변화 부정론자들이 완전히 장악한 당이 되었을 뿐 아니라 평소에도 과학에 적대감을 불태우는 당, 그런 독단에 반기를 드는 과학자들을 악마라고 부르며 모조리 없애려는 당이 되었다.

트럼프는 이러한 사고방식과 딱 맞아떨어지는 인물이다. 솔직히 공화당이 기후 변화를 부정하는 역사는 트럼프주의와 닮은 점이 꽤 있다. 기후 변화 부정은 트럼프주의의 핵심 요소를 주조해 낸 도가니라 말할 수 있다.

트럼프가 자신의 정책과 그 정책이 낳은 결과에 비판적인 온갖 보도를 자신에게 적대적인 언론이 지어낸 가짜 뉴스라거나 사악한 "디프 스테이트deep state"〔국가 내 국가〕가 꾸며낸 모함이라며 묵살해 버리는 태도를 보자. 이와 같은 음모 이론은 기후 변화 부정론자 사이에서는 오래된 일반적 관행이었다. 그들은 지구 온난화를 예시해 주는 증거, 다시 말해 기후과학자 97퍼센트가 인정하는 증거를 "거창한 사기gigantic hoax"라 부르기 시작했다.

그런데 이 거대한 음모를 뒷받침하는 증거는 무엇이었을까? 다들 예상하다시피, 그런 증거 대부분은 해킹한 이메일에 근거했다. 영국의 한 대학에서 주고받은 이메일들에서 문맥을 무시하고 자신들의 구미에 맞게 취사선택한 인용구로 불거진 가짜 스캔들이자 "기후게이트Climategate"라고 폭로되고 범법으로 추정되는 행위에 수많은 기자가 부화뇌동했다. 2016년 해킹당한 민주당 이메일들을 언론이 얼마나 왜곡해 보도했는가.

이는 그 재앙을 예고한 셈이었다(우리가 그 이메일들에서 새롭게 알게 된 내용은 과학자도 사람이라는 점이 전부였다. 과학자들이 때때로 팍팍한 모습을 보이는 데다 전문적인 약어로 대화하는 버릇은 야박한 외부인이 오해하려 들면 충분히 그럴 만했다).

참, 그런데 무엇 때문에 수천 명의 과학자가 마음을 움직여 그런 거짓말을 꾸며 낸다는 걸까? 우리는 이제 도널드 트럼프의 가관스러운 행태에 익숙해 있다. 현대 들어 가장 부패한 행정부를 이끄는 역사상 가장 부패한 대통령, 걸핏하면 반대자와 비판자들을 "사기꾼crooked"으로 매도하는 대통령. 기후 논쟁에서도 똑같은 일이 그대로 일어난다.

사실 가장 유명한 기후 변화 부정론자들은 대개 돈을 받고 그런 입장을 취하는데, 그들은 화석 연료 회사로부터 거액을 받고 있다. 그러나 최근 국가기후평가가 지구 온난화로 향후 어떤 피해를 입을 수 있는지 상세하게 발표한 뒤 공화당 의원들이 잇달아 TV에 나와 과학자들이 "돈을 바라고" 그런 말을 한다고 공언했다. 지나친 투영projection이 아닐까?

마지막으로, 트럼프는 미국 정치를 차원이 전혀 다른 위협으로 물들였다. 자기 추종자들을 부채질해 자신의 비판자들을 향한 폭력을 선동하고 법무부에 명령을 내려 힐러리 클린턴과 제임스 코미James Comey〔전 FBI 국장〕를 기소하려 들었다.

기후과학자들은 수년 동안 희롱과 위협에 시달려 왔으며 살해 협박까지 받았다. 게다가 정치인들이 자신들의 연구를 범법 행위로 몰아가는 행태를 수없이 보아 왔다. 가장 유명하게는, "하키 스틱" 그래프의 창안자인 마이클 E. 만은 여러 해 동안 당시 버지니아주 검찰총장 켄 쿠치넬리Ken Cuccinelli가 이끄는 반反기후 과학 성전聖戰에서 표적이 되었다.

그 성전은 아직도 벌어지고 있다. 최근에 애리조나주의 한 판사는 코크 형제와 관련한 한 단체의 소송을 맡고는 (연구가 어떻게 이루어지는지 정확하게 파악하지도 않고서) 애리조나대학 기후과학자들로부터 온 이메일을 전부 공개하라고 명령했다. 구미에 맞게 문구를 뽑아 내용을 와전할 게 불을 보듯 뻔했던 터라 이를 미연에 막고자 만은 애리조나대학 동료와 주고받은 이메일을 하나도 빼놓지 않고 공개했다. 전후사정을 밝히는 설명까지 붙여서.

이 이야기에는 중요한 윤리가 세 가지 담겨 있다.

첫째, 기후 변화라는 난관에 대처하지 못해 파멸이란 결말을 맞이하면, 그럴 가능성이 현재로선 무척 높아 보이는데, 이는 무엇을 희생해야 하는지 순진하게 이해하지 못해서 일어난 결과가 아니라는 점이다. 그것은 부패, 전략적 무지, 음모 이론과 협박이 자초한 재앙이다.

둘째, 저 부패는 "정치인"이나 "정치 체제"의 문제가 아니라는 점이다. 그것은 분명히 말하지만 공화당의 문제다. 지구 온난화로 인한 피해가 점점 확연히 드러나는 순간에도 공화당이 기후 변화를 부정하며 더욱 억지를 부렸기 때문이다.

셋째, 이제 우리는 기후 변화 부정을 도덕적 부패라는 보다 넓은 시각으로 바라볼 수 있다. 도널드 트럼프는 일탈이 아니다. 그는 공화당이 지난 수년 동안 걸어온 길의 정점이다. 트럼프주의가 기후 변화 부정이란 악행을 정치 전반에 적용한다고 말해도 틀린 소리가 아니다. 참담하게도 그 악행에 끝이 보이지 않는다.

그린 뉴딜을 준비하자

2018년 12월 31일

우리 자신에게 솔직해지자. 하원의 새 다수당이 된 민주당은 당분간 새 법안을 가결할 수 없다. 중요한 사안에 당파를 초월한 합의가 이루어진다면 나는 아마 깜짝 놀랄 것이다. 사회 기반 시설과 관련해서조차 그렇다. 양당 모두 적절한 조치가 취해지길 바란다고 주장하면서도 공화당은 오로지 공공 자산을 민영화할 구실만 찾을 뿐이다.

상황이 이러한지라 워싱턴에서 권력 이동을 이루어 냈다 해도 당장에 실질적 정책 입안이라는 결과물이 도출되지는 못한다. 그 결과물은 주로 악취가 진동하는 도널드 트럼프 부패의 늪지대를 조사하는 데서 민주당이 이번에 새롭게 갖추게 된 소환권으로 얼마나 잘 무장하는지에 달려 있다.

그렇다고 해서 민주당이 정책 쟁점을 무시해야 한다는 뜻은 아니다.

오히려 민주당은 2021년 정책을 입안할 수 있는 힘을 얻으면 정확히 어떤 일에 매진해야 하는지 파악하는 데 앞으로 2년을 집중해야 한다. 그런 결론에 다다르자 현재 매우 중요한 정책 구호가 떠오른다. 이른바 그린 뉴딜Green New Deal이다. 그런데 이 정책이 정말 이로울까?

물론 그렇다. 그러나 설득력 있는 구호를 넘어 논의를 이어 나가 여러 세부 사항을 마무리 짓는 일이 매우 중요하다. 민주당으로선, 수년 동안 오바마케어를 폐지하겠다고 호언장담했지만 결국 현실적 대안을 마련하지 못한 공화당처럼 되고 싶지는 않을 테니까.

그런데 그린 뉴딜은 무엇을 말하는 걸까? 아직 다 분명하지는 않다. 그런데 이 점 때문에 그린 뉴딜은 훌륭한 구호가 된다. 그만큼 그린 뉴딜이 여러 유익한 내용을 의미할 수 있다는 점에서다. 하지만 내가 이해한 바로, 기후 변화와 씨름할 때 관건은 호감을 이끌어낼 정책을 실시해야 하고, 그러려면 이 정책은 부정적 측면이 아닌 긍정적 측면을 강조해야 한다는 것이다. 특히 탄소세가 아니라 투자와 지원금을 전면에 내세워야 한다.

아니 잠깐, 탄소세carbon tax를 고려해야만 '하지 않을'까? 원칙을 따지자면 그렇다. 경제학자라는 명함을 가진 이라면 누구나 말하듯, 오염 물질의 배출에 요금을 매길 경우 오염을 줄이는 데 커다란 효과가 난다. 세금을 부과하거나 오염물 배출 허가증을 사고 팔 수 있는 탄소 배출권 거래제cap-and-trade system를 도입해도 그렇게 할 수 있다.

기초 경제학을 잠시 살펴보자. 오염세나 이에 상응하는 정책은 광범위한 경제적 유인을 이끌어 낸다. 이는 포괄적이지 않은 정책으로는 할 수 없는 방식이다. 왜 그럴까? 재생 에너지 이용에서부터 환경 보호, 그리고 소비를 에너지 집약 상품에서 다른 상품으로 돌리는 일에 이르기까지 온갖 가능한 방법으로 사람들이 탄소 발자국을 줄여 나가도록 북돋아야 한다는 점에서다.

그런데 탄소세는 세금이고, 세금은 납세자들을 화나게 한다. 물론 탄소세로 거두어들인 세수가 다른 세금을 줄이는 데 쓰일 수 있지만, 그 덕분에 우리 모두 잘 살게 된다고 사람들을 설득하는 일은 무척이나 고단한 상술이다. 유의미한 변화를 이끌어 낼 만큼 높은 탄소세에 당파를 초월해 상당한 지지가 있으리라는 주장은 좋게 말하면 환상이고 나쁘게 말하면 핵심 조치를 피하려는 화석 연료 산업계의 계략이다.

요지는, 적어도 처음엔 이상적이지 않더라도 수요가 있는 정책을 추구하는 편이 너무 잘하려다 도리어 일을 망치는 것보다 낫다. 이것이 의료 보험 개혁에서 배운 교훈이었다. 국가 단일 보험 제도는 버락 오바마 대통령이 집권하는 동안 입법화할 기회조차 주어지지 않았지만, 고용주에 기초한 보험을 그대로 유지하는 어정쩡한 민간-공공 혼합형 체계는 (그나마) 가능했다. 그리고 미국 국민 2000만 명이 그 혜택을 받았다.

보편적 의료 보험에 필요한 원칙이 나와 있어서 메디케어포올이란 형태로 차츰 전환해 나가는 과정이 이제야 정치적으로 가능해 보이기 시작한다. 그러나 사람들의 삶에 큰 혼란을 부르지 않고 커다란 진전을 이루어 내는 정책으로 출발하는 일이 중요했다.

우리가 마찬가지로 미국 국민의 삶에 큰 혼돈을 낳지 않고 기후 변화에 큰 전진을 이루어 낼 수 있을까? 자료를 살펴본 내 소견으로는, 그렇게 할 수 있다.

미국의 온실가스는 대개 전기 발전과 교통수단에서 배출된다. 미국 국민에게 전력 소비를 줄여야 한다고 요구하지 않고도 석탄 사용을 중단하고 (가격이 급락한) 재생 에너지 사용을 확대하면 발전과 관련한 오염 배출을 3분의 2 이상 줄일 수 있다. 또한 우리가 매년 주행 거리를 줄여 나가지 않고도 연비를 높이고 전기 자동차 이용을 늘리면 교통수단에서 배출되는 오염 물질도 그와 비슷하게 거의 확실히 줄일 수 있다.

이 같은 이익은 세액 공제나 아주 부담스럽지 않은 규제처럼 긍정적 유인책을 결합해 꾀할 수 있다. 대체 에너지를 뒷받침하는 사회 기반 시설이나 기술에 투자가 더 이루어지면 탄소세가 없어도 오염 물질 배출을 대폭 줄이는 그린 뉴딜이 정말 실현 가능해 보인다. 게다가 이런 정책은 재생 에너지 분야에서 눈에 띄게 일자리를 창출한다. 재생 에너지 분야는 이미 탄광 분야보다 피고용인이 더 많다.

물론 일부는 피해를 입는다. 여전히 탄광업에 종사하는 5만 3000명은 결국 다른 일자리를 찾아야 한다(따라서 이행기 산업의 노동자에 대한 지원도 그린 뉴딜에 들어가야 한다). 화석 연료 회사의 수익도 떨어질 것이다. 이들 회사가 지금 거의 모든 돈을 공화당에 바치고 있음에도. 그래서 민주당이 화석 연료 회사에 관심을 기울여야 할 이유는 뚜렷치 않다.

하지만 전반적으로 민주당은 의료 보험 개혁을 위해 했던 일을 기후 변화를 위해서도 분명 할 수 있다. 정책을 입안해 현실을 크게 향상하면 실패작보다 성공작을 더 만들어 나갈 수 있다. 지금 당장 그린 뉴딜을 입법화할 수는 없다. 그러나 지금부터 준비에 나서야 하고 아울러 2년 뒤에 바로 행동에 돌입할 계획을 세워 두어야 한다.

7장

트럼프 정치의 본질

이 어찌 최악이 아니겠는가

도널드 트럼프의 대통령 당선에 나 또한 어느 누구 못지않게 얼얼한 충격을 받았다. 더구나 힐러리 클린턴을 조롱하는 언론의 태도가 근심을 더했다. 그 주제는 이 책 다음 장에서 언론 문제를 다룰 때 톺아보려 한다. 그런데 나는 공화당이 트럼프를 대통령 후보로 지명한 사실에는 충격을 받지 않았다. 대통령으로서 그의 행동거지가 어느 모로 보나 비관론자들이 경고한 만큼 경박하다는 점에도 그러했고, 트럼프를 제어할 힘이 늘 충분했던 하원에서 공화당이 사실상 그 부패와 잔학의 독기에 가세해 왔다는 점에도 그러했다.

사실 트럼프주의 같은 망령이 다가오고 있었다. 트럼프가 안은 승리로 불가피하게 많은 일이 잘못 흘러갔다. 제임스 코미의 증언으로 드러난 악독한 부정행위의 결탁과, 선거에 질 리 없다는 판단으로 힐러리 클린턴에게 집중 포화를 퍼부은 옹졸한 언론이 주로 그랬다. 하지만 미국의 우파는 오래전부터 트럼프식 통치를 향해 나아가고 있었다.

한번 생각해 보자. 운동 보수주의가 미국의 국민 대다수를 희생양 삼아 부유한 특권층에 이로운 정책을 펴 나가면서도 선거에 이기려 백인들의 적의에 기댈 때 어떻게 백인 민족주의가 대두하지 않을 수 있겠는가? 확실하게 예측할 수 없는 문제, 예컨대 기후 변화의 현실부터 낮은 인플레이션까지 전부 다 거대한 음모의 산물이라고 보는 정치 동향 속에서 어떻게 편집증적 사고방식을 지닌 트럼프 추종자들이 출현하지 않을 수 있겠는가? 사람들은 쉽게 잊어버리지만 트럼프 행정부가 저지른 부패와 정실 인사는 이미 조지 W. 부시 집권 시절에 예견된 일이었다. 트럼프가 2016년 이후 미국에 남행濫行한 일은 부시가 저 참담한 임기 첫해 이라크에 자행한 일과 여러모로 닮아 있다.

게다가 세계정세도 한몫 거든다. 나는 유럽에서 우익 백인 민족주의가 부상하고 헝가리와 폴란드에서 사실상 민주주의가 붕괴하는 상황을 주시해 왔다. 솔직히 그런 일이 여기 미국에서도 벌어질 수 있음을 너무도 잘 알고 있었다.

어찌 되었든, 이 장에 실은 글은 주로 2016년부터 2018년까지 미국 정계에서 일어난 일을 다룬다. 주로 어떤 끔찍한 일이 일어났는지, 그리고 그 일이 왜 일어났는지 톺아본다. 하나부터 열까지 부정적이지만은 않다. 어느 누구보다 훌륭하지만 칭송받지 못한 낸시 펠로시를 주제로 쓴 글은 여전히 내 폐부를 찌른다. 펠로시가 이룬 업적은 누구나 알 수 있었다. 정책의 방향성은 마음에 들지 않더라도 눈부시도록 탁월한 펠로시의 능력은 누구도 부정하지 못했다. 그런데 그것을 당시에는 아무도 언급하지 않았다. 물론 2018년 중간 선거로 민주당이 하원에서 40석을 차지한 이후에는 보다 자주 언급하고는 있지만.

공화당 정치의 편집증적 행태

2018년 10월 8일

장기적으로 볼 때, 브렛 캐버노Brett Kavanaugh의 연방대법관 임명이 미국에 어떤 의미를 가질까 헤아리면서 많은 이가 우려를 금치 못하고 있다. 그럴 만하다. 캐버노는 당파성을 전혀 숨기지 않는 인물로 개인 이력 여러 부분에서 뻔뻔하게 거짓말을 꾸며 냈다. 그런 태도는 캐버노가 크리스틴 블래지 포드Christine Blasey Ford에게 무슨 짓을 했는지 묻는 그 질문, 세칭 조사가 속이 빤히 들여다보이는 엉터리여서 아직 미해결로 남은 그 질문만큼이나 중요한 문제이며 관련 또한 깊다. 그러한 인물이 연방 대법원에 들어가면 대법원의 도덕적 권위가 머지않아 땅에 떨어지리라는 점은 불을 보듯 뻔하다.

그런데 그와 같은 장기적 형태의 우려는 지금 당장은 부차적 관심사로 돌려야 한다. 대법관 지명자 청문회 동안과 그 이후에 공화당 쪽에서 우리가 목도한 광경은 보다 즉각적 형태의 위협이 다가오고 있음을 예고하고 있기 때문이다. 곧 진실을 경멸할 뿐 아니라 어떤 비판이든 무턱대고 악마화하려는 막가파식 돌진이다. 특히 공화당 고위 인사들이 캐버노 인준 반대를 정신 나간 음모론으로 치부하는 태도는 먼 미래가 아닌 바로 몇 주 뒤에 미국에서 일어날 수 있는 일에 대한 매우 섬뜩한 경고다.

저 음모론을 살펴보자. 음모론은 캐버노가 증언하는 첫 순간부터 시작했다. 그때 캐버노는 자신의 문제를 "클린턴 부부를 대신해 〔자신에게〕 복수하려는" 사람들이 획책한, "계획적으로 계산된 정치적 타격"으로 원인을 돌렸다. 이는 완전한 날조이고 신경증적 비난이며, 그런 언행만으로도 캐버노에게서 대법관 자격을 진즉에 박탈했어야만 했다.

도널드 트럼프는 문제를 재빨리 더 키웠다. 캐버노 반대 시위를 조지 소로스George Soros의 탓이라고 비난하면서 거짓으로 (그리고 아무런 증거 없이) 시위대가 돈을 받고 있다고 힐난했다.

더구나 공화당 중진들이 앞다퉈 트럼프를 지지하고 나섰다. 〔캐버노에게 성폭행을 당했다고 주장한〕 크리스틴과 캐버노의 증언을 들은 척 찰스 그래슬리Charles Grassley 상원 재무위원장은 시위대가 실제로 소로스가 고용한 이들이라고 주장했다. 존 코닌John Cornyn 상원의원은 "우리는 돈을 받은 시위대가 아무리 목청을 높여도 겁먹지 않는다"라고 강조했다. 그러나 시위대는 소로스에게서는 물론이거니와 어느 누구에게서도 절대 돈을 받고 시위하지 않았다. 하지만 이제 충실한 공화당 의원이 되려면 시위대가 돈을 받았다고 여기는 척을 해야 한다.

도대체 미국에서 무슨 일이 벌어지는 걸까? 어느 면에서 보면 새삼스러운 일이 전혀 아니다. 음모론은 처음부터 미국 정계에서 일부분을 차지해 왔다. 리처드 호프스태터Richard Hofstadter가 1964년 당시《미국 정치의 편집증적 행태The Paranoid Style in American Politics》를 발표하며 18세기까지 거슬러 올라가는 여러 사례를 열거했다. 민권에 반대하는 분리주의자들은 걸핏하면 아프리카계 미국인들의 시위의 책임을 "외부 선동가"에게, 특히 북부 유대인에게 전가했다.

음모론의 중대성은 그 음모론을 누가 지어내느냐에 달려 있다.

정치 주변부에 머물고 있는 사람들이 자신의 불만을 그림자 세력 —종종 그러듯 사악한 유대 금융가— 탓이라고 지탄하면 이는 망상이려니 치부할 수 있다. 그런데 권력의 지렛대 대부분을 쥔 사람들이 똑같은 행태를 보이면 그 공상은 망상이 아니라 도구다. 반대자들을 정당한 지위에서 물러나게 하고 자신들의 행동에 용기 있게 비판하는 사람들을 멸시할뿐더러 처벌까지 할 빌미를 제공하는 수단이 된다.

바로 그런 이유로 음모론이 베니토 무솔리니Benito Mussolini의 이탈리아부터 레제프 타이이프 에르도안Recep Tayyip Erdogan의 터키(지금의 튀르키예)까지 여러 독재 정권에서 이념의 중심을 차지해 왔다. 음모론은 한때 민주 국가였지만 이제 사실상 일당 독재 국가가 된 헝가리와 폴란드의 정부가 자신들의 통치에 반대를 부추긴다고 대개 외부자나 특히 소로스에게 즐겨 비난의 화살을 돌리는 까닭이기도 하다. 실은 그들 정부의 행동과 정책에 적법하게 이의를 제기할 수 없기 때문이건만.

이제 연방 정부의 3개 영역을 모두 장악한 공화당의 고위 인사들은 —연방 대법원이 당파에 휩쓸리는 기관인지에 대한 질문이 있다면 이제 그 질문은 거두어들여야 한다— 헝가리와 폴란드의 백인 민족주의자들처럼 보인다. 이것은 무얼 의미할까?

그 대답은, 내가 제시할 수 있는 바로는, 공화당은 다음 번호표를 받아 놓은 독재 정권이라는 것이다.

트럼프는 분명 그 자신이 거리낌 없이 존경을 표하는 저 외국의 독재자들과 별반 다를 바 없다. 그는 공무원들이 미국 국민이 아니라 자기 개인에게 충성해야 한다고 요구한다. 선거가 끝나고 2년이나 흘렀지만 정적을 위협하고 응징하며 여전히 "힐러리를 구속하라"라고 앞장서 구호를 외친다. 언론을 국민의 적이라고 공격한다.

세금 탈루부터 직권 남용과 대통령 선거에서 러시아와의 유착 가능성에 이르기까지 수많은 사건이 조사를 더해가면서 그 모든 일이 트럼프에게는 언론의 자유와 법 집행의 독립성을 탄압할 온갖 동기가 되고 있다. 기회만 주어진다면 트럼프가 완전한 독재 체제로 나아가고 싶어 하리라고 누구라도 의심할 만하지 않을까?

그렇다면 누가 트럼프를 멈춰 세울 수 있을까? 소로스에게 고용된 시위대라는 음모론을 앵무새처럼 되뇌는 상원의원? 최근 들어 협잡이 판치는 연방 대법원? 지난 몇 주를 겪으면서 우리는 트럼프와 공화당 사이에는 전혀 차이가 없음을, 이들 중 그 누구도 미국의 가치라는 이름으로 트럼프에게 폭주를 멈추라고 말하지 않을 것임을 알게 되었다.

그러나 말했듯 공화당은 다음 번호표를 받아 놓은 독재 정권이지 아직은 독재 정권이 아니다. 도대체 공화당은 무엇을 기다리는 걸까?

트럼프와 공화당이 다가오는 선거에서 상하원을 모두 장악하면 그들이 무슨 일을 벌일지 곰곰 생각해 보자. 가까운 미래에 우리가 어디쯤 서 있을지 두렵다면 우리는 촉각을 세우고 있어야 한다.

트럼프, 그리고 사기로 점철된 특권층

2018년 10월 4일

이제 보니 어쩌면 내가 도널드 트럼프를 잘못 판단했는지도 모르겠다.

다들 알다시피, 나는 스스로 대단한 협상가라는 트럼프의 주장을 늘 미심쩍어 했다. 그런데 트럼프의 협상 솜씨는 일찌감치 엿볼 수 있었다는 점을 우리는 이제 막 알게 되었다. 정말 놀랍게도, 트럼프는 매우 어린 나이에 이미 오늘날 달러 가치로 환산해 1년에 20만 달러를 벌고 있었다.

구체적으로 밝히면, 그만 한 돈을 벌고 있을 때 트럼프는 3살이었다. 그리고 트럼프는 8살 때에 백만장자가 되었다. 물론 그 돈은 그의 아버지 한테서 나왔다. 트럼프의 아버지는 자식들한테 물려주는 돈에 법적으로 내야만 하는 세금을 피하려고 수십 년 동안 애를 써 왔다.

트럼프 일가의 사기 역사를 다룬 《뉴욕타임스》의 핵폭탄급 보도는 내용이 두 가지로 뚜렷이 구분되면서도 서로 긴밀히 연관된 부정행위들이다.

그 하나는, 트럼프 일가가 거액의 탈세에 연루되었다는 것이다. 트럼프 일가는 이러저러한 돈 세탁 수법을 동원해 마땅히 내야 할 세금을 내지 않았다. 다른 하나는, 트럼프가 밝히는 자신의 인생담, 그러니까 보잘것없는 근본에서 출발해 수십억을 번 자수성가형 사업가로 스스로를 묘사한 얘기는 처음부터 거짓말이었다는 것이다. 그는 아버지 프레드 트럼프Fred Trump에게서 4억 달러 이상에 상당하는 재산을 물려받았거니와 그의 아버지는 아들의 거래가 틀어지는 경우 돈을 써서 아들을 곤경에서 구해 내주곤 했다.

이와 같은 폭로는 입바른 소리 잘하는 투사이자 적폐를 청산하고 사업 감각을 발휘해 미국을 다시 위대한 국가로 만들 인물을 찾았다고 여긴 트럼프 지지자들이 속았음을 가리킨다. 그것도 아주 감쪽같이.

그런데 트럼프의 돈 이야기는 보다 기막힌 이야기의 일부에 불과하다. 불평등이 심화하고 부가 최상위층에 집중하는 정도가 점점 커지는 시대에 사는 탓에 그만큼 불행한 사람들 사이에서조차 막대한 부는 대체로 정직하게 벌어들인 것이라고 믿는 경향이 뚜렷했다. 그런데 과두 정치를 향해 진군하는 동안 밟고 지나온 그 길에 부패와 위법이 얼마나 난무했는지 이제야 주목을 받기 시작했다.

내가 생각하기로, 최근까지도 대다수 경제학자는, 심지어 세금 전문가들조차 기업이나 부유층의 '절세tax avoidance'—합법이더라도—는 큰 문제지만, '탈세tax evasion'—세무 당국이 찾지 못하도록 돈을 꽁꽁 숨기는 것—는 그보다 작은 문제라는 데에 동의했다. 분명 일부 부유층은 도덕적으로 떳떳하지 않더라도 합법적인 세법의 허점을 이용했다지만, 세무 당국을 속이는 따라서 곧 대중을 속이는 일이 선진국에는 널리 퍼지지 않았다는 시각이 지배적이었다.

　그런데 이 시각을 지지하는 토대는 늘 위태로웠다. 어찌 되었든 탈세는 당연히 공식 통계로는 드러나지 않으며 초부유층은 자신들이 얼마나 대단한 탈세자인지 결코 떠벌리는 법이 없다. 사기가 얼마나 비일비재한지 실제로 파악하려면 《뉴욕타임스》가 했던 일, 예컨대 특정 일가의 재정을 속속들이 파헤치는 일을 수행하든가 아니면 운 좋게 과거에 숨겨 두었던 일이 드러나는 기회에 기대든가 하는 수밖에 없다.

　2년 전 파나마페이퍼스Panama Papers라는 형태로 엄청난 행운의 기회가 찾아왔다. 부유층이 재산을 역외 도피처에 숨길 수 있게 전문적으로 돕는 파나마의 한 법률 회사에서 자료가 대량으로 유출되었다. 그보다 양은 적지만 HSBC(홍콩상하이은행)에서도 자료가 흘러나왔다. 이 자료 유출로 속속들이 드러난 썩은 내가 진동하는 세부 사항들이 곧바로 머리기사를 도배하다시피 했지만, 그 진정한 의미는 스칸디나비아 세무 당국의 협조를 받아 캘리포니아버클리대학 가브리엘 주크먼과 여러 동료가 실시한 연구로 만천하에 드러났다.

　이들 연구자는 파나마페이퍼스와 여타의 곳에서 유출된 자료를 국세 자료와 대조하면서 명백한 탈세가 상위층에서 실제로 만연하고 있음을 밝혀냈다. 초부유층은 일반 부유층보다 세금을 낼 때 실효세율이 훨씬 낮은데, 그것은 세법에 난 구멍 때문이 아니라 초부유층이 법을 어기기 때문이다. 연구자들이 밝혀낸 바에 따르자면, 초부유층 납세자들은 자신들이 내야 하는 세금보다 평균 25퍼센트 적게 낸다. 물론 많은 개인은 이보다 훨씬 덜 낸다.

이는 어마어마한 금액이다. 미국 부유층이 똑같은 규모로 탈세를 하면 (분명 거의 그럴 테지만) 정부가 부담해야 하는 비용이 무려 저소득층 식품 구매권food stamp 제도에 드는 비용과 맞먹는다. 이뿐만 아니라, 탈세를 이용해서는 자신들의 특권을 고착하고 그것을 자신의 상속인에게 세습한다. 바로 이것이 진짜 트럼프 이야기다.

분명히 질문을 던져야 한다. 사기가 이토록 횡행하는데 우리가 뽑은 대표는 무얼 하고 있는가? 허, 공화당 의원들이 몇 년째 관련 사건을 조사하고 있지만, 그러면서 국세청 재원을 체계적으로 고갈시키고 탈세 조사 능력을 제약하고 있다. 우리에게는 탈세에 의한 정부는 없다. 탈세의, 탈세를 위한 정부만 있다.

우리가 지금 깨달아야 할 점은 미국 사회에서 현재 일어나는 일을 다루는 기사가 생각보다 훨씬 더 심각한 의미를 담고 있다는 것이다. 이는, 뛰어난 세금 전문 기자인 데이비드 케이 존스턴David Cay Johnston이 지적하다시피, 미국의 대통령이 자신과 거래한 모든 이를 속인 방법으로 납세자들을 속이는 "돈벌레"라는 문제만이 아니다.

우리는 그 너머를 보아야 한다. 소수가 지배하는 과두 정치로 나아가는 미국의 상황이 악인이나 아니면 최소한 파렴치한이 지배하는 악덕 정치와 점점 닮아 가고 있다. 부패는 세련되지 않다. 오히려 그 야만스러움은 거의 모두의 상상을 뛰어 넘는다. 또한 그 야만스러움은 깊숙이 흘러들면서 정치를 오염시킨다. 말 그대로 맨 꼭대기까지.

트럼프는 포퓰리스트가 아니다

2018년 8월 2일

도널드 트럼프를 계속 "포퓰리스트populist"라고 부르는 뉴스 매체에 전할 말이 있다. 내가 보기에 "포퓰리스트"라는 용어는 당신네가 생각하는 그 런 의미가 아니다.

사실 트럼프는 종종 자신이 미국 특권 계층의 이익에 반대하고 평범 한 노동자 계층의 이익을 옹호하는 양 행세한다. 그리고 내 생각에, 트럼 프의 백인 민족주의에 대한 포용은 인종주의를 지지하지만 공공연히 그 러한 편견을 표출할 수 없는 일반 미국 국민의 목소리를 대변하는 인상을 준다.

트럼프가 대통령에 재임한 지 1년하고도 6개월이 흘렀다. 그 시간이 면 트럼프를 말이 아니라 행동으로 판단하기에 충분하다고 본다. 트럼프 행정부는 모든 영역에서 가차 없이 반反노동자 편에 섰다. 트럼프는 독실한 포퓰리스트 같지만 실은 전혀 아니다.

세금 정책부터 살펴보자. 트럼프의 주요 입법 성과는 세금 감면이다. 대개는 그 혜택이 기업에 돌아간 터라 기업 세납은 벼랑 아래로 떨어지듯 쑥 내려갔고, 반면 임금 인상에는 아무런 보탬도 되지 않았다. 세금 정책안 역시 일반 미국 국민에게 아무 소용이 없어 공화당은 이를 내건 선거 운동을 일찌감치 중단해 버렸다. 그런데도 행정부 내에서는 행정 조치를 이용해 1000억 달러 부자 감세를 추가로 실시하려는 (십중팔구는 불법일) 구상이 떠돌고 있다.

의료 보험 정책도 다르지 않다. 트럼프는, 노동자 가계에 엄청난 타격을 입혔을, 오바마케어 폐지가 실패로 돌아가자 방향을 바꿔 방해 공작을 대대적으로 펴 나갔다. 오바마케어를 폐지했을 경우 올랐을 20퍼센트에 가까운 보험료를 올려 버린 것이다. 그렇게 인상한 보험료라는 짐은 보조금을 받을 자격이 되기엔 아주 조금 더 버는 가계 곧 노동자 계층의 상위층이 어쩔 수 없이 가장 무겁게 짊어졌다.

노동 정책은 또 어떤가. 트럼프 행정부는 노동자를 착취와 산재 등으로부터 보호하는 규제를 없애려 다각도로 조치를 취했다.

그러나 눈앞에 드러나는 정책을 짚는 것만으로 그 이야기를 다 전할 수 없다. 트럼프가 임용한 인사들도 찬찬히 살펴보았으면 한다. 노동자들에게 영향을 끼치는 정책에 관한 한 트럼프는 자신의 측근으로 부서를 꾸렸다. 중요한 직책은 거의 전부 로비스트 또는 산업계와 재정적으로 깊이 얽혀 있는 인사들에게 돌아갔다. 노동자 측은 자신들의 이익을 대변할 어떠한 대표도 전혀 갖지 못했다.

브렛 캐버노의 연방대법관 지명은 특히나 주목할 만하다. 우리가 캐버노에 대해 아직 알지 못하는 정보가 많다. 여기에는 공화당 상원이 캐버노에 대한 민주당의 추가 정보 요구를 막고 있는 데에도 일부 원인이 있다. 하지만 우리는 캐버노가 극명하게 극단적인 반노동을 표방하며 주류에서도 한참 오른쪽으로, 심지어는 대다수 공화당 의원들과 견주어서도 훨씬 오른쪽으로 기울어 있음을 잘 안다.

캐버노의 관점이 얼마나 철저하게 반노동자적인지 가장 잘 예시해 주는 것이 바로 한 노동자가 쇼를 보이는 범고래에 목숨을 잃은 사례였다. 캐버노는 시월드SeaWorld〔해양 테마 공원〕가 직원의 죽음에 어떤 법적 배상 책임도 없다고 주장하며 희생자는 자신이 수행하는 직무에 수반하는 위험성을 숙지했어야 한다고 이유를 제시했다. 이것 말고도 캐버노가 보인 반노동적 극단주의 행적은 셀 수가 없다.

캐버노를 인준하면 그가 오랫동안 연방대법관으로 재임하리라는 점을 고려할 때 이 극단적 행태만으로도 충분히 그의 연방대법관 지명을 거부할 사유가 된다. 특히 대통령의 무제한적 권력에 지지를 보내는 캐노버의 태도나 무엇이 되었든 공화당이 감추기에 급급한 그의 전력을 감안하면 더욱더 그렇다.

그런데 자칭 미국 노동자들의 수호자라는 트럼프는 왜 그런 사람을 선택했을까? 트럼프는 왜 하는 일마다 족족 자신에게 백악관을 바친 바로 그 사람들에게 피해만 입힐까?

나도 답은 모른다. 하지만 내 생각에 트럼프가 게으르거나 세부 정책 사항에는 매우 무지해 공화당의 오랜 관행에 자신도 모르게 물들어 버렸다는 판에 박힌 설명은 하나같이 대통령을 과소평가하거나 실제보다 착한 사람처럼 보이게 한다.

트럼프가 하는 행동을 보면, 그는 본인의 이모저모가 자신의 지지 기반에 피해를 입히고 있음을 잘 알고 있다는 인상을 지우기 어렵다. 게다가 트럼프는 타인에게 크든 작든 즐겨 굴욕을 안기는 인물이다. 내 짐작이지만, 그는 자신이 배신을 해도 여전히 자기를 따르는 지지자들의 모습을 보고 내심 즐기는 듯싶다.

사실 때때로 트럼프는 노동자 계층 지지 기반에 공공연히 경멸을 드러낸다. "나는 교육을 못 받은 사람을 좋아한다"는 그의 말을 기억하는가? 자신이 5번가〔뉴욕의 번화가〕에서 누군가를 쏘아 죽여도 유권자를 한 명도 잃지 않는다고 떠벌리던 그의 모습을 기억하는가?

아무튼, 동기가 무엇이든 트럼프가 보이는 행동은 포퓰리스트와는 딴판이다. 무역 전쟁도 그러한 판단을 결코 바꾸지 못한다. 포퓰리스트 도전자를 물리친 전형적인 도금 시대의 대통령 윌리엄 매킨리William McKinley〔재임 1897~1901〕 역시 보호 무역을 지지했다. 더구나 트럼프 무역 전쟁은 미국의 노동자들에게 손해는 최대한으로 입히면서 이익은 최소한으로 안기는 양상을 띠고 있다.

트럼프가 포퓰리스트가 아니라고 해도 그가 병적으로 거짓말을 일삼는 데다 미국에서 고위직에 오른 인물 가운데 가장 부정직하다는 점에는 틀림이 없다. 자신이 미국의 노동자 편에 서 있다는 트럼프의 주장이야말로 가장 새빨간 거짓말이다.

그런 이유로 언론이 쓰는 "포퓰리스트"라는 용어를 돌이켜 보게 된다. 트럼프를 가리키며 포퓰리스트라는 말을 쓰는 것은 사실상 트럼프의 거짓말에 공모하는 셈이다. 특히 이른바 객관적인 보도라는 맥락에서 그 말을 쓸 때는 더욱더 그렇다.

그리고 포퓰리스트라는 용어를 굳이 쓸 필요가 없다. 걸맞지 않은 평판을 인정해 주는 그런 말을 사용하지 않고도 트럼프가 하는 행동을 표현할 수 있다. 바로, 트럼프는 지지자들을 속이고 있는 사기꾼이다. 우리가 그 사기 행각을 거들 필요는 없다.

당파심, 기생충, 그리고 양극화

2018년 8월 21일

기생충이 자연계에서 떨치는 힘은 막강하다. 대부분의 경우, 기생충은 간단히 숙주에 붙어살이 산다. 하지만 여러 경우에서 보듯, 기생충은 그 영향력을 보다 은밀하게 뻗친다. 실제로 기생충은 숙주의 행동도 바꾸는 데 이는 기생충에게는 이롭더라도 숙주에게는 해로워 급기야 그 희생양의 목숨을 앗아 가기까지 한다.

최근에 바로 그런 일이 미국에서도 일어나고 있는 것은 아닐까 의구심이 들었다. 우리 정치가 앓는 병에서 얼마만큼이 기생충에 감염된 결과일까? 이것은 주로 우파에서 정치적 당파심을 이용하거나 강화해 결국 상품을 팔려는 직거래 사기 행위가 만연한 현상을 특히 염두에 두고 던지는 물음이다.

터무니없는 소리로 들릴지라도 조금 끈기를 발휘해 이야기를 마저

들었으면 한다. 이런 말을 하는 사람은 내가 처음이 아니다. 현대 보수주의를 연구하는 뛰어난 역사학자 릭 펄스타인이 2012년에 (생물학으로 든 비유는 제외하고) 기본적으로 나와 똑같은 주장을 폈다. 그리고 곧 설명하겠지만 이후 이러저러한 일이 일어나며 그 주장에 힘이 실렸다.

내가 처음 이 현상을 좇은 계기는 한창 주목받고 있는 젊은 보수주의의 지성 벤 샤피로Ben Shapiro가 토크 쇼 출연을 이용해 건강 보조 식품을 팔려고 한다는 사실을 알게 된 데서다.

그 문제는 잠시 뒤에 다시 살펴보자. 우선 정치 경제학과 관련해 몇 가지를 언급하고자 한다.

정치적 행동을 이해하려 할 때, 나 역시 많은 이가 그렇듯, 종종 맨슈어 올슨Mancur Olson이 쓴 명저《집단행동의 논리The Logic of Collective Action》(1965)를 떠올린다. 올슨이 꿰뚫은 단순하지만 심오한 통찰력은 한 집단을 대표하는 정치적 행동이 그 집단 구성원이 지닌 관점에서 볼 때 공공재라는 것이다.

도대체 무슨 말일까? 공공재public goods는 제공되면 여러 사람이 편익을 누리는 재화나 서비스지만, 그것을 제공하는 사람은 그 편익을 자신만 누리도록 제한할 방법이 없어 그 상품을 공급한다고 해도 돈을 벌어들일 방도가 없다. 대표적 사례가 등대다. 사용료를 냈든 안 냈든 누구나 그 불빛을 이용해 모래톱을 피해 간다. 질병을 치료하고 예방하는 공공 의료 정책도 같은 범주에 든다. 그 결과, 공공재는 사회의 관점에서 볼 때엔 공급할 가치가 있지만 그 사실만으로 실제 공급이 되리라고 보장받지는 못한다. 공공재는 어떤 '개인'에게 가치가 있어야 한다는 것이다.

올슨이 지적했듯, 그 논리는 정치적 행동에도 그대로 통한다. 한 정치 후보가 승리해 예컨대 농민들에게 득이 된다고 해서 농민들이 그 사람에게 돈을 내겠다는 생각은 하지 않는다. 오히려 농민 각 개인에게는 나머지 모두가 부담하는 분담금에 무임승차하려는 유인 요소가 생겨난다. 그래서 보통 정치적 행동은 직접 편익을 얻는 개인이나 소규모로 조직된 집단이 나선다. 그런 경우가 아니라면, 정치적 행동은 본래 목적에 이롭거나 동업 조합 혹은 노동조합 가입처럼 정치적 행동으로도 이어지는 다른 활동의 부산물이다.

그런데 부유층은 자신들의 계급적 이해를 지지하려 돈을 내지 않는가? 실제로 우리가 정계에서 목격하는 그 많은 돈은 결국 후원자 자신의 개인적 이해에 쓰인다. 일례로 코크 형제가 정치에 쏟아부은 돈은 투자 자체라고 보아도 무방하다. 최근 감세 조치로 코크 형제는 막대한 혜택을 보았고 그에 따른 수익이 법안 통과에 들이부은 액수를 훨씬 넘어섰다.

따라서 대다수 정치적 행동을 이끄는 부류는 개인적 이득을 취할 수 있는 방향으로 정책을 마련하려는 사람들이다. 그런데 샤피로가 팔려고 한 머리 좋아지는 알약 이야기를 보고 나는 미국의 현 정치 풍토에 또 다른 중요한 요소가 작동하고 있음을 깨달았다. 정치적 행동을 시장 전략으로 이용해 정치 그 자체와는 아무 상관도 없는 상품을 팔아 돈을 벌려는 사람들이 존재한다는 것이다.

말했듯이, 펄스타인은 저서에서 이미 그런 내용을 기본적으로 다루었다. 펄스타인이 입증했듯이, 우파 성향의 웹사이트는 주로 다음과 같이 상품 판매 센터 역할을 한다.

존경하는 독자 여러분, 드릴 말씀이 있습니다. 하지만 비밀을 꼭 지키겠다고 약속하셔야 합니다. 제가 여러분께 이 말을 하려 한다는 사실을 '특권층'이 알면, 그들은 저를 달갑게 여기지 않으리라는 점을 명심하셔야 합니다. 그래서 우린 아주 조심스럽게 발을 내디뎌야 합니다. 아시겠지만 많은 이가 주식 시장에 관심을 기울이는 동안 은행이나 증권사나 대형 기관은 돈을 다른 어딘가에 보관해 놓습니다. …… 그야말로 은닉해 놓은 돈이 산더미 같습니다. …… 여러분은 (제가 곧 알려드릴) 내부자 암호만 알면 됩니다. 그러면 매달 거르지 않고 6000달러를 더 버실 수 있습니다.

그리고 우파에서 가장 막강한 영향력을 휘두르며 큰 목소리를 내는 몇몇 인물은 엉터리 특효약 공급자에게 광고 지면을 파는 대신 직접 그 엉터리 특효약 사업에 뛰어들기도 한다.

이를테면,

- 글렌 벡Glenn Beck은 그가 잘나갈 때 오바마가 머지않아 초인플레이션을 일으킨다고 말하며 시청자들의 이목을 끌었다. 그런데 그는 개인적으로 터무니없이 비싼 값을 매긴 금화를 매도해 현금화했다.
- 알렉스 존스Alex Jones는 학교 총기 난사 사건이 가짜 뉴스이며 희생자들은 사실 배우라고 주장해 파문을 일으켰다. 그런데 그는 건강 보조 식품을 팔아 돈을 번다. 〔존스는 2012년 12월 샌디훅 초등학교 총기 난사로 죽은 아이들의 부모가 배우들이고 이들이 가짜 연기를 하고 있다고 주장했다.〕
- 벤 샤피로는 보수주의자들도 박학다식하다고 내세우고 싶어 자유

주의적 학자들을 비평하는 글을 쓴다. (지혜로운 사람이 함 직한 소리라며 어리석은 사람이 떠올리는 생각에 에즈라 클라인Ezra Klein이 뭐라고 말했는지 기억하는가?) 그런데 그는 존스와 똑같은 방식으로 돈을 번다.

왜 직거래 사기가 정치적 극단주의와 이어지는 걸까? 이는 친분 사기affinity fraud에 다름 아니다. 분노에 찬 백인 중년 남성에게 통하는 가면 인격을 갖추면 그에게 생식력과 허리선과 부를 보호할 수 있으리라고 여겨지는 물건을 팔 수 있다.

그리고 좀 더 범위를 넓혀 보면, 폭스뉴스가 바로 이런 내용을 다루고 있지 않은가? 이념적 조직 자체가 아니라 사업으로 바라보자. 폭스뉴스는 (보도가 많은 비중을 차지하지 않기에) 소파에 앉아 TV를 향해 고함치기 좋아하는 분노에 찬 백인 중년 남성들의 편견을 자극하는 값싼 방송을 내보내고, 시청자들을 이용해 광고주가 체중 감량 상품을 팔수 있게끔 돕고 있다.

이제 평상시에도 우리는 개인의 관점과 이해利害 역시 정세를 점점 장악해 나가는 불미한 양극화와 더불어 정치를 추동하는 요소로 바라본다. 양극화를 상업적으로 이용하는 태도는, 굳이 말하자면, 근본적 역학 관계를 공급하는 일종의 계면 현상界面現象, surface phenomenon으로 취급된다.

그런데 과연 그게 전부일까? 지구상에 존재하는 알렉스 존스, 벤 샤피, 폭스뉴스는 분노에 찬 백인 중년 남성들에게 이와 같은 상품에 귀를 쫑긋 세우는 근본 성향이 없다면 극단주의로 수익을 올릴 수 없을 것이다. 어쩌면 정치적 분노를 상업적으로 이용하는 태도는 저러한 분노를 집중시켜 무기로 삼으려는 책략인지도 모른다. 다시 말해, 이 글 첫머리로 돌아가면, 우리가 정치적 악몽에 시달리는 이유는 우리가 하는 정치적 행동이 사실상 시장 전략 알고리즘이라는 기생충이 붙어살이 하는 숙주가 되어 버린 때문일 것이다.

나만 이런 방향으로 생각의 가닥을 풀어 놓는 게 아니라는 것을 안다. 찰리 스트로스Charlie Stross는 "[모든 가용한 자원과 수단을 동원해] 종이집게를 극대한으로 제조하는 기계paperclip maximizer", 다시 말해 사람이 아니라 이윤, 시장 점유율, 또는 그 어떤 것을 극대한으로 끌어올리려는 사회 시스템이나 알고리즘이 점점 더 사회의 방향을 지시하고 있으며 그런 경향은 인류에 해를 입히는 양상을 띠고 있다고 주장한다. 스트로스는 분노한 사람을 직접 주문을 이용한 사기 행각에 끌어들이는 수법과는 달리 주로 기업이 정책에 끼치는 영향에 주목하지만, 이 두 가지 다 작동할 수 있다.

어찌 되었든, 내 생각에는 경제든 인종이든 이민의 영향이든 그 무엇이든 간에 엉터리 정치 특효약을 팔러 다니는 일은 진짜 엉터리 특효약을, 예컨대 배고픔을 느끼지 않고 살을 빼게 해 젊은 시절의 남자다움을 되찾아 준다는 마법의 알약을 팔러 다니는 일이나 진배없다는 점을 깨닫는 것이 정말 중요하다.

민주주의를 위협하는 백인 민족주의

2018년 8월 27일

베를린 장벽이 무너진 직후 국제 관계 전문가인 친구가 우스갯소리를 했다. "이제 동유럽은 공산주의라는 외래 이념에서 벗어났으니 본래 역사의 길로 돌아갈 수 있겠네. 파시즘 말야." 당시에도 그 재담은 꽤 날카로웠다.

그리고 2018년 현재 그 말을 농담처럼 흘려 넘기기가 더욱 어려워 보인다. 프리덤하우스Freedom House가 말하는 비非자유주의illiberalism가 동유럽 전역에서 점점 세를 얻고 있다. 여기에는 여전히 유럽연합 회원국인 폴란드와 헝가리도 들어가는데 이 두 국가에서는 우리가 보통 알고 있는 민주주의가 이미 죽었다.

두 국가의 집권 여당, 곧 폴란드는 법과정의당Prawo i Sprawiedliwość, PIS, 헝가리는 피데스당Fidesz은 보통 선거 형태를 유지하는 통치 체제를 확립했으면서도 사법부의 독립성을 훼손하고, 언론의 자유를 억압하고, 대규모 부패를 제도화하고, 반대 의견을 비합법화했다. 그 결과 폴란드와 헝가리는 머지않아 일당 지배 체제가 될 성싶다.

그런데 그런 일이 여기 미국에서도 너무나 쉽게 일어날 수 있다. 얼마 전까지만 해도 사람들은 민주주의 규범과 자유를 지켜 온 미국의 자랑스러운 역사가 그와 같은 폭정으로부터 우리를 보호해 줄 것이라 말하곤 했다. 사실 몇몇 사람은 아직도 그렇게 말한다. 하지만 오늘날 그렇다고 믿으려면 의도적 눈감기willful blindness가 필요하다. 공화당이 미국판 법과정의당이나 피데스당이 될 만반의 태세를 갖추고 심지어 뜨거운 열의마저 불태우면서 현 정치 권력을 이용해 영구 집권을 노리고 있다는 점에서다.

주 정부 차원에서 어떤 일이 일어났는지 살펴보자.

노스캐롤라이나주. 민주당 인물이 주지사에 당선되자 공화당 의원들은 얼마 남지 않은 의원 임기를 이용해서는 주지사의 권한을 상당히 박탈하는 법안을 통과시켰다.

조지아주. 공화당은 장애인 유권자들이 접근하기에는 위험하다는, 거짓 우려임이 빤히 들여다보이는 구실을 들어 주로 흑인 지역의 투표소를 대다수 폐쇄했다.

웨스트버지니아주. 공화당 의원들은 과다 지출에 대한 불만을 이용해 주 대법원 전체를 탄핵하고 그 구성원들을 당 충성파로 교체했다.

이런 일들은 그나마 국민의 관심을 받은 경우다. 전국에 걸쳐 비슷한 사례가 수백 건은 아니라도 분명 수십 건에 이를 것으로 본다. 이들 사건은 현대 공화당이 민주주의의 이상에 더는 충의를 바칠 마음이 없다는 현실을 반영한다. 그들은 권력을 잡을 수 있다면 동원할 수 있는 수단과 방법을 가리지 않겠다는 작정이다.

국가 차원의 양상은 어떨까? 그곳에서는 정말 무시무시한 일들이 벌어진다. 미국은 현재 백척간두에 서 있다. 잘못된 방향으로 떨어지면, 구체적으로 11월에 공화당이 상하원을 다 장악하면 우리는 제2의 폴란드나 헝가리가 될 수 있다. 생각보다 훨씬 빠르게.

이번 주 [온라인 매체] 악시오스Axios가 특종을 터뜨리며 파문을 일으켰다. 공화당 하원의원 사이에서 돌고 있는 문서 한 장이 발단이었다. 문서에는 민주당이 하원을 장악할 경우 실시할 가능성이 높다고 여기는 조사 목록이 들어 있었다. 그 목록에 대해 꼭 짚고 넘어가야 할 점은, 도널드 트럼프의 납세 신고를 필두로 목록의 모든 항목은 반드시 명명백백히 조사되어야 '하며' 누구든 다른 인물이 대통령이 된다면 조사가 이루어지게 될 내용이라는 것이다. 그런데 그 문서를 돌린 사람들은 당연히 공화당이라면 그 문제를 다루지 않을 것으로 생각한다. 공화당은 헌법에 대한 책임보다 당에 대한 충성이 더 우위에 있기 때문이다.

트럼프를 비판하는 여러 논객은 지난 주 법적 진일보에 환영을 표했다. 폴 매너포트Paul Manafort의 유죄 판결과 마이클 코언Michael Cohen의 유죄 인정을 우두머리 범법자들이 마침내 사면초가에 빠졌다는 신호로 읽은 것이다. 그러나 공화당의 반응을 주시하는 동안 내게는 깊은 두려움이 엄습했다. 트럼프가 전횡을 휘둘렀다는 부인할 수 없는 증거 앞에서도 공화당이 과거보다 더욱 트럼프 주위로 뭉쳤기 때문이다.

1년 전만 해도 당의 공모에도 한계가 있을지도 모른다고, 최소한 몇몇 하원의원이나 상원의원이 더는 안 된다고 말할 때가 올 수도 있는 것처럼 보였다. 그런데 이제 그런 한계 따위는 없다는 점이 명확해졌다. 공화당은 어떤 위험을 감수하더라도 트럼프를 옹호하고 권력을 강화해 나갈 태세다.

이런 모습은 한때 원칙을 지닌 듯 보이던 정치인에게서도 나타난다. 수전 콜린스Susan Collins 메인주 상원의원(공화당)은 의료 보험 논쟁에서 독자적 목소리를 냈었다. 그런데 지금은 불기소 공범자인 대통령이 대통령은 소추 받지 않는다고 믿는 대법원 판사를 임명하는 데에도 아무런 문제가 없다고 본다. 린지 그레이엄Lindsey Graham 상원의원(공화당)은 2016년 트럼프를 맹렬히 비난했고 최근까지도 법무장관을 해임해 뮬러 수사를 막자는 의견에 반대하는 듯 보였다. 그런데 지금은 법무장관을 해임해도 괜찮다는 의사를 비치고 있다.

왜 민주주의의 본고장인 미국이 최근에 민주주의를 무너뜨린 다른 국가의 뒤를 바투 따라가고 있을까?

내게 "경제가 불안하기" 때문이라고 말하지 말라. 폴란드는 그렇지 않았다. 금융 위기와 그 후유증을 겪으면서도 꾸준히 성장세를 보이고 있었다. 2016년의 미국도 그렇지 않았다. 거듭된 연구로 밝혀졌듯, 트럼프에게 표를 던진 유권자들을 움직인 동력은 경제적 고통이 아니라 인종적 분노였다.

요지는 우리 역시 똑같은 질병에 시달리고 있다는 점이다. 제멋대로 날뛰는 백인 민족주의white nationalism라는, 몇몇 서구 국가에서 민주주의를 사실상 죽음으로 이미 몰아넣은 바로 그 질병에. 그리고 우리는 돌이킬 수 없는 지점에 아주, 아주 바짝 다가서고 있다.

누가 낸시 펠로시를
두려워하는가?

◆

2018년 8월 13일

2조 달러라는 큰돈을 어디서 구할지 걱정하지 않고 아무렇지 않게 나눠주는 당은 적어도 일부나마 표를 살 수 있다. 그러나 공화당은 도널드 트럼프의 감세 정책이 놀라우리만치 인기가 없는 탓에 선거 유세에서 그 공약을 거의 언급하지 않는다. 사실 공화당이 감세에 찬성하는 목소리보다 민주당이 감세에 반대하는 목소리가 더 높다.

공화당은 트럼프의 무역 전쟁에도 말을 삼간다. 그것 또한 별 호응을 이끌어 내지 못하고 있어서다.

그렇다면 공화당은 무엇을 내세워야 할까? 불법 이민자들이 가할지도 모르는 위협을 과대 선전할 수 있겠다. 하지만 이것 역시 커다란 견인력을 얻지 못하고 있긴 매한가지다. 그러자 공화당은 늘 만만한 망태 할아버지에, 아니 망태 할머니에 점점 집중 공격을 퍼부으며 선전에 열을 올린다. 바로 전 하원의장이자 다시 하원의장이 될지 모르는 낸시 펠로시다.

상황이 이런지라, 이제 낸시 펠로시가 현대에 들어 단연 뛰어난 하원의장이며 그 자리를 맡기에 가장 돋보이는 인물임을 모두에게 상기시키기에 적절한 때가 왔다고 보인다. 그리고 펠로시가 자신이 이룬 업적과 비교해 왜 언론과 일반 대중에게서 인정을 받지 못하는지 묻는 일도 흥미로울 듯하다.

낸시 펠로시가 이룬 업적에는 무엇이 있을까?

우선, 펠로시는 조지 W. 부시가 사회 보장 제도를 민영화하려 할 때 하원 소수당 지도자로서 그 시도를 되돌리는 데 결정적 역할을 했다.

그리고 펠로시는 부담적정보험법이 통과되는 데 버락 오바마 대통령보다 훨씬 중요한 역할을 한 핵심 인물이었다. 이 법은 의료 보험에 가입하지 않은 미국 국민의 수를 현저히 줄였고 트럼프의 방해 공작에 부딪혔을 때에도 놀라울 정도로 탄탄하다는 장점을 드러냈다. 펠로시는 또한 금융 개혁법의 제정을 도운 인물이었다. 이 법은 토대가 흔들리기 쉽다고 밝혀졌지만 여전히 경제를 안정화하는 데 도움이 되었고 미국 국민 다수를 사기로부터 보호했다.

펠로시는 경제학자 대다수가 금융 위기로 인한 실업을 줄인다는 데 의견 일치를 보인 오바마 경기 부양책이 통과되도록 힘썼고, 그린 에너지 혁명에 필요한 기반을 마련하는 데도 한몫했다.

이 정도면 어디에 내놓아도 손색없는 업적이다. 참, 그리고 공화당이 펠로시가 과격한 좌파라고 주장하는 소리를 들을 때마다 한번 자문해 보라. 은퇴 소득을 보장하고, 의료 보험을 확대하고, 폭주하는 은행가를 단

속하는 일이 어째서 그토록 과격한 일인가, 하고.

펠로시는 개인적 추문과 관련해 단 한 번도 의혹에 휘말리지 않았다는 점 또한 주목할 만하다. 아니 땐 굴뚝에서도 연기를 피워 올리는 우파의 능력을 감안하면 실로 놀라운 일이다.

그렇다면 펠로시를 1994년 공화당이 하원을 장악한 이래 하원의장을 맡은 공화당 의원 4명과 비교해 보면 어떨까?

뉴트 깅리치Newt Gingrich는, 결국은 실패로 끝난, 빌 클린턴을 협박해 메디케어 지원을 줄이려 정부 업무를 일시 정지shut down시킨 허풍쟁이였다. 그리고 사생활 문제로 클린턴의 탄핵을 앞장서 요구할 때 자신도 아내를 속이고 바람을 피웠다.

데니스 해스터트Dennis Hastert는, 지금은 우리도 알고 있듯 10대 소년들을 성추행한 전력이 있다. 이런 개인적 행적은 차치하더라도, "해스터트 규칙Hastert rule"은 공화당이 공화당 의원 과반수가 승인한 법안만 상정할 수 있게 함으로써 극단주의자들에게 힘을 실어 주었고 그 때문에 미국은 통치의 정도正道에서 더 벗어나게 되었다.

존 베이너John Boehner는, 오바마가 무슨 제안을 하든 사사건건 반대하는 것 말고는, 특별히 한 일이 없었으며 여기에는 금융 위기의 여파를 다루는 중요한 대책도 들어 있었다.

폴 라이언은, 현재 하원의장이지만 곧 물러날 인물로, 사기꾼이나 다름없다. 가짜 재정 적자 매파로서 유일한 입법 성과가 예산 파탄을 낳은 감세였다. 또한 가짜 정책통으로서 그가 내놓은 예산안은 늘 교묘한 속임수였고 예산 적자에 대처하는 척하면서 실제로는 빈자에게서 부자에게로 소득을 재분배했을 뿐이다. 정치 경력에서 그의 마지막 활동도 트럼프가 저지른 범법 행위에 전혀 맞설 의향이 없음을 고스란히 드러냄으로써 스스로 겁쟁이임을 증명하는 것이었다.

최근 하원의장을 지낸 인물의 면면을 돌아보면, 낸시 펠로시는 단연 군계일학이다. 그러나 언론 보도로는 그런 면모를 전혀 알 수 없다.

하원의장으로 재임하는 동안 해스터트는 대체로 미국 중산층의 가치관을 고지식하게 구현한 인물로 그려졌다. 라이언은 수년 동안 알랑거리는 언론 보도의 수혜 덕에 더할 나위 없이 진지하고 정직한 보수주의자로 칭송받았고, 그 사기 행각이 관심을 둔 누구에게나 명백하게 드러난 뒤에도 오랫동안 그랬다. 그런데 낸시 펠로시는 대개 "불화를 일으키는 인물 divisive"로 그려진다. 왜 그럴까?

사실 펠로시는 정치적 당파성을 띠고 있다. 하지만 펠로시보다 앞에 섰거나 뒤에 선 공화당 하원의장들이 보인 당파색보다 더 짙지 않다. 펠로시의 정책 기조는 예컨대 메디케어를 민영화하고 보조금을 삭감하려던 라이언의 시도보다도 여론과 훨씬 조화를 이루지 못한다. 그렇다면 어째서 펠로시는 "불화를 일으키는 인물"이 되었을까? 공화당이 끊임없이 공격한다는 사실 때문에? 이는 민주당 의원이면 누구나 겪는 일이다.

아니면 펠로시가 단지 여성이라는 사실에서, 최근 들어 그녀가 기억에 남을 행보를 보이는 어떤 남성보다도 나무랄 데 없이 훌륭하게 일을 잘 해낸 여성이라서 더욱 그랬는지 모른다.

이러한 모든 평가는 민주당이 하원을 재탈환하면 펠로시가 다시 하원의장이 되어야만 한다는 의미일까? 꼭 그렇지는 않다. 펠로시가 아무리 혁혁한 공을 쌓았더라도 새 얼굴을 세우자는 주장이 나올 수 있다.

상황이 어떠하든, 낸시 펠로시가 이룬 업적은 정말 놀랍다. 공화당에는 안쓰러운 충고가 되겠지만, 공화당으로서는 공화당이 더욱 무기력하게 보일 만큼 그 공적이 남다른 정치인 펠로시를 악마라고 헐뜯는 일 말고는 달리 의지할 수단이 없어 보인다. 언론에는 딱한 조언이 되겠지만, 언론이 보도를 봇물처럼 쏟아내며 펠로시에게 공격을 퍼붓는다 해도 그것은 허망한 메아리일 뿐이다.

트럼프 시대의 진실과 미덕

2018년 11월 12일

자유가 아무것도 잃을 게 없는 빈털터리를 가리키는 또 다른 말이었던 때를 기억하는가? 요즈음 자유는 도널드 트럼프에게 거액을 바치는 행위를 일컫는 또 다른 말이 되었다.

중간 선거 때문에, 그리고 공화당이 아무 근거 없이 부정 투표라고 외치는 아우성 때문에 트럼프가 카지노 소유주이자 트럼프의 거액 기부자 셸던 애덜슨Sheldon Adelson의 아내 미리엄 애덜슨Miriam Adelson에게 자유 훈장을 수여한다고 내린 결정이 사람들에게 얼마나 전해졌을지 나는 알지 못한다. 자유 훈장은 보통 혁혁한 업적 또는 공익에 대한 헌신을 인정할 때 수여하는 상이며, 아주 드문 경우에 자선 활동도 훈장 대상에 포함한다. 그런데 미리엄이 벌인 자선 활동이 이 영예를 누릴 만하다고 어느 누가 수긍할까?

지금 이런 이야기는 좀 시시해 보일 수 있다. 하지만 이 이야기들은 진실에 대한 트럼프의 태도, 달리 말해 검증할 수 있는 사실에 의해서가 아니라 트럼프 자신과 그 지지자들에게 이익이 되는 것에 의해서 정의되는 그 태도가 미덕에도 적용된다는 사실을 일깨운다. 오로지 트럼프를 떠받드는 행위만 있을 뿐 용기 있는 행동도 없고 선행도 없다

진실을 살펴보자. 트럼프는 물론 시도 때도 없이 거짓말을 한다. 중간 선거 준비 기간에는 매주 사람들 앞에서 100번도 넘게 거짓말을 했다. 그런데 진실에 가하는 공격이 거짓말의 빈도수보다 더욱 심각한 문제다. 트럼프와 그 지지자들은 객관적 사실이란 개념 자체를 받아들이지 않는다는 점에서다. "가짜 뉴스fake news"는 실제로 거짓 보도를 뜻하지 않는다. 트럼프에게 해가 되는 보도라면 어느 것이나 가짜 뉴스다. 뉴스를 얼마나 확실하게 입증했는지는 아무 상관이 없다. 역으로 트럼프에게 득이 되는 주장은 어느 것이나, 그것이 일자리 창출이든 투표든, 트럼프에게 이롭다는 이유만으로 진실이 된다.

트럼프와 공화당이 대대적인 부정 투표라고 아무런 증거도 없이 주장하면서 법으로 의무화된 플로리다주 재검표를 중단하려는 시도는 그 당파적 인식론과 딱 들어맞는다. 공화당이 이 어마어마한 부정 혹은 위조 투표용지가 있다고 정말로 믿을까? 그런 질문을 던지는 자체가 범주 오류에 속한다. 저들은 아무것도 "정말로 믿지" 않는다. 자신들이 원하는 바를 얻어야 한다는 점만 믿을 뿐이다. 어떤 개표든 민주당에 유리할 수 있으면 공화당 자신들에게는 불리하다. 따라서 이는 부정 투표다. 이런 그들의 논리에는 증거가 전혀 필요 없다.

똑같은 세계관으로 공화당의 음모론 중독 또한 설명할 수 있다. 사람

들이 자신들의 당에 피해를 입히는 무언가를 진실이라고 끈질기게 주장하면 결국 그것을 사실로 인정할 수밖에 없다. 그들 세계에서는 어느 쪽에도 치우치지 않는 사실이 존재하지 않기 때문이다.

따라서 그들은 자신들의 심기를 불편하게 하는 주장을 내세우는 사람들은 사악한 세력을 위해 일하고 있음에 틀림없다고 여긴다. 애리조나주에서는 민주당 키어스틴 시너마Kyrsten Sinema가 막판에 개표한 투표용지에 힘입어 상원의원에 당선했다. 주 공화당이 선거 관리 공무원과, 짐작하다시피, 조지 소로스 사이에 오고 간 자료가 있다며 정보 공개 청구 소송을 제기했다는 사실을 알고 있는가?

어찌 되었든, 객관적인 사실을 거부하거나 누군가 심기를 어지럽히는 진실을 주장하면 그것은 좌파의 음모론임에 틀림없다고 고집을 부리는 태도는 트럼프가 등장하기 오래전부터 공화당의 사고방식에 깊이 뿌리를 내리고 있었다는 점을 짚고 넘어갈 필요가 있다. 무엇보다 지구 온난화를 보여 주는 증거가 차고 넘치는데도 그러한 증거들이 하나같이 새빨간 거짓말이라는 주장은, 곧 기후 변화는 전 세계 수천 명에 이르는 과학자가 한통속이 되어 꾸민 거대한 음모라는 주장은 수년 동안 공화당의 교조敎條였다.

사실 공화당 대통령 후보들은 목청만 한껏 높이는 미치광이가 될지언정 사실을 거부하거나 음모론을 주장하는 일에 이제껏 솔직한 자세를 보이지 않았다. 트럼프는 그저 공화당 원로 인물 대다수가 오랫동안 서 있는 데로 향하고 있을 뿐이다.

어찌 되었든 요점을 말하자면, 트럼프에게 이로운지 해로운지를 떠나 어느 규범이든 간에 거부하는 태도는 기본 가치에 따른 옳고 그른 판단에까지 혼동을 일으킨다는 것이다. 공화당의 세계와 분간이 안 되는 트럼프의 세계는 이제 선과 악이 오로지 우두머리의 이익에 유용하느냐 안 하느냐로 정의된다. 그래서 트럼프가 미국의 가장 가까운 우방들을 공격하고 모욕하는 반면 자신에게 아첨하는 악랄한 독재자들은 칭찬하는 것이다(그래서 트럼프가 심지어 신나치를 "매우 좋은 사람들very fine people"이라고 두둔하는 것이다).

동일한 논리가 용감한 행동과 비겁한 행위에도 적용된다. 트럼프를 향해 비판의 날을 세운 존 매케인처럼 진정한 영웅을 실패자라며 멸시한다. "매케인은 영웅이 아니다. …… 나는 포로로 잡혔던 사람을 좋아하지 않는다." 한편 미리엄 애덜슨은 국가에 이바지한 일이라곤 트럼프 선거운동에 기부금을 낸 게 전부인데도 자유 훈장을 받는다.

참, 그리고 이런 일 역시 트럼프 이전에도 일어났다. 기억하는가? 공화당이 존 케리John Kerry의 전적戰績을 얼마나 폄하했는지?

무엇보다 중요한 점은, 현 정세와 관련해 상당한 부분이 그렇듯, 양편이 대칭을 이루어 활동을 펴 나갈 수 있는 상황이 아님을 인식하고 인정하는 것이다. "지금 진실과 미덕을 정의내리는 기준은 당파심"이라는 노선에 따라 어떤 말을 한다면, 그것은 실은 악한한테 힘을 쥐어 주는 셈이 된다. 오직 한 정당만이 저렇게 생각하기 때문이다.

민주당 의원들도 인간인지라 때때로 편견에 사로잡히고 논리에 어긋나는 추론을 편다. 하지만 민주당 의원들은 객관적 사실이나 비정치적 미덕이라는 개념 전체를 포기하지는 않는다. 반면 공화당 의원들은 다 폐기해 버린다.

이 모든 일이 가리키는 의미는, 바로 지금 미국에서 벌어지는 상황이 여느 때와 같은 정치로 볼 수 없다는 점이다. 정치보다는 사활이 걸린 문제에 가깝다. 공화당이 중간 선거의 패배에 보이는 반응을 어떤 반대도 혹은 어떤 비판조차도 다 불법으로 규정하고 거부하는 독재 정치로 나아갈 의도이자 권력 강탈을 시도하는 행위라고 여기지 않으려면, 정말 망상에라도 빠져야 한다. 미국의 민주주의가 바람 앞의 등불처럼 위태롭다.

보수주의의 극악무도한
마지막 일전

◆

2018년 12월 17일

중간 선거는 부담적정보험법에 대한 국민 투표나 다름없을 정도로 중요했다. 도널드 트럼프가 아니라 의료 보험이 민주당 선거 운동을 장악했다. 유권자들은 명확하게 평결을 내렸다. 오바마케어가 이룬 결실이 지속되기를, 그 법이 없으면 보험 비가입자로 남았을 약 2000만 명에게도 혜택을 확대하는 정책이 계속 지속되기를 바란다고.

그런데 금요일, 자신의 사법권을 "무기처럼 휘두르기"로 유명한 공화당 당파색이 짙은 리드 오코너Reed O'Connor 판사[텍사스주 포트워스 연방지방법원]가 기저 질환자를 보호하고, 의료 보험 혜택을 받도록 가구에 보조금을 지급하고, 메디케이드를 확대하는 등의 부담적정보험법이 전체적으로 헌법에 위배된다고 선언했다. 우파와 좌파 양쪽에서 법률 전문가들이 나와 오코너 판사의 추론을 비웃으며 그 판결을 "노골적인 정치 행동주의political activism"라고 표현했다. 그 판결은 십중팔구 상급 법원에서 기각될 것이다.

그러나 그 방해 공작이 뒤집힐 것으로 너무 확신하지는 말자. 오코너의 권력 남용이 유난히 조악할지 모르나 이런 행위는 이제 점점 일상다반사가 되고 있다. 의료 보험에만 한정된 일도 아니고 법원에만 국한된 일도 아니다. 낸시 펠로시의 말처럼 의료 보험에 가하는 공화당의 공격이 "극악무도한 마지막 일전"에 들어서면서, 공화당은 여러 전선에서 최첨단 맹공을 퍼붓고 있다. 동시에 공화당은 유권자들의 의지를 뒤엎고 민주주의 체제 전반을 토대부터 무너뜨리려 하고 있다.

미국은 미국이 일궈 낸 정치 제도의 강점을 자랑스러워 할 수 있지만, 결국 제도는 사람으로 이루어진다. 제도는 제도에 속한 사람이 제도가 본래 추구하는 목적을 존중할 때에만 제 기능을 다 해낼 수 있다. 그래서 법치는 법전에 달려 있기도 하지만 그 법을 해석하고 집행하는 사람의 행동에 달려 있기도 하다.

법을 해석하고 집행하는 사람들이 스스로 법의 공복公僕이라는 사명감이 먼저이고 당파심은 나중이라고 여기지 않으면, 곧 정치적 목적을 민주 체제 수호라는 의무 아래에 두지 않으면 법은 의미를 잃고 오로지 권력만 남는다.

그리고 지금 우리가 미국에서 목도하는 광경은, 여러 언론 매체나 정치 기관에서는 인정하지 않겠지만 우리가 지난 수년 동안 직접 목도해온 장면은 원칙이 아니라 당을 향한 충성심으로 당파의 이익을 앞세운 우파 정치인들이 제도를 침범하는 모습이다. 그런 침해가 공화제를 부식하고 있고, 그런 부식은 이미 매우 심각한 상태에까지 이르렀다.

나는 고심 끝에 "우파"를 지목한다. 나쁜 사람들이야, 어디에서나 늘 그렇듯이, 민주당과 공화당 양당에 다 있다. 하지만 두 당은 구조부터 다르다. 민주당이 이익 집단이 느슨하게 모인 연합체라면 현대 공화당은 "운동 보수주의"가 장악하고 있다. 운동 보수주의는 큰돈—종종 은밀하게 동원되는—과 닫힌 지적 생태계를 이루는 폭스뉴스나 당파를 쫓는 이러저러한 언론 매체가 한몸처럼 뭉쳐 있는 획일적 구조다. 이 운동 내부에서 출세한 사람은 다른 편에 서 있는 사람보다 아주 눈에 띌 정도로 기관원이며, 당 노선에서 결코 벗어나지 않는다고 확신을 심어 줄 수 있는 정치적 충복이 된다.

공화당은 수십 년 동안을 그런 사람들로 법원을 채워 왔다. 오코너를 임명한 사람이 조지 W. 부시였다. 법적 추론이 얼마나 조악한지와 상관없이 오코너가 그 같은 판결을 내린 사실이 크게 놀랍지 않은 이유다. 한 가지 질문이 떠오른다. 오코너는 그런 억지가 통할 수 있으리라고 여겼을까? 분명 그는 그렇게 했고, 그가 바로 보았을지도 모른다.

그러나 언급했듯, 이는 법원만의 문제가 아니다. 트럼프와 그 지지자들이 "디프 스테이트"가 방해 공작을 일삼는다는 등의 허위를 날조해 내는 순간에도, 현실에서는 정부 기관의 점점 더 많은 자리가 그 기관의 임무에는 별 관심이 없거나 오히려 적극 반대를 일삼는 우파 인사들에 의해 점령되고 있다. 현재 환경보호국을 운영하는 이들은 환경을 보호하고 싶어 하지 않고, 보건복지부Department of Health and Human Services를 운영하는 이들은 미국의 의료 보험을 반대하고 싶어 한다.

기관원들이 잠식해 들어가는 현상은 정계도 똑같다. 상원이 "자문하고 승인하는" 역할에 충실하던 때를 기억하는가? 공화당이 장악한 상원은 그저 거수기 노릇만 할 뿐이다. 부패와 범죄에 대한 증거가 명백할 뿐만 아니라 트럼프가 거의 말 그대로 아무것도 할 수 없는 상황에 놓이면서 공화당 상원의원들로 하여금 어떠한 종류의 감독 권한을 행사하도록 하게 하는데 말이다

그렇다면 이런 식으로 사고하고 행동하는 사람들은 대중이 자신들의 구호를 거부할 때 어떤 반응을 보일까? 그들은 권력을 이용해 민주적 절차를 뒤집어엎으려고 시도한다. 그들은 민주당이 선거에 승리하려는 조짐을 보이면, 조지아주에서 그랬듯이, 투표 과정을 조작한다. 그들은 그런 선거 조작에도 민주당이 승리하면, 위스콘신주에서 그랬듯이, 민주당이 쟁취한 직책에서 권한을 박탈한다. 그들은 그 모든 방해에도 민주당 정책이 우세하면 자신들의 기관원으로 채운 법원을 이용해 아주 엉성한 근거를 들어 입법을 차단한다.

《트럼프공화국Trumpocracy》의 데이비드 프럼David Frum이 1년 전에 경고했듯이, "보수주의자들은 민주적 절차로는 이길 수 없다고 확신하는 경우에 보수주의를 포기하지 않는다. 그들은 민주주의를 거부한다." 지금 이 순간에도 그런 일들이 벌어지고 있다.

그래서 낸시 펠로시가 리드 오코너의 판결을 두고 "극악무도한 마지막 일전"의 징후라고 평가한 말은 옳다. 하지만 문제의 그 일전은 의료 보험에 대한 끊임없는 공격만이 아닌 민주주의 전반에 대한 맹격이다. 그리고 현재 치르고 있는 이 마지막 일전은 십중팔구 아직 초반전에 불과하다. 최악의 상황은, 두렵지만 아직 닥치지 않았다.

남성성, 찐, 매코널,
그리고 트럼프주의

◆

2018년 12월 13일

화요일에 도널드 트럼프와 민주당 지도부 사이에 고성이 오간 설전이 벌어졌다. 이후 트위터 대장이 멕시코와 접한 국경에 장벽을 세우는 기금을 모을 의도로 정부 업무를 일시 정지할 가능성이 꽤 높아진 듯 보인다. 이러한 전망 속에서 기가 막힌 것은 바로 장벽을 세우겠다는 발상이다. 정말 어리석기 짝이 없는 일이다. 합법적으로든 불법적으로든 이민을 결사반대하더라도 그것을 과시하듯 물리적 장벽을 쌓는 데 수백 억 달러를 쏟아붓는다니, 장벽은 필요하지도 않을뿐더러 이민자 유입을 막는 방법으로도 별 실효를 거두지 못한다.

그럼, 다음 이것은 어떤 문제일까? 차기 하원의장으로 유력한 낸시 펠로시가 트럼프에게 장벽은 "남성성"을 의미한다고 동료들에게 거듭 강조했다. 그 또한 맞는 소리다. 하지만 그것은 내게 생각거리를 더 던져

주었다. 트럼프의 불안감이 추진한 다른 정책으로는 무엇이 있을까? 이 행정부의 정책 전반을 추동하는 힘이 무얼까?

이와 같은 질문에 대답을 하자면, 주장하고 싶은 바는 트럼프주의 정책의 배후에는 실제로 세 가지 주요 동인이 도사리고 있다는 것이다. 각 동인에는 남성성, 매코널, 돈이라는 이름표를 붙일 수 있다.

매코널McConnell은 공화당의 기본 의제agenda를 가리킨다. 공화당은 부유한 개인이든 기업이든 간에 대개 거액 기부자들의 이해에 봉사한다는 것이다. 이 의제는, 무엇보다도, 기부자 계층에 대한 감세와 동시에 그 세수 손실을 일부라도 충당하고자 사회 보장 제도의 지원 삭감으로 이루어져 있다. 이 공화당의 의제는 또한 규제 완화를 포함한다. 특히 오염 유발 기업에 유리하며 금융 기관에 그리고 영리 대학처럼 수상쩍은 조직에도 유리하다.

2016년 선거 운동을 벌이는 동안 트럼프는 자신이 이제까지와는 전혀 다른 공화당 사람인 척, 곧 사회 안전망을 보호하고 부자 증세를 실시할 사람인 척 행세했다. 그런데 재임 중 그의 국내 정책은 완전히 정통 노선으로 돌아섰다. 재임 첫 두 해를 보내며 트럼프가 거둔 가장 주목할 만한 입법 승리라고는 달랑 부자에게 엄청 이로운 감세뿐이었다. 그리고 트럼프는 저소득층과 중소득층 미국 국민을 위한 의료 보험 혜택을 와해할 수 있다면 무슨 짓이든 닥치는 대로 다 했다. 그는 또 환경 보호를 저해했고 금융 규제를 완화했다.

그런데 트럼프의 외교 정책은 이제껏 공화당이 따르던 관행만이 아니라 미국이 옹호하던 모든 가치와도 결별했다. 역대 미국 대통령들은 정치적 실익을 꾀하려 불미스러운 외국 정권과 타협했을지 모르지만, 트럼프처럼 민주주의 동맹국보다 잔혹한 독재자들을 눈에 띄게 좋아하는 모습은, 블라디미르 푸틴Vladimir Putin이나 무함마드 빈 살만Mohammed bin Sal-man 같은 사람이 무슨 짓을 해도 심지어 살인까지 해도 그들을 기꺼이 감싸 안는 모습은 한 번도 보이지 않았다.

이 가운데 일부는 개인적 가치관을 반영할지 모른다. 푸틴이나 빈 살만이나 이러저러한 독재자는 트럼프와 같은 부류의 사람일 수 있다. 그럼에도 쩐Moola이, 다시 말해 트럼프기업Trump Organization을 통해 직접 트럼프로 흘러 들어가는 재정적 대가가 중요한 역할을 한다는 의혹을 비껴가기는 어렵다. 어찌 되었든, 독재자와 전제 군주는 민주주의 체제의 지도자와 달리 성가신 선출직 의원들에게 자신들의 조치를 일일이 설명하지 않고도 트럼프 소유의 자산에 거액을 직접 보내거나 트럼프 일가에 투자 기회를 줄 수 있다.

그렇다면 남성성Manhood은 어디에서 드러날까? 바로 국경 장벽이 그 확실한 사례다. 흘러나오는 소식에 따르면, 트럼프 행정부는 장벽의 용도가 아니라 "크고 멋진" 장벽의 외양에 초점을 더 맞추고 있다. 관세및 국경보호청Customs and Border Protection, CBP은 도급업자에게 입찰을 요구할 때 장벽은 "실제 규모가 웅장하고" 이에 더해 "(미국 쪽을 향하는 면인) 장벽의 북쪽 면이 미관상 보기 좋아야 한다"라고 명시했다. 그 구조물이 트럼프 장벽TRUMP WALL이라고 쓴 거대한 표지판을 달아야 한다고는 요구하지 않았는데 어쩌면 실수로 빠뜨렸을 수도 있다.

하지만, 주장하고 싶은 바는 트럼프가 자신의 남성성을 내세우고자 하는 욕망은 다른 영역에서도 커다란 역할을 하며 특히 무역 정책에서 두드러진다.

나는 관세맨Tariff Man 트럼프가 보이는 위험천만한 행위들을 주시해오면서, 트럼프의 관세 정책이 부적절하다고 여기는 경제학자들이 압도적 다수를 차지할뿐만 아니라 그 관세 정책이 정치적 부도수표나 다름없다는 실상에 깜짝 놀랐다. 미국의 교역 상대국과 대치를 요구하는 지지층은 그다지 두텁지 않은 듯 보인다.

누가 무역 전쟁을 바랄까? 기업 쪽은 아니다. 무역과 관련해 자극적인 발언이 지면을 달굴 때마다 기업의 주가가 떨어지고 오히려 그 열기가 식으면 주가가 오른다는 점에서다. 농민도 아니다. 상대국이 보복성 관세를 부과하면 농민들은 타격을 심하게 입는다는 점에서다. 2016년 트럼프의 대선 승리에 결정적 역할을 한, 미 북동부 공업 지대 러스트 벨트Rust Belt의 노동자 계층 유권자도 아니다. 그 주들에 사는 수많은 잠재 유권자의 말에 따르면, 관세는 가족에게 피해를 입힌다는 점에서다. 무역 전쟁은 한 사람이 일으킨 사건으로 판명 났다. 무역 전쟁은 트럼프가 원하는 일 그 이상도 그 이하도 아니다.

사실 미국 무역법이 운용되는 절차를 고려하면, 대통령은 (예컨대 국경 장벽과는 달리) 의회 승인 없이도 무역 전쟁을 벌일 수 있다. 그런데 트럼프의 동기가 무얼까? 흠, 트럼프는 무역을 주요 쟁점으로 삼았고 자신이 무척 대단한 일을 이루어냈다고 주장하고 싶어 한다. 전하는 말에 따르자면, 트럼프는 정책에 거의 아무 변동이 없을 때조차 그 이름을 바꾸어야 한다고 고집한다. 그렇게 하면 "미국-멕시코-캐나다 협정USMCA"이, 혹은 펠로시의 말을 빌리자면 "전에는 프린스Prince로 알려진 무역 협정"이 북미자유무역협정NAFTA과는 완전히 다른 것인 양 주장하면서 자신이 마치 커다란 성과라도 올린 양 행세할 수 있기 때문이다.

따라서 한 국가의 주요 업무가 국익에 의해서도 아니고 국내 주요 이익 집단의 이해관계에 의해서도 아닌, 금전적 이익 그리고/또는 백악관에 거주하는 한 남성의 아욕我慾에 의해 결정되고 있다. 미국이 정말 대단한 국가가 아니면 뭔가?

8장

언론은 어떻게 정치를
내리막길로 몰아넣었는가

가짜 뉴스를 넘어서

2016년 선거 이후 사람들이 어떻게 이런 일이 일어날 수 있냐고 물을 때마다 많은 사람이 소셜 미디어를 통해 확산하는 음모론과 거짓 주장 곧 "가짜 뉴스fake news"가 한 역할을 화제로 올렸다. 예컨대, 워싱턴의 한 피자 가게가 연루된 아동 성 착취 집단에 민주당 고위층 인사가 연관되어 있다는 아무런 근거 없는 주장이 인터넷으로 일파만파 확산하며 음식점 소유주를 살해하겠다는 협박으로까지 이어졌다. 이른바 피자게이트Pizza-gate였다.

그런 거짓 주장은 도널드 트럼프에게 극도로 유리했다. 그런데 거짓 주장이 기승을 부릴 때 트럼프와 그의 추종자들은 재빨리 "가짜 뉴스"라는 용어를 가로챘다. 그리고 그들은 뉴스가 얼마나 사실에 기초하든 상관없이 트럼프 행정부를 부정적으로 비추는 보도라면 무조건 가짜 뉴스라고 몰아붙였다. 대다수가 이를 곧이곧대로 받아들였다. 이어 주요 언론 매체를 신뢰할 만하다고 여기는 사람의 수가 현저히 줄어들었는데, 대개는 공화당 의원들 사이에서 믿음이 급격히 떨어졌기 때문이다.

솔직히 (루퍼트 머독이 소유한 매체를 제외하고) 주요 언론은 사실이 정확한 내용을 담고 있는지 판단을 내릴 때 무척 신중한 태도를 취하며, 언론이 확인 작업을 해 나가는 동안 끊임없이 맞닥뜨리는 이러저러한 공격을 알게되면 당신은 깜짝 놀랄 것이다. 그렇다고 언론이 편파적이지 않다는 의미는 아니다. 오히려 보도 내용이나 보도 방식 등에서 언론의 일부 편향이 두드러진다. 이런 편향은 미국의 정치가 역기능을 하는 데 커다란 영향을 미쳐 왔다.

자유주의적이냐 보수주의적이냐 하는 명확한 정치적 편향을 말하는 게 아니다. 한쪽이 분명 거짓말을 하고 있음에도 논쟁을 벌이는 양쪽을 똑같이 대하는 거짓 등가성false equivalence 같은 태도를 말하는 것이다. 이 장 첫 번째 글은 2000년 선거 운동이 한창일 때 썼는데 이후 그런 태도에 대해 꽤 많은 이가 "행성 형태 다르게 바라보기views differ on shape of planet"라고 말한다. 아주 드물게 언론이 기계적 중립주의bothsidesism에서 탈피하는 경우가 있는데, '매우진지한사람들Very Serious People'이 모두 동의할 때 그렇다. 하지만 이와 같은 모습은 옳지 못하다.

정책 논쟁을 연극 비평처럼 다루려는 경향도 지적하고자 한다. 후보가 실제로 내놓은 정책이 아니라 후보가 어떤 인상을 주려 한다는 추측에 초점을 맞추는 것 말이다. 그 주제는 〈사소함의 개가〉에서 들여다볼 것이다. 물론 사실에 입각한 정확한 보도라도 기자가 어떤 이유에서 싫어하는 후보에게 실제로 부정적 편향을 띨 수 있는데, 2000년 엘 고어Al Gore에게 그리고 2016년 힐러리 클린턴에게 일어난 일이다.

이 장에 실은 글에서는 언론이 실제로 어떤 실책을 범했는지를, 언론이 미국의 정치가 내리막길로 들어서게 된 데 어떤 원인 제공을 했는지를 다룬다.

미끼 상술

2000년 11월 1일

올해 선거 유세에는 커다란 교훈이 있다. 정치인들이라면 꼭 마음에 새겨 두리라고 확신할 수 있는 교훈이다. 후보가 명백히 사실이 아닌 말을 하더라도 그 거짓말이 큰 수치를 수반할 때 그 거짓말에 책임을 지지 않고 유야무야 넘어갈 수 있다는 것이다.

조지 W. 부시는 무엇보다 신규 제도에 약 1조 달러를 쓰겠다고 거듭 천명해 왔다. 그는 실제로는 신규 제도에 예산을 그 절반도 배정하지 못한다. 하지만 부시가 이런 주장을 되풀이해 온 탓에 대중은 그의 신뢰성에 아무런 의구심도 품지 않고 있다.

부시는 또한 사회 보장 제도 자금에서 1조 달러를 쓰겠다고 약속하지만 용도 면에서 두 가지가 상충한다. 그 돈을 젊은 노동자들의 개인 계좌에 넣겠다고도 했다가 나이 든 노동자들의 복지 수당에 풀겠다고도 한 것이다. 부시가 민영화를 지지하며 즐겨 내세우는 주장도 이와 비슷하게 양다리 걸치기double dipping 성격을 띤다. 게다가 부시는 사람들이 자신의 돈으로 올릴 수 있는 수익률과 사회 보장 제도의 개인 분담금으로 올릴 수 있는 잠재 수익률을 비교할 때 사회 보장 제도가 왜 수익이 더 낮은지 잘못 이해하는 듯 보인다. 사회 보장 제도는 젊은 노동자 분담금을 따로 떼어 놓아야 한다. 그렇지 않으면 현재 중년의 노동자들이 은퇴하기 전에 기금이 바닥나 버린다.

그러나 부시가 착각했다고 볼 수 없다. 부시의 계산법을 두고 미 보험계리인학회American Academy of Actuaries, AAA를 비롯해 여러 곳에서 몇 차례 경고가 터져 나왔지만 이후로도 부시는 이 비교를 계속 언급했기 때문이다. 그렇다면 이는 착각이 아니라 책략이다. 그런데 이 같은 중복 계산법이 선거 유세 기간에 놀라우리만치 문제가 되지 않았다. 백악관에 "신의와 청직"을 되살리겠다는 약속이 그토록 범람했건만.

부시는 어떻게 그 문제를 피해 갔을까? 한 가지 대답을 해 보자면 유권자들이 큰 수치에는 감을 잘 잡을 수 없다는 점이다. 그런데 주류 언론도 유권자들이 이들 수치를 잘 이해하도록 돕지 못했다.

부분적으로 이는 시장 전략의 문제다. 내부자의 뒷공론은 예산 계산보다 TV라는 매체에 더 잘 어울린다. 하지만 여기에는 정치적 측면도 있다. 주류 언론은 단단히 작심이라도 한 듯 공명정대하게 보이려 애쓴다. 미국 정계에 떠도는 실없는 농담 중 하나가, 언론이 자유주의자들을 편애한다는 보수주의자들의 강변이다. 사실 기자들은 부시가 정말 터무니없는 실언을 해도 후보에게 설명을 구하는 전화를 걸지 못했다. 짐작하기로는 그 일이 당파적 행위로 비난을 받을까 하는 염려에서였다. 대통령 후보가 지구는 평평하다고 단언했어도 우리는 분명 "행성 형태, 양측 모두 일리 있어"라는 제하의 뉴스 분석 기사를 볼 수 있을 것이다. 뭐 어찌 되었든, 지구가 완벽한 구형은 아니니까.

우리는 이 이야기가 어떤 결말을 맺을지 알지 못한다. 부시가 이기면 실제적 사회 보장 제도 계획안은 물론이고 실질적 예산 편성안을 마련해야 하는데, 그때가 되면 화려한 수사修辭만으로는 감당할 수 없다. 그렇다면 부시가 실제로 하게 될 일은 무엇일까?

많은 분석가는 부시가 사실은 미끼 상술을 펴고 있기를 희망—희망!—하는 듯 보인다. 그러니까 부시가 선거에서 이기면 그가 공약과는 매우 다른 정책을 실제로 내놓으리라 희망하는 것이다. 특히 보수주의자들은 실제로는 부시가 소득세와 상속세를 내릴 여지를 확보하려 사회 복지 지출을 대폭 삭감할 것이라고, 소득세와 상속세 두 세금을 개인 계좌로 돌리는 데에 따른 손실을 메우려 사회 보장 제도 혜택을 크게 축소할 것이라고 공공연히 믿고 있다

그런데 필요한 지출 삭감은 온정적 보수주의를 내세우는 어떤 주장도 비웃을 정도다. 그리고 우리는 사회 보장 제도의 일부 민영화 정책이 현실적으로 어떤 모습을 띨지 알 만큼 알고 있다. 개개인의 은퇴 연령을 상당히 높이고, 동시에 생계비 지수를 조정해 그것을 큰 폭으로 낮추고, 개인 계좌를 현금화할 때 그것에 세금을 무겁게 매겨 버리는 것이다("그 것은 당신의 돈입니다." 그러나 부시의 자문위원이 제안한 정책을 실시할 경우, 내 가 얻는 수익에서 고작 25퍼센트만 내 몫이 된다).

부시는 선거 유세에서 무상 급식을 약속했다. 그런데 저런 모진 정책을 내놓을 엄두가 들까? 빌 클린턴이 의료 보험 개혁안을 처음 내놓았을

때 어떤 반응이 일었는지 생각해 보고, 과연 부시가 그 비슷한 맹비난에 맞설 각오가 되어 있을지 물어보자.

내 추측이지만, 부시는 대통령에 당선되면 그가 선거 운동을 했던 것처럼 통치하려 할 것이다. 계정들은 미국의 재정이 급속도로 악화되는 것에 깜짝 놀란 금융 시장이 무시할 수 없는 메시지를 보낼 때까지 그저 임시변통으로 처리될 것이다.

하지만 어쩌면 나는 부시가 선거 공약을 헌신짝처럼 버리려는 의지를 과소평가하는지도 모른다. 안타깝게도, 부시가 선거에서 승리하면 우리는 정말 희망해야 한다. 부시가 지금 정말 미끼 상술을 쓰고 있는 중이라고.

언론이 사소한 문제에
집착하는 이유

◆

2004년 7월 30일

최근 《워싱턴포스트》는 "유권자, 케리에게 구체적 정책 원해"라는 머리기사를 실으며 한 유권자의 말을 인용했다. 그 유권자는 존 케리와 존 에드워즈John Edwards가 "중소득층과 저소득층을 대상으로 어떤 의료 보험 정책을 계획하고 있는지" 말하라고 요구하며 이렇게 토로했다. "지금 돌아가는 상황을 보면 나는 앞으로 의료 보험에 결코 가입할 수 없는 현실과 맞닥뜨릴 수밖에 없다. 그리고 이들 백만장자는 그 문제를 고심하는 듯 보이지 않는다."

존 케리는 저소득층과 중소득층 가계로 의료 보험을 확대하는 데 6500억 달러를 쓰겠다고 밝힌다. 당신이 찬성하든 안 하든 케리가 의료 보험 문제를 고심하지 않았다고 말할 수는 없다. 앞의 유권자는 왜 그 소식을 듣지 못했을까?

나는 미국 국민 5명 가운데 4명이 주로 뉴스를 접한다고 말하는 주요 케이블 방송과 TV 방송에서 뽑은 60일치 녹취 사본을 읽고 있다. 최근에 케리는 고소득층 감세를 철회하고 그 돈으로 의료 보험 비가입자 대다수에게 그 혜택을 보장하는 데 쓰고 싶다고 말했다. 그런데 세부 사항은 고사하고 그 내용이 분명하게 언급된 곳을 단 한 군데도 찾을 수 없었다. 기사가 케리 정책안을 조명할 때에도 주로 경마 분석horse-race analysis에 그쳤다. 지금 경주 상황이 어떤지만 밝혔지 무슨 내용이 담겨 있는지는 다루지 않았다는 의미다.

한편 테레사 하인즈 케리Teresa Heinz Kerry가 어떤 사람에게 "그만 집어치워"라고 말했다는 사실을 누구나 알고 있다. 그런데 여기에서조차 맥락이 사라져 버렸다. MSNBC에서 짤막하게 언급한 것 외에는 내가 읽은 녹취 사본 어디에도 테레사가 분노를 터뜨린 대상이 살인 혐의를 받고 있으며 클린턴 부부를 비방하는 활동에 자금을 지원하는 억만장자 리처드 멜런 스케이프Richard Mellon Scaife라는 내용이 나와 있지 않다. (CNN은 웹사이트에서 스케이프를 언급했지만 그를 단지 "보수주의의 대의"에 기여한 사람으로만 묘사했다.) 시청자들은 테레사와 스케이프가 오랫동안 앙숙 사이였던 사실을 전혀 알 수 없었다.

여기에는 두 가지 문제인 사소화trivialization와 편향bias이 있고, 이 둘은 서로 관련이 있다.

사실 사소화와 편향의 방향으로 나아가던 길 어디쯤에선가 TV 뉴스는 후보의 정책을 더는 보도하지 않고 후보의 개성을 드러낼 것이라 생각하는 사소한 정보 쪽으로 관심을 돌렸다. 그래서 우리는 케리의 머리 모양에 대한 소식은 들어도 그의 의료 보험 정책안에 대한 내용은 접하지 못한다. 부시의 짧게 깎은 머리 모양에 대한 소식은 들어도 그의 환경 보호 정책에 대한 내용은 접하지 못한다.

이와 같은 보도는 그 방식만으로도 종종 빗나간 결과를 낳는다. 기자는 특히 성격character〔인물 평가의 기준이 되는 개개인 특유의 도덕적 특성〕 판단에 능하지 못하기 때문이다. (조지 윌George Will은 일리노이주 상원의원 후보이던 잭 라이언Jack Ryan이 "무엇보다도 도덕주의자다"라고 썼지만, 라이언은 곤혹스러운 섹스 클럽 문제가 불거진 뒤 중도 하차했다.) 그리고 오늘날 보도를 온통 차지하다시피 하는 성격 문제는 역사적으로 지도자의 자질과 별 상관이 없었다. 결전의 날을 계획하는 동안에도 드와이트 아이젠하워는 자신의 여성 운전기사와 아마도 영혼을 나누었을 수도 있지만 친밀한 관계를 맺었다. 그 일 때문에 아이젠하워가 백악관에 입성하지 못하게끔 막았어야 했을까?

유명 인사의 인물평이 되어 버린 선거 보도는 아무런 원칙도 없기 때문에 편향적 보도를 내보낼 수 있는 여지가 더욱 넉넉하게 주어진다.

앞서의 유권자가 "이들 백만장자"라고 한 언급에 주목해 보자. 《컬럼비아저널리즘리뷰A Columbia Journalism Review》 웹 사이트인 campaigndesk.org에 따르면 그 분석은 "상원의원 케이와 에드워즈, 케리 부인 테레사를 불필요하게 백만장자 혹은 억만장자로 소개하면서 부시 대통령이나 체니 부통령에게는 비슷한 꼬리표를 붙이지 않는 언론의 성향을 드러낸다."

그 웹사이트에서 지적하듯, 부시 캠프는 유세 동안 "케리가 부 때문에 대세에서 벗어난 듯 묘사하는 논점을 유지하려 몹시 애썼으며 〔케리의 부 문제가〕 언론 보도에도 영향을 끼치길 바랐다." 부시 캠프는 케리의 정책이 부자에 우호적이라고도 주장하지 않는다. 케리의 정책은 분명히 그렇지 않은 반면 부시의 정책은 명백히 그러하니까. 그런데 우리는 단지 부유하다는 이유만으로 케리에게 반감을 갖게 되어 버린다(그리고 우리는 케리의 적수도 마찬가지로 부유하다는 점을 알아차리지 못한다). 공화당은 어느 누구보다 한 발 앞서 질투의 정치학politics of envy을 구사하고 있고, 언론은 고분고분 그 길을 따라가고 있다.

요컨대 사소함이 올리는 개가는 전혀 사소한 문제가 아니다. TV 뉴스가 올해 대통령 후보의 정책 공약을 국민에게 알리지 못한 일은 성급한 이라크 침공에 문제를 제기하지 못한 일만큼이나 상당히 심각한 언론의 배신이다.

사족 1. TV에서는 보지 못할 이야기를 하나 더 해 보자. 제브 부시Jeb Bush는 전자 투표 기기가 완전히 믿을 만하다고 주장하지만,《상트페테르부르크타임스St. Petersburg Times》에 따르면 플로리다주 공화당이 당 지지자들에게 발송한 안내장에서는 기기가 문서 추적이 어려워 "투표를 입증"할 수 없으니 부재자 투표를 이용하라고 독려했다.

사족 2. 3주 전《뉴리퍼블릭New Republic》보도에 따르면, 부시 행정부는 주요 테러범 생포를 민주당 전당 대회 동안 발표하라고 파키스탄에 압력을 행사했다. 파키스탄은 케리가 대통령 후보 수락 연설을 하기 몇 시간 전에 자국에서 중요한 알카에다 첩보원을 체포했다고 발표했다. 사실 그 체포는 며칠 전에 일어났다.

경제 분석에
무슨 의미가 있을까?

《뉴욕타임스》 블로그, 2013년 8월 4일

현재 경제학계는 높은 실업률이 구조적이지 않고 순환적이라는 것에 초
당파적 합의를 내고 있음에도, 벨트웨이Beltway〔워싱턴 정가〕에 자리 잡은
통념은 경제학계와는 반대되는 주장으로 굳어지고 있다는 점이 드러나
면서 몇 가지 생각이 일었다.

　우선, 용어가 지닌 의미다. 경제학자들이 "구조적" 실업structural unem-
ployment의 증가를 말할 때에 그것은 실제로 꽤 구체적인 내용을 뜻한다.
공허한 메아리가 아닌 "완전 고용" 실업률full-employment rate of unemployment
이 오른다는 뜻으로, 실업률이 물가와 임금이 오르기 시작하면서 임금-
물가 상승의 악순환이라는 위험에 빠질 만한 수준에 다다른다는 말이다.
그런 상황이 닥치면 실업 문제를 그저 사람들이 지출을 늘려 수요를 높이
는 방식만으로는 해결할 수 없다. 그렇지 않은 경우라면 실업 문제를 해

결할 수 있다.

우리가 말하는 다른 모든 것 곧 지역 간, 직업 간, 기술 간 실업의 다양한 형태 같은 것들은 어떨까? 구조적 실업의 증가를 다루는 일반론에서는 실업이 노동자와 일자리 사이 어떤 "불일치"와 관련이 있어서 이 불일치의 "표지"는 어느 부문에서든 노동자들이 부족하다거나 아니면 어떤 요소가 충분치 않다는 현상으로 나타나리라고 예상한다. 따라서 이러한 현상이 보이지 않는다는 사실은 구조적 실업론에 무게를 실어주지 못한다. 하지만 궁극적인 질문은 인플레이션이 문제가 되기 전에 실업률을 얼마나 낮출 수 있느냐 하는 것이다. 그리고 기본적으로 이 수치가 2007년 이후 올랐다는 증거는 없을뿐더러 현 실업률 수준에 근접했다는 증거는 더욱더 없다.

그리고 처음에 말했듯, 지금은 2년여 전과 비교해 실업이 구조적이지 않고 순환적이라는 견해에 보다 탄탄한 의견 일치를 보고 있다. 다른 블로그에 올린 글에서 나는 에드워드 러지어Edward Lazear가 잭슨홀에서 발표한 논문을 언급했다. 그리고 나라야나 코철러코타Narayana Kocherlakota도 의견을 바꾸었다(이 이유만으로도 코철러코타는 대예언자로 손색이 없다. 증거가 눈앞에 나타나도 기꺼이 관점을 바꾸려 드는 경제분석가가 아주 드물다는 점에서다).

따라서 우리가 지금 미국에서 벌이는 경제 논의는 경기를 풀어 나가는 방안에 집중해 있다. 내가 원하는 것보다 일이 느리게 진행되었지만 결국 경제 전문가들은 우리 문제의 본질을 짚는 한 가지 유명한 이론이 틀렸다고 결론 내렸다.

그런데 그 전문가란 집단은 염불보다는 잿밥에 마음을 쓴 듯하다.

"구조적" 문제를 말하면 진지하게 들리거나 "매우진지한사람들"처럼 보일 수도 있어서, 증거들은 정반대 내용을 가리키고 있음에도 "구조적"이라 말하는 것이다. 게다가 이는 "행성 형태 다르게 바라보기" 문제조차 되지 못해서, PBS 시청자들에게는 경제 전문가들 사이에 폭넓은 합의가 형성되어 있다는 어떤 실마리도 주어지지 않았다. 기후 관련 프로그램을 보고 있지만 오로지 기후 변화 부정론자들만 나오는 모양새다.

어쩌면 이 문제는 또 다른 논쟁인 치열한 긴축 논쟁의 맥락에서 파악해야 할지도 모른다. 이 부문에서도 전문가 견해에 매우 결정적인 반전이 일어났다. 곧, 경제학계 내부에서조차 끝까지 인정하지 않는 사람이 꽤 되지만, 친긴축 입장을 대표하는 두 축인 긴축을 확장해야 한다는 주장과 부채가 매우 낮은 문턱을 넘을 경우 끔찍한 사태가 닥친다는 주장이 무너진 것이다, 그것도 아주 볼 만하게. 그런데도 정책은 전혀 바뀌지 않았다. 기껏해야 유럽에서 주변부만 살짝 조정이 있었고, 미국에서는 비실한 경제를 마주하고도 여전히 지출만 깎고 있다.

분석과 증거가 중요하다고 진심으로 믿는 이들에게는 무척 울적한 일이다. 거시 경제학에 대한 통념이나 정책에서 최근 이루어진 진화는 분석과 증거가 중요하지 않다고 시사하는 듯 보인다.

왜 거짓말쟁이를
거짓말쟁이라 부르지 못하나

◆

《뉴욕타임스》 블로그, 2013년 8월 7일

미처 깨닫지 못하고 있었다. 그런데 통념이 증거 앞에서도 꿈쩍 않는 현실에 개탄이 절로 나오기 직전에 나와 비슷한, 하지만 좀 더 심도 깊은 주장을 편 사이먼 렌-루이스의 글을 읽고 나서 몇 가지 생각이 떠올랐다.

오늘날 전문가들과 기득권층이, 특권층은 "도구와 기계의 원리How Things Work"를 잘 아는 존재고 일반 대중은 특권층의 지혜로 인도되어야 하는 존재라서 둘 사이에는 뚜렷한 차이가 있다는 식으로 말하는 소리를 누구나 종종 듣는다. 현실은 전혀 딴판이다. 여론에서는 상당한 영향력을 발휘하더라도 예컨대 금본위제지지goldbuggery, 래퍼 곡선Laffer curve 등 특권층이 관심을 주지 않는 희한한 이론들이 있는 것이 사실이다. 그러나 특권층은 지난 5년의 대부분을 다른 경제 원칙(구조적 실업의 만연, 적자 감축 및 복지권 개혁의 긴급성, "불확실성uncertainty"의 파괴적 효과)에 몰두해 왔는데, 이것들은 초인플레이션의 공포만큼 증거에 거스르지 않을 수도 있지만 꽤나 위해하다. 이런 이론들은, 지난해에 자타가 인정하는 논의를 거쳐 완전히 몰아냈어야 했건만, 위세가 꺾이지 않은 채 여전히 등등하다.

결실이 아예 없었던 해는 아니었다. 구조적 실업을 바라보는 경제 전문가들의 의견에 커다란 변화가 일어났고, 긴축 재정의 확대를 지지하는 이론이 무너지며 승수가 꽤 크다는 관점으로 바뀌었고, 무엇보다 90퍼센트 부채 문턱론이 허물어졌고, 적자가 대폭 줄었고, 중단기 부채 우려가 사라졌고, 또 이러저러한 일이 있었다.

그런데도 정책은 전혀 바뀌지 않았다. 특권층의 시각도 거의 달라지지 않았다. 어떻게 이런 일이 가능할까? 렌-루이스가 중요한 핵심들을 파고든다. 정치인들이 자신의 편견을 강화하는 경제학자들을 찾아낸다는 점과, 언론이 선전 기관으로 전락하거나 정치인들이 진실과 배치하는 말을 마구 쏟아 대도 그것을 틀렸다고 솔직하게 밝히기를 몹시 꺼린다는 점이다.

폴리티팩트PolitiFact〔팩트 체커〕도 적자에 대해 실수를 저지르는 상황이다. 에릭 캔터의 말에 따르면, 적자는 실제로 그것이 빠르게 떨어질 때 늘어난다. 폴리티팩트는 이 팩트를 "절반의 진실half true"로 판정한다. 적자가 2015년 이후 (조금씩) 오르리라고 예측된다는 점에서 그렇다는 것이다. 내가 실제로는 햇빛이 쨍쨍 내리비칠 때 비가 내린다고 말했는데 (신뢰할 수 없는) 일기 예보가 주 후반에 비가 온다고 예상해서 내 말을 절반의 진실로 단정 짓는 격이다. 사실 확인 기관 곧 팩트 체커들이 스스로 신중을 기한다며 공화당 고위층이 무지렁이라거나 거짓말쟁이라고 공식적으로 부르기를 회피하고 있음은 부정할 수 없는 현실이다. 그 결과 알다시피 이들 기관은 다른 유형의 고민에 부딪히고 있으며, 이는 고무적인 일이다.

정책 분석이 실종된 상황으로 돌아가 보자. 모름지기 경제학자라면 제 능력을 발휘해 현실을 바로잡고 그 올바른 내용이 널리 퍼져 나가게 힘써야 한다. 그런데 이제 드러났듯, 지난 5년은 자못 실망스러웠다. 지식Knowledge이 권력power이 아닌가 보다. 그리고 실질적 권력actual power은 진지하게Serious 들리는 내용 그리고/또는 어떤 지침을 받드는 내용을 편들면서 실질적 지식을 외면하는 데에만 골몰하고 있다.

사실을 보도할 것인가, 빈정대는 악담을 할 것인가

2016년 9월 5일

어느 정도 나이가 있고 정치와 정책에 관심이 깊은 미국 국민이라면 아직 2000년 선거를 또렷하게 기억할 것이다. 유쾌한 기억은 아니지만, 유권자 투표에서 진 사람이 어찌어찌해서 결국 집권했기 때문만은 아니다. 저 마지막 일전으로 이어진 선거 운동 또한 악몽이었기 때문이다.

알다시피, 대통령 후보의 한 명이었던 조지 W. 부시는 미국 정치에 전례가 없을 정도로 부정직했다. 무엇보다 대대적인 부자 감세를 제안하면서 뻔뻔스레 산술적 결과마저 부정하며 그 감세가 중산층을 대상으로 삼는다고 주장했다. 이런 선거 운동은 부시 행정부가 집권하는 동안 어떤 일이 일어날지 전조를 보인 셈이었다. 더구나 결코 잊어서는 안 되는 일은 부시 행정부가 거짓 구실로 미국을 전쟁으로 몰아넣었다는 것이다.

그런데 선거 운동 내내 대다수 언론은 보도를 통해 부시가 허세는 있지만 솔직한 사람이라는 인상을 심었고, 반면 앨 고어는 그의 정책안이 조리에 닿고 부시의 정책안에 대한 비판도 매우 정확했지만 약삭빠르고 믿음직스럽지 못하다는 인상을 그렸다. 이른바 고어가 했다는 거짓 행동을 뒷받침한 것은 아주 사소한 일화이고 전혀 대단하지 않았으며 그마저 일부는 허위였다. 정말로 고어는 자신이 인터넷을 발명했다고 단 한 번도 주장한 적이 없었다. 하지만 그 인상은 고어에게 달라붙어 떨어지지 않았다.

그리고 지금 나를 비롯한 다른 많은 사람이 저 일이 재현되고 있다는 생각에 속이 울렁거리며 맥이 풀리고 있다.

사실 별 노력을 들이지 않고도 도널드 트럼프는 정직의 귀감인 척할 수 있다. 그러나 트럼프만 상대 평가를 받는 듯한 인상을 피하기 어렵다. 트럼프는 제멋대로 말하지 않고 텔레프롬터에 나오는 내용을 읽기만 해도 대통령직에 한 걸음 더 다가간다. 트럼프는 불법 이민자 1100만 명을 당장 모조리 검거하지 않겠다는 뜻만 비춰도 대세를 잡는다. 게다가 트럼프대학Trump University 조사를 철회하라고 주 법무장관에게 분명 뇌물을 먹인 듯한 정황 등 다종다양한 트럼프의 추문은 대개 놀라울 정도로 이목을 끌지 않는다.

한편 힐러리 클린턴이 한 일에는 그것이 무엇이든 부패일 수밖에 없다는 추정이 따르며, 이는 클린턴재단Clinton Foundation을 점점 부도덕하게 자극적으로 보도하는 데서 가장 두드러진다.

잠시 한 걸음 물러나, 클린턴재단이 어떤 곳인지 곰곰이 생각해 보자. 빌 클린턴은 퇴임했을 때 세계에서 존경받는 유명 인사였다. 그 평판으로 그는 무엇을 해야 했을까? 그가 가난한 아이들의 생명을 구하는 자선 단체를 세우려고 돈을 모으는 일은 꽤 이치에 닿는 고결한 행동처럼 들리지 않는가. 그리고 클린턴재단이 이 세상에서 선을 실현하는 데 크게 한몫한다고 누구나 입을 모은다. 예컨대 독립 감시 단체 채리티워치Chari-ty Watch는 클린턴재단에 "A" 등급을 주었다. 이는 미 적십자사가 받은 등급보다 높다.

수십억 달러를 모금하고 지출하는 활동은 어느 것이나 이해가 충돌하는 가능성이 생기기 마련이다. 이제 클린턴 부부가 재단을 비자금 통로로 이용해 지인에게 보상하거나 그렇지 않으면 공직에 앉은 힐러리 클린턴이 자신의 직위를 이용해 기부자에게 보상하는 모습을 상상할 수 있다. 따라서 부당한 대가가 오갔는지 살펴보려 재단 운영을 조사하는 일은 타당하고 합당하다. 기자들이 즐겨 말하듯 순전히 재단의 규모만으로도 "의심을 불러일으키니까."

그런데 아무도 그 질문에 내놓은 대답을 받아들이지 않으려는 모양새다. 오고 간 부당한 대가가 명명백백히 "없다"임에도.

힐러리 클린턴이 국무장관 시절 재단 기부자와 모임을 가졌다는 점은 "대통령에 당선할 경우 윤리적 문제에 부딪힐 가능성이 있음"을 시사한다고 AP가 대대적으로 보도했다. 그 내용을 들여다보자. 보도가 띤 어조를 보면, 힐러리 클린턴이 예컨대 잔인한 외국 독재자나 기소장을 받아 든 부유한 사업가와 마주 앉아 있고 이어 그들을 대신해 의심스러운 조치를 내리는 내용이 나오리라고 예상했을지도 모른다.

하지만 AP가 실제로 제시한 주요 사례는 힐러리 클린턴이 노벨 평화상 수상자이자 공교롭게도 오랫동안 개인적 친분을 쌓아 온 무하마드 유누스Muhammad Yunus와 만났다는 내용이었다. 탈탈 털어 조사를 했는데도 그 정도 밖에 나오지 않았다면, 결론은 아주 깨끗하다는 것이다.

그래서 나는 기자에게는 사실을 보도하는 것인지 아니면 그저 빈정대는 악담을 하는 것인지 스스로에게 물어보라고 촉구하며, 대중에게는 비판적 시각으로 보도를 읽으라고 권고한다. 후보를 다루는 보도가 무언가 "의심을 불러일으키고" "암운"이나 그 비슷한 여타의 무언가를 드리우는 상황을 언급한다면, 이런 글은 너무나도 자주 책임을 회피하는 애매모호한 말이 되어서 아니 땐 굴뚝에도 연기가 나는 인상을 풍기게 한다는 점을 명심해야 한다.

그리고 매우 쓸모 있는 조언을 덧붙이고자 한다. 후보의 성격을 판단하는 가장 좋은 방법은 후보가 실제로 하는 행동, 후보가 내놓는 정책을 유심히 살펴보는 것이라는 점이다. 학생을 기만하고, 도급업자를 사취한 트럼프의 행적은 그가 대통령으로서 어떻게 행동할지 가늠할 수 있는 유용한 잣대다. 힐러리 클린턴의 연설 태도나 몸짓 언어는 그렇지 않다. 조지 W. 부시가 거짓으로 내두른 정책으로 나는 2000년에 쏟아진 부시에 대한 친밀하고 개인적인 어느 보도보다 그 인간적 됨됨이를 잘 파악할 수 있었다. 트럼프의 일관성 없는 정책과 힐러리 클린턴의 신중한 태도, 그 극명한 대조는 많은 점을 시사한다.

다시 말하지만, 사실fact에만 전념하자. 미국과 세계는 악담패설로 기우뚱하는 선거를 또다시 치를 여력이 없다.

9장

사회 보장 제도 구하기

전쟁에 기댄 카키 선거, 그 후

2004년 대선 날 밤에 덮친 충격은 2016년 대선 날 밤의 상황에 견주면 아무것도 아니긴 했어도, 씁쓸한 실망감이 미국의 자유주의 진영을 휩쓸었었다. 조지 W. 부시에 대한 인상은 지난날과 비교해 점점 좋아지고 있다. 정확히 말하자면, 사람들은 부시가 도널드 트럼프보다 그나마 낫다며 부시가 집권 시절에 저지른 극악무도한 범죄 행위들을 뇌리에서 지우는 듯 보인다. 그러나 부시는 무엇보다 거짓 구실을 내세워 미국을 전쟁으로 몰아넣은 장본인이었고, 그 전쟁으로 수십만 명이 생목숨을 잃었다. 유권자들이 그 간악한 행위에 칭찬을 보내는 모습은 보기에 썩 달가운 광경이 아니었다.

더욱이 수많은 시사평론가가 2004년 선거를 단지 일회성으로 그치는 사건이 아니라 보수주의 정권이 영구히 집권하는 전조로 바라보았다.

TV만 틀면, 사람들이 아직 정규 방송망을 시청하던 때, 하나같이 미국의 자유주의에 사망 선고를 내리면서 미국은 원래 보수주의 국가라고 부르짖는 사람들만 나왔다.

그러나 자세히 들여다보면 다른 이야기가 흘러 나온다. 곧 2004년 선거는 보수주의의 정책을 승인한 것이 아니었으며, 그 까닭은 당시 선거가 정책 토론이 현저히 부재한 채로 치러진 때문이라는 것이다. 또한 부분적으로는 정책을 둘러싼 쟁점들이 언론 매체 대다수가 전하는 시시콜콜한 보도를 뚫고 나아갈 수 없었기 때문이기도 하다는 것이다. 한번은 방송에서 보도한 한 달치 뉴스 녹취 사본을 꼼꼼히 살펴본 적이 있었다. 두 대선 후보가 내놓는 의료 보험 정책안에 대해 시청자들이 무슨 말을 들었는지 알아보기 위해서였다. 사실 양측 안이 무척 달랐는데, 결론을 말하자면 그 내용을 다룬 보도를 한 건도 찾지 못했다는 것이다. 두어 기자만이 의료 보험 정책안이 정치적으로 어떻게 작용하는지 다루고 있었으며 그마저 두 정책안이 실제로 어떤 내용을 담고 있는지에 대해서는 전혀 언급하지 않았다.

선거는 이미지와 직관이 난무하는 싸움터다. 부시는 여전히 9·11 테러가 발하는 온기를 쬐며 이라크 전쟁의 승리가 선사하는 환상을 누리고 있었다. 미국 국민 다수가 부시를 국가 안보를 지켜 낸 영웅으로 우러러 보았고, 선거는 영국인들이 "카키 선거khaki election"라고 부르는 양상을 띠었다〔"카키 선거"는 전시 또는 전후에 애국심으로 고양된 국민감정의 영향을 많이 받는 선거를 말한다. 제2차 보어 전쟁 기간 중에 치러진 1900년 영국 총선거에서 보수당이 승리하면서 생겨난 용어로, 카키는 당시 영국 육군복의 색상이다〕. 그리고 보다 사소하지만 여전히 중요한 사회적 쟁점이 전통적 가치관과 복잡하게 얽혀 들었다. 몇몇 주창자가 나서서 동성 결혼 합법화를 추진했고 거센 반발이 뒤따랐다.

그렇게 부시는 재선에 성공했다. 내가 종종 던지곤 하는 농담처럼, 자신이 동성 결혼한 테러리스트들한테서 미국을 지키는 수호자인 척하면서. 하지만 대선이 끝나자마자 부시는 다음과 같이 선언했다. 자신에게는 사회 보장 제도를 민영화할 수 있는 권한이 있다고. 그러고는 사회 보장 제도를 개인 투자 계좌라는 제도로 바꾸어 놓았다.

부시와 그의 참모진은 그 정책이 왜 정치적으로 성공할 것이라고 생각했을까? 한 가지 대답을 내놓자면, 부유층 상당수가 그렇듯 그들 역시 사회 보장 제도가 미국 국민 대다수에게 얼마나 요긴한지 알지 못했기 때문이다.

당신이 정치자문가나 기자나 두뇌 집단의 전문가처럼 높은 보수를 받는다면, 십중팔구 자신이 거창한 개인 은퇴 계획을 마련하고 65세에 이를 즈음 상당한 자산을 일구어 내리라 기대할지도 모른다. 하지만 퇴직자 대다수는 사회 보장 제도에 소득을 대부분 의존한다. 이들 중 약 3분의 1에게는 사회 보장 제도가 거의 유일한 소득원이다. 부시가 정말로 그 제도를 흔들고 싶어 한다고 깨닫자 국민들은 심기가 사나워졌다.

그런데 부시와 그 일당은 사회 보장 제도가 유권자들 사이에서 얼마나 크게 사랑받는지 모르지 않았다. 그들은 또한 사회 특권층 사이의 합의에 지나치게 기댔다.

최근 들어 상황이 달라졌을 수도 있지만, 이 책에서 다루는 기간 동안에는 사정에 밝고 소식에 빠르다고 보이고 싶은 워싱턴 정가 사람이라면 누구나 어느 때든 "아는" 정보가 있었다. 그 정보가 맞아서가 아니라 특권층이 하나같이 입을 모아 그렇게 말했기 때문이다. 그런 정보의 하나가 사회 보장 제도는 위기에 처해 있으며 곧 대대적 개편이 불가피하다는 것이었다. 이렇게 말한 이들은 미국의 은퇴 제도가 운영되는 방식이나 미래를 내다본 계산을 직접 조목조목 들여다보지 않았다. 그저 그렇게 말해야 한다고만 알고 있었을 뿐이다. 어디에선가 내가 썼듯이, 사회 보장 제도가 위기에 놓였다며 혜택을 줄이라고 외치는 요구는 "진지함의 징표badge of seriousness"였다.

진지하게 들리고픈 바람은 첨단 유행을 걷는 듯 보이고픈 바람 및 그런 시류와 동행하는 관계다. 미국에서 사회 보장 제도의 민영화 논쟁이 불거졌을 때는 사회 보장 제도가 시작된 지 이미 70년째였다. 시사평론가 상당수가 바로 이 나이를 사회 보장 제도에 변화가 필요한 이유로 제시하며 21세기에 걸맞게 제도가 변모되어야 한다고 강조했다.

결국 기업 연금 제도가 싹 바뀌었다. 다달이 일정액을 지급하던 기존의 "확정 급여형defined benefit 퇴직 연금"은 돈을 투자 계좌에 넣는 "확정 기여형defined contribution 퇴직 연금" 제도에 자리를 내주었다. 사회 보장 제도도 똑같이 운용하면 안 될 이유가 있을까? 매우 타당한 이유가 정말 있었다. 사실 개인 은퇴 제도의 정책안에 새로이 위험성이 나타났다. 따라서 투자가 부진할 경우를 대비해 사람들에게 안정적으로 소득을 보장하는 제도가 있어야 한다는 점이 더욱 중요하게 부각되었다. 그런데 이런 점은 은퇴 제도의 경제학적 측면을 빈틈없이 파헤치는 데 익숙지 않은 이들에게는 모호하게 다가왔다.

바로 이 지점에서 (다수의 진보 성향의 정책통policy wonk과) 내가 등장했다.

사회 보장 제도가 민영화의 마수에서 살아남은 이유는 크게 두 가지였다. 일반 국민이 실상을 깨달으며 사회 보장 제도의 민영화에 거세게 반대했기 때문이고, 민주당 지도부가 사회 보장 제도의 민영화 불가 입장을 굳건하게 지켰기 때문이다. 특히 낸시 펠로시가 특권층이 내는 헛소리에 당당히 맞섰다(펠로시는 사회 보장 제도에 대한 개선안을 언제 낼 생각이냐는 질문에 다음과 같이 응수했다. "절대 내지 않습니다. 그편이 당신한테는 더 나을 텐데요?"). 사회 보장 제도를 민영화하자는 헛소리를 납작하게 눌러야 할 때 나 같은 사람에게 딱 맞은, 당시에는 꽤 중요하게 보이던 역할이 있었다. 가공한 위기는 실재가 아님을, 민영화는 어떤 실질적 문제의 해법이 아님을, 개인이 은퇴한 뒤 기본 생계를 보장해 주는 일은 정부가 져야 하는 의무임을, 이에 더해 정부가 그 임무를 민간 부문보다 더 잘해 낼 수 있음을 증명해 내는 역할이었다.

그리고 놀라운 상황이 벌어졌다. 내가 《뉴욕타임스》에 글을 기고하고 난 뒤 처음으로 정책 논쟁에서 우리 편이 승리를 거머쥐었다.

사회 보장 제도에 드리우는 불안

2004년 3월 5일

사회 보장 신탁 관리 연례 보고서에 따르면, 사회 보장 제도는 재정 상태가 꽤 괜찮았다. 실제는, 향후 최소 75년 동안 현 혜택 수준을 유지하려면 자금을 약간 더 투입해야 한다. 그런데 다른 보고서에는 이 제도가 심각한 재정 문제를 안고 있는 것으로 나타난다. 예를 들어 《뉴욕타임스》화요일 자에 언급한 2002년 미 재무부의 한 연구에서는 사회 보장 제도와 메디케어가 44조 달러에 이르는 적자를 내고 있다고 주장한다. 어느 쪽이 맞을까?

따라갈 실마리가 있다. 우파 정치인들이 공개 석상에서 사회 보장 제도를 구하고 싶다고 주장하는 사이에 이들 관점을 다듬는 이론가들이 안달을 부리듯 그 제도를 해체할 명분을 찾는다. 그러니 이념에 치우친 기관에서 일하는 사람들이 불안을 피워 올리며 내놓는 보고서를 읽을 때에

—맙소사, 그런 기관에 이제는 미 재무부도 들어가다니— 우리는 아주 각별히 주의해야 한다.

첫째, "와 메디케어and Medicare"란 두 단어가 커다란 차이를 낳는다. 재무부 연구에 따르면, 44조 달러 적자의 16퍼센트만이 사회 보장 제도에서 나온다. 둘째, 두 제도가 낳는 적자 추정치는 대개 먼 미래도 투영한 결과다. 곧 두 제도의 적자를 합친 총액의 62퍼센트가 2077년 이후에나 발생한다.

그럼에도 재무부의 연구 보고서가 어렴풋이나마 사회 보장 제도의 위기를 예측하는 게 아닐까? 아니다.

사회 보장 제도의 문제는 그리 심각할 것도 없는 인구 변동의 문제다. 인구가 고령화하면서 은퇴자 수가 노동 인구 수보다 늘어나는 속도가 빠른 데서 비롯하는 문제다. 그 결과, 혜택에 드는 비용은 GDP의 약 2퍼센트 정도 오를 전망이다. 그것도 앞으로 30년에 걸쳐서. 그 이후에도 아주 서서히 오른다. 이에 반해 부시의 감세안을 영구히 못 박으면 세수는 GDP의 최소 2.5퍼센트가 감소한다. 그것도 지금 당장. 사회 보장 제도가 연방 정부의 나머지 제도와 달리 현재 흑자로 운영된다는 사실을 감안하면, 부시의 감세가 사회 보장 제도의 적자보다 미국 재정의 미래에 훨씬 골치 아픈 문제다.

메디케어는 종종 사회 보장 제도와 한데 묶어 다루어지지만, 둘은 서로 다른 제도이며 따라서 당면한 문제도 서로 다르다. 메디케어에서 추정되는 비용 상승은 대개 인구 변동이 아니라 의료 비용의 인상으로 발생한다. 이 의료 비용은 다시 의학 기술의 발달을 주로 반영하며, 이 의학 기술의 발달에 힘입어 의사가 온갖 질병을 치료한다.

이 같은 추세가 이어진다면, 장기간을 언제부터 언제까지로 보아야할지 불분명하지만, 우리는 장기간에 걸쳐 이러지도 저러지도 못하는 진퇴양난에 빠질 수도 있다. 그리고 그런 상황은 은퇴자 돌봄 부문만이 아니라 의료 전반에 영향을 미치며 도덕적으로도 경제적으로도 타격을 준다. 결국, 미국 국민이 모두 현대 의학이 선사하는 이점을 온전히 누리려면 사실 정부가 지금보다 돈을 더 거두어들여야 할지도 모른다. 게다가그러한 치료를 보장하지 못하면 미국의 빈곤 계층과 중산 계층이 일찍 죽거나 뚝 떨어진 삶의 질로 고통 받는 모습을 지켜보아야 한다. 그들은 최고 수준의 의료를 다 누릴 형편이 안 될 테니까.

언젠가는 그와 같은 궁지에 몰린다. 우리가 사회 보장 제도에 어떤 칼을 빼 들든 상관없이. 지금 당장 그 궁지에서 벗어날 묘수를 짜내야만 하는지는 분명치 않다. 나는 멀리 내다보아야 한다는 데에 적극 찬성한다. 그런데 행정부가 고작 5년 예산 계획을 세우며 이미 알려진 의료 비용을 몇 년 더 숨긴다면 분노만 부른다. 꼭 계획을 먼저 세우자. 하지만 선을 긋자. 2077년 이후에 들어갈 메디케어 비용을 들먹이며 불온한 경보를 발령한다면 나는 이런 질문을 던지고 싶다. 현재 국가 재정을 결정하는 데아직 태어나지도 않은 세대에게 아직 개발하지도 않은 의료를 제공할 때에나 드는 예상 비용을 왜 반영해야 하는가?

사회 보장 제도가 지금 맞닥뜨린 가장 커다란 위험은 정치와 관련 깊다. 이 제도를 혐오하는 사람들이 정말 공포 전략과 애매한 산술을 이용해 그 제도를 무너뜨리려 들까?

앨런 그린스펀이 사회 보장 제도의 혜택을 줄여야 한다고 요구하자공화당 하원의원들은 일제히 개인 은퇴 계좌의 개설이 그 해결책이라 주장했다. 아직도 이 사람들이 그 엉터리 만병통치약을 팔고 있다니 놀라울 따름이다. 그런데 더욱 놀라운 점은 언론이 그 약장수들에게 판을 깔아 주고 있다는 것이다. 어제 《월스트리트저널》에서 한 기자가 사려 깊게도 "개인 계좌만으로는 사회 보장 제도가 앓는 병을 치료할 수 없다"라고 언명했다. 내가 보기에는 그 말이 맞다. 도넛만 먹는다고 몸무게를 줄일 수 없듯이 말이다. 사회 보장 제도의 민영화는 제도의 재정을 개선하기는커녕 악화한다고 분명히 밝히기가 왜 그토록 어려운 걸까?

사회 보장 제도에 드는 비용을 줄이거나 아니면 그 세수의 토대를 넓히는 신중한 개편을 고심해야 할까? 물론 그렇다. 그러나 사회 보장 제도를 구하려면 그 제도를 허물어뜨려야만 한다고 주장하는 이들을 단단히 경계하자.

야바위와 다름없는 우파의 논리

◆

2004년 12월 7일

사회 보장 제도의 민영화, 다시 말해 현 제도를 전부든 일부든 개인 투자 계좌로 바꾸는 일은 그 제도의 재정을 탄탄하게 하는 데 아무 도움이 안 된다. 오히려 사정만 더 악화시킨다. 그럼에도 민영화를 둘러싼 정략은 사회 보장 제도가 금방이라도 무너질 듯 위태로우며 따라서 사회 보장 제도를 구하려면 일단 그 제도를 무너뜨려야 한다고 얼마나 국민을 잘 설득하느냐에 결정적으로 달려 있다.

1월에 일상으로 돌아오면 그 점에 대해 할 말이 많다. 하지만 지금 당장 휴가를 잠깐 미루더라도 사회 보장 제도의 위기를 운운하며 떠들어 대는 파다한 항설을 파헤치는 일이 시급해 보인다.

사회 보장 제도의 운영 방식에는 이상한 점도 수수께끼 같은 점도 없다. 사회 보장 제도는 급여 소득에만 붙는 세금이 토대를 이루는 정부 제도다. 고속 도로 정비 사업이 유류에만 붙는 세금이 토대를 이루는 것처럼 말이다.

지금은 소득세에서 나오는 세수가 혜택으로 나가는 세출보다 크다. 이는 20년 전에 신중히 세운 계획으로, 다름 아닌 앨런 그린스펀이 권고한 소득세 인상의 결과다. 그린스펀이 당시 주로 저소득층과 중소득층이 내야 하는 세금을 인상한 명분은, 로널드 레이건은 부유층이 내야 하는 세금을 막 인하했음에도, 세수를 더 늘려야 신탁 기금을 마련할 수 있다는 점이었다. 그리고 이 명분을 뒷받침한 것은 베이비붐 세대가 은퇴를 시작하면 그 혜택에 들어가는 비용을 감당해야 한다는 점이었다.

사회 보장 제도가 위태롭다는 주장에도 좁쌀만 한 진실이 들어 있긴 하다. 이 세금의 인상폭이 충분히 크지 않다는 점이다. 의회예산처가 최근에 발표한 보고서의 추정치에 따르면(사회보장국Social Security Administration, SSA이 지나치리만치 조심스럽게 내놓은 추정치보다 어쩌면 현실에 더 가까울 수 있는), 신탁 기금은 2052년에 바닥을 드러낸다. 하지만 사회 보장 제도는 그때 "파탄"나지 않는다. 신탁 기금이 고갈된 뒤에도 사회 보장 제도에 들어오는 세수를 통해 제도는 약속한 혜택의 81퍼센트를 보장할 수 있다. 여전히 장기적 재정 문제는 안고 있겠지만.

그래도 이는 아주 사소한 문제다. 보고서에 따르면 혜택에 아무런 변화도 꾀하지 않고 신탁 기금을 22세기까지 유지하려면 추가로 필요한 세수가 GDP의 0.54퍼센트에 지나지 않는다. 이 액수는 연방 정부 지출의 3퍼센트에도 미치지 않는다. 현재 이라크에서 쓰는 돈보다도 적다. 그리고 이 액수는 부시의 감세 정책으로 매년 사라진 세수의 약 4분의 1일에 불과하다. 소득이 1년에 50만 달러가 넘는 사람이 받는 감세의 약 4분의

1밖에 안 된다.

이 수치들을 감안하면 어렵지 않게 종합적인 재정 대책을 내놓을 수 있어, 커다란 변화 없이도, 다음 세대를 위한 은퇴 제도를 지킬 수 있다.

사실 연방 정부는 전반적으로 매우 심각한 재정 부족 상태에 놓여 있다. 하지만 그 부족은 사회 보장 제도 자체보다는 그럼에도, 부시가 영원히 시행하겠다고 고집하는 감세와 더 관련 깊다.

그런데 민영화에 대한 정략이 사회 보장 제도가 위기에 빠졌다고 국민을 설득하는 일에 기대고 있는 터라 민영화 주창자들은 갖은 수를 써서 위기를 꾸며냈다.

내가 즐겨 드는 사례가 스리-카드-몬테three-card-monte 논리인데 다음과 같다〔스리-카드-몬테는 세 장의 카드를 섞고 퀸이나 에이스 등 목표 카드를 맞추는 게임이다. 대개 딜러가 바람잡이들과 함께 게임 참가자를 속여 먹는 일종의 야바위를 말한다〕. 우선, 그들은 사회 보장 제도가 현재 흑자를 보여도 그리고 그 흑자로 신탁 기금이 계속 늘어나도 이는 아무 의미가 없다고 주장한다. 그들 말에 따르면 사회 보장 제도는 사실 독자적 조직체가 아니고 연방 정부에 소속되어 있다.

신탁 기금에 별 의미가 없다면 그린스펀이 지지한 1980년대의 증세는 그저 계급 전쟁을 위한 훈련이었을 뿐이다. 곧 미국의 노동 계층에 부과하는 세금은 인상된 반면 부유층에 부과하는 세금은 인하되었고. 노동자들은 희생을 치렀지만 아무런 대가도 받지 못했다는 점에서다.

하지만 그건 아무것도 아니다. 사회 보장 제도가 흑자 운영을 할 때 그 제도는 독자적 조직체가 아니라고 주장하는 바로 그 사람들이, 향후 10년간 혜택으로 나가는 돈이 소득세로 들어오는 돈보다 커지자, 이것은 곧 위기가 수면으로 떠오른다는 징조라고 강조하고 있다. 그런데 보다시 피 사회 보장 제도는 독자적으로 재원을 마련하는 구조이며 따라서 자체 적으로 유지될 수밖에 없다.

누군가 이 두 입장을 다 지지한다면 정직하다고 볼 수 없다. 그런데 사회 보장 제도 민영화 주창자들의 입장을 보면 정직한 면을 거의 찾아볼 수 없다. 그들은 사회 보장 제도를 땅에 묻으려 하지 구하려 하지 않는다. 그들은 언젠가는 사회 보장 제도가 제 기능을 잃을 수도 있다는 우려에 진심으로 관심을 기울이지 않는다. 그들은 그저 사회 보장 제도가 역사에 한 획을 그을 성공을 거두지 못하게끔 훼방을 놓을 뿐이다.

사회 보장 제도는 지금 톡톡히 효과를 내고 있는 정부 제도다. 적은 세수와 적은 지출로도 국민이 보다 풍요롭게 보다 안전하게 삶을 영위할 수 있음을 여실히 예시해 주는 실례다. 바로 그런 이유에서 우파는 사회 보장 제도를 박살내고 싶어 한다.

사회 보장 제도가
실패할 것이라는 믿음

2004년 12월 17일

조지 W. 부시 행정부가 사회 보장 제도를 거대한 확정 기여형 퇴직 연금 제도401(k)로 바꾸어야 한다고 미국 국민을 설득하려 애쓰는 지금, 우리는 이미 그 길을 밟은 다른 국가들을 타산지석으로 삼을 수 있다.

다른 국가들이 사회 보장 제도 민영화를 실시하며 어떤 경험을 했는지 자료를 찾기란 그리 어렵지 않다. 일례로 센추리재단Century Foundation 이 운영하는 웹사이트 www.tcf.org에 들어가면 다양한 링크와 접속할 수 있다.

그러나 미국의 언론은 사회 보장 제도의 민영화를 지지하는 카토연구소와 여러 기관이 칠레에서 날아오는 긍정적 소식을 전하는 데만 지면을 제공할 뿐 독자와 시청자들에게 다른 여러 국가의 경험은 거의 전하지 않는다. 특히 공공연한 비밀 두 가지는 대중에게 일절 알리지 않는다.

그 비밀 하나는, 사회 보장 제도의 민영화는 노동자들이 내는 분담금의 상당한 액수를 투자 회사에 내는 수수료로 흔적도 없이 사라져 버리게 한다는 점이다.

다른 비밀 하나는, 사회 보장 제도의 민영화는 수많은 은퇴자를 빈곤의 나락으로 내몬다는 점이다.

수십 년 동안 보수주의 진영은 정부 제도는 늘 비대한 관료 체계를 낳고 민간 부문은 항상 군살 없는 높은 효율성을 낳는다는 시장 전략으로 미국 국민을 설득해 왔다. 그런데 퇴직 후 소득 보장 제도retirement security를 살펴보면 실상은 정반대다. 사회 보장 제도는 세수에서 99퍼센트 이상이 혜택으로 돌아가며 1퍼센트 미만이 간접비로 들어간다. 칠레의 경우에는 운용 수수료management fee가 약 20배나 더 높다. 그리고 그 수치를 민영화 체계에서는 예사로 여긴다.

이들 수수료는 개인이 계좌에서 기대하는 수익을 대폭 깎아 먹는다. 마거릿 대처Margaret Thatcher가 집권한 이후 민영화를 실시해 나간 영국에서는 몇몇 투자 회사가 물리는 어마어마한 수수료에 경보음이 울려 퍼졌고 급기야 정부의 규제 기관이 나서서 "수수료 상한선charge cap"을 정하기에 이르렀다. 그래도 수수료는 아랑곳 않고 영국의 퇴직 연금을 덥석덥석 베어 먹고 있다.

미국에서 개인 계좌의 실질 수익률을 합리적으로 예상하면 4퍼센트 이하다. 그런데 그 제도에 영국 수준의 운용 수수료를 도입하면 노동자에게 돌아가는 순수익이 4분의 1 이상 줄어든다. 개인에게 보장된 혜택이 무척 줄어들 뿐 아니라 위험마저 매우 커진다면 우리가 지금 살펴보는 "개혁"은 모두에게 피해만 안길 뿐이다. 투자 산업만 제외하고.

민영화 주창자들은 미국의 사회 보장 제도를 민영화하면 비용을 훨씬 낮출 수 있다고 주장한다. 투자를 간접비가 낮은 인덱스 펀드로 제한하면 비용이 줄어드는 것은 사실이다. 곧 개인이 아니라 공무원이 투자 결정을 내리면 그렇게 된다는 것이다. 하지만 그런 방식으로 제도를 운영하면, 노동자들이 직접 자신의 돈을 관리한다고 한 제안은 결국 허위 광고가 되어 버린다. 2년 전 카토연구소는 "사회 보장 제도 민영화 계획"이란 원래 제목에서 "민영화privatization"를 빼고 "선택choice"을 넣어 다시 제목만 바꿔 붙였다.

그리고 노동자에게 저비용 투자만 할 수 있다는 제한 규정이 있다면 투자 산업 부문의 로비스트는 그 규정을 뒤엎으려 바삐 움직였을 것이다.

분명히 말하지만, 나는 금융 기업에 안기는 짭짤한 우발 이득만이 민영화를 추구하는 주된 동기라고 보지 않는다. 민영화는 대개는 이념적 경향을 띤다. 그래도 그 우발 이득은 월스트리트가 민영화를 바라는 무시 못 할 이유다. 따라서 우리는 모두 의심의 눈초리를 절대 거두어서는 안 된다.

게다가 노인 빈곤 문제도 있다.

사회 보장 제도의 민영화 주창자들이 칠레의 사회 보장 제도를 추켜세우면서 절대 언급하지 않는 부분이 있다. 정부 지출을 줄이겠다는 약속이 아직 이행되지 못했다는 내용이다. 그 제도가 생겨나고 20년이 넘었지만 칠레 정부는 여전히 돈을 쏟아붓고 있다. 왜 그럴까? 연준 보고서에 따르면, 칠레 정부는 "최저 연금도 타지 못할 정도로 자산을 모으지 못한 노동자에게 보조금을 지급해야" 했기 때문이다. 그러니까 민영화는 은퇴자 다수를 지독한 빈곤으로 몰아넣었고 정부는 그들을 구하기 위해 나서야 했다.

동일한 일이 영국에서도 일어나고 있다. 영국의 연금위원회Pensions Commission는 대처가 실시한 민영화로 연금 문제를 해결했다고 여기는 이들이 "신기루" 속에서 살고 있다고 따끔하게 일침을 놓았다. 정부가 추가로 상당한 지출을 해야 고령층에 다시 빈곤이 만연하는 상황을 피할 수 있다. 영국도, 미국이 그렇듯, 이미 그 문제를 풀었다고 여겼음에도.

영국이 겪은 경험과 부시 행정부가 내놓은 정책안은 직접적 관련이 없다. 지금 드러나는 암시가 어떤 실마리라면 마지막 정책안에서는 열에 아홉은 앞으로 사회 보장 제도가 보장하는 혜택을 줄여서 기금을 아껴야 한다고 주장할 것이다. 이 같은 절약은 환상이다. 지금부터 20년 뒤에 영국의 연금위원회에 해당하는 미국의 기관이 다음과 같은 경보음을 울릴지도 모른다. 정부가 지출을 어마어마하게 더 늘려야 은퇴자에게 곧 닥칠 심각한 빈곤을 막을 수 있다고.

부시 행정부는 톡톡히 효자 노릇을 하는, 그리고 아주 일부만 손을 보면 다가올 세대를 위해 건강한 재정을 마련할 수 있는 이 퇴직 연금 제도를 없애고 싶어 한다. 그 제도가 실패할 것이라 믿고 싶어 하면서, 다른 국가에서 시도했을 때 비용을 아끼기는 고사하고 고령층을 빈곤으로 밀어넣은 제도를 쫓아 가고 있다.

사회 보장 제도가 주는 교훈

◆

2005년 8월 15일

사회 보장 제도가 등장한 지 어제로 70년이 되었다. 그리고 거의 모두가 놀라는 점은, 미국에서 가장 큰 성공을 거둔 이 정부 제도가 여전히 온전한 형태를 유지하고 있다는 것이다.

불과 몇 달 전만 해도, 조지 W. 부시 대통령이 사회 보장 제도를 자신의 입맛에 맞게 요리할 것이라는 게 통설이었다. 지금 부시는 사회 보장 제도 민영화 추진력을 바닥까지 잃었고 그 주제와 관련한 논의는 온 국가에서 자취를 싹 감추다시피 했다.

나는 잠시 사회 보장 제도를 다시 논의 대상으로 불러내고 싶다. 부시가 유야무야 넘어가려 한다는 점을 잊지 않는 게 중요하기 때문이다.

여러 전문가와 논설위원은 부시가 사회 보장 제도를 "개혁"하려 한다는 점에 점수를 후하게 준다. 사실, 부시는 사회 보장 제도를 땅에 묻어 버리려 했지 살리려 하지 않았다. 시간이 흐르면 부시의 정책안은 사회 보장 제도를 사회 보험 제도가 아니라 뮤추얼 펀드mutual fund, 유가 증권 투자 회사로 바꾸어 놓았을 것이고 그러면 프랭클린 D. 루스벨트가 마련한 제도와 공통점이라고는 이름 밖에 남지 않았을 것이다.

이에 더해 부시는 목적을 허위로 꾸며 냈거니와 현 사회 보장 제도에 대해 거짓을 일삼았다. 앗, 이런 실례를 범하다니. 이렇게 말하면 너무 무례한 말이 되려나? 어찌 되었든, 사실 부시는 거짓임을 논증할 수 있는 내용을, 그리고 그의 참모진도 거짓이라고 알았음이 분명한 내용을 되풀이해서 말했다. 사회 보장 제도가 아프리카계 미국인에게는 불공정하다는 주장부터 "1년을 기다리면 사회 보장 제도를 손보는 데 드는 비용이 6000억 달러나 더 늘어난다"는 주장까지 거짓말도 가지각색이었다.

한편, 부시 행정부는 사회보장국을 정치화하고 납세자들이 낸 돈을 이용해 당파적 정책을 장려했다. 사회 보장 제도 공무원들이 사실상 납세자들이 자금을 댄 정치 집회에 참여했고 회의적인 구성원들은 여기서 제외되었다.

나는 과거 시제로 이 내용을 쓰고 있지만, 일부는 여전히 현재 진행형이다. 지난주에 사회보장국 국장 조 앤 반하트Jo Anne Barnhart가 특별 기고 형식으로 글을 발표했다. 반하트는 사회 보장 제도가 모두 알다시피 사람들이 오래 살지 않아 그 혜택을 많이 받지 않던 사회에 맞춰 설계되었다고 주장했다. "살아 있는 미국의 노령 인구가 지금 이렇게 늘어날 것이라고는 1935년 당시 아무도 예상하지 못했다."

그런데 사회보장국 웹사이트의 "사회 보장 제도에 맞는 기대 수명Life Expectancy for Social Security"이란 제목의 글에서는 사회 보장 제도가 원래 "극히 일부만 혜택을 받는 방식으로 설계되었다"라는 주장과 그 제도가 "이른바 최근 몇 년 동안 급격히 늘어난 기대 수명"으로 온갖 문제에 직면하고 있다는 비슷한 주장을 명확히 거부하고 있는 것으로 밝혀졌다.

게다가 미국 전체 인구 가운데 현재 고령 인구의 수가 차지하는 비중은 사회 보장 제도 창안자들이 예상한 수치 언저리를 맴돌고 있다. 루스벨트가 구성해 사회보장법Social Security Act〔1935〕 기틀을 마련한 경제안전보장위원회Commission on Economic Security의 1934년 보고서에서는 2000년에 65세 이상이 미국 국민의 12.7퍼센트를 차지한다고 예측했다. 실제 수치는 12.4퍼센트였다.

반하트가 온갖 수를 다 써 봤지만, 민영화는 당분간 물 건너 간 듯 보인다. 민주당 하원 지도부는 민영화에 적극 찬성하는 정치적 영향력이 큰 전문가 집단punditocracy에 반기를 들며 따르기를 거부했고, 미국 국민들도 사회 보장 제도가 지금 이대로도 좋다고 분명히 밝혔다.

그러나 민영화 지지를 내세운 선거 운동은 행정부가 정책들을 어떻게 선전하는지에 대한 좋은 본보기가 되는 교훈을 제공해 주었다. 곧 목적을 꾸며 내고, 사실을 감추며, 거짓말을 일삼고, 여러 정부 기관을 함부로 통제함으로써 말이다. 이러한 전략은 세금 감면과 이라크 전쟁을 선전할 때에도 똑같이 구사되었다.

그 교훈을 꼼꼼히 살펴야 하는 데에는 두 가지 이유가 있다. 하나는, 부시가 다음에 어떤 정책안을 들고 나오든 우리가 단단히 준비하고 있어야 한다는 점에서다. 부시가 이란을 향해 강경한 발언을 이어가더라도 그가 또 다른 전쟁을 제안할 수 있으리라고는 여기지 않는다. 우리가 이미 벌여 놓은 이런저런 전쟁에 파견할 군대도 부족한 형편이니까. 그러나 부시는 국내에서는 또 다른 중대한 의안의 발의를 밀어붙일 여지가 있는데 십중팔구 세제 개혁이다.

유비무환이다. 개혁의 진짜 목적은 결코 당당히 드러내지 않을 테니까. 행정부가 현 제도를 두고 이러쿵저러쿵하는 말은 진실이 아니며 재무부도 오로지 당파에 따른 역할을 쫓아 기능한다.

다른 하나는, 민영화에 대한 대중의 본능적 거부감과 아울러 이라크에서 겪은 패퇴에 대한 실망감이 민주당에 부시 행정부의 기만적 행태를 쟁점으로 삼게끔 기회를 준다는 점에서다. 문제는 민주당이 자신들 일부도 속았음을 인정하는 꼴이 되는 이 기회를 호기롭게 잡을 것이냐 하는 점이다.

민영화의 추억

《뉴욕타임스》 블로그, 2015년 3월 28일

데이브 바이겔Dave Weigel은 흥미롭게도 해리 리드Harry Reid 회고전을 열어, 사회 보장 제도를 민영화하려는 조지 W. 부시의 시도에 강력히 맞서는 데 자신의 역량을 집중하고 있다. 특히 자유주의 블로거와 동맹 관계를 구축해 나가는 데 힘을 쏟고 있다.

그 일화가 유난히 기억에 남는 데에는 몇 가지 이유가 있다. 우선 나역시 이곳저곳에 글을 쓰며 잇달아 터져 나오는 사회 보장 제도의 민영화 주장을 파헤쳐 그 음흉한 속내를 밝히고 있어서였다. 그런 일이 처음은 아니었지만 이번에는 두 가지 점에서 달랐다. 정말 치열했다는 것이 하나이고, 우리 편이 내세운 주장이 정치 투쟁에서 승리했다는 것이 다른 하나다.

또한 현대 미국에서 정책 논쟁이 실제로 어떻게 전개되는지 내가 제대로 인식한 시기이기도 했다. 미국은 늘 편이 세 갈래로 나뉘었다. 먼저 우파. 우파는 사실이나 논리에 별 관심이 없다. 그리고 좌파(좌파라지만 미국의 좌파는 참된 좌파가 아니다. 다른 이들 기준에서 보면 실은 중도 좌파다). 마지막으로 자칭 중도파. 중도파는 대중적 지지 기반이 거의 없지만 워싱턴 정가 내에서는 꽤 영향력이 크다.

사회 보장 제도를 둘러싼 논쟁을 거치면서 일찍 깨달은 바지만, 중도파는 좌파와 우파 사이에 정확히 균형을 이룰 수 있는 지점이 있다고, 민주당이나 공화당이 각각 왼쪽으로든 오른쪽으로든 극단적으로 똑같이 치우쳐 있다고 절실히 믿고 싶어 한다. 이는 곧 중도파가 공화당이나 공화당에서 내놓는 정책안에 호의를 표현하는 길을 항상 찾고 있다는 의미다. 그 제안이 얼마나 해로운지 상관없이. 그렇게 해서 폴 라이언이 재정 책임을 치하하는 상을 받기에 이른 것이다.

2005년으로 거슬러 올라가 보자. 부시는 미심쩍은 주장을 펴며 완전히 그릇된 결론을 이끌어 내고 있었다. 첫째는 사회 보장 제도가 위태롭다는 주장이었다. 둘째는 사회 보장 제도의 민영화로 그 위기를 돌파할 수 있다는 주장이었다. 민영화로 사회 보장 제도의 재정에 아무런 도움이 되지 않을지라도. 그렇다면 중도파는 그 조잡하기 그지없는 미끼 상술에 어떤 칭찬을 늘어놓았을까?

조 클라인Joe Klein이 2005년에 쓴 글을 살펴보자.

개인 계좌는 지불 능력과 아무런 관련이 없으며 지불 능력이 문제라는 데에 폴[크루그먼]과 견해가 같다. 하지만 내가 보기에 개인 계좌가 훌륭한 정책이라는 점에서, 그리고 정보화 시대를 맞아 우리가 산업화 시대에 갖춘 것과는 다른 체계가 복지권 분야에도 필요하다는 점에서 폴과 견해를 달리한다. 그렇지만 두 당이 서로 대립과 반목을 일삼는 정치 환경에서 그 같은 변화를 꾀하기란 무척 힘들다.

민주당은 지난 10년 혹은 15년 동안 염치도 없이 노골적으로 이 문제를 앞세워 대중을 선동했다. 그러면서도 사회 보장 제도나 메디케어나 메디케이드에 아무런 긍정적 정책안도 내놓지 않았다. 이쯤 해서 민주당은 타협을 보아야 한다.

도대체 무슨 소리일까? 클라인이 나중에 자신이 이 지점에서 정말 잘못 판단했음을 자인한 태도는 높이 살 만하다. 하지만 간과해서는 안 될 점이 있다. 우리는 무엇이든 상관없이 일단 제안해 놓고 보려는 본능을 목격했고, 결국 중도파가 양당 사이에서 균형을 잡는 척 굴도록 내버려 둔 셈이 되어 버렸다는 점이다.

말이 난 김에, 민주당이 메디케어나 메디케이드에 아무런 말도 하지 않는 이유를 덧붙이려 한다. 사회 보장 제도를 둘러싼 논쟁이 한창이던 시기에 마련된 예산 계획을 들여다보면 매우 흥미로운 내용이 눈에 띈다. 당시 의회예산처는 2014년 회계 연도까지 메디케어는 지출이 7080억 달러로 오르고 메디케이드는 지출이 3610억 달러로 증가한다고 추산했다. 2014년에 따져 본 실제 수치는 각각 6000억 달러와 3010억 달러였다. 오바마케어로 메디케이드가 크게 확대되었음에도 그랬다. 이 뜻밖의 낮은 비용 가운데 적어도 일부는 부담적정보험법에 들어 있는 조치 때문일 수 있다. 그리고 이상하게 들리겠지만, 이는 그 제도를 해체하거나 민영화하지 않고서 이루어낸 일이었다.

다시 2005년으로 돌아가 보자. 그때 해리 리드는 '매우진지한사람들 Very Serious People, VSP'의 환심을 사려 애쓰지 말고 DFH와 —더럽고 어리석은 히피Dirty Foolish Hippies를 줄인 말이라곤 볼 수 없었던— 동맹을 맺어야 할 때라고 깨달았다. DFH는 VSP와 달리 실제로는 정책도 정치도 잘 꿰뚫고 있었다는 이유에서였다. 그것은 중요한 전환점이었다.

정부가 탁월하게 잘할 수 있는 부문

◆

2015년 4월 10일

공화당의 유력한 대통령 후보들이 정책안을, 늘 그렇듯 부유층에는 세금을 낮추고 빈곤층과 중산층에는 혜택을 줄이는 방안을 내놓았을 때 전혀 새로운 견해가 복도 반대편〔다른 한 당〕the other side of the aisie에서 나오고 있었다. 별안간 민주당에서 다수가 워싱턴 정가에 뿌리 깊게 박힌, 항상 "복지권"을 축소해야 한다고 요구하는 관행을 깨기로 결정한 것 같았다. 그 대신 이들은 사회 보장 제도의 혜택을 실제로 늘리자고 나섰다.

이는 두 가지 면에서 환영할 만한 진전이다. 첫째, 사회 보장 제도의 확대를 지지하는 구체적인 사유가 꽤 바람직하다는 면에서다. 둘째, 보다 근본적으로 민주당이 마침내 반정부 선동에 맞서며 정부도 민간 부분보다 잘할 수 있는 일이 있다는 현실을 깨달은 듯 보인다는 면에서다.

미국도, 선진국이 모두 그렇듯, 대개 국민이 원하거나 필요로 하는 것을 제공할 때 민간 시장이나 민간 기업에 기댄다. 정치 토론에서 어느 누구도 그 행태를 바꾸자고 제안하기가 쉽지 않다. 정부가 경제 체계에서 규모가 큰 부문을 직접 운영하는 일이 바람직한 생각처럼 보이던 시절은 오래전에 지나갔다.

우리 역시 알다시피, 그래도 어떤 부문은 어느 정도 정부가 나서서 해야만 한다. 경제학 교과서는 빠짐없이 국방이나 항공 교통 관제처럼 전체가 이용할 수 없으면 일부도 이용할 수 없는, 그래서 이윤을 추구하는 기업에는 어떤 보상도 없는 "공공재"를 설명한다. 그런데 공공재만이 정부가 민간 부문을 뛰어넘는 유일한 분야일까? 결코 그렇지 않다.

정부가 민간 부문보다 더 잘해 낼 수 있는 모범 사례가 바로 의료 보험이다. 물론 보수주의 진영은 지치지 않고 민영화 확대를 강력하게 주장한다. 특히 메디케어를 고작 민간 보험 구매 상품권으로 바꿔 놓고 싶어 하는데, 이는 모든 증거가 가리키듯 우리를 반드시 잘못된 방향으로 이끌 것이다. 메디케어와 메디케이드는 민간 보험보다 대체로 비용은 덜 들고 효율성은 더 높다. 더구나 관료주의 성향도 더 약하다. 전 세계를 둘러보아도 미국의 의료 보험 제도는 유일무이하다. 민간 부분에 심하게 의존하는 정도로 보나 믿기 힘들 만큼 효율성은 낮고 비용은 높은 점으로 보나 유례가 없다.

정부가 훨씬 탁월하다는 주요 사례를 하나 더 들자면 은퇴 후 보장 제도의 운영이다.

아마도 일반 대중이 경제학자들이 모델에서 가정하고 싶어 하는 대로 (그리고 우파가 정치 선전에서 상상하고 싶어 하는 대로) 완벽하게 이성에 따라 판단을 내리고 미래를 내다보는 능력까지 갖춘 행위자라면 사회 보장 제도는 필요 없을지도 모른다. 이상 세계에서는 25세 노동자가 70대가 되어 안락한 삶을 영위하려면 무엇이 필요할지 현실적으로 평가해서 이에 입각해 얼마나 저축을 해야 할지 결정한다. 또한 영리하고 해박해 그 저축을 투자할 방법을 알아내고 위험과 수익 사이에서 가장 적정한 균형을 신중하게 찾아낸다.

그러나 현실 세계에서는 미국의 노동자 다수가, 아니 거의 틀림없이 대다수가 은퇴를 준비할 만큼 저축하지 못한다. 그러기에는 턱없이 부족하다. 또한 그 저축을 투자해 높은 수익을 올리지도 못한다. 일례로 최근에 나온 백악관의 보고서에 따르자면, 미국 국민은 매년 수십 억 달러를 잃고 있으며, 이는 투자자문가가 제 수수료를 두둑하게 챙기는 데 혈안이 되어 고객의 복지를 등한시한 탓이다.

노동자들이 저축도 거의 하지 못하고 투자도 수익을 거의 내지 못한다면 그것들을 다 본인들 탓이라고 말하고 싶을지도 모른다. 하지만 누구나 생업에 힘써야 하고, 자식을 키워야 하고, 삶의 만난고초를 헤쳐 나가야 한다. 이들이 전문 투자가도 되어야 한다고 바란다면 참으로 불공평한 일이 아닐 수 없다. 어찌 되었든, 경제는 현실의 삶을 영위하는 현실 속 사람에게 이바지해야 한다. 오직 소수만이 길을 찾을 수 있는 장애물 경기장이 되어서는 안 된다.

사회 보장 제도는 은퇴를 맞닥뜨린 현실 세계에서 실효성이 높은 제도를 대표하는 빛나는 모범이기도 하다. 단순하면서도 공정하며, 운용 비용은 낮으면서도 관료주의 성향은 옅다. 사회 보장 제도는 평생 열심히 일한 미국의 고령층에게 은퇴 뒤에도 남부럽잖은 삶을 살 수 있는 기회를 준다. 그들이 수십 년 앞을 내다보아야 하고 투자의 달인이 되어야 한다는 초인적 능력을 발휘하지 않아도 말이다. 한 가지 문제라면, 개인연금을 축소하고 부적당한 확정 기여형 퇴직 연금 제도인 401(k)로 대체해 놓은 탓에 틈을 벌여 놓았다는 점이다. 그 틈이 현재로선 그다지 크지 않아 사회 보장 제도가 메울 수 있긴 하다. 그렇다면 앞으로도 그 틈이 더 벌어지지 않도록 할 수 있을까?

말할 것도 없이, 이런 방침에 따른 제안에 우파뿐 아니라 자칭 중도파도 이미 거의 발작에 가까운 반응을 일으키고 있다. 몇 년 전에 썼듯, 사회 보장 제도의 혜택을 축소하자는 요구는 오래전부터 워싱턴 정가에서 "얼마나 정치력이 강하고 얼마나 정신력이 뛰어난 사람인지 증명하던 방식인 진지함의 징표"로 여겨졌다. 조지 W. 부시 전 대통령이 중도파 다수의 지지를 등에 업고 그 제도를 민영화하려 시도한 지 이제 겨우 10년이 흘렀을 뿐이다.

그러나 참된 진지함이란 무엇이 효과가 높고 무엇이 효과가 낮은지 똑바로 바라본다는 의미다. 민영화한 은퇴 제도는 그 효과가 미미하다. 사회 보장 제도는 그 효과가 탁월하다. 우리는 그 성공을 토대로 삼아 나아가야 한다.

10장

보편적 의료보험을
물어뜯는 좀비들

유용한 정책을 개발하자

나는 보건 경제학을 전공하지 않았지만 한 TV 방송에서 보건 경제학을
다룬다. 그런데 보다 무게를 실어 다루는 곳이 《뉴욕타임스》 논평 지면이
다. 여기에 보건 경제학을 주제로 글을 싣기 위해 연구해 나가면서 타의
모범이 되는 진정한 보건경제학자들에게서 여러 가르침을 얻었다. 특히
프린스턴대학의 동료인 고故 우베 라인하르트Uwe Reinhardt에게서 많은 도
움을 받았다.

그런데 의료 보험이 왜 문제일까? 사회 보장 제도의 민영화 반대가
거의 확실하게 승기를 잡자 진보 성향의 정책통들은 한 가지 고민에 부
딪혔다. 우린 무엇에 반대하는지는 분명히 밝혔는데 그렇다면 우린 무엇
에 찬성하는가? 미국의 이런저런 정책에 우린 어떤 변화가 필요하다고
보는가?

선진국 사이에 존재하는 차이점을 잘 아는 사람에게는 그 대답이 분명하다. 다른 국가가 다 실시하는 정책을 우리도 실시하려고 애써야 한다는 것이다. 곧 기본적인 의료 보험을 전 국민에게 제공하자는 것이다. 미국은 부유한 국가 가운데, 직업이 온전하지 않거나 기저 질환이 있는 사람이 의료 보험을 적용받을 수 없어, 이들이 비싼 비용이 드는 치료가 필요한 경우 재정 파탄에 이르거나 때 이른 죽음을 맞이하는 유일한 국가다. 그렇다면 미국은 어째서 문명 세계로 합류하려는 노력을 마다하는 걸까?

민주당은 2000년대 중반까지도 1993년 클린턴 의료 보험 개혁의 실패가 드리운 그림자 속에서 있었다. 빌 클린턴은 의료 보험을 대대적으로 정비하려 했다. 클린턴 개혁안은 (말하자면, 조지 W. 부시가 밀어붙인 사회 보장 제도와 마찬가지로) 완전히 실패했다. 그와 같은 개혁안이 성공으로 이어질 재도전의 기회가 있었을까?

물론, 있었다. 오바마케어라고도 알려진 부담적정보험법은 미완성의 불완전한 개혁이었다. 그러나 그러한 결함에도 기본적 의료 보험을 미국 국민 수천만 명에게 확대했다. 하지만 그만큼 오기까지 그 과정은 순탄하지 않았다.

시기가 잘 맞아떨어졌다는 점이 중요한 요인이었다. 부담적정보험법이 제정된 기간은 매우 짧다. 2009년부터 2010년 사이로 그때 민주당이 의회와 백악관을 다 장악하며 한목소리를 낼 수 있었다. 민주당이 그렇게 장악할 수 있던 주된 이유는 부시 행정부 말기에 경제 참사가 터졌기 때문이다. 정치적 리더십도 중요한 요인이었다. 사회 보장 제도에 퍼붓는 맹공을 물리친 바로 그 지도자, 곧 낸시 펠로시가 민주당을 압박하지 않았다면 아마 그 기회는 물거품처럼 사라졌을 것이다.

냉철한 판단 역시 중요한 요인이었다. 민주당이 비교적 준비된 태세를 갖추고 의료 보험 개혁을 실시할 수 있던 이유는 그 지지자들과 정책통들이 앞서 수년 동안 토대를 닦아 놓았기 때문이다. 곧 이들이 의료 보험 개혁을 옹호하는 주장을 펴고 그 개혁을 실현할 정책을 짜고 정치 전략을 세운 것이다.

그 전략에서 핵심은 민주당의 개혁안에 기존의 의료 보험 제도를 가능한 한 그대로 두자는 계획이었다.

현대 의료 보험health care 제도를 이해할 때 중요한 점은 대개 일종의 건강 보험health insurance으로 지불되어야 한다는 것이다. 왜 그럴까? 의료 비용은 들쭉날쭉하지만 막상 내려면 커다란 부담으로 다가온다는 점에서다. 병원을 정기적으로 다니거나 일반 의약품을 구입하는 데에는 비용이 크게 들지 않지만 투석이나 개심 수술 등에는 큰 비용이 든다. 대다수 사람은 그런 커다란 비용에 부딪힐 일이 거의 없는 만큼, 언젠가 어마어마한 의료 비용과 맞닥뜨리는 이들은 인구 가운데 소수다. 그런데 우리는 자신이 불운한 사람이 될지 안 될지 알지 못한다. 그리고 자신이 그런 불운한 사람이 된다면 갑부가 아닌 한, 또는 괜찮은 의료 보험에 가입하지 않는 한 치료를 감당할 여유가 없다.

그렇다면 사람들은 어떻게 의료 보험에 들까? 2000년대 중반에는, 지금도 거의 마찬가지지만, 미국의 의료 보험 제도는 여기저기 구멍이 크게 숭숭 뚫린 조각보였다. 고령층은 메디케어로 보장받고, 빈곤층은 전부는 아니더라도 다수가 메디케이드로 보장받는다. 이 두 제도는 정부가 직접 비용을 지불한다. 나머지 우리는 대개 고용주를 통해 의료 보험에 든다. 기업은 의무적으로 고용인에게 모두 의료 보험을 보장해 주어야 한다는 규정이 있으며, 그렇게 하는 경우 기업은 세금 혜택을 받는다. 그러나 수백만 명이 틈새로 떨어진다. 메디케어에 들어가기에는 나이가 어리거나, 메디케이드에 들어갈 만큼 가난하지도 않거나, 일을 하고 있더라도 의료 보험 혜택을 받을 정도의 일이 아닌 이들이 그렇다.

어떻게 이 구멍을 메울 수 있을까? 경제학적으로 따져 보면 어렵지 않다. 메디케어와 비슷한 보장을 전 국민으로 확대하는 일은 쉽다. 어찌되었든 이웃인 캐나다를 포함해 여러 국가가 펴는 정책이 바로 그것이다. 내가 아는 의료 정책통 대다수는 이런 "국가 단일 보험single payer"〔단일 지불자〕 제도에 매우 만족스러워 한다.

문제는 지금 여기서부터 그 고지까지 이르는 험난한 여정이다. 특히 국가 단일 보험 제도로의 이행은 고용주에 기반을 둔 의료 보험을 정부 제도로 바꾼다는 의미다. 이 일이 매우 묵직한 정치적 부담을 안기는 이유는 두 가지다.

그 두 가지 중 그나마 가벼운 이유는 특수 이익 집단이 휘두르는 힘이다. 물론 이는 보다 작은 문제다. 결코 사소하지는 않지만. 빌 클린턴이 1993년에 주요 의료 보험 개혁안을 통과시키려 애썼지만 실패한 주된 요인은 보험 회사가 그 정책안을 비방하는 선전 활동에 아낌없이 자금을 쏟아부으며 반대 공세를 폈기 때문이다.

하지만 업계의 이익 집단은 열외로 치더라도, 하나부터 열까지 국가 단일 보험 제도로 바꾸는 조치는 미국 인구의 절반에 해당하는 1억 5600만 명에게 지금 가입해 있는 의료 보험을 포기하라고 설득해야 한다는 의미다. 사실 이는 보장 형태가 다르게 바뀌는 것이다. 따라서 이렇게 주장할 수 있다. 객관적으로 보면 새 제도는 현재 의료 보험을 고용주에게 보장받는 대다수에게 더 이롭다고. 그런데 이 말을 사람들이 과연 믿을까? 개혁에 반대하는 보수주의 진영이 공격을 퍼부으면 얼마나 많은 사람이 흔들릴까?

2005~2008년 동안 진보 성향의 정책통들과 정치인들은 모두 차선책을 택했다. 고용주에 기반을 둔 보장은 그대로 두고 규정과 보조금을 결합하는 형태로 의료 보험 비가입자의 보장을 확대하는 방안을 골자로 삼았다. 우리는 해외의 사례로 이 정책이 톡톡히 효과를 낸다고 알고 있었다. 일례로 스위스는 이 방침에 따라 분산화한 체계를 구축해 보편적인 의료 보험 보장을 이루었다. 그리고 그 정책이 메디케어포올보다는 정치적으로 실현 가능성이 더 높아 보였다.

이렇게 오바마케어라고도 알려진 부담적정보험법이 탄생했다. 이 장에 실은 글에서는 그 주장이 어떻게 진화해 왔고, 그 정책안이 어떻게 진전해 왔으며, 오바마케어를 시행하면서 삶이 어떻게 바뀌었는지 톺아본다.

병든 의료 보험

2005년 4월 11일

행정부가 사회 보장 제도의 위기를 꾸며 냈다며 비난하는 이들은 이어 종종 무사안일주의나 국가의 문제에 과감히 맞서지 않는 태도도 지탄한다. 나는 그 죄는 인정하지 않는다. 미국에는 늘 위기 아닌 때가 없었으니까. 하지만 그 위기는 의료 보험 때문이지 사회 보장 제도 때문이 아니다.

사정에 밝은 기업 경영진들도 나와 의견을 같이한다. 대기업의 최고 재무책임자를 대상으로 한 최근 설문 조사에 따르면, 65퍼센트가 의료 보험 비용에 대한 응급조치가 "매우 긴요하다"라고 판단했다. 반면 사회 보장 제도의 개혁에 대해서는 31퍼센트만이 그렇다고 응답했다.

그런데 의료 보험 개혁은 진지한 논의 대상이 되고 있지 않으며, 현 정치 풍토에서는 십중팔구 논의될 수 없을 것이다. 알다시피, 의료 보험의 위기는 이념적으로 불편한 주제라는 점에서다.

의료 보험에 대한 몇 가지 기본 사실에서 출발해 보자.

"의료 보험 개혁"이라고 말했지 "메디케어 개혁"이라고 말하지 않았다는 점에 주목하자. 메디케어의 늘어나는 비용은 정치적 논쟁에서 크게 부각될지도 모른다. 메디케어가 정부 제도이기 때문이다(그리고 분명 잘못된 일이지만 종종 위기설 유포자들이 메디케어를 사회 보장 제도와 한데 묶어 다루기 때문이기도 하다). 그런데 이는 정부가 마구잡이로 지출한다는 이야기가 아니다. 메디케어나 민간 의료 보험 제도나 모두 비용이 1인당 GDP보다 매우 빠르게 늘고 있으며 가입자당 비용도 거의 비슷한 비율로 늘고 있다.

따라서 지금 우리는 납세자들이 현재 지불하는 의료 보험의 일부만이 아니라 의료 보험 전반에 걸쳐 지출이 빠르게 늘어나는 현실과 마주하고 있다.

의료 보험의 지출이 증가하는 주된 원인은 의료 가격의 인플레이션 때문이 아니다. 대개는 혁신에 따른 대응 때문이다. 부언하자면, 의학이 맡을 수 있는 영역이 계속 커지고 있어서다. 예를 들어 메디케어는 최근에 심장병을 앓는 많은 환자가 심장 박동 보조 장치를 이식하는 경우 이 비용을 부담하기 시작했다. 현재 연구에 따르면, 이는 환자에게 탁월한 효과를 보이고 있다. 낭보가 아닐 수 없으며 분명 흉보는 아니다.

그렇다면 무엇이 문제일까? 왜 의학의 발전을 환영할 수만은 없을까? 왜 그 비용이 유익하게 쓰였다고 여길 수 없을까? 이 질문에 세 가지로 대답할 수 있다.

첫째, 미국의 기존 개인 의료 보험 제도에서 노동자들은 자신의 고용주들을 통해 보장을 받는데 이 제도가 흐트러지고 있다는 점이다. 카이저

가족재단Kaiser Family Foundation의 추산에 따르자면, 2001년과 비교해 2004년에 의료 보험을 제공하는 일자리를 얻은 사람이 최소 500만 명이 줄었다. 그리고 의료 보험 비용이 그 보험을 계속 보장해야 하는 기업에 커다란 짐이 되고 있다. 일례로 제너럴모터스는 현재 차 한 대를 생산할 때마다 의료 보험에 1500달러를 지출한다.

둘째, 증가하는 메디케어의 지출은 발전을 나타내는 지표일지도 모르지만 반드시 치러야 하는 비용이라는 점이다. 그리고 메디케어를 통해 의학의 발달이 낳은 혜택을 미국의 전 고령층이 고루 누리려면 증세가 불가피하지만 지금 당장은 어느 정치인도 그 문제를 입에 올리고 싶어 하지 않는다.

마지막으로, 미국의 의료 보험 제도는 효율성이 매우 낮다는 점이다. 그런데도 미국 국민은 지구상에서 가장 훌륭한 의료 보험 제도를 갖추고 있다고 여긴다(중견 기자들을 만난 적이 있는데 그들은 의료 보험의 질에 대한 평가가 대체로 미국보다 프랑스가 낫다는 견해를 단호히 거부했다). 하지만 현실은 그렇지 않다. 미국은 다른 여느 국가보다 의료 보험의 1인당 지출이 훨씬 더 높다. 캐나다나 프랑스보다 75퍼센트나 더 높다. 그런데 기대 수명부터 영아 사망률까지 여러 지표를 살펴보면, 미국은 그 등급이 산업 국가 사이에서 거의 바닥에 가깝다.

이 마지막 사항은 보기에 따라 희소식일 수 있다. 결국에는, 의학의 발달 덕분에 우리는 냉혹한 선택의 기로에 놓일지도 모른다. 부자만 의학적 치료를 받아 생명을 구하고 나머지는 그렇지 못한 사회가 되기를 바라지 않는다면 각자가 세금을 훨씬 더 내야 한다는 점에서다. 그러나 현 체계에서 막대하게 발생하는 낭비는, 효율성을 향상하는 개혁으로 질을 높이고 비용을 낮출 수 있음을, 그래서 심판의 날을 늦출 수 있음을 가리킨다.

그런데 개혁으로 효율성을 향상하려면 선입견을 버려야 한다. 특히 이념이 주도하는 확신인, 정부는 늘 문제를 일으키고 시장 경쟁은 늘 문제를 푼다는 그 편견을 깨뜨려야 한다.

의료 보험에서 민간 부문은 종종 방만하게 운영되며 관료주의 성향을 띠고, 반면 몇몇 정부 기관—특히 재향군인보건국—은 군살 없이 효율적인 체계로 운영되는 것이 사실이다. 의료 보험 부문에서는 경쟁과 개인 선택이 오히려 비용을 높이고 질을 낮출 수 있으며, 또 실제로 그렇게 되고 있다. 미국은 선진국 가운데 가장 민영화 비율도 높고 경쟁도 심한 의료 보험 체계를 운영하고 있다. 그 때문에 비용도 단연 가장 커서 최악의 파국을 코앞에 두고 있다.

의료 보험에 대한 기밀 사항

2006년 1월 27일

미국의 의료 보험은 개혁이 절실하다. 하지만 그 변화는 어떤 형태를 띠어야 할까? 우리가 지침으로 삼을 훌륭한 본보기가 있을까?

글쎄, 내가 알기로 한 의료 보험 제도는 매우 성공적으로 비용을 절감하면서도 정말 훌륭하게 혜택을 보장하고 있다. 이 제도의 성공담은 반정부 이념을 바로잡는 데 확실히 도움이 된다. 정부가 이 제도 안에서 그저 비용만 지불하는 데 그치지 않는다는 점에서다. 정부는 병원과 진료소도 함께 운영하고 있다.

내가 어떤 머나먼 국가의 이야기를 하고 있는 게 아니다. 내가 지금 언급하는 조직은 바로 미 재향군인보건국Veterans Health Administration, VHS이다. 그리고 그 성공담은 미국의 정책 논쟁에서 일급비밀에 속한다.

《미국관리의료저널The American Journal of Managed Care》 기사에 따르면,

재향군인보건국은 1980년대와 1990년대 초반까지만 해도 "관료주의와 비효율성과 형편없는 의료 서비스로 악평이 자자했다." 그런데 1990년대 중반에 개혁을 시작하며 그 제도를 싹 뜯어 고쳤다. 기사는 이렇게 전한다. "재향군인보건국은 질, 안전, 가치 개선의 성공으로 의료 보험 분야에서 인정받는 귀감으로 점점 더 부상할 수 있었다."

지난해 국가품질연구소National Quality Research Center, NQRC가 매년 실시하는 설문 조사의 평가에 따르자면, 재향 군인 의료 보험 제도에 대한 고객 만족도는 6년 연속으로 민간 의료 보험을 능가한다. 이 높은 질적 수준은 (객관적인 실적 평가로도 확인할 수 있으며) 예산을 크게 늘리지 않고도 이루어졌다. 사실 재향 군인 의료 보험 제도는 나머지 미국 의료계를 성가시게 하는 급격한 비용 상승을 대부분 용케 피해 왔다.

도대체 재향군인보건국은 어떻게 한 걸까?

성공을 낳은 비결은 재향군인보건국의 제도가 보편적이고 통합적이라는 사실에 있다. 제도는 재향 군인이라면 누구나 보장을 받게 해서 환자의 보장 내용이나 보험 회사의 지불 청구를 확인할 행정 인력이 많이 필요하지 않다. 제도는 의료 전반을 보장해서 전자 기록 관리 등의 비용을 절감하고, 치료 효율성을 높이고, 의료 과실을 방지하는 여러 혁신을 이끌 수 있었다.

게다가 재향군인보건국은, 필립 롱맨Phillip Longman이 《월간워싱턴 Washington Monthly》에서 언급했듯, "환자와의 관계가 거의 평생을 간다." 그 결과, "실제로 예방이나 보다 효율적인 질병 관리에 대한 투자를 유인한다. 이렇게 투자해 나가면서 재향군인보건국은 다른 누군가를 위해 그저 돈을 절약하는 데 그치지 않고 자체 자원을 최대한으로 확보해 나가고 있다. 요컨대 [재향군인보건국은] 나머지 의료 보험 부문이 할 수 없을 듯한 일, 즉 재정 생존력을 위협하지 않고 체계를 갖춰 질을 향상하는 일을 하고 있다."

아, 한 가지 덧붙일 말이 있다. 재향 군인 의료 보험 제도는 의료 기기 공급업체와 매우 까다롭게 협상을 진행하면서 다수의 민간 보험사와 비교해 약값을 매우 낮게 지불한다는 점이다.

재향 군인 의료 보험 제도를 이상화할 생각은 없다. 사실 그 미래가 꼭 밝지만은 않은 이유가 있다. 이라크 전쟁에서 몸과 마음을 다친 군인이 봇물처럼 밀려들 때 이에 대처하는 데서 꼭 필요한 재원을 지원받을 수 있을까 하는 점에서다. 하지만 재향군인보건국이 감행한 변신은 과거 10년 동안 보아 온 의료 보험 정책과 관련한 이야기 가운데 분명 가장 유망해 보인다. 그런데 어째서 우리는 그 소식을 여태 듣지 못한 걸까?

대답을 하자면, 내가 알기로, 전문가들이나 정책입안자들이 인지 부조화를 감당할 수 없어 재향 군인 의료 보험 제도를 입에 담지 않는다는 것이다(한 저명한 시사평론가는 사적인 대화 자리에서 내가 재향 군인 의료 보험 제도가 거둔 성공을 설명하려 하자 내게 호통을 치기 시작했다). 재향군인보건국의 성공담이 주는 교훈, 곧 정부 기관이 민간 부문보다 낮은 비용으로 더 나은 의료를 제공할 수 있다는 교훈은 현재 워싱턴을 지배하는 친민영화 반정부 통념과 정면으로 배치한다.

정세를 장악한 이념과 의료 보험이 처한 현실이 서로 불협화음을 빚고 있다. 이런 이유에서 메디케어 의약법 제정안은 누군가 재향 군인 의료 보험 제도에서 현재 올바르게 기능하는 요소들이 정반대로 기능하던 과거의 경우를 그대로 옮겨 와 각각의 목록처럼 작성해 놓은 듯 보인다.

예컨대 재향군인보건국은 보험 회사와 거래하지 않는다. 그런데 메디케어 의약법에서는 보험 회사가 실제로 아무런 역할을 하지 않음에도 그 제도에 보험 회사를 포함해 놓는다. 또한 재향군인보건국은 효율적으로 약값을 협상한다. 그런데 메디케어 의약법에서는 메디케어가 그렇게 하지 못하도록 막아 놓는다.

그러나 이념이 현실에 영원히 저항할 수는 없는 법이다. 메디케어가 "사회 의료 보장 제도〔의료 사회화 제도〕"라며 아우성쳤어도 그것이 메디케어의 탄생을 막지는 못했다. 그리고 선견지명이 있는 지식인은 이미 다음과 같은 주장을 내놓고 있다. (부시가 든 예지 내가 든 예가 아닌데) 타일을 살 때처럼 의료도 "비교 쇼핑"을 하는 제도로 바꾸어야 한다는 부시 대통령의 비현실적 이상이 아니라, 바로 재향군인보건국이 미국의 의료 보험이 나아가야 할 진정한 미래를 제시하고 있다고.

국민 의료 보험이
테러의 온상이라고?

◆

2007년 7월 9일

요즈음 테러리즘은 악당들이 가장 먼저 숨어드는 은신처다. 그래서 영국 당국이 최근 실패한 폭탄 테러 음모의 배후에 국민건강보험National Health Service에서 일하는 이슬람 의사 일당이 있다고 발표했을 때, 우리는 앞으로 어떤 일이 벌어질지 눈치 챘어야 했다.

"국민 의료 보험은 테러의 온상?"이란 표제가 화면에 커다랗게 뜨고 폭스뉴스 진행자 닐 카부토Neil Cavuto와 시사평론가 제리 보이어Jerry Bowyer가 자못 진지하게 보편적 의료 보험이 어떻게 테러리즘을 부추기는지 논의했다.

이런 모습은 조지 W. 부시 집권 시절의 정치 논의 수준에서 보아도 어처구니없다. 하지만 사실 폭스뉴스는 오랜 전통을 따르고 있었다. 60년이 넘도록 의료-산업 복합체와 그 정치 동맹은 공포 전략을 구사하며 미국이 양심에 따르지 못하게, 그리고 의료 보험이 전 국민이 누리는 권리로 다가가지 못하게 막아 왔다.

나는 양심이라고 말했는데, 의료 보험을 둘러싼 쟁점이 대부분 도덕과 떼려야 뗄 수 없기 때문이다.

바로 그 점이 마이클 무어Michael Moore의 다큐멘터리 〈식코Sicko〉(2007)에 대중이 보내는 열렬한 반응에서 우리가 배워야 할 부분이다. 의료 보험 개혁자들은 미국의 중산층이 안고 있는 시름과, 보험에 가입하지 않은 탓에 또는 보험이 가장 필요할 때 보험사가 보장을 거부하는 탓에 당연히 커질 수밖에 없는 불안 문제를 본격적으로 다루어야 한다. 그러나 개혁자들은 사익에 몰두하지 않아야 한다. 곧 미국 국민이라는 자긍심과 인간애에 호소해야 한다.

〈식코〉를 본 사람마다 미국의 의료 보험 제도에 내재하는 극도의 잔인함과 부당함에 격분한다. 아픈 사람이 병원비를 낼 형편이 안 되면 말 그대로 길거리로 내쫓긴다. 엄마의 의료 보험이 응급실 진료를 보장하지 않아 아이가 치료를 받지 못해 생명을 잃는다. 성실한 미국 국민이 병원비 때문에 가난이란 치욕을 짊어져야 한다.

〈식코〉는 강고하게 행동하라고 외친다. 하지만 현 상황을 옹호하는 측도 빼놓지 않는다. 역사가 예시하듯 그들은 우리를 공포에 몰아넣는 새로운 방법을 찾아내어 개혁을 막는 데 능수능란하다.

이 공포 전략에는 국가 보험의 위험성을 지나치게 부풀리는 주장도 종종 들어 있다. 〈식코〉에는 로널드 레이건이 언젠가 미국의학협회를 지지하며 발언한 녹화 장면이 나온다. 상정된 고령층 대상 의료 보험 제도, 현재는 메디케어로 알려진 제도가 전체주의를 부른다고 경고하는 내용이었다.

그런데 지금 독재를 낳기는커녕 효자 노릇을 톡톡히 하고 있는 메디케어가 민영화 때문에 토대가 흔들리고 있다.

대개 현 제도에 커다란 이해관계가 물려 있는 이익 집단은 보편적 의료 보험으로 허리가 휠 만큼 세금 부담이 늘고 의료 수준도 형편없어진다고 우리가 믿길 바란다.

지금 미국을 제외하고 부유한 국가는 이미 다 보편적 의료 보험 제도를 일부라도 갖추고 있다. 이들 국가 국민은 이 때문에 세금을 더 낸다. 하지만 이들은 그 대가로 자신들의 주머니를 싹 털어 가는 의료비와 보험료를 절약할 수 있다. 보편적 의료 보험을 갖춘 국가에서 의료 보험에 드는 비용은 전반적으로 미국의 경우보다 훨씬 낮다.

한편 참고할 수 있는 모든 지표에 따르면, 기본 의료에 대한 접근성이나 건강 결과의 측면에서 미국의 의료 보험 제도는 다른 선진국과 비교해 더 뛰어나지 않고 오히려 뒤떨어진다. 심지어 영국도 1인당 지출이 우리의 약 40퍼센트에 불과하다.

물론 캐나다 국민은 의료 보험에 가입한 미국 국민보다 선택 수술〔응급 수술이 아닌 예정 수술〕을 더 오래 기다린다. 그러나 의료 보험을 이용하는 평균치를 비교해 보면 캐나다 국민은 의료 보험에 가입한 미국 국민과 별 차이가 없다. 그리고 의료 보험에 가입하지 못한 미국 국민들보다 사정이 훨씬 나은 편인데 이 미국인들은 기본 치료조차 전혀 받지 못하는 실정이다.

그리고 프랑스는 거의 틀림없이 지구상에서 가장 훌륭한 의료 보험을 제공하며 어떤 부문에서도 대기자 명단이 길지 않다. 〈식코〉에는 파리에 거주하는 미국인이 프랑스의 의료 보험 제도를 칭찬하는 장면이 나온다. 확실한 자료에 따르면, 듣기 좋게 꾸며 낸 말이 아니다. 정말 그만큼 좋다.

이 모든 현실이 〈식코〉가 시작할 때 무어가 던지는 질문을 떠오르게 한다. 우리는 누구인가?

"우리는 배려 없는 사익이 나쁜 도덕이었음을 늘 알고 있었다. 이제 우리는 그것이 나쁜 경제학임을 안다." 프랭클린 D. 루스벨트가 1937년에 선언한 말이다. 이 말은 오늘날 의료 보험에도 고스란히 적용된다. 지금은 고통스럽게 타협과 마주해야 할 때가 아니다. 올바른 일을 하면서도 비용의 효율성을 높일 때다. 보편적 의료 보험은 매년 미국 국민 수천 명의 생명을 구할 수 있으며 돈도 아낄 수 있다.

따라서 이것은 시험이다. 보편적 의료 보험을 훼방하는 유일한 장애물은 공포를 조장하고 영향력을 매수하는 이익 집단이다. 우리가 지금 저 세력을 이겨 내지 못하면 미국의 미래를 약속하는 희망이 크게 부서져 버린다.

보험 회사의 지연 전술

◆

2007년 7월 16일

의료 보험 없이 사는 삶은 그럭저럭 살 만한지도 모르겠다. 조지 W. 부시 대통령에게 물어보라. 그가 지난주에 이렇게 말했으니까. "제 말은, 미국에서는 누구에게나 진료를 받을 기회가 열려 있다는 것입니다. 만일의 경우 응급실로 가면 되니까요."

이런 태도를 일러 아전인수 격이라 한다. 백악관은 부시가 의료 보험을 확대하는 초당적 법안을 거부할 것이라고 밝혔다. 그 법안에는 현재 의료 보험의 적용을 받지 못하는 어린이 약 410만 명에게 정기 건강 검진과 예방 진료를 실시한다는 중요한 내용이 들어 있다. 어찌 되었든 그 어린 아이들에게는 의료 보험이 정말 절실하지 않은 듯 보인다. 응급실로 가면 되니까, 아니 그런가?

그리 새삼스러운 일도 아니지만, 부시는 자신보다 운이 없는 이들에게 측은지심이 전혀 없다. 하지만 일부러 모르는 척 구는 부시의 태도는 큰 그림의 일부일 뿐이다. 보편적 의료 보험 반대자들은 미국의 의료 보험 제도를 대체로 요란스럽게 그린다. 동시에 프랑스와 영국과 캐나다의 의료 보험 제도를 현실과 동떨어진 만큼이나 공포스럽게 전한다.

의료 보험 비가입자들이 응급실에서 필요한 진료를 모두 받을 수 있다는 부시의 주장은 맛보기에 불과하다. 그 배후에는 보험에 들 만큼 운이 좋은 미국 국민이라면 진료를 받으려고 오래 기다려야 하는 불편 따위는 절대 겪지 않는다는 근거 없는 믿음이 도사리고 있다.

솔직히 그런 믿음이 이토록 끈질기게 살아남다니 고개가 절로 갸우뚱해진다. 최근에 부시나 프레드 톰슨Fred Thompson 같은 사람이 "미국의 극빈층"은 캐나다 국민이나 영국 국민보다 "더 나은 의료 서비스를 받고 있다"라고 주장했다. 나는 그런 사람들이 선택권이 없는 가난한 미국의 의료 보험 비가입자들이 안고 있는 절망을 종종 어떻게 외면하는지 잘 알고 있다. 그런데 그들은 의료 보험 가입자들이 늘 신속하게 진료를 받고 있는 척 굴며 상황을 유야무야 넘어갈 수 있을까? 대다수가 그것과는 다르게 증언하고 있는 데도 말이다.

얼마 전《비즈니스위크Business Week》에 실린 한 기사에서는 터놓고 다음과 같이 지적했다. "자료를 보든 일화를 듣든 사실 미국 국민은 이미 보편적 의료 보험 제도의 수혜를 받는 환자만큼이나 혹은 그보다 오래 기다린다."

커먼웰스재단Commonwealth Fund의 교차 국가cross-national 조사에 따르면 긴급히 치료를 받아야 할 때 그 일이 얼마나 어려운지 묻는 항목에서 미국은 등급이 선진국 가운데에서 거의 바닥에 가깝다(캐나다가 약간 더 낮지만). 진료 시간이 끝난 뒤나 주말에 치료를 받으려면 미국은 선진국 중에 가장 최악인 국가다.

전문의 진료를 받거나 선택 수술을 받는 경우에는 사정이 나아 보인다. 그런데 이 부문에서조차 독일이 우리를 훌쩍 뛰어넘는다. 내 생각이지만, 이번 교차 국가 조사에 포함하지 않은 프랑스는 독일과 엇비슷한 평가를 받는다.

국가마다 진료가 지체되는 원인도 제각각이다. 캐나다와 영국에서는 진료의 지체가 의사들이 한정된 의료 자원을 가장 위급한 환자에게 우선 제공하려는 데서 그 원인이 비롯한다. 미국에서는 종종 보험 회사가 돈을 아끼려는 데서 그 원인이 비롯한다.

이와 같은 현실은 UCLA 교수 마크 클리먼Mark Kleiman이 최근에 언급한 것처럼 고통스러운 체험으로 이어질 수 있다. 그는 보험사가 필수 조직 검사 승인을 계속 미룬 탓에 암으로 거의 죽다 살아났다. 클리먼은 블로그에 다음과 같이 썼다. "나중에서야 보험 회사가 왜 핑계를 대며〔승인을〕차일피일 미루었는지 그 이유를 알았다. 내게는 선택권option이 있었다. 나는 그런 선택권이 있는 줄도 미처 몰랐는데, '2단계Tier II'로 올라가 모든 승인을 피할 수 있는 선택권이 있었고, 2단계는 곧〔내가〕공동으로 부담해야 하는 액수가 크게 늘어난다는 의미였을 것이다."

그러고는 클리먼은 이렇게 덧붙였다. "그해에 보험 회사가 얼마나 많은 사람이 죽어 나가기를 기다렸을지 나로서는 알지 못하지만, 난 분명 그 숫자가 영은 아니라고 확신한다."

객관적으로 말하면, 클리먼은 보험 회사가 자신에게 치료비를 더 물리게 하려고 자신의 생명을 위험에 빠뜨렸다고 짐작만 할 뿐이다. 하지만 괜찮아 보이는 보험에 가입해 놓아도 보험회사가 자신들의 "의료비 손실 medical losses"—의료비를 실제로 지불해야 하는 업계의 용어—을 낮추려는 탓에 미국 국민의 일부가 생명을 잃는다는 점에는 의심할 여지가 없다.

한편, 미국 국민이 캐나다 국민보다 고관절 치환 수술을 빨리 받는 것은 사실이다. 그런데 여기서 재미있는 점은, 이 사례가 정부가 운용하는 제도보다 민간이 운용하는 의료 보험이 우수하다고 알리는 근거로 끊임없이 거론된다는 것이다. 미국에서 고관절 치환 수술비를 대부분 부담하는 곳이, 흠, 메디케어임에도.

그렇다. 고관절 치환 수술에서 보이는 격차는 미국과 캐나다 두 정부의 의료 보험 제도를 비교하는 것이나 다름없다. 미국의 메디케어는 캐나다의 메디케어보다 대기 시간이 짧다(맞다. 캐나다 국민들도 노인 의료 보험 제도를 메디케어라 부른다). 그 이유는 캐나다의 메디케어가 좀 더 자금 지원을 넉넉하게 받기 때문이다. 무슨 말이 더 필요할까. 흔히들 말하는 민간 보험의 미덕은 저 사실과 아무 상관이 없다.

결론을 말하자면, 보편적 의료 보험 반대자들에게서는 정직한 논거를 전혀 찾을 수 없는 듯하다. 그들로부터 남는 것이라곤 죄다 환상뿐이다. 그들은 다른 국가에서 실시하는 의료 보험은 공포 소설로 그리고 미국에서 실시하는 의료 보험은 낭만 소설로 그린다.

의료 보험이라는 희망

2007년 9월 21일

모든 증거로 보아 마침내 다른 선진국 국민이 이미 누리는 제도를 미국 국민도 이제 누릴 가능성이 정치적으로 높아지는 듯하다. 국가가 보장하는 의료 보험 제도guaranteed health insurance 얘기다. 보편적 의료 보험의 경제성은 건전하며, 여론 조사에서도 국민이 국가 보장 의료 보험을 강력히 지지하는 것으로 나타난다. 우리가 두려워해야 할 한 가지는 두려움 그 자체다.

안타깝게도, 그 두려움이 미국을 휩싸고 있다.

사실 어떤 두려움은, 아주 잠시지만, 극복한 듯 보인다. 빌 클린턴이 처음 시도했던 의료 보험 개혁안이 실패로 끝나면서 소심한 민주당 정치인들에게 깊이 남긴 생채기가 그렇다.

상황이 얼마나 변화했는지 확인하려면 진화를 거듭한 힐러리 클린턴의 행보를 보면 된다. 15개월 전《뉴욕타임스》의 보도에 따르자면, "의료 보험의 혜택 범위를 확대하려는 힐러리 클린턴의 개혁안은 내용을 완화하고 보강했다." 그리고 "힐러리 클린턴은 마지막 난관 앞에서 계속 몸을 사린다. 민주당의 종합적 의료 보험 개혁안이 어떤 모습을 갖출지 설명하는 일을 미루고 있다."

실제로, 힐러리 클린턴은 비용을 얼마나 맞출 수 있느냐고 질문을 받으면 정말로 난색을 표한다. "우리가 어떤 제도를 설계하는지에 달려 있습니다. 하지만 아직도 명확하지 않습니다. 정치체body politic가 맡는 형태를 띠겠지요."

그런데 그때였다.

존 에드워즈〔민주당 대선 예비 후보〕가 지난 2월에 의료 보험 개혁안에 대한 쟁점을 부각시키면서 현명하고 진지한 보편적 의료 보험 개혁안을 제안했다. 그리고 조지 W. 부시의 감세 정책 일부를 폐기하고 기꺼이 그 개혁안에 드는 비용을 부담하겠다고 용감하게 발표했다. 느닷없이, 보편적 의료 보험이 먼 미래에나 이루어질 꿈이었다가 차기 행정부에서 실시할 수 있는, 그렇게 기대해도 좋을 정책이 되었다

힐러리 클린턴 상원의원은 한참 미루다가 자신의 의료 보험 개혁안을 발표했다. 그렇게 미루는 동안 의료 보험 개혁 지지자들 사이에서는 불안이 뭉게뭉게 피어올랐으며, 곧 설명하겠지만, 어쩌면 그런 태도는 암울한 미래를 예고하는 징조였을지도 모른다. 어찌 되었든 이번 주에 힐러리 클린턴은 드디어 개혁안을 내놓았고, 그것은 에드워즈 개혁안에 뒤지지 않을 정도로 강력했다. 세부 항목을 자세히 들여다보지 않는 한, 힐러리 클린턴 개혁안은 기본적으로 에드워즈 개혁안과 판박이나 다름없

다는 점에서 '그러하다'.

　비판이 아니다. 정치인들이 의료 보험 제도를 올바르게 마련하는 일은 독창성을 따져 정치인들에게 점수를 매기는 일보다 중요하다는 얘기다. 힐러리 클린턴 상원의원은 정치적으로 신중할지 모르지만 보건 경제학을 깊이 이해하고 있으며 돌아가는 상황을 살펴본다면 무엇이 이로운지도 알고 있다.

　에드워즈 개혁안도 힐러리 클린턴 개혁안도, 그리고 약간 완화했지만 이와 비슷한 오바마 개혁안도 심사숙고를 거듭한 끝에 보험 규정과 보조금을 공공-민간 경쟁과 결합하는 형태로 보편적 혹은 그에 가까운 의료 보험 제도를 마련한다. 좀 더 명확하고 좀 더 단순한 국가 단일 보험 제도를 옹호하는 사람들은 이들 개혁안에 실망할지 모른다. 그러나 메디케어포올은 어느 때가 되었든 가까운 미래에 하원을 통과하는 모습은 보기 힘들다. 반면 에드워즈형 개혁안은 합리적 차선책을 제시하고 있어서 민주당이 다수당인 의회에서 법으로 제정되고 2년 뒤 민주당에서 대통령이 선출되면 그 승인까지 받으리라고 사실상 내다볼 수 있다.

　그런데 그 고지에 오르려면 짙은 두려움을 떨쳐 내야 한다.

　공화당에는 진지하게 내놓을 대안이 없다. 공화당 주요 대선 후보들의 의료 보험 개혁안은 후보들만큼이나 낡고 케케묵었으며, 대개는 주로 부유층을 겨냥한 감세 조치에 의존하지만 아마 시장 마법을 불러내려 할 것이다. 《아메리칸프로스펙트》의 에즈라 클라인Ezra Klein이 냉정하고도 정확하게 지적했듯, "공화당이 그리는 미래는 병들어 죽어 가는 사람들이 자신이 가입하지 못하는 의료 보험의 비용을 자신이 낸 세금으로 약간 공제받는 —그나마도 공제받지 못할 수 있는— 세상을 향한다."

그런데 공화당 대통령 후보가 누가 되든, 그는 자신의 의료 보험 개혁안이 어떤 장점이 있는지 대중을 설득하려 하지 않을 것이다. 그는 그 수가 줄고 있는, 괜찮은 의료 보험에 가입해 있는 사람들을 민주당이 그마저도 빼앗아 간다고 주장하면서 대중을 겁박하려 들 것이다.

비방과 공포 작전은 이미 시작되었다. 민주당의 의료 보험 개혁안은 밋 롬니가 매사추세츠 주지사로서 입법을 승인한 의료 보험 개혁안과 매우 닮아 있다. 주요 차이점이라고는 미국 국민에게 주어지는 추가 선택 사항 정도다. 하지만 이것만으로는 힐러리 클린턴 개혁안을 "유럽형 사회주의 의료"라고 비난하는 롬니를 막아 세우지 못했다. 프레드 톰슨의 주장에 따르면 힐러리 클린턴 개혁안은 선택—실제로 풍부하게 제공될—을 거부하고 "처벌"을 강화한다.

이런 공격으로도 십중팔구 내년 민주당의 승리를 제대로 막아 내진 못할 것이다. 그러나 그 이야기는 그렇게 결말 맺지 않는다. 민주당이 백악관에 입성하고 또 하원에서 다수 의석을 차지한다고 해도 보험업계와 제약업계는 끈질기게 로비를 벌여 민주당이 선거 공약을 철회하도록 압박할지도 모른다.

이와 같은 이유로 힐러리 클린턴 상원의원이 의료 보험 개혁안을 발표하기까지 시간이 오래 지체된 것이다. 나를 비롯해 보편적 의료 보험 지지자들을 애태우면서 말이다. 하지만 그런 노심초사한 마음이 힐러리 클린턴이 마침내 개혁안을 발표했다는 사실로 훌훌 털어지지 않는다. 누가 민주당 대통령 후보가 되든 매우 유용한 의료 보험 개혁안을 고수해 나가야 한다는 사실을 명심하는 것이 좋다. 이제 남은 문제는 그 개혁안을 실현하겠다고 결심하느냐 마느냐다.

공포, 삼진 아웃

2010년 3월 21일

일요일로 예정된 의료 보험 개혁안 표결을 하루 앞두고 버락 오바마 대통령은 민주당 하원의원과 즉석 토론을 벌였다. 토론이 끝나 갈 무렵 오바마는 민주당이 왜 그 개혁안을 통과시켜야 하는지 이유를 설명했다. "이따금 때가 찾아옵니다. 자신을 향해, 이 국가를 향해 우리가 품은 찬란한 희망이 얼마나 결백한지 입증할 기회를 잡을 수 있는 때가. 우리가 내건 약속을 지킬 기회를 잡을 수 있는 때가. …… 그리고 지금이 바로 그 약속을 실현할 때입니다. 승리에 얽매여서는 안 됩니다. 진실에 따라야 합니다. 성공에 붙들려서는 안 됩니다. 우리가 들고 있는 빛이 무엇이든 밝게 빛나게 해야 하는 데 진력해야 합니다."

그리고 그 반대편에 있는 전 공화당 하원의장 뉴트 깅리치—공화당 내 다수가 대표 지성으로 떠받드는 인물—는 다음과 같이 말할 수밖에 없

었다. 민주당이 의료 보험 개혁안을 통과시키면 "린든 존슨Lyndon Johnson
이" 민권법(1964)을 제정하면서 "40년 동안 민주당을 풍비박산 낸 만큼
민주당을 산산조각 부술 것입니다."

주장하건대, 깅리치는 단단히 착각하고 있다. 의료 보험을 보장하자
는 제안은 그것이 실시되기도 전에 종종 논란을 불러일으킨다. 로널드 레
이건이 메디케어는 곧 미국의 자유가 종말을 고한다는 의미라고 주장한
말은 유명하다. 하지만 메디케어는 일단 시행되자 계속 엄청난 호응을 얻
었다.

그런데 내가 오늘 지적하고 싶은 점은 그것이 아니다. 오히려 양편 입
장 차이를 찬찬이 들여다보았으면 한다. 한편은 토론을 끝맺으며 정의를
호소했다. 경력에 금이 가더라도 정치인으로서 마땅히 해야 할 도리를 하
자고 설득했다. 다른 한편은 매몰찬 냉소를 날렸다. 이쪽 편이 의료 보험
개혁안을 민권법과 비교하며 비난하는 속뜻이 무엇일까 따져보자. 현대
미국에서 어느 누가 인종 평등을 밀어 붙인 린든 존슨 대통령이 잘못했다
고 돌을 던질까? (사실 우리는 누가 돌을 던지는지 알고 있다. 의료 보험 개혁안
표결 전날 민주당 하원의원을 향해 모욕적인 폭언을 퍼부으며 티파티 시위를 벌인
사람들이다.)

그리고 그런 냉소주의는 의료 보험 개혁안을 반대하는 활동 전반에
서 나타나는 특징이다.

물론 몇몇 보수주의 정책 전문가는 그 문제를 무척 고심했다고 과시
하고는 개혁안이 국가 재정에 끼칠 영향이 매우 우려스럽다고 주장했다
(그런데 이상하게도 의회예산처가 재정 건전성을 검토한 법안에는 아무 반응도 없
다). 그리고 (이 개혁안이 과거 어느 법안보다 의료 보험 비용을 꼼꼼히 따졌음에

도) 비용에 대한 조치가 더 강력해야 한다고 강조했다. 하지만 대개 개혁안 반대자들은 기존의 의료 보험 제도나 민주당이 제안한 온건 중도파의 개혁안—롬니가 매사추세츠주에 도입한 개혁안과 요지가 매우 유사한—이 얼마나 실현 가능성이 높은지 분석하는 척조차 하지 않았다.

그 대신, 개혁안에 반대하는 감정적 측면의 핵심은 노골적인 공포의 조장이었다. 사실은 무시하고 염치는 팽개치고.

이와 같은 행태는 사망선고위원회death panel〔환자에 대한 의료 보험 적용 여부를 결정해 살릴 환자와 보험 지출을 줄이기 위해 그냥 죽어 가게 놔둘 나머지 환자를 결정하는〕라는 비방으로 그치지 않았다. 그것은, 의료 보험 개혁안은 "누가 의사가 되느냐부터 누가 치료를 받느냐까지 모든 사항을 피부색에 따라 결정하는, 스테로이드 주사 맞은 차별 철폐 조치〔강화된 소수 집단 우대 조치〕affirmative action on steroids"라고 단언하는《인베스터스비즈니스데일리Investor's Business Daily》의 기사에서 보듯, 인종 혐오를 부추기는 행위였다. 그것은 낙태 기금에 대한 부언낭설이었다. 그것은, 깅리치가 실패한 대통령이라고 치부한 린든 존슨이 보수주의 진영이 외치는 반대를 뚫고 메디케어를 밀어붙인 뒤 미국 고령층이 누리는 바로 그런 보장을 약속하는 정책임에도, 젊은 미국 노동자들이 의료 보험이 필요할 때 보험을 이용할 수 있도록 보장하는 정책에 전체주의 요소가 있다는 주장이었다.

분명히 하자. 이제껏 공포 작전을 벌인 이들은 공화당 주류파와 아무 상관없는 과격한 일부 비주류파가 아니었다. 오히려 공화당 주류파가 작전에 내내 연루되었고 작전을 승인했다. 기억을 떠올리자면 공화당 부통령 후보였던〔2008년〕 세라 페일린Sarah Palin 같은 정치인은 사망선고위원회라는 거짓말을 열심히 퍼뜨렸고, 척 그래슬리Chuck Grassley 상원의원처럼 분별 있고 온건하다고 여겨지는 정치인은 사망선고위원회가 거짓이라고 말하지 않았다. 중차대한 표결이 있기 전날 공화당 하원의원들은 "오늘 자유가 조금 사라진다"라고 경고하며 민주당이 "전체주의 전략"을 쓴다고 비난했는데, 내가 보기에 그 전략이란 "투표"라고 알려진 절차를 가리킨다.

의심의 여지 없이, 공포 작전은 통했다. 의료 보험 개혁안은, 지금은 그 수치가 개선되고 있기는 해도, 뜨겁게 지지를 받다가 심한 반감을 불러일으키는 사안이 되었다. 그런데 중요한 질문은 이것이었다. 과연 그런 작전만으로 개혁안을 실제로 너끈히 막아냈을까?

대답은 "아니올시다"다. 민주당이 해낸 것이다. 하원에서 상원의 견해를 담은 의료 보험 개혁안이 통과되었고, 조정을 거쳐 더 낮게 개정한 개혁안을 곧 선보일 것이다.

이 일은 물론 오바마 대통령의 정치적 승리이며 낸시 펠로시 하원의장의 개가다. 한편으로 미국의 정신이 이끈 승리이기도 하다. 결국 포악하고, 부도덕하고, 공격이나 일삼는 공포는 개혁안을 막기엔 역부족이었다. 이번에는 공포가 삼진 아웃을 당했다.

*편집자 주: 2010년 3월 23일
의료 보험 개혁안을 다룬 월요일 자 폴 크루그먼의 글에서는 뉴트 깅리치가 "린든 존슨이" 민권법을 제정하면서 "40년 동안 민주당을 풍비박산 냈다"라고 말했다고 인용했다. 그 인용문은 《워싱턴포스트》에 처음 나왔는데 그 보도에 따르면, 그 글을 인쇄에 넘기고 난 뒤 깅리치는 그 구절이 1964년 민권법이 아니라 존슨의 "위대한 사회Great Society" 정책에 대해 언급한 것이라고 말했다고 한다.

오바마케어, 실패에 실패하다

2014년 7월 13일

의료 보험 개혁이 지금 어떤 개가를 올리고 있는지 아는 미국 국민이 얼마나 될까? 그 문제와 연관 지어 언론에서 의료 보험 개혁의 긍정적 발전상을 추적하는 기자가 얼마나 될까?

추측하기로, 첫 번째 질문에 대한 답은 "많지 않다"이고 두 번째 질문에 대한 답은 "아마 훨씬 적을 것이다"다. 그 이유는 나중에 짚어 보겠다. 내 말이 옳다면, 이는 기절초풍할 만한 일이다. 한 정책이 어마어마하게 성공을 거두어 수백만 명에 이르는 미국 국민이 삶의 질을 향상하고 있는데 아무런 주목을 받지 못한다는 것 아닌가.

어떻게 그런 일이 벌어질 수 있을까? 일관되게 무책임하고 소극적인 행태를 파헤쳐 보자. 부담적정보험법은 당파를 쫓는 무리와 우파 성향의 언론으로부터 잇달아 공격을 받고 있으며, 주류 언론 또한 부담적정보호

법의 결점들을 연일 되풀이해 지적한다. 공격은 대개 재앙을 예견하는 내용임에도 그 재앙을 현실에서 맞닥뜨릴 일은 전혀 없다. 그럼에도 재앙의 실재하지 않음은 대대적으로 보도되지 않는 실정이며, 부담적정보험법의 죽음을 잘못 예언한 사람들은 끔찍한 새 경고장들을 날리며 끊임없이 되돌아오고 있다.

특히 오바마케어로 미국 국민의 의료 보험 비가입자 수에 어떤 변동이 생겼는지 찬찬히 살펴보자. 연방 조직 웹사이트가 처음 대참사를 겪었을 때 우파는 속으로 박장대소를 터뜨렸고 주류 언론은 부정적 보도를 쏟아냈다. 2014년 초, 의료 보험 첫해 가입자 수가 백악관 예상치를 훨씬 밑돌것이라고 확신에 차서 주장하는 보도가 많았다.

그런데 최근에 놀라우리만치 의료 보험 가입자 수가 급증했다. 그렇다면 비관주의자들이 자신이 왜 그토록 어처구니없을 정도로 착각했는가라는 까다로운 질문과 마주했을까? 물론 아니다. 그러기는커녕 바로 그 사람들이 이번에는 음모론을 덧붙여 의료 보험의 새로운 파멸을 예언하고 나섰다. 와이오밍주 상원의원 존 바라소John Barrasso는 행정부가 "회계 장부를 조작하고 있다"라고 말했다. 다수의 "전문가"는 사람들이 의료 보험에 가입하더라도 사실상 보험료를 내지 않을 것이라고 큰소리쳤다. 텍사스주 상원의원 테드 크루즈도 보험에 드는 사람보다 보험을 잃는 사람이 더 많다고 목소리를 높였다.

그러나 의료 보험 가입자 대다수는 착실히 보험료를 냈고, 갤럽이나 어번인스티튜트나 커먼웰스재단에서 실시한 다수의 독자적 설문 조사는 지난가을 이후 미국 국민의 의료 보험 비가입자 수가 급격히 줄고 있다는 결과를 내놓고 있다.

그런데 의료 보험 비가입자 수가 뚝 떨어진 이유가 의료 보험 개혁이 아니라 경제 회복에 있다는 주장이 우파 쪽에서 꾸준히 들린다. (그렇다면 이제 보수주의 진영은 오바마가 경제를 잘 운영하고 있다고 칭찬하는 걸까?) 그렇지만 그 주장은 설득력도 없을뿐더러 명백히 틀렸다.

그 이유 하나는, 의료 보험 가입자 수 감소세가 너무 급격해 고용 현황에서 보이는 기껏해야 완만한 상승세로는 그 감소세를 설명할 수 없다는 점이다. 또 다른 이유는, 어번인스티튜트 설문 조사에 따르면, 대개 메디케이드를 확대한 주들, 즉 의료 보험 개혁이 제 기능을 다하도록 최선을 다한 주들과 연방 정부가 빈곤층의 의료 보험 보장을 거부한 주들 사이에서 의료 보험 가입 관련 실적의 차가 두드러진다는 점이다. 아니나 다를까, 메디케이드를 확대한 주가 그렇지 않은 주보다 의료 보험 비가입자 주민의 감소율이 세 배나 더 컸다. 경제가 아니다. 문제는 정책이야, 바보야It's the policy, stupid.

비용은 어떨까? 지난해 보험료 급등에 따른 "인상 충격rate shock"을 우려하는 주장이 우후죽순처럼 터져 나왔다. 그런데 지난달 보건복지부의 보고에 따르면, 메디케이드 연방 보조금 수령인들—가입자의 대다수인—의 평균 순 보험료는 한 달에 82달러에 불과했다.

맞다, 오바마케어로 손해를 보는 사람이 생긴다. 젊고, 건강하고, (고용주를 통해 보험에 가입하지 않거나) 연방 정부 보조금을 받을 요건이 안 될 만큼 풍족한 사람들은 보험료가 열에 아홉은 올랐을 것이다. 보조금을 충당하기 위한 세금을 추가로 낼 정도로 부유하면, 그 사람은 재정에 타격을 입을 것이다. 하지만 들리는 바에 따르자면, 개혁 반대자들조차 이런 내용을 부각하지 않으려 한다. 오히려 그들은 더 늙고 더 아픈 중산층 희생양을 계속 찾지만 실패를 거듭하고 있다.

참, 그리고 커먼웰스재단에 의하면, 의료 보험 신규 가입자의 압도적인 수가 의료 보험 보장 내용에 만족을 표했다. 공화당 지지자의 74퍼센트도 여기에 들어간다.

의료 보험 개혁이 좋은 성과를 내고 있는데 어째서 그에 대한 여론이 계속 나쁜지 물을지도 모른다. 정말 중요한 점은, 주장하건대 오바마케어가 일부러 이미 괜찮은 의료 보험에 가입한 미국 국민에게는 대체로 별 혜택이 없도록 설계되었다는 것이다. 그 결과, 상당수가 언론이 주로 부정적으로 내보낸 보도 때문에 시각이 굳어져 버렸다. 최근 카이저가족재단이 주관한 추적 조사를 보면, 미국 국민 가운데 가족이나 친구로부터 의료 보험 개혁 소식을 전해 듣는 수가 늘고 있다. 이는 그 제도의 수혜자를 통해 입소문을 타기 시작했다는 말이다.

앞서 밝혔듯, 언론인들—특히 특권을 누리는 전문가들—은 그 기쁜 소식을 가장 마지막에야 들을지 모른다. 이들이 속한 사회경제적 계층은 대체로 보장이 훌륭한 보험을 들어 놓았을 테니까.

그러나 그들만큼 운이 좋지 않은 이들 사이에서 부담적정보험법은 이미 바람직한 변화를 뚜렷하게 낳았다. 유력한 용의자들이야 실패를 부르짖겠지만 의료 보험 개혁이 —이를 어째!— 제구실을 톡톡히 해내고 있다는 점은 틀림없는 사실이다.

상상이 빚어내는
의료 보험 공포

◆

2015년 3월 30일

미국 정계에는 알쏭달쏭한 계산법이 판을 치지만, 텍사스주 하원의원이자 하원 정칙定則위원회 위원장 피트 세션즈Pete Sessions가 오바마케어 비용이 "터무니없다"라고 선언하며 최근 기준을 새로 정하는 일이 있었다. 세션즈는 "간단한 곱셈"만으로도 의료 보험 혜택의 확대에 따른 가입자당 비용이 500만 달러임을 확인할 수 있다고 주장했다. 하지만 이 계산은 지나친 감이 없지 않다. 1000배 이상이나 부풀렸으니까. 미국 국민의 신규 가입자당 실제 비용은 4000달러 정도다.

누구나 실수를 한다. 그러나 이는 용납할 수 있는 실수가 아니었다. 부담적정보험법을 바라보는 전반적 시각이 어디로 기울어져 있든 반론의 여지가 없는 한 가지 사실은, 법이 납세자에게 지우는 비용이 예상보다 훨씬 낮다는 점이다. 의회예산처에 따르자면 약 20퍼센트나 더 낮다.

하원의 중진 의원들은 이 점을 유념해야 한다. 의회예산처 보고서를 읽겠다는 노력조차 하지 않겠다면 그런 사람은 의료 보험 문제를 왈가왈부할 자격도 분명 없다.

그러나 이런 해코지는 물론 오바마케어에 늘 따라 붙어온 것이다. 부담적정보험법을 실시하기도 전에 법 반대자들은 온갖 재앙을 예측했다. 그런데 재앙이 일어나기는커녕 그 법은 꽤 효과를 내고 있다. 그렇다면 이제 재앙이 임박했다고 외치던 예언자들은 어떤 반응일까? 그들은 자신들이 예언한 비극이 이미 실제로 일어난 척한다.

의료 보험 개혁의 적대 세력이 진짜 성공담이 아니라 지어낸 거짓 재앙을 말할 때 즐겨 물고 늘어지는 부문이 비용만은 아니다. 기억하자. 오바마케어도 엄청난 일자리 살인자라는 소리를 들었다. 2011년에는 의회가 '일자리 죽이는 의료 보험법 폐지Repealing the Job-Killing Health Care Law Act'라는 법안을 통과시키기까지 했다. 반대자들의 주장에 따르면 의료 보험 개혁은 경제에 심각한 폐해를 안기고 특히 사업자가 어쩔 수 없이 고용인을 비정규직으로 돌리게 한다.

흠, 오바마케어는 2014년 초에 완전히 시행되었다. 그리고 민간 부문의 고용 증가 속도는 실제로 가속화해 클린턴 집권 시절 이후로 우리가 보지 못한 속도를 보였다. 한편 비자발적 비정규직 고용, 다시 말해 정규직 일자리를 원하지만 얻을 수 없는 노동자 수는 뚜렷하게 떨어졌다. 하지만 유력한 용의자들은 끔찍한 예언이 이미 실현된 듯 말한다. 제브 부시는 몇 주 전에 오바마케어가 "이른바 회복기의 강력한 일자리 억제 장치"라고 주장했다.

급기야는 정체를 알 수 없는 괴물을 잡으려는 끝없는 사냥이 전개되고 있다. 의료 보험 개혁 때문에 고초를 겪는 평범하고 성실한 미국 국민들을 구석구석 찾아 나선 것이다. 우리가 지금껏 보아 왔듯, 오바마케어 반대자들은 대체로 계산을 하지 않는다(그러려고 한다면 더욱 딱한 일이 되겠지만). 그들에게는 오로지 눈물 빼는 이야기들, 부담적정보험법의 어떤 측면 때문에 빈곤으로 떨어져 동정을 불러일으키는 수많은 사람의 이야기들이 아쉬울 뿐이다.

그런데 놀랍게도 그들은 그런 이야기를 찾아낼 수 없었다. 지난해 초 코크 형제가 후원하는 '번영을 위한 미국인들Americans for Prosperity'이 이른바 오바마케어 희생자가 등장하는 광고를 잇달아 냈다. 비참하기 짝이 없는 그 이야기 가운데 단 한 편도 철저한 검증을 통과하지 못했다. 좀 더 최근에는 캐시 맥모리스 로저스Cathy McMorris Rodgers 워싱턴주 하원의원이 페이스북에 오바마케어 공포담을 찾는다고 올렸다. 결과는, 의료 보험 개혁 덕분에 삶이 나아졌으며 몇몇 경우에는 생명을 구했다는 칭찬과 감사를 담은 답글이 쏟아졌다.

사실 의료 보험 개혁으로 피해를 입은 사람들은 소득이 매우 높은 미국 국민들로, 이들의 경우에는 세금이 올랐으며 비교적 소수는 보험료도 올랐는데 그것은 이들이 (보험사가 예전에는 저위험 피보험자로 볼 만큼) 젊고, 건강하고, (보조금을 받을 자격에 해당 안 될 만큼) 부유하기 때문이다. 어느 계층에서도 비난 광고에 적합한 희생양을 찾을 수 없었다.

요컨대 사실과 관련해 의료 보험 개혁을 향한 공격은 아무런 성과도 내지 못했다. 그러나 대중은 그 점을 알지 못한다. 비용에 대한 희소식은 전혀 알려지지 않았다. 최근 복스닷컴Vox.com에서 주관한 여론 조사에 따르면 미국 국민의 5퍼센트만이 오바마케어가 예상보다 비용이 들지 않는다고 알고 있고, 42퍼센트는 정부가 기대보다 지출을 많이 한다고 여기고 있다.

그리고 지금까지 의료 보험에 가입한 미국 국민의 약 1600만 명이 만족스러운 경험을 했더라도 이 사실은 여론에는 거의 영향을 끼치지 못했다. 이것은 부분적으로 부담적정보험법이 애초에 이미 괜찮은 의료 보험에 가입한 이들에게는 별 이로움이 없도록 설계된 때문이기도 하다. 부담적정보험법 시행 전에, 미국 국민 대다수는 이미 고용주나 메디케어나 메디케이드로 보장을 받고 있던 터라 이들의 여건에는 별다른 변화가 있지 않았다.

하지만 보다 깊이 파헤치면 우리는 여기서 탈진실의 정치학이 얼마나 영향을 끼치는지 볼 수 있다. 우리는 이 시대 정치인들이나 그 정치인들을 섬기는 이른바 전문가들이 불편한 사실을 인정해야 할 의무를 절대 느끼지 않으며, 아니라는 증거가 차고 넘치지만 그들의 어떤 주장도 취소되지 않는 시대에 살고 있다.

그리고 그 결과 상상이 빚어 낸 재앙이 진짜 성공에 그림자를 드리울 수 있다. 오바마케어는 완벽하지 않다. 그러나 수백만 명이 눈에 띄게 나은 삶을 가꿀 수 있다. 누군가는 유권자에게 이 사실을 알려야 한다.

11장

오바마케어를 향한 공격

잔혹한 이익 집단

연방대법원이 오바마케어의 합헌성에 대해 중대한 결정을 내린 2012년 6월, 여러분은 어디에 있었는가? 기억나지 않는다면, 당신은 의료 정책광이라 할 수 없다. 나는 의료 정책광이라 할 수 있다. 나는 그때 영국에서 휴가를 보내고 있었다. 아내와 함께 와이파이가 되는 술집에 앉아 보도를 기다렸다.

첫 번째 보도는 사실을 왜곡해서 연방대법원이 의료 보험 개혁을 무산한 듯 보이게 했다. 다행스럽게도 연방대법원은 그렇게 하지 않았다. 그리고 개혁이 사실상 살아 남았다는 점이 분명해지자 이제 할 일은 하나밖에 없었다. 나는 위스키를 한 잔 가득 주문해 단숨에 들이켰다.

개혁의 불씨는 살아났지만 연방대법원은 부담적정보험법에 한 가지 제한을 두었다. 그 법에서 한 가지 조항 즉 빈곤선의 133퍼센트에 드는 모든 사람에게 메디케이드를 확대한다는 조항을 주 정부의 선택 사항으로 돌리라는 것이었다.

무슨 차이가 있으랴 싶을 수도 있다. 어찌 되었든, 법을 시행하면 처음에는 연방 정부가 비용을 다 지불한다. 몇 년이 지나면 그 지원금이 90퍼센트로 떨어지지만 여전히 밑지지 않는 조건이다. 내 말은 이런 뜻이다. 도대체 어느 주 정부가 수많은 주민에게 거의 무료로 의료 보험을 제공하겠다는 제안을 거절할까? 게다가 연방 정부 지원금이 들어오면 주 경제가 활기를 띨 텐데?

대답을 하자면, 거의 모든 주 정부가 공화당에 좌지우지된다는 것이다. 몇몇 주는 결국 마음을 돌리겠지만, 2019년 중반 현재 14개 주는 주 차원에서 아무런 비용을 지지 않는 데에도 여전히 취약 계층 일부에게 기본 의료를 제공하지 않는다.

처음에는 메디케이드의 확대 거부를 전략적 행보로, 곧 오바마케어 전체를 깎아내리려는 시도로 정당화했을지 모른다. 하지만 부담적정보험법은 지금까지 오랫동안 시행되어 왔다. 메디케이드의 확대를 거부하면서 그 법을 매장하려 했다면 벌써 그러고도 남았다. 따라서 우리는 이 시점에서 뭔가 더 비열한 수작이 벌어지고 있음을 인정할 필요가 있다.

부자에게서 세금을 걷어 빈자를 돕는 개혁안에는 망설일 수 있다고 치자. 부자 과세가 일자리 창출자들의 사기를 꺾거나 그와 비슷한 무언가를 좌절시킨다는 이유를 들어, 아니면 그저 빈자보다 부자를 더 챙기고 싶다는 이유를 들어 그런 태도를 옹호할 수는 있다. 그런데 빈자를 도울 공짜 돈을 거절하는 것은 차원이 다른 문제다. 그 자체만으로 잔혹한 일이다.

흠, 2012년 이후 미국의 정치를 파고들면 잔혹이란 그 특이한 상표를 함께 쓰는 사람이 많다는 점을 알 수 있다. 아직, 내 생각에, 그런 부류가 유권자 사이에서는 비교적 소수다. 공화당 지지층 사이에서는 그 비율이 점점 크게 늘고 있으며 직업적인 공화당 정치인들 사이에서는 그러한 부류가 절대 다수를 차지한다.

이와 같은 상황 때문에 2016년 선거 이후에 벌어진 오바마케어 반대 운동을 되돌아보게 된다. 그때 공화당은 잠시지만 다시 한 번 의회와 백악관을 모두 장악했다. 공화당이 마침내 버락 오바마가 가장 심혈을 기울인 국내 법안을 저지할 기회를 잡은 셈이었고, 그들은 부담적정보험법 전체 폐지에 들어갔다. 그들 관점에서 보면, 그렇게 하는 이유를 얼마간 이해할 듯도 싶다. 법 전체를 폐지하면 메디케이드의 확대와 중소득 가계의 보조금에 들어가는 고소득에 대한 과세도 폐지할 수 있어서였을 것이다. 그런데 막상 법 전체를 폐지하면 수천만 명이 더는 의료 보험을 보장 받지 못한다는 점이 너무 분명한 터라 공화당조차 법 폐지를 머뭇거렸다.

이제 남아 있는 방법은 방해 공작이었다. 공화당은 사람들에게서 의료 보험을 노골적으로 빼앗지는 않았지만 보험 가입을 어렵게 하거나, 보험료를 비싸게 받거나, 아니면 보험 가입도 어렵게 하는 동시에 보험료도 비싸게 받음으로써 각 조항을 유명무실하게 만들어 오바마케어의 지지기반을 무너뜨리려 했다. 그런 일이 가능한 이유는 의료 보험을 개혁하려고 민주당이 앞서 잇달아 통과시킨 타협안 때문이었다. 그 결과 부담적정보험법은 국가 단일 보험 제도라기보다는 공공-민간 혼합 제도에 더 가까워졌고, 그래서 가동 장치를 여러 군데 설치해 놓을 수밖에 없었다. 따라서 그 장치 톱니바퀴에 모래를 끼얹는 일이 그다지 어렵지 않게 된 것이다.

　이러한 방해 공작 활동의 문제라면 그것이 어느 누구에게도 그 직접적 편익이 없었다는 점이다. 이번에도 부유층은 여전히 세금을 똑같이 내야 했다. 따라서, 메디케이드의 확대를 거부한 일처럼, 방해 공작은 오로지 그 법의 수혜자들에게만 피해를 입혔다. 몇몇 경우에는 손대지 않은 원래 그대로의 법보다 실제로는 비용이 더 들었다.

　희소식이라면 오바마케어의 설계자들이 나를 비롯해 다수가 깨달은 것보다 훨씬 훌륭하게 법에 뼈대를 세우고 살을 붙였다는 점이다. 부담적정보험법은 방해 공작에 거의 면역력이 없었지만 그 법은 대다수가 우려했던 것보다 더 탄탄하다는 사실이 입증되었다. 이 장에 모아 놓은 글에서는 그 법에 어떤 공격을 가했는지 그 법이 어떻게 거의 온전히 살아남을 수 있었는지 톺아본다.

부담적정보험법이 선택한
세발의자

2017년 7월 10일

과연 공화당 상원의원 50명은 당 충성심이라는 미명하에 유권자들에게 극심한 피해를 안기려 들까? 알 수 없는 일이다.

하지만 지금이 공화당이 오바마케어를 대체한다면서 왜 형편없는 대안밖에 제시할 수 없는지 살펴볼 적기인 듯하다. 그들이 바보라서가 아니다(깜짝 놀랄 만큼 반ⓧ지성이 되긴 했지만). 그것은 그들이 법 전체를 다 무너뜨리지 않는 한 부담적정보험법에서 어떤 주요 요소도 바꿀 수 없어서다.

기저 질환자를 비롯해 전 국민이 의료 보험 혜택을 받기를 바란다고 가정해 보자. 내가 아는 보건경제학자 대다수는 국가 단일 보험 제도를 선호한다. 곧 메디케어포올이다. 하지만 현실을 감안하면, 그 제도는 당분간 과도한 부담을 피할 수 없다.

우선, 보험업계가 두 손 놓고 가만히 퇴출당하지 않을 것이다. 게다가 그들은 지금 막강한 영향력을 휘두르고 있다. 또한 국가 단일 보험 제도로 전환하려면 상당한 증세를 각오해야 한다. 대다수에게는 세금 인상으로 입는 손실보다 보험료 인하로 얻는 이익이 더 클 테지만, 이것은 선거 운동에서 강력하게 밀어붙일 만한 주장이 못 된다.

그 외에도 65세 이하의 미국 국민들은 대체로 고용주가 의료 보험을 보장하는데 이들은 그 내용에 상당히 만족스러워한다. 따라서 이들로선 그런 의료 보험을 다른 무언가로 대체하자는 제안에 불안스러운 마음이 드는 것이 당연지사다. 그렇게 대체하면 훨씬 나아진다고 아무리 진심을 담아 확언을 해도 상황은 마찬가지다.

그래서 부담적정보험법은 점진주의를 선택했다. 이른바 세발의자 three-legged stool다.

그 시작은 보험사가 병력과 상관없이 누구에게나 똑같은 보험료로 똑같은 의료 보험 혜택을 제공하라고 요구한다. 이로써 기저 질환 문제가 해결된다. 그런데 그 자체만으로는 "죽음에 이르는 소용돌이death spiral"〔가파른 보험료 인상〕로 이어진다. 곧 건강한 사람들은 아플 때까지 기다렸다가 의료 보험에 가입할 것이고, 그러면 가입자들은 비교적 건강하지 못한 사람들로 채워질 것이고, 그러면 보험료가 급증하게 될 것이고, 이는 다시 보다 건강한 사람들을 몰아내는 식의 악순환이 계속되는 것이다.

그래서 의료 보험 규정에 개별 의무 조항이 추가되어야 한다. 현재 건강한 사람이라도 보험에 가입해야 하는 요건을 두는 것이다. 그리고 의료 보험은 최저 보장 기준을 충족해야 한다. 의료 혜택이 거의 없는 보험 증서는 효용 측면에서 아무 의료 보험에도 들지 않은 거나 매한가지이기 때문이다.

그런데 의료 보험에 들 여유가 없다면? 세발의자는 보조금으로 저소득층이 감당해야 하는 비용을 제한한다. 최저소득층에게는 보조금을 100퍼센트 지급하며 이는 메디케이드의 확대라는 형태를 띤다.

요점을 말하자면, 세발의자의 세 발이 모두 필요하다. 하나라도 없으면 그 제도는 굴러가지 않는다.

그런데 세 발만으로도 효과가 날까? 효과가 난다.

지금까지 부담적정보험법에 어떤 일이 일어났는지 이해하려면, 앞서 썼듯이(그리고 연방대법원이 해석했듯이), 그 법의 기능이 주 정부와의 협력에 상당히 달려 있음을 깨달아야 한다. 그래서 메디케이드를 확대하고, 의료 보험 거래소를 자체적으로 운영하고, 가입과 보험사 경쟁을 유도하면서 주 정부가 실제로 협력하는 곳에서는 부담적정보험법은 꽤 높은 효과를 거둔다.

일례로 켄터키주와 그 이웃의 테네시주를 비교해 보자. 2013년 부담적정보험법을 완전히 시행하기 전 테네시주는 켄터키주와 비교해 의료 보험 비가입자가 약간 적었다. 13퍼센트 대 14퍼센트. 그런데 2015년 부담적정보험법을 완전히 시행한 켄터키주에서는 의료 보험 비가입자 비율이 6퍼센트로 줄었다. 테네시주는 11퍼센트에 머물렀다.

아니면 보험사가 오직 하나뿐인(혹은 아예 없는), 그래서 경쟁이 없는 군郡들이 어떤 문제에 직면하는지 들여다보자. 최근 한 연구에서 지적하듯, 이것은 거의 전적으로 공화당을 지지하는 주에서 나타나는 문제다. 주지사가 공화당인 주에서는 주민의 21퍼센트가 그런 군에서 산다. 주지사가 민주당인 주에서는 그 비율이 2퍼센트도 안 된다.

그래서 오바마케어는, 아무도 믿으려 들지 않을지라도, 틀이 잘 짜인

법이다. 주가 앞장서 오바마케어를 시행하면 그 주는 그만큼 톡톡한 효과를 본다. 그리고 오바마케어는 더 나은 효과를 내도록 설계할 수 있으며 그렇게 해야 한다. 하지만 공화당은 그렇게 하는 데 관심을 기울이지 않는다. 그들이 내놓는 발상은 하나같이 저 세발의자에서 발을 하나 또는 그 이상을 잘라 내려 든다.

첫째, 공화당은 오바마케어의 개별 의무 조항 폐지에 사력을 다한다. 개별 의무 조항은 건강한 사람에게는 인기가 없지만 그 제도가 필요한 사람에 맞추어 잘 운영되려면 꼭 필요하다.

둘째, 공화당은 보조금 삭감에 매우 단호하다. 메디케이드 보조금을 야만적이리만치 깎는다. 그 돈을 풀면 부유층에 부과하는 세금을 줄일 수 있어서다. 그 결과, 대다수 가계의 순보험료가 껑충 오른다.

끝으로, 지금 크루즈 개정안Cruz amendment 소식이 여기저기서 들린다. 그 개정안으로 보험 회사는 혜택은 최소한으로 줄이고 공제는 최대한으로 늘린 빈약한 의료 보험을 가입자들에게 제공할 수 있다. 이러한 의료 보험은 기저 질환을 앓아서 고비용 시장으로 분류되는 이들에게는 무용지물이다. 사실상 세발의자에서 세 번째 다리를 잘라 내는 셈이다.

그렇다면 공화당은 자신이 내놓은 개혁안에서 어느 부분을 포기해야 비가입자 수를 크게 늘리지 않을까? 답은, 전부다.

공화당은 요 몇 년 동안 오바마케어를 비난하면서도 어떤 길로 나아가야 더 나은지는 고민하지 않는다. 아니 사실 어떤 고민도 않는다.

오바마케어의
매우 안정되고 비범한 특성

◆

2018년 4월 9일

연일 1면을 뒤덮는 기사는 당연히 약 13만 건에 이르는 부정 사건이다. 그 때문에 트럼프 행정부가 현재 심한 몸살을 앓고 있다. 부패의 속성대로 그 지독한 악취가 코를 찌르지만, 여론 조사를 보면 중간 선거에서 트럼프 정부의 부패가 뜨거운 화제로 떠오를 가능성은 낮아 보인다. 오히려 유권자들이 가장 높은 관심을 기울이는 쟁점은 의료 보험인 듯하다.

우리 모두 잘 알잖은가? 유권자들이 옳다는 사실을. 공화당이 상하원 의회를 계속 장악한다면, 그들이 오바마케어를 폐지해 2500만 명에서 3000만 명에 가까운 미국 국민에게서 의료 보험을 빼앗으려 다시 시도하리라는 우리의 예상은 아마 한 치도 벗어나지 않을 것이다. 왜? 그 제도를 방해하려는 공작의 파급 효과는 점점 미미해지는데 시간은 점점 촉박해지고 있으니까.

나는 공화당의 방해 공작이 완전히 실패로 끝났다고 말하는 게 아니다. 트럼프 행정부는 보험료를 크게 끌어 올리는 데 성공했다. 그렇다, 내가 "성공했다"라고 보는 것은, 보험료 인상이 바로 트럼프 행정부의 목표였다는 점에서 그러하다.

부담적정보험법을 실행하는 보험 거래소에 등록하는 사람 수 역시 2016년 이후 감소했고 —이러한 감소는 거의 전부가 주 정부가 운영하는 거래소가 아니라 트럼프 행정부가 운영하는 거래소에서 일어났다— 의료 보험 비가입자의 전체 수도 오바마 행정부 시기에 급감한 뒤 다시 증가하고 있다.

그런데 공화당이 기대하며 도모한 일은 의료 보험 등록자 수 감소와 의료 비용의 급증으로 인한 "죽음에 이르는 소용돌이"가 일어나는 것이었다. 지금 그 죽음에 이르는 소용돌이〔가파른 보험료 인상〕가 일고 있다는 공화당의 끊임없는 주장은 먹혀들었지만 —대다수 국민은 거래소가 곧 문을 닫을지도 모른다고 여겼다— 상황은 다르다. 사실 오바마케어는 그 제도를 무너뜨리려는 사람들에 의해 운용되고 있다는 점을 감안하면 놀라우리만치 튼튼하다.

오바마케어가 이토록 튼튼한 비결은 무엇일까? 그 답은, 아무도 믿지 않겠지만, 이 제도의 설계자들이 매우 현명했다는 점이다. 이들은 정치적 현실로 어쩔 수 없이 루브 골드버그Rube Goldberg 같은 장치 곧 단순한 기본 목표를 이루기 위해 아주 복잡한 제도를 마련했다. 내가 아는 진보적 의료 전문가들이라면 메디케어를 전 국민에게 확장한다고 했을 때 일제히 환영했겠지만, 현실은 그렇게 호락호락하지 않을 터였기 때문이다. 그럼에도 오바마케어 설계자들은 충격에 꽤 단단히 버티는 제도를 결국 탄생시켰다. 그 제도를 파괴하고 싶어 안달이 난 백악관이 가하는 충격도 견디어 낼 만큼.

애초부터 오바마케어는 "세발의자"를 토대로 삼을 계획이었다. 그래서 민간 보험 회사가 기저 질환을 근거로 해당 가입자를 차별하지 못하게끔 했다. 또 개인이 현재 건강하더라도 최소 자격 요건 곧 "개별 의무 조항"에 맞는 보험에 가입하도록 했다. 아울러 의료 보험을 이용할 수 있도록 보조금을 지급했다.

그런데 공화당이 이 세 발 가운데 하나를 잘라 내 버리려 진력했다. 그들은 개별 의무 조항을 없애기도 전에 복지 지원 활동을 꽁꽁 묶으며 건강한 미국 국민들이 의료 보험에 가입하지 않도록 부추겼다.

그 결과, 실제로 의료 보험에 가입한 사람이 그 수도 줄었거니와 방해 공작이 없었을 때와 비교해 주로 아픈 사람이 의료 보험에 가입했다. 결국, 보험 회사는 보험료를 더 비싸게 매길 수밖에 없었다.

하지만 바로 이 지점에서 보조금이 등장한다.

부담적정보험법을 시행하면 미국의 극빈층은 메디케이드로 의료 보험 혜택을 받으며, 그래서 개인 보험료는 문제가 되지 않는다. 한편, 빈곤선의 400퍼센트까지 또는 4인 가족 기준 소득이 9만 5000달러 이상의 고소득층에서도 상당수가 보조금을 받을 자격을 얻는다. 그 비율이 미국 인구의 59퍼센트지만 고소득층 대다수는 고용주를 통해 의료 보험에 가입해 있어서 거래소 가입자 가운데 그 비율은 83퍼센트다. 그런데 한 가지 짚고 넘어가야 할 점이 있다. 그 보조금이 일정하지 않다는 것이다. 그 대신, 부담적정보험법은 공식을 적용해 소득에 따라 보험료를 얼마나 납입할지 상한선을 두고 그 최대한으로 보조금을 책정했다.

이는 메디케이드 확대로 의료 보험 혜택을 받았든 거래소에서 의료 보험에 가입했든 간에 그 2700만 미국 국민 가운데 약 200만 명만이 트럼프 행정부가 획책한 보험료 급등이라는 직격탄에 노출되어 있다는 의미다. 무시하지 못할 수치이긴 하지만 가파른 보험료 인상으로 이어질 정도는 아니다. 사실 ("고령층 추가 부담금silver-loading" 같은, 이것이 무엇인지는 물어보지 마시라) 서로 관련된 이유에서, 보조금을 지급받으면 많은 이가 실제로 내야 할 보험료는 내려간다.

그 때문에 공화당은 실망이 그야말로 이만저만 아니다.

처음부터 공화당은 오바마케어를 싫어 했다. 오바마케어가 실패하기를 바라서가 아니라 성공할까 봐, 그래서 오바바 정부가 국민이 더 나은 삶을 영위하도록 여러 일을 해낼 수 있음을 실제로 증명할까 봐 두려웠기 때문이다. 공화당이 꾸는 악몽이 점점 현실로 다가오고 있다. 부담적정보험법이 시간은 오래 걸렸지만 마침내 인기몰이를 하고 또 공화당이 그 법을 없앨 것인가가 전 국민의 관심사로 떠오르면서 공화당은 무시못 할 정치적 부담을 안게 되었다.

이러한 상황이 내게 시사하는 점은, 공화당이 의회를 고수하게 된다면 그들은 오바마케어를 무너뜨리려고 총공세를 퍼부으리라는 것이다. 그들은 십중팔구 그것이 마지막 기회임을 잘 알게 될 테니까 말이다. 공화당이 오바마케어를 없애지 않으면, 그다음 단계는 보나마나 그 제도가 더욱 강화되어 미국 국민의 전 연령층이 정말로 메디케어에 가입하게 될 것이다.

따라서 유권자들이 의료 보험이 중간 선거에서 가장 중요한 쟁점이라고 믿는 태도는 옳다. 의료 보험이 경각에 달린 가장 긴중한 일이 아닐 수도 있다. 미국의 민주주의가 위태롭다는 타당한 논거가 있다. 그러나 의료 보험은 결코 물러설 수 없는 승부다.

병들면 죽기 전에 먼저 파산한다

2018년 9월 3일

솔직해지자. 존 매케인은 독불장군으로 평판이 자자했지만 마지막 10년을 거의 정통 공화당 의원으로 보내며 아무리 무책임한 행동이 되더라도 당의 기본 방침을 따랐다. 기후 변화를 막으려는 조치를 한때 지지했다가 철회한 모습을 떠올려 보자.

그러나 매케인은 그런 행보를 한 가지 행동으로 다 만회했다. 부담적정보험법을 폐지하려는 공화당에 반대하며 결정적 표를 던진 것이다. 그 단 한 번의 "반대"가 미국 국민 수천만 명에게 이로운 의료 보험을 구해냈다. 적어도 잠시 동안은.

하지만 이제 매케인은 세상을 떠났다. 그와 더불어 우리가 아는 한 척추에 비견할 유일한 공화당 의원도 떠나갔다. 그 결과, 공화당이 11월 의회를 장악하면 그들은 정말 오바마케어를 폐지하러 나설 것이다. 지레짐작으로 하는 말이 아니다. 지난주 마이크 펜스 부통령이 내놓은 분명한 약속이다.

그런데 2017년에 공화당이 벌인 오바마케어 폐지 시도를 잠재운 저 문제들은 어떤가? 확실히 지난해 내내 공화당은 정책 이념을 되돌아보며 평범한 미국 국민들에게, 특히 기저 질환자들에게 커다란 피해를 입히지 않고 부담적정보험법을 무위로 돌리는 방안을 제시하려 애썼다. 그렇지 않은가?

자, 농담 한마디 한 셈 치시라.

물론 공화당은 의료 보험에 대한 (혹은 실제로 여타 정책에 대한) 자신들의 견해를 되돌아보지 않았다. 이는 부분적으로 현대 공화당이 정책 분석을 전혀 하지 않기 때문이기도 하다. 민주당에는 두뇌 집단과 호의적이고 독자적인 전문가들로 이루어진 관계망이 있다. 이들은 증거를 샅샅이 조사하고 실제 문제를 해결할 방안을 강구하며, 때로 실제 입법안에도 간여했다. 공화당은 이에 견줄 어떤 조직체도 없다. 공화당의 잘 길든 "전문가"들은 그저 자신의 정치적 주인이 듣고 싶어 하는 말만 하려 들뿐이다.

그런데 의료 보험 정책의 경우 보다 뿌리 깊은 문제가 있다. 공화당은 부담적정보험법을 대체할 법안을 내놓을 수가 없다. 대체 법안이 없기 때문이다. 특히 공화당원 절반은 물론이거니와 유권자들에게 매우 중요한 의료 쟁점인 기저 질환자들도 보장한다는 내용을 고수하고 싶다면 오바마케어는 그렇게 할 수 있는 '가장 보수적인' 정책이다. 다른 유일한 선택이 있다면, 그것은 오른쪽이 아니라 상당히 왼쪽으로 기울어지는 메디케어포올 같은 제도뿐이다.

보건경제학자들은 몇 년에 걸쳐 여러 번 이와 같은 점을 설명했다. 하지만 늘 그렇듯 이해할 수 없는 무언가에 보수주의자들이 좌지우지될 때 그들을 설득하기는 무척 힘들다. 그래도 한 번 더 시도해 보자.

민간 보험 회사가 기저 질환자들의 의료 보호를 보장하기를 바란다면 병력에 따른 차별이 금지되어야 된다. 그런데 이것만으로는 충분하지 않다. 왜냐하면 의료 보험이 모든 사람에게 똑같은 비용을 지운다면, 아픈 사람이 그렇지 않은 사람보다 보험에 더 가입할 것이고 이들은 따라서 건강하지 못한 위험 집단이 되고, 그래서 보험료는 더 높게 매겨질 수밖에 없기 때문이다. 그런 일이 뉴욕에서 실제로 일어났다. 뉴욕은 부담적정보험법을 실시하기 전에 개인 보험료가 매우 높았다. 그런데 오바마케어를 시행하자 개인 보험료가 바로 절반으로 뚝 떨어졌다.

오바마케어가 한 일은 건강한 사람도 의료 보험에 가입하도록 유인책을 제공한 것이었다. 오바마케어는 한편으로는 (개별 의무 조항에 따라) 보험 가입을 하지 않으면 불이익을 주고, 다른 한편으로는 여러 보조금을 마련해 의료 비용이 소득에서 차지하는 비중이 커지지 않게끔 설계되었다. 공화당은 이 개별 의무 조항을 없애는 공작으로 의료 보험 정책을 방해하려 했고 보험료를 더 높이는 데 성공했지만, 오바마케어는 여전히 보조금에 힘입어 유지되고 있다.

한 번 더 요점을 짚자면, 오바마케어는 기저 질환자의 의료를 보장하는 가장 보수적인 선택이다. 공화당이 기저 질환을 앓는 미국 국민 수백만 명이 어떤 부담을 짊어지고 있는지 진정으로 헤아렸다면 그들은 부담적정보험법을 지지하고 강화하려 애써야 했다.

하지만 공화당은 두 달 뒤 의회를 장악하면 부담적정보험법을 없애려 들 것이다. 그런데 기저 질환자 보장이 뜨겁게 환영을 받고 있어서, 공화당은 그 조항을 보장하는 척하며 실제는 그렇지 않은 법안을 제안하고 있다.

공화당은 왜 그토록 뻔뻔한 거짓이 들키지 않고 유야무야 넘어갈 수 있다고 생각하는 걸까? 그것이 사실 사기 행각이나 다름없음에도? 그들이 유권자들을 바보로 여겨서일까?

흠, 그런 것 같다. 최근 이러저러한 집회에서 도널드 트럼프는 민주당이 "사회주의에 비용을 대기 위해 메디케어를 공략"하고 싶어 한다고 주장했다.

그러나 보다 중요하게 주목해야 할 대상은 언론이다. 이들 대다수는 현대 보수주의에 깊숙이 침투한 그릇된 믿음〔자기기만, 악의〕에 어떻게 대처해야 할지 아직 배우지 못했다.

누군가가, 예컨대 딘 헬러 네바다주 상원의원(공화당)이 기저 질환자들을 보호한다고 주장하면서 실제로는 그렇지 않은 법안을 공동 발의할 때, 헬러가 바라는 것은 "헬러 법안, 미국의 기저 질환자 보호"라고 전하는, 그 법안이 전혀 그렇지 않다는 핵심 사실은 17번째 단락에 숨긴 머리기사다.

아니 헬러의 입장에서 더욱 달가운 일은 17번째 단락에서 "몇몇 민주당 의원"이 헬러 법안을 사기라고 지적하지만 공화당은 이에 동의하지 않는다고 언급하는 대목일 것이다. 헬러로서는 결국 양쪽에서 다 주목을 받는 셈이 되니까.

따라서 기저 질환을 앓는 미국 국민이라면, 혹은 미래에 그런 질환이 생기지 않을까 염려스러운 국민이라면 현실을 똑바로 직시해야 한다. 공화당이 의료 보험 제도를 호시탐탐 노리며 다가오고 있는 작금의 상황 말이다. 11월에 공화당이 의회를 장악하면 의료 보험은 헐값에, 아니 어쩌면 아주 비싼 값을 치르더라도 채 몇 개월도 안 되어 세상에서 사라질 것이다.

의료 보험 시행까지
민주당이 걸어온 행보

◆

2018년 11월 22일

뉴저지주가 모범을 보이고 있다. 밑져야 본전 아닌가?

"민주당에는 적극적인 공약이 필요하다. 도널드 트럼프에 반대를 위한 반대만 하는 게 아니라." 중간 선거 운동 기간 동안 전문가들이 그 같은 말을 얼마나 늘어놓았는가? 사실 세스 몰턴Seth Moulton 같은 사람은 여전히 그런 말을 떠들어 대고 있다. 몰턴은 낸시 펠로시가 하원의장으로 다시 재임하지 못하도록 (분명 실패로 끝날) 공작을 이끌고 있다.

이 때늦은 비난이 유독 짜증스러운 까닭은 그것이 논증적으로 그리고 산술적으로 틀려서다. 물론 트럼프는 전 국민의 관심을 끌었지만 놀라우리만치 민주당의 성명에는 등장하지 않는다. 웨슬리언미디어프로젝트Wesleyan Media Project가 집계한 기록에 따르면, 2018년 선거는 민주당이 트위터 대장 트럼프에 대해 얼마나 반응했느냐가 아니라 얼마나 반응하지 않았느냐로 더욱 두드러진다. 2002년 이후로 야당이 백악관의 거주자를 공격하는 선전이 전혀 없지는 않았지만.

그렇다면 파란 물결이 휩쓴 그 선거 운동은 무엇이 중심 주제였을까? 단연코 의료 보험으로, 이는 민주당에서 내거는 선전의 절반 이상을 차지했다. 이런 질문이 생긴다. 지금 민주당은 하원에서 크게 승리를 거두었고 주 차원 경선에서도 뚜렷이 승기를 잡았으므로 쟁점이었던 주요 선거 공약을 이행하기 위해 무슨 일이든 할 수 있을까?

물론, 그렇게 할 수 있다.

사실 민주당은 하원을 장악하면서 큰 목표를 하나 이루었다. 부담적정보험법 폐지를 양당 협의 대상에서 아예 빼 버린 것이다. 사실 공화당은 그 법에서 기저 질환자 보호 내용에 이의를 표하며 소송을 제기했고 지금 판결을 기다리고 있다. 공화당 성향의 담당 판사가 그 소송에 오래도록 침묵을 지키고 있어 점점 이상하다고 여기는 참이다. 하지만 그 법을 해체하려는 입법 시도는 더 이상 없으리라고 본다.

반면, 공화당이 여전히 상원과 백악관을 장악하고 있는 상황에서 의료 보험에 대한 새로운 주요 연방법의 시행은 요원하다. 민주당이 향후 의제를 두고 논의를 해 나가면서 65세 이하 미국 국민을 대상으로 하는 메디케어의 가입 선택형 제안을 내용에 포함할 가능성이 커 보인다. 민주당이 이런 논쟁을 벌여 나가고 있다는 점이 중요하다. 2009~2010년 회기에 의료 보험에 대한 주요 개혁을 이룰 수 있던 한 가지 이유는, 부담적정보험법 폐지가 불러올 실제 영향을 전혀 고려하지 않은 2017년의 공화당과 달리 민주당은 이미 앞서 2년에 걸쳐 중요한 쟁점에 결론을 낸 데 있다. 하지만 적어도 당분간 워싱턴은 교착 상태에 빠질 것이다. (이런 정세는 과거의 상황보다 우리에게 유리하다!)

그런데 주 정부 차원에서 방해 공작을 취할 가능성이 있다.

부담적정보험법은, 엄밀히 말해, 전국적 체계를 조직해 내지 못했다. 그 대신 부담적정보험법은 규정을 마련하고 50개 주 정부 차원의 제도에 자금을 지원했다. 각 주는 연방 정부 사이트 healthcare.gov를 이용하는 선택권이 있음에도 자체적으로 의료 보험 시장을 열도록 권장되었다. 그런데 2012년 연방대법원의 결정으로 주 정부는 메디케이드 확대 정책에서 손을 뗄 수 있었고, 여러 주 정부가 연방 정부 지원금을 거절하고 주민에게서 의료 보험을 앗아 가는 선택을 했다.

연방대법원의 결정은 주 정부의 정치적 성향에 따라 의료 보험의 운명이 갈리는 분기점이 되었다. 2013년 부담적정보험법 시행 전에 캘리포니아주는 의료 보험 비가입률이 평균을 웃돌아 주민의 17.2퍼센트가 보험 혜택을 받지 못했다. 노스캐롤라이나주는 사정이 좀 나았지만 "겨우" 15.6퍼센트가 의료 보험에 가입하지 않았다. 그런데 작년 대비 캘리포니아주의 의료 보험 비가입자 비율은 7.2퍼센트로 다시 10퍼센트포인트 떨어졌고, 노스캐롤라이나주는 그 비율이 여전히 10퍼센트가 넘었다.

이런 차이는 어디서 비롯할까? 주지사도 입법부도 민주당인 까닭에 파란 물결이 휩쓰는 캘리포니아주는 오바마케어가 효과를 내도록 할 수 있는 한 최선을 다했다. 메디케이드를 확대하고, 자체 의료 보험 시장을 운영하고, 상당한 노력을 기울여 주민이 의료 보험에 가입하도록 독려했다. 공화당이 장악한 노스캐롤라이나주에서는 이런 활동이 전혀 이루어지지 않았다.

게다가 주 차원의 정책 활동은 지난 2년 동안 더욱 중요해졌다. 트럼프 행정부와 의회 내 트럼프 지지자들이 부담적정보험법을 전면 폐지할 수 없자 법의 실행을 방해하려 온갖 모략을 꾸몄다. 아직 건강한 사람들의 가입을 권장하는 개별 의무 조항을 없앴고, 보험사가 자체 위험을 관리하게끔 돕는 재보험 규정을 없앴다. 그 결과 부담적정보험법의 복지 부문이 현저히 줄어들었다.

이런 모든 조치로 보험료가 오르고 의료 보험 등록자 수가 줄어들었다. 하지만 주는 선택에 따라 트럼프만 한 구멍을 메울 수 있다.

그런 일이 어떻게 이루어질 수 있는지 가장 인상적인 사례를 보여 주는 주가 뉴저지다. 2017년 말 민주당은 뉴저지주를 완전히 장악하자마자 주 차원에서 개별 의무 조항과 재보험 규정에 상당하는 조치를 마련했다. 결과는 놀라웠다. 뉴저지주의 2019년 보험료가 2018년 대비 9.3퍼센트 내려갔으며 지금도 전국 평균을 크게 밑돌고 있다. 트럼프식 방해 공작만 없어도 일반 가입자가 1년에 1500달러 정도 절약하는 듯 보인다.

민주당이 여러 주를 장악하고 있는 만큼 이들 주는 뉴저지주가 보인 본보기를 따를 수 있고 또 따라야 하며, 할 수 있다면 뉴저지주를 넘어서야 한다. 예컨대 주 차원의 공공 선택권—사실상 연방 정부 정책처럼 보이는—을 도입해 민간 보험을 대체하면 어떨까?

요점은, 하원의 새 다수당이 오바마케어를 지켜 내는 일 외에 더는 할 수 있는 일을 찾지 못하는 동안, 적어도 지금은 주 정부 내 오바마케어 지지자들이 훨씬 더 많은 일을 해낼 수 있다는 것이다. 그리고 그 과정에서 당 전체가 매달려 온 공약을 올해에는 이행할 수 있다는 것이다. 뉴저지주에서 사람들이 말하듯, 밑져야 본전 아닌가?

12장

거품과 붕괴

공포의 총합

◆

1990년대 말에 터진 아시아 금융 위기를 아직도 기억하는 이가 있을까? 뒤이어 일어난 모든 일과 함께 이제 그것은 까마득한 옛날 일로 간주될지 모른다. 하지만 그 추이를 지켜본 이들에게 아시아 금융 위기는 수조 달러가 날아가고 수천만 명이 자신의 삶이 무너지는 모습을 바라볼 수밖에 없었던 숨 돌릴 틈 없이 뒤따른 파국으로서만 아니라 불길한 전조로서 들이닥친 섬뜩하기 그지없는 사건이었다.

1996년 무렵 나를 비롯한 대다수 경제학자는 세상이 온갖 위험으로 들끓어도 한 가지 특정한 유형의 위험, 즉 1930년대 같은 불황의 위험은 경제학 지식을 넓혀 나가면서 없앴다고 믿었다. 다른 여러 사회 병폐도 결국 그렇게 극복해 온 터였다. 과거 1854년 존 스노John Snow 박사가 런던에서 창궐하던 콜레라가 오직 한 공동 우물과 관련이 있음을 밝혀냈다.

이처럼 전염병학자들이 오염된 물이 질병을 퍼뜨리는 원인이라고 알아 내고 나자 콜레라 전염병은 과거의 것이 되었다.

마찬가지로, 1936년 존 메이너드 케인스가 지출 부족과 은행 연쇄 파산이 대량 실업의 원인임을 깨달았고 이어 정책입안자들이 이런 진단을 이해하고 나자 대공황 같은 경기 침체 역시 과거지사가 되었다.

경기 후퇴가 아예 일어나지 않은 건 아니었다. 경기 후퇴는 종종 꽤 지독해서 1982년에는 미국에서 실업률이 거의 11퍼센트까지 치솟았다. 그러나 제2차 세계 대전 이후 경기 침체가 대개 그랬듯, 이런 경기 후퇴는 심장마비보다는 충격 요법에 더 가까웠다. 대부분의 정책입안자들이 인플레이션이 고삐 풀린 망아지처럼 날뛸까 두려워 인플레이션을 가라앉히려 일부러 꾀한 경기 후퇴였다는 점에서다. 예금 인출 사태가 벌어지고 사람들이 그 저축금을 침대 아래 숨겨 놓아 사업이 줄도산 하는 구식 "공황panics"이 다시 닥치리라고 내다보는 사람은 없었다.

그런데 이와 같은 상황이 1990년대 말 태국, 말레이시아, 인도네시아, 한국에 불어닥쳤다. 보다 점진적인 위기가, 만성적인 고질병처럼, 불과 몇 년 전만 해도 신흥 경제 강국으로 널리 인정받던 일본을 잠식해 들어갔다. 일부 논객—유감스럽지만 서구 경제학자가 거의 대부분인—은 이러한 위기가 나머지 국가에 아무런 교훈도 줄 수 없는 일탈로 치부하는 경향이 있었고, 일부 다른 논객은 이 아시아 위기에 크게 동요되었다.

어찌 되었든, 이들 국가 가운데 몇몇은 비교적 현대화한 면모를 갖추고 고도의 발전을 일구고 있었다. 그리고 정책입안자들이 완벽하지는 않더라도 (어느 국가 정책입안자인들 완벽하랴?) 이들 국가를 운영하는 이들은 바보가 아니었다. 특히 일본은 펀더멘털fundamental [주요 거시 경제 지표] 수준이 미국과 매우 비슷했다. 일본은 국가가 크고, 부유하고, 교육 수준이 높고, 기술이 발달하고, 정치가 안정되고, 통화와 재정을 담당하는 당국이 탁월하지는 않더라도 유능했다. 일본이 스태그네이션stagnation[경기 정체]과 디플레이션deflation으로 점철된 "잃어버린 10년lost decade"에 꼼짝없이 갇힐 수 있었다면 미국도 똑같은 처지에 놓이지 말란 법이 있을까?

당시 나는 이 같은 우려에 대해, 내 생각에 시간이란 시험을 훌륭하게 견디어 온 학술 논문(〈악순환: 일본의 경기 침체와 유동성 함정의 재출현〉, 1998)과 《불황의 경제학The Reurn of Depression Economics》(1999)에서 집중적으로 다루었다. 다른 이들도 유사한 경고를 내보냈다. 벤 버냉키라는 이름의 당시 프린스턴대학 교수도 그 가운데 하나였다. 그러나 많은 이가 이러한 조언에 귀 기울이고 싶어 하지 않았다.

그런데 시간이 흐를수록 미국과 일본 사이에 유사성이 더욱 늘어났다. 2005년 무렵 나와 (충분할 정도는 아니었지만) 많은 사람이 어마어마하게 부풀어 오른 듯한 주택 시장 거품에 점점 우려를 보냈다. 거품이 꺼지면 분명 피해가 막심할 터였다. 그리고 밝혀졌다시피 상황은 모두의 예상보다 훨씬 끔찍했다. 수년에 걸친 금융 규제 완화와, (종종 규제를 피하는 방도를 찾는 일이나 다름없던) 금융 "혁신innovation"이 낳은 금융 체계는 최첨단 기술로 무장했지만 오히려 그런 측면에서 대공황 직전 금융 체계만큼이나 공황에 취약했다.

그리고 공황이 들이닥쳤다.

이 장에 실은 글에서는 무언가 단단히 잘못 돌아가고 있다고 나와 여러 사람을 점점 내리누르던 두려움을, 그리고 일어날지 모른다고 불안해하던 그 일이 막상 터졌을 때 우리가 올라야 했던 오해의 장벽을 톺아본다. 그러고 나자 이제 질문은 무엇을 해야 하느냐로 바뀌었다. 이에 대한 더 자세한 내용은 다음 장에서 살펴본다.

거품이 꺼지다

2005년 5월 27일

주식 시장 거품을 기억하는가? 2000년 이후 일어난 모든 사건과 함께, 그 일은 이미 아득한 옛일처럼 여겨진다. 그런데 소수 비관론자는, 누구보다 모건스탠리의 스티븐 로치Stephen Roach는 우리가 과거 과잉excesses의 대가를 아직 다 치르지 않았다고 주장한다.

나는 이제까지 이 관점을 전적으로 인정하지 않았다. 하지만 주택 시장을 바라보니 지금부터라도 내 입장을 다시 찬찬히 점검해 보아야겠다는 생각이 든다.

2001년 7월, 세계 최대 채권 운용사 핌코Pimco 소속 경제학자 폴 맥컬리Paul McCulley는 연준이 그저 이 거품을 저 거품으로 대체해 놓을 것이라 내다보며 다음과 같이 썼다. "연준이 미국의 쾌락주의hedonism를 떠받치려고, 필요하다면, 주택 가격에 거품을 일으킬 소지가 있다. 그리고 내가 보기에 연준은 그럴 의지도 있다. 정치적 정도正道가 그린스펀에게 그런 정책을 펴서는 안 된다고 강권할지라도.”

맥컬리가 예측했듯, 금리 인하가 집값 폭등을 가져왔고 이는 다시 건설 경기 호황으로 이어졌으며 소비 지출 증가 또한 낳았다. 주택 소유자들이 주택 담보 대출 재융자mortage refinacing를 하면서 부채의 늪으로 더욱 깊이 발을 들였기 때문이다. 이렇게 창출된 일자리는 주식 시장 거품이 꺼지면서 일자리를 잃은 이들을 흡수했다.

이제 문제는 무엇이 주택 시장 거품을 대체할 수 있느냐다.

아무도 경제가 주택 구입과 재융자에 영원히 기댈 수 있다고 보지 않았다. 주택 시장 열기가 꺾일 즈음 그것을 대체할 그 무엇이 더는 필요하지 않았으면 하는 바람만 있었을 뿐이다.

하지만 주택 시장 열기가 어느 누구도 예상하지 못한 만큼 오래 지속하더라도 그 열기가 가라앉으면, 경제는 심각한 난관에 부딪힌다. 다시 말해, 숨 가쁜 속도로 돌아가는 주택 건설 경기가 차갑게 식고 소비자가 집을 담보로 더 이상 돈을 빌릴 수 없으면, 경제는 급속히 둔화한다. 집값이 실제로 떨어지기 시작하면, 우리는 아주 끔찍한 광경, 곧 건설 경기와 소비 지출이 모두 곤두박질하면서 경제가 곧바로 경기 후퇴로 돌아서는 상황에 직면하게 된다.

이와 같은 상황이, 1990년대 말 무렵의 주식 시장처럼, 미국 주택 시장에서 투기 거품이 마지막 과열 단계로 치닫는 징조를 불길한 것으로 읽히게 하고 있다.

일부 분석가는 여전히 집값이 아주 높지 않다고 주장한다. 누군가는 터무니없어 보이는 자산 가격이 왜 타당한지 항상 근거를 제시한다.《다우 36,000Dow 36,000》〔제임스 글래스먼, 케빈 하셋, 1999〕을 기억하는가? 로버트 실러Robert Shiller는 이런 합리화에 반박하며 자신의 저서〔2000〕 제목처럼 주식 시장 거품을 "비이성적 과열Irrational Exuberance"이라고 명확하게 진단했다. 그리고 개정판〔2005〕에서 주택 시장에 대해 불길한 분석을 덧붙이면서 주택 시장 거품이 "미국 역사상 가장 커다란 거품일 수 있다"라고 경고한다.

국가 곳곳에서 투기 열풍이 번지고 있다. 그런데 이 열풍에 탄 이들은 과거의 거품 사태에서 매우 익숙하게 보던 투기자들이 아니다. 즉 1920년대 주식 정보를 귓결에 얻어듣던 구두닦이 소년들이나 1990년대 맥주와 피자를 파는 가게의 텔레비전으로 ESPN이 아닌 CNBC를 보던 사람들이 아니다.

앨런 그린스펀조차 이제 미국 주택 시장에서 "거품의 특징"이 보인다고 인정하지만 그는 그것을 "특정 지역"에 한정한다. 사실 광기 어린 상황은 해안에 위치한 플로리다주나 캘리포니아주 같은 몇몇 지역에 집중해 있다.

그런데 이들 주는 작은 지역이 아니다. 땅도 넓고 돈도 많다. 그래서 미국 주택 시장 전체의 거품은 꽤 커 보인다. 주택 구입의 상당수가 투기다. 미 전국부동산중개인협회National Association of Realtors, NAR가 추산하기로, 지난해 팔린 주택의 23퍼센트는 실거주가 아닌 투자 목적이었다. 그리고《비즈니스위크》에 따르면 신규 주택 담보 대출의 31퍼센트가 오로지 이자로 나가는데, 이는 사람들이 재정 한계로 치닫고 있다는 징후나 다름없다.

꼭 기억해야 할 중요한 점은 주식 시장 거품이 꺼지면 수많은 사람이 피해를 입는다는 사실이다. 주가가 정점에 달할 즈음 주식을 샀던 사람뿐만이 아니다. 2003년 여름 무렵이 되자 민간 부문 고용이 2001년 최고점에서 300만 명이나 뚝 떨어졌다. 주식 시장 거품을 주택 시장 거품으로 재빠르게 대체하지 않았다면 실업 문제는 훨씬 더 심각했을 것이다.

주택 시장 거품이 꺼지면 어떤 사달이 날까? 똑같은 일이 되풀이될 것이다. 연준이 대체할 만한 다른 거품을 찾지 않는 한. 더구나 그 거품이 무엇이 될지 상상하기란 쉽지 않다. 결국 연준의 경제 운영 역량은 주로 주택 시장에서 호경기와 불경기를 번갈아 일으키는 능력에서 나오는 셈이다. 주택 시장 거품이 꺼지고 난 뒤 경기가 침체에 빠지면 과연 무엇이 남을까?

로치는 연준이 2001년 이후 뚜렷이 성공을 거둔 듯 보이지만 이는 환상이었다고 여긴다. 그저 문젯거리를 미래에 쌓아 둔 꼴이었다는 얘기다. 바라건대, 로치 판단이 빗나가기를. 그런데 연준은 이제 쓸 거품도 바닥난 듯 보인다.

쉬익 소리

2005년 8월 8일

거품의 마지막 모습은 펑 터지지 않는다. 쉬익 새어 나간다.

집값은 그 움직임이 주가보다 훨씬 느리다. 집값의 경우 하루만에 23 퍼센트나 뚝 떨어지는 검은 월요일도 없다. 사실 집값은 주택 시장 열기가 식은 뒤에도 종종 한동안 계속 오름세를 보인다.

그래서 미국 주택 시장에서 거품이 곧 꺼진다는 뉴스에도 집값은 폭락 양상을 띠지 않는다. 주택 시장 거품은 매매가 줄어들고 매물이 쌓이는 형태로 나타나는데, 매도자가 받으려는 가격을 매수자가 더 이상 내리고 들지 않기 때문이다. 그리고 이 과정은 이미 시작되었을지도 모른다.

물론 일부는 주택 시장에 거품이 있다는 사실을 여전히 부정한다. 이들이 틀렸음을 우리가 어떻게 알 수 있는지 설명하고자 한다.

그 증거 하나는 바로 부동산을 향한 광란에 가까운 태도로, 이것은 자연스레 1999년의 주식 광풍을 떠오르게 한다. 몇몇 인사는 면면이 똑같기까지 하다. 1999년 베스트셀러 《다우 36,000》의 공동 저자는 미국 주택 시장에 거품 따위 없다는 입장을 소리 높여 외치는 지지자 편에 지금 서 있다.

그다음 증거로 통계가 있다. 여러 거품 부정론자는 국가 전체의 평균 가격을 제시한다. 우려스러운 면이 있기는 해도 그나마 정신을 완전히 놓지는 않은 듯 보인다. 그런데 주택 시장과 관련해 미국은 사실 두 개의 국가나 마찬가지로, 평원 지역Flatland〔평평한 지역〕과 대상帶狀 지역Zoned Zone〔띠 모양 지역〕이 그것이다.

평원 지역은 미국 중부에 자리하며 집을 짓기가 쉽다. 주택 수요가 높을 때, 사실상 유서 깊은 도시가 없는 평원 지역의 대도시권metropolitan area은 문어발처럼 보다 제멋대로 뻗어 나간다. 그 결과, 평원 지역에서 집값을 결정하는 주요 요소는 건축 비용이다. 그런 만큼 평원 지역에서는 주택 시장에 거품이 거의 생겨날 수 없다.

대상 지역은 해안을 따라 자리한다. 인구 밀도도 높을뿐더러 지형이 "띠 모양"인 탓에 토지 이용 규제도 심해서 집을 새로 짓기가 무척 까다롭다. 그래서 예컨대 주택 담보 대출 금리가 떨어져 주택에 지출을 더 늘리려고 할 때, 더러는 집을 짓기도 하지만 기존 집값 역시 올라간다. 이때 집값이 계속 올라갈 것 같으면 사람들은 기꺼이 집값에 더 지출하려 들고, 그러면 집값이 더 올라가는 식의 과정이 되풀이된다. 그런 만큼 대상 지역에서는 주택 시장에 거품이 생겨나기 쉽다.

더구나 대상 지역 집값은 오르는 속도가 전국 평균치보다 훨씬 빨랐다. 이는 분명 대상 지역 집값에 거품이 끼었음을 가리킨다.

전국적으로 보면, 집값은 2000년 1사분기에서 2005년 1사분기 사이에 약 50퍼센트가 뛰었다. 그런데 이 평균치는 각각 26퍼센트와 29퍼센트 오른 휴스턴이나 애틀랜타 같은 평원 지역 대도시권의 상승폭과 각각 77퍼센트, 96퍼센트, 118퍼센트 오른 뉴욕, 마이애미, 샌디에이고 같은 대상 지역의 상승폭을 합한 결과다.

샌디에이고 집값이 계속 오르리라고 여기지 않았다면 아무도 저 집값을 치르지 않았을 것이다. 집세는 집값보다 훨씬 천천히 올랐다. 노동통계국Bureau of Labor Statistics, BLS에서 내놓은 "자가 주거비owners' equivalent rent, OER" 지수를 보면 1999년 말에서 2004년 말 사이에 27퍼센트 정도 올랐다. 《비즈니스위크》 보도에 따르자면, 2004년 무렵 샌디에이고에서 주택 임차 비용은 낮은 주택 담보 대출 금리를 감안하더라도 비슷한 주택을 소유할 때 드는 비용의 40퍼센트에 불과했다. 따라서 샌디에이고에서 주택 구매가 합리적 선택이 되려면 집값이 계속 빠르게 올라 자본 이득을 크게 낸다고 믿어야 한다. 이것은 바로 거품의 정의다.

거품은 사람들이 자본 이득이 크고 확실한 것이라고 더는 믿지 않을 때에 꺼진다. 이와 같은 일이 샌디에이고에서 주택 시장의 마지막 거품이 한껏 부풀어 올랐을 때 일어났다. 상황은 이렇다. 집값이 빠르게 치솟아 1990년에 정점에 이르렀다. 곧 시장에 집 매물이 쏟아졌고 집값이 곤두박질쳤다. 1996년 무렵에는 인플레이션을 감안해도 집값이 약 25퍼센트나 떨어졌다.

그리고 이 사태는 샌디에이고에서 아직도 현재 진행형이다. 집값이 상승하고 나니 1980년대 열기는 하찮게 보일 정도였다. 시장에 매물로 나온 단독 주택과 아파트의 물량이 지난 1년 사이에 두 배로 늘어났다.

"1, 2년 전만 해도 대개 입찰 경쟁까지 부르며 거의 하룻밤 사이에 팔리던 집들이 지금은 몇 주나 시장에 그대로 남아 있다"라고 《로스앤젤레스 타임스Los Angeles Times》는 보도한다. 이와 똑같은 일이 과거 과열 양상을 보이던 다른 여러 시장에서 되풀이되고 있다.

한편, 미국의 경제는 주택 시장 거품에 한층 더 의존하게 되었다. 2001년 이후 경제 회복은 여러모로 실망을 안겼지만, 주택 건설 부문에서 지출이 급격히 늘지 않았다면, 주택 담보 대출 재융자가 주를 이룬 소비 지출이 치솟지 않았다면 이나마도 결코 이루어지지 않았을 것이다. 개인 저축률이 0까지 떨어졌다고 언급했던가?

이제 우리 귀에 쉬익 소리가 들리기 시작한다. 거품에서 공기가 새어 나오는 소리다. 우리 모두가, 대상 지역에 부동산을 소유한 이들만이 아니라, 고민해야 할 때다.

금융 위기에 다다르는 혁신의 길

2007년 12월 3일

지난여름 끝자락에 시작된 금융 위기가 9월과 10월에 짧은 휴식기를 보내고 맹렬하게 다시 돌아왔다.

그 불길은 얼마나 뜨거울까? 나는 그토록 겁먹은 금융 관계자들을 이제껏 본 적이 없다. 전 세계에서 경제가 도미노 패처럼 연속해 쓰러지는 듯했던 1997~1998년 아시아 금융 위기 때에도 그 정도는 아니었다.

이번에는 시장 주체들도 바짝 긴장한 듯하다. 자신들이 고안해 낸 복잡한 금융 체계를 스스로도 이해하지 못한다는 것을 문득 깨달았기 때문이다.

이 문제를 다루기에 앞서 지금 나타나는 현상을 살펴보자.

신용—시장 주체들 간의 대출—과 금융 시장 사이 관계는 엔진 오일과 자동차 엔진 사이 관계와 같다. 사람들이 "유동성liquidity"이라 말할 때

가리키는 의미 즉 단시간 내에 현금을 끌어 모으는 능력은 시장과 경제 전체에 꼭 필요한 윤활유다.

그런데 유동성이 고갈되고 있다. 몇몇 신용 시장은 사실상 문을 닫은 상태다. 런던 시장London market처럼 은행이 서로 돈을 빌려 주고 빌려 받는 여러 시장에서 이자율이 오를 때에도 여전히 안전하다고 평가하는 미국 정부 부채에 대한 이자율이 급격히 떨어졌다.

핌코의 채권 책임자 빌 그로스Bill Gross에 따르면, "지금 우리가 목도하는 현실은 본질적으로 현 금융 체계의 붕괴다. 차입에 의한 대출leveraged lending이 복잡하게 뒤얽힌 탓에 파악하기조차 어려워 벤 버냉키 연준 의장도 8월 중순에 헤지 펀드 책임자들에게 일대일 단기 재교육을 받아야겠다고 말했을 정도다."

금융 시장에 이 얼어붙은 상태가 더 오래 지속되면 대출 전반이 심각하게 위축한다. 그 결과, 사업 투자도 주택 건설과 같은 전철을 밟는다. 이는 곧 경기 후퇴를 의미한다. 그것도 어쩌면 꽤 지독한.

유동성 축소 이면에는 신뢰 붕괴가 도사리고 있다. 시장 주체가 서로에게 돈을 빌려 주기를 꺼리는 것으로, 상대가 돈을 갚는다고 확신하지 못하기 때문이다.

직접적 의미를 들여다보면, 이런 신뢰 붕괴는 주택 시장에서 거품이 꺼진 데서 기인했다. 집값 급등은 닷컴 거품보다 더 황당한 현상이었지만 —내 말은 주택 시장의 경우 낡은 규칙을 더는 적용하지 못한다는 주장을 정당화할 만큼 대단한 신기술도 없었다는 의미다— 어찌 된 까닭인지 금융 시장은 미친 집값을 새로운 기준으로 받아들였다. 그리고 거품이 빠지자 AAA 등급을 받은 수많은 투자가 허섭스레기로 드러났다.

그리하여 비우량 주택 담보 대출[서브프라임 모기지]subprime mortgages에 대한 "최상위super-senior" 청구권조차도, 다시 말해 채무자가 낸 상환금에서 첫 청구권을 보장받기 때문에 채무자 상당수가 빚을 상환하지 않더라도 완전히 변제받기로 되어 있는 투자조차도 7월 이후 시장 가치의 3분의 1을 잃었다.

그런데 신뢰를 정말 무너뜨린 원인은 아무도 유독성 금융 폐기물이 어디에 묻혀 있는지 모른다는 사실에 있다. 시티그룹은 비우량 주택 담보 대출 사태가 불거졌을 때 수백 억 달러가 물려 있어서는 안 되었다. 하지만 물려 있었다. 주 학군 담당 은행 역할을 하는 플로리다주 지방정부투자기금Local Government Investment Pool, LGIP은 안전해야 했다. 하지만 안전하지 않았다(이제 학교는 돈이 없어 교사에게 봉급도 주지 못하는 실정이다).

어쩌다 한 치 앞도 내다볼 수 없는 이런 지경에 이른 걸까? 대답을 하자면, "금융 혁신financial innovation" 때문이다. 이 두 단어는 이제부터 투자자 마음에 분명 두려움을 불러일으킬 것이다.

물론, 객관적으로 말해 어떤 유형의 금융 혁신은 이롭다. 나는 당좌예금에 이자를 지급하지 않거나 주말에 현금을 인출할 수 없던 시절로는 돌아가고 싶지 않다.

그런데 최근 몇 년 동안의 금융 혁신, 일례로 알파벳을 뒤죽박죽 마구 섞어 놓은 듯한 C.D.O.(부채 담보부 증권)나 S.I.V.(구조화 투자 회사), R.M.B.S.(주택 담보 대출 담보부 증권)이나 A.B.C.P.(자산 담보부 기업 어음) 등은 판매를 가장한 사기나 다름없었다. 홍보하기로는, 위험을 분산하는 방식이어서 더 안전한 투자였다. 그러나 그런 혁신이 한 일이라곤 개발자만 엄청 배를 불리게 하고, 파산을 해도 개발자로 하여금 돈을 도로 토해 내게 할 수도 없었던 것이었다. 결국 혁신은 혼란만 분산시킨 셈이라, 투자자를 꾀어 떠안게 한 위험도 생각보다 훨씬 컸다.

어째서 이런 일이 일어나도록 놔두었을까? 좀 더 깊이 들어가면, 내 생각에 이 문제는 이념과 맞닿아 있었다. 시장이 늘 옳다는 입장을 강경하게 고수하는 정책입안자들은 경고 신호를 간단히 무시했다. 알다시피, 특히 앨런 그린스펀은 연준 이사 에드워드 그램리치Edward Gramlich가 비우량 주택 담보 대출에 위험이 잠재해 있다고 경고를 보냈음에도 이를 묵살했다.

더구나 자유-시장 교리는 쉽게 사그라지지 않는다. 불과 몇 주 전에 헨리 폴슨Henry Paulson 재무장관이 《포천》에서 금융 혁신은 규제를 발아래로 보았다고 인정했다. 하지만 "그 반대의 상황을 바랐을 것 같다고 생각하지는 않는다"라고 덧붙였다. 이것이 최종 답변입니까? 재무장관 나리?

지금 폴슨은 채무자가 주택 담보 대출 상환을 재조정하고 압류를 피하도록 돕는 새 방안을 내놓고 있다. (어떤 세부 사항을 마련했다는 소리는 아직 들리지 않지만) 원론적으로는 바람직한 생각처럼 들린다. 그런데 현실을 따져 보면, 이 방안은 비우량 주택 담보 대출 문제에 조그만 흠집을 내는 정도에 불과하다.

요점을 말하자면, 정책입안자들은 금융 산업에 혁신할 자유를 넘겨주었고 그래서 금융 산업은 스스로 혁신을 했다는 것이다. 그 결과, 나머지 우리는 걷잡을 수 없는 혼돈의 소용돌이에 휘말렸다.

매도프 경제

2008년 12월 19일

탁월한 (혹은 대다수가 그렇다고 여기는) 투자자, 자선가, 사회의 기둥인 버나드 매도프Bernard Madoff가 사기꾼이라는 사실이 만천하에 드러나면서 세상이 충격에 빠졌다. 그럴 만했다. 500억 달러에 이른다고들 하는 매도프의 폰지 사기Ponzi scheme는 그 규모부터 상식 밖이다.

분명 나만 다음 같은 빤한 질문을 던지는 건 아닐 것이다. 도대체 매도프 이야기는 투자 산업 전체 이야기와 무슨 차이가 있을까?

금융 서비스 산업은 지난 세대 내내 국민 소득에서 그 비중을 점점 더 차지하며 관련 산업을 운영하는 사람들에게 막대한 부를 안겼다. 그런데 현재, 돌아가는 사정을 보면, 그 산업계 대부분은 가치를 창출하는 것은 고사하고 파괴하는 것 같다. 돈 문제에만 국한하지 않는다. 남의 돈을 맡아 굴리는 이들이 거머쥔 어마어마한 부가 우리 사회 전반을 부패로 물들이고 있기 때문이다.

우선 봉급에서부터 시작해 보자. 지난해 "유가 증권과 금융 상품 계약과 투자" 부문 종사자의 평균 봉급은 다른 경제 부문 종사자의 평균 봉급보다 4배 이상 높았다. 100만 달러를 벌어들이는 일이 특별하지도 않았고 2000만 달러나 그 이상 소득을 올리는 경우도 꽤 흔했다. 지난 세대 동안 미국 국민의 가장 부유한 계층에서는 소득이 폭발적으로 늘었다. 일반 노동자 임금은 제자리걸음이었다. 월스트리트의 높은 봉급이 이런 괴리를 낳는 주요인이었다.

그렇다면 내로라하는 금융계 슈퍼스타들이 수백만 달러씩 벌어들이지 않았을까? 아니다, 꼭 그렇다고만 볼 수 없다. 월스트리트의 급여 체계는 수익 양상에 따라 아주 후하게 책정된다는 점에서다. 이 양상이 나중에 환상에 불과했다고 밝혀지더라도.

가설을 세워 예로 들어보자. 한 자산 관리자money manager가 빚을 잔뜩 진 고객 돈을 빌려 와 총액을 부풀려 고수익 고위험 자산에, 미심쩍은 주택 저당 증권〔모기지 담보부 증권〕mortgage-backed securities 같은 곳에 투자한다. 얼마 동안, 예컨대 주택 시장 거품이 계속 부풀어 오르는 동안 (거의 항상 남성인) 자산 관리자는 수익을 엄청나게 올리고 자신의 성과급도 두둑하게 챙긴다. 이후 거품이 꺼지고 그 투자가 유독성 금융 폐기물임이 드러나면 투자자들은 막심한 손해를 입지만 자산 관리자들이 챙기는 성과급은 그대로다.

맞다. 어쩌면 내가 든 예는 결국 가설이 아니었을지도 모른다.

그렇다면 월스트리트가 통상 했던 일과 매도프가 했던 일은 얼마나 다를까? 들리는 바에 따르면 매도프는 몇 단계를 건너 뛰어 그냥 고객 돈을 훔쳐 냈지 투자자를 알지 못하는 위험에 노출시키면서 엄청난 수수료를 챙긴 것은 아니었다. 게다가 매도프는 누가 봐도 뻔뻔한 사기꾼이었고, 반면 수많은 월스트리트 종사자는 스스로 선전한 과대광고를 정말로 믿었다. 결말은 (가택 연금만 빼면) 여전히 똑같았다. 자산 관리자들은 자신의 배를 불렸고 투자자들은 자신의 돈이 흔적도 없이 사라지는 광경을 그저 지켜보았을 따름이다.

우리가 여기서 이야기하는 돈은 한두 푼이 아니다. 최근 몇 년 동안 금융 부문은 미국 GDP의 8퍼센트를 차지했다. 한 세대 전에는 GDP의 5퍼센트에 못 미쳤는데 그만큼이나 오른 것이다. 오른 이 3퍼센트가 헛되이 쓰인 돈이라면, 그리고 열에 아홉은 그러할 텐데, 우리는 지금 1년에 4000억 달러에 이르는 돈이 낭비되고, 사기당하고, 오용된다고 말하는 셈이다.

하지만 미국이 폰지 사기 시대를 맞아 치른 비용은 돈을 직접 낭비하는 수준을 한참 넘어섰다.

가장 무도막심한 점은 월스트리트가 취한 부당 이득이 당파를 초월해 아주 교묘한 방식으로 미국 정치를 부패로 물들였으며 지금도 물들이고 있다는 것이다. 금융 사기 증거가 속속 드러나는 동안에도 이를 못 본 척한 크리스토퍼 콕스Christopher Cox 증권거래위원회Securities and Exchange Commission, SEC 위원장 같은 부시 행정부의 고위 공무원들에서부터 헤지 펀드와 사모 펀드 투자사의 경영진에 이익을 안기는 터무니없는 탈세 구멍을 아직도 막지 못한 민주당에 이르기까지 말이다. (안녕하시죠, 척 슈머Chuck Schumer 상원의원 나리!) 돈이 말을 걸면 정치인은 어디선가 슬그머니 나타난다.

한편, 빠르게 불어나는 개인 자산은 자성이 강한 매력을 앞세워 미국의 미래에 얼마나 막대한 피해를 입혔을까? 지난 수년 동안 과학과 공익사업과 이런저런 다른 부문을 희생양으로 삼아 유능하고 총명한 우리 젊은이 다수를 투자 은행으로 끌어들이면서 말이다.

무엇보다 비대한 금융 산업에서 벌어들인, 혹은 "벌어들였으리라"고 보는, 엄청난 부는 우리의 현실 감각을 무너뜨리고 우리의 판단력을 흩트렸다.

막중한 책임을 짊어진 거의 모든 사람이 위기가 임박했다는 경고 신호를 어쩌다 놓쳤는지 곰곰이 따져 보자. 어떻게 이런 일이 가능했을까? 예컨대 불과 몇 년 전에 앨런 그린스펀은 어떻게 "금융 체계 전체가 탄력성을 점점 갖추어 나가고 있다"라고 언명할 수 있었을까? 게다가 무려 파생 상품 덕에 그렇다고? 대답을 찾자면, 내 생각에는, 특권층에조차 돈잘 버는 사람을 숭배하고 그런 사람은 자신이 하는 일을 속속들이 다 안다고 치부하는 편견이 뼛속 깊이 박혀 있다는 것이다.

결국, 그런 이유로 많은 사람이 매도프를 철석같이 믿었다.

이제 난파선의 잔해를 들여다볼수록, 어쩌다 일이 그토록 그릇되게 그토록 빠르게 흘러갈 수 있는지 이해하려 들수록 떠오르는 대답은 사실 무척 단순하다. 지금 우리가 눈앞에 마주한 현실은 매도프에 혹한 세상이 다다른 귀결이라는 것이다.

무식쟁이 전략

《뉴욕타임스》 블로그, 2013년 4월 27일

얼마 전 노아 스미스Noah Smith가 케인스의 경제학에 대해, 실은 다름 아닌
여러분의 경제학에 대해 반박할 때 흔히 쓰이는 전략 한 가지를 언급했
다. "뻔뻔하게 아무것도 모르는 숙맥인 척하는 것." 물론 늘 그렇듯 이런
전략은 아무것도 모르는 숙맥이 아닌 척하는 사람이나 진짜 아무것도 모
르는 숙맥인 사람에게 가장 잘 통한다.

생각이 여기까지 미치자 켄 랑곤Ken Langone이 내지르는 듯한 고함이
내 귀청을 때리는 듯하다. 랑곤은 내 주장에 응수하며 이렇게 외쳐 댄다.
"헛장 치는high falutin 온갖 이념이며 사상이며 생소리일랑 이제 다 집어치
우자. 당신은 사람들이 어떤 반응을 보일지 알고 있고, 사람들 눈은 금세
지루한 기색으로 흐릿해지고, 나는 당최 그가 무슨 말을 하는지 알아듣지
못한다."

여담이지만, 나는 옛날 서부 영화 말고 누군가 '헛장 친다"라고 말하는 소리를 아마 이때 처음 들은 듯싶다.

아무튼 그런 말은 내 자존심에 생채기를 낸다. 나는 내가 경제와 관련해 가능한 한 조리 있게 주장을 잘 펴 나가며 그것도 일상 영어로 잘 풀이한다고 내심 자부한다. 솔직히 나는 "사람들이 허리띠를 졸라매야 하니 정부 역시 그래야 한다"는 단순함에까지는 아직 이르지 못한다. 내가 보기에 세상은 그토록 단순하지 않으며 몇몇 호언장담은 그럴듯하게 들리지만 전혀 옳지 않다는 점에서 그러하다

지금 나는 랑곤이 자신이 천명한 만큼 정말 바보인지 아닌지 모른다. 내 짐작이지만 십중팔구 아닐 것이다. 랑곤이 1950년대 B급 영화의 배우처럼 말하는 태도에서 사나이처럼 보이려는 그의 시도가 무심결에 드러나는 것이려니 생각하련다. 그럼에도 어쩌면 이번 일을 기회 삼아 현재 경제 체제가 실제로 어떻게 돌아가고 있는지, 그리고 나는 내가 하는 행동을 어떤 근거로 옹호하는지 다시 언급해도 좋을 성싶다.

그래서 순서대로 차근차근 풀어 보자면,

1. 경제 체계는 버는 양은 일정하지만 쓰는 양은 약간 다른, 버는 것과 쓰는 것 사이에 아무런 관련이 없는 개별 가계와는 다르다. 내 지출은 네 소득이고 네 지출은 내 소득이다. 우리 둘 다 지출을 줄이면 우리 둘 다 소득이 떨어진다.

2. 우리는 지금 다수가, 스스로 그런 선택을 해서든 채권자가 그렇게 하라고 강요해서든, 지출을 줄이는 상황에 처해 있다. 기꺼이 지출을 늘리는 사람은 비교적 소수다. 그 결과 소득이 떨어지고, 경기가

침체하며, 일할 의욕이 넘치는 노동자 수백만 명이 일자리를 찾을 수 없는 처지에 놓인다.

3. 상황이 늘 이런 식으로 흘러가는 것은 아니지만 우리가 이런 상황에 놓일 때, '정부는 민간 부문과 경쟁 관계에 있지 않다.' 정부 구매는 유휴 자원unemployed resource을 이용하지 정부 구매가 없었다면 민간재private goods를 생산했을 자원을 이용하지 않는다. 또한 정부 대출은 민간 대출을 구축驅逐하지 않으며 유휴 자금을 이용한다. 그 결과, 지금은 정부가 지출을 늘려야 할 때지 줄여야 할 때가 아니다. 이와 같은 통찰을 무시하고 정부가 지출을 삭감하면 경제는 위축하고, 실업은 증가한다. 사실 민간 지출까지도 움츠러든다. 소득이 낮아지기 때문이다.

4. 우리 문제를 이렇게 바라보는 관점은 지난 4년을 정확하게 예측해왔고, 한편 다른 택일적 관점들은 그 예측이 완전히 어긋났다. 예산 적자는 이자율 폭등으로 이어지지 않았다. (그리고 연준의 "돈 찍어 내기money-printing"는 인플레이션으로 이어지지 않았다.) 반면 긴축 정책은 시도한 곳마다 거의 경기를 더욱 깊은 침체로 이끌었다

5. 물론, 정부는 언젠가는 청구서에 대금을 지불해야 한다. 하지만 지출을 삭감하거나 세수를 증가하려면 혹은 둘 다 하려면, 정부는 경제가 침체에서 벗어나고 민간 부문이 완전 고용을 실현할 정도로 충분히 지출할 때까지 기다려야 한다.

위 설명이 그토록 복잡할까? 내가 보기엔 그렇지 않다. 이제 짐작하기로, 랑곤 같은 이들은 이러한 설명에도 위와 같은 설명이 전부 다 이

해할 수 없는 헛소리라는 반응을 보일 것이다. 그런데 정말 바보가 아니라면, 내가 앞서 정말 그런지 의심스럽다고 말했지만, 랑곤에게는 단지 이해하고 싶은 마음이 없기 때문일 것이다. 〔이 글의 원제 "Ignoramus Strategy"에서 "이그노라무스Ignoramus"는 라틴어로 "우리는 모른다We don't know"의 의미다〕

아무도 부채를 모른다

2015년 2월 9일

재닛 옐런Janet Yellen을 비롯해 많은 경제학자는 2008년 이후 세계 경제 문제를 주로 "디레버리지deleveraging"—채무자가 거의 어느 곳에서나 동시에 부채를 줄이는 현상— 시각으로 바라본다. 그런데 이것이 왜 문제일까? 내 지출은 네 소득이고 네 지출은 내 소득이기 때문이다. 그래서 모두가 동시에 지출을 크게 낮추면 전 세계적으로 소득이 대폭 줄어든다.

다시 말하자면, 재닛이 2009년에 언급했듯, "개인에게도 기업에도 딱 맞을 듯한 훌륭한 예방 조처라도, 그리고 그 예방 조처가 경제를 정상 상태로 되돌리는 데 꼭 필요하더라도, 경제 전반을 더욱 깊은 곤경에 빠뜨린다."

그렇다면 경제가 "정상 상태"로 되돌아가는 데 우리는 얼마나 진전을 이루어 냈을까? 전혀 그러지 못했다. 알다시피, 정책입안자들은 부채의 A부터 Z에 이르기까지 그릇된 시각을 갖고 정책을 마련했으며, 따라서 문제를 줄이겠다는 이들 시도는 문제를 더 키웠을 뿐이다.

먼저 몇 가지 사실부터 들여다보자. 지난주에 맥킨지글로벌연구소McKinsey Global Institute가 보고서 〈부채와 (별 효과 없는) 디레버리지Debt and (Not Much) Deleveraging〉를 발표했다. 보고서에 따르면, 어느 국가에서도 사실상 GDP 대비 총부채 비율을 줄이지 않았다. 가계 부채는 몇몇 국가에서, 특히 미국에서 줄어들고 있다. 다른 국가에서는 오히려 늘어나고 있다. 그리고 민간 부문의 디레버리지가 상당히 일어난 국가에서조차 정부 부채가 늘어난 폭이 민간 부채가 줄어든 폭보다 컸다.

부채 비율을 줄이지 못했다는 사실이 우리가 노심초사 애쓰지 않았음을 예시해 준다고 생각할지 모른다. 가계와 정부가 허리띠를 더 졸라매는 각고의 노력을 기울이지 않았음을, 이제 세상에 필요한 것은 더 많은 긴축 정책이라고 말이다. 하지만 사실 우리는 전례 없는 긴축을 겪어 왔다. 국제통화기금IMF이 지적했듯, 부유한 여러 국가에서는 이자를 제외하고 정부의 실질 지출이 줄어들었다. 정부의 실질 지출은 힘겨운 나날을 보내는 남유럽 채무국들에서 크게 줄기도 했지만 독일이나 미국처럼 역사상 가장 낮은 이자율로 대출을 받을 수 있는 국가에서도 줄어들었다.

그러나 이 모든 긴축 정책으로도 상황은 날로 악화했다. 예상했던 대로 모두가 허리띠를 졸라매야 한다는 요구는 경제에서 부채가 담당하는 역할을 제대로 이해하지 못한 판단에 근거했기 때문이다.

누군가 "미래 세대한테서 그만 훔쳐라"와 같은 구호를 외치며 적자에 비난을 쏟아 낼 때마다 우리는 여전히 저 잘못된 판단에 휘둘린다. 곰곰이 들여다보지 않으면 저 판단이 올바른 소리처럼 들린다. 빚이 늘어나는 가계가 스스로를 더 가난하게 하는 것이라면 국가 전체의 부채도 똑같이 바라보아야 하지 않을까?

그렇지 않다. 빚을 진 가계는 다른 사람에게 빚을 진다. 반면 세계 경제 전체는 스스로에게 빚을 진다. 사실 국가도 다른 국가로부터 돈을 빌릴 수 있다. 미국은 실제로 2008년 이후 그 액수가 전과 비교해 줄어들고 있지만 외국으로부터 돈을 빌렸고 유럽은 나머지 세계를 대상으로 순純대출자net lender 역할을 하고 있다.

부채는 우리가 스스로에게 진 빚돈인 만큼 이로 인해 경제가 곧바로 더 가난해지지 않는다(그리고 그 부채를 갚는다고 해서 더 부유해지지도 않는다). 사실 부채는 금융 안정성에 위협을 가할 수 있다. 하지만 부채를 줄이려는 노력으로 경제가 디플레이션을 겪고 불황의 나락에 빠진다면 상황은 결코 나아지지 않는다.

생각이 여기까지 이르니, 현재 우리가 맞닥뜨린 여러 사건이 떠오른다. 전반적으로 실패한 디레버리지 정책과 최근 유럽에서 부상하는 정치 위기가 서로 직접적으로 연관되어 있기 때문이다.

유럽의 지도자들은 지출을 대폭 늘리면 곧 국가를 흥청망청하게 운영하면 경제 위기가 닥친다는 견해를 철저하게 고수했다. 앞으로 나아가는 길은, 앙겔라 메르켈Angela Merkel 독일 총리가 주장하듯, 절약만이 최선이었다. 유럽은, 메르켈이 단언하듯, 검소하기로 유명한 저 스와비아Swabia(슈바벤) 주부를 본받아야 했다.

이런 처방전은 슬로모션처럼 닥치는 재앙에나 잘 들었다. 유럽 채무국은 정말 허리띠를 졸라매야 했다. 하지만 사실상 몰아붙이다시피한 긴축은 잔인하리만치 혹독했다. 한편, 독일과 여러 주요 경제 국가는 지출을 늘려 주변국에서 실시한 긴축 재정을 상쇄해야 했는데도 역시 지출을 줄이려 애썼다. 그 결과, 부채 비율을 줄이는 일이 불가능하게 되어 버렸다. 실질 성장이 거북이걸음처럼 느려졌고, 인플레이션이 거의 0으로 떨어졌으며, 타격을 가장 심하게 받은 국가에서는 전면적인 인플레이션이 두드러졌다.

유권자들은 고통스러웠지만 놀라울 정도로 오랫동안 묵묵히 이 정책 재앙을 견디었다. 희생이 곧 보상받을 것이라는 특권층의 약속을 굳게 믿으며. 그러나 고통은 끝이 보이지 않았고 약속 또한 손에 잡히지 않자 이제 과격화radicalization는 피할 수 없는 현실이 되었다. 그리스에서 좌파가 거둔 승리에, 스페인에서 반체제 세력이 부상하는 상황에 누구나 깜짝 놀랐지만 이제껏 아무도 주의를 기울이지 않았다.

이제 누구도 향후 어떠한 일들이 벌어질지 장담하지 못한다. 도박사bookmaker들은 여전히 그리스가 유로화 체제 내에 머물 가능성이 더 높다고 본다. 그런데 그리스는 그렇게 하지 않으면 내가 보기에 피해가 그 정도 선에서 끝나지 않는다. 그리스의 유로존euro area 탈퇴〔그렉시트Grexit〕는 통화 정책 전반을 위협할 가능성이 매우 높다. 유로화가 실패로 끝난다면 묘비명에는 이런 구절을 새겨 넣어야 한다. "잘못된 유추로 생을 마치다."

*바로잡음: 2015년 2월 19일
폴 크루그먼은 월요일 자 기고에서 도박사들이 그리스의 유로존 탈퇴 가능성을 얼마로 예측하는지 정확하게 밝히지 않았다. 그 확률은 반 이상이 아니라 반 이하였다.

13장
위기 관리를 방해하는
그릇된 믿음

거시 경제학이 올린 개가

2008년 위기는 정말 우리 모두에게 충격을 안겼다. 솔직히 몇몇 사람은, 나를 비롯해, 문제가 싹트는 조짐을 보았다. 하지만 그 정도일 줄은 몰랐다. 사실 심각한 위기가 닥치리라고 예견한 사람도 소수 있었지만, 이들은 대체로 일어나지 않은 다른 여러 위기도 예측한 터였다.

그런데 위기가 충격으로 다가오는 동안 경제학자 상당수가, 다음 장에서 살펴보겠지만 전부는 아니더라도 꽤 많은 수가, 충격 속에서도 위기 이후 상황을 이성적 태도로 준비해 나갔다. 알다시피, 우리에게는 경제가 깊은 불황에 빠졌을 때 사정이 어떻게 돌아가는지 말해 주는 틀인 모델이 있다. 이 틀은 대공황 시절 고심에 고심을 거듭하며 고안해 냈고 1990년대 아시아 위기와 일본의 기나긴 스태그네이션을 거치며 새 내용이 보강되고 보다 정교하게 개선되었다.

나는 이 틀을 "IS-LM 모델"로 설명하는데 이 책에서 가장 학술적인 글로 약간 난해한 도표 2개로 마무리된다. 원한다면 건너뛰어도 괜찮다. 정말 그런다면 유감스럽겠지만.

내게는 위기 직후 몇 년 동안 일부 경제학자가 언급한 내용 이면에 어떤 논리가 깔려 있는지 조금이나마 이해하는 일이 중요하게 보였다. 이 책에 실은 글은 그 담론 가운데 꼭 필요한 부분만 간략하게 추린 것이다. 하지만 밝혀졌듯이 그 글들에 2008년 이후 세계를 파악하는 데 반드시 알아야 할 내용을 상당히 담아냈다.

이 거시 경제학의 기본 틀에서 말하는 바는 바로 이것이다. 경제가 깊은 불황에 허덕일 때에는, 특히 예컨대 금융 위기 여파로 심한 침체에 빠졌을 때에는 모든 것이 다 바뀐다는 점, 그리고 거의 0퍼센트로 떨어뜨리는 이자율 하향 조정은 완전 고용을 회복하는 경기 부양책으로는 역부족이라는 점.

알다시피, 정상적인 때에는 혹은 적어도 정상적이던 때에는 경기 후퇴와 싸우는 임무를 주로 연준과 이에 상응하는 해외 기관—유럽중앙은행European Central Bank이나 영란은행(잉글랜드은행)Bank of England이나 일본중앙은행Bank of Japan 등등—에 맡겨 놓는다. 이들 "중앙은행"에는 "통화를 발행하는"(말 그대로 직접 그런다는 것은 아니지만 그와 다를 바 없는), 그리고 새로 발행한 이 통화로 국채를 매입하는 권리와 권한이 있다. 이를 통해 중앙은행은 단기 대출 이자율을 사실상 통제한다. 단기 대출에는 만기가 하루인 은행 간 대출overnight loan, 정부가 단기 사업에 자금을 융통하려고 이용하는 만기가 1개월과 3개월인 대출 등등이 있다. 그리고 중앙은행은 통화를 더 발행해 이자율을 낮추어 민간 대출과 지출을 늘려 경기 후퇴를 막아 낼 수 있다.

그런데 정말 참담한 사태가 벌어지면 중앙은행은 이자율을 거의 0퍼센트까지 내릴 수 있다. 하지만 그런 조치만으로는 아직 부족하다. 무엇보다 진짜 그와 같은 일이 터지면, 내가 말했다시피, 규칙이 전부 바뀐다. 이 장 첫 번째 글에서 언급하듯, "미덕은 악덕이 되고, 신중은 위험하며, 검약은 어리석다." 예산 적자는 이로우면 이로웠지 해롭지 않다. 예산 적자로 이자율이 껑충 뛰지 않는다. 박한 정책이 후한 정책보다 위험이 훨씬 더 크다. 그리고 눈덩이처럼 불어난 적자에 정부 지출을 낮춘다거나, 과도해 보이는 통화 발행을 줄인다거나 하는 등의 책무를 다하는 듯 보이는 조치는 불경기를 더욱 악화한다.

이와 같은 논리로 비경제학자들 곧 정치인들, 경영 지도자들, 유력한 언론인들을 설득하기는 쉽지 않다. 임기를 시작하는 오바마 행정부 내 경제학자들은 이 틀을 매우 잘 이해했다. 벤 버냉키 연준 의장도 그랬다. 그래서 오바마 행정부와 연준이 모두 이런 이해를 바탕으로 조치를 취했다. 그 조치는 오바마 "경기 부양책"과 연준의 자산 보유asset holding 적극 확대라는 형태를 띠었다. 그러나 이 경기 부양책은 거의 말 그대로 미봉책에 불과했다. 규모가 너무 작아 제 임무를 제대로 해낼 수 없다는 점이 처음부터 불을 보듯 뻔했다.

나는 이 내용을 전부 〈경기 부양 비용 계산(공부벌레용이지만 중요한)〉에서 다루었다. 그리고 다음과 같은 정치적 경고로 끝을 맺었다.

"어떤 각본이 이어질지 눈에 선하다. 약한 경기 부양책은, 어쩌면 지금 우리가 논의하는 수준보다 훨씬 더 약할 수 있으며, 공화당 표를 더 얻으려 공들인 안이다. 이 부양책으로 실업률 상승은 막더라도 열악한 상황은 바뀌지 않으며 실업률은 거의 9퍼센트까지 올라갔다가 아주 서서히 떨어질 것이다. 그러면 기회를 놓칠세라 미치 매코널이 이렇게 말하지 않을까. "거, 보세요. 정부 지출은 별 효과가 없다니까요."

바라건대 이 각본이 들어맞지 않기를.

안타깝게도, 내 예상은 빗나가지 않았다. 정확히 그대로 일어났다. 더구나 상황은 더 고약스럽게 흘러갈 터였다. 곧 알게 되겠지만, 2010년 무렵 가장 유력한 인사들이 나와 견해가 같은 이들이 내놓은 조언에 등을 돌렸다.

하지만 분석 도구로서 거시 경제학은 당당히 진가를 증명했다. 2008년 이후 연이어 터진 사건이 불황 경제학의 틀로 제시한 예측을 보기 좋게 확인해 준 것이다. 예산 적자가 심했지만 이자율을 끌어올리지는 않았다. 어마어마한 규모로 통화를 발행했지만 인플레이션으로 이어지지는 않았다. 지출을 줄이고 허리띠를 졸라매며 운영한 정부들은 그 결과로 훨씬 혹독한 침체를 겪었다.

다시 말해, 2008년 이후 우리가 겪어 온 경험을 보면 거시 경제학적 분석은 지성의 승리를 거두었다. 그것은 분명히도 달콤 쌉싸름한 승리였다. 유익한 조언이었건만 정치인들은 그 조언을 받아들이는 데 처음에는 내켜하지 않았고 그다음에는 완전히 돌아섰다. 그러나 이 장에 실은 여러 글에서 보듯, 분석에 관한 한 우리 경제학자들은 내 바람대로 매우 막중한 임무를 훌륭하게 해냈다.

불황 경제학이 돌아왔다

2008년 11월 14일

경제 관련 소식은 당신이 알아채지 못한 새에도 점점 어두워지고 있다. 하지만 아무리 경제가 어렵다고 해도 나는 대공황이 다시 닥치리라고는 보지 않는다. 사실 실업률이 대공황 이후 최고치를 찍었던 1982년의 10.7퍼센트에 다다르는 경우는 아마 앞으로 없으리라 본다(그 점을 굳게 확언할 수 있으면 참 좋으련만).

우리는 내가 불황 경제학depression economics이라 부르는 영역으로 이미 발걸음을 깊숙이 내디디고 있다. 이는 돌아가는 상황이 1930년대와 비슷하다는 의미로, 그런 상황에는 경제 정책 가운데 평소에 성과를 보이던 여러 도구가, 무엇보다 이자율을 내리면서 경제를 활성화하는 연준의 역량이 견인력을 모두 잃는다. 불황 경제학이 우세한 시기에는 일반 규칙을 토대로 한 경제 정책이 더는 힘을 못 쓴다. 미덕은 악덕이 되고, 신중은 위험하며, 검약은 어리석다.

지금 내가 전하는 내용을 이해하기 위해 가장 최근에 나온 우울한 경제 소식 기사가 어떤 의미를 함축하는지 짚어 보자. 실업 보험 신규 신청자를 다룬 지난 목요일 자 기사를 보면 그 수가 현재 50만 명을 넘어섰다. 마음 아픈 보도긴 해도, 따로 떼어 놓고 보면 그 일은 대재앙처럼 다가오지 않을지도 모른다. 이는 2001년 경기 후퇴와 1990~1991년 경기 후퇴 동안 기록한 수치와 거의 맞먹는데 두 번의 경기 후퇴 모두 과거 기준과 비교해 상대적으로 가볍게 넘어갔기 때문이다(각 경우 고용 시장이 회복되는 데는 오랜 시간이 걸려야 했지만).

그런데 앞선 두 경기 후퇴의 경우에는 불안정한 경제에 대한 표준 정책 대응이, 다시 말해 연준 정책이 가장 직접적으로 영향을 끼치는 이자율인 연방 기금 금리의 인하가 여전히 효과를 보았다. 오늘날은 그렇지 않다. (기술적인 이유로 의미를 잃은 공식 목표와 달리) 연방 기금의 실질 금리가 최근 들어 평균 0.3퍼센트 미만에 머물러 있어서다. 무엇보다도 이제는 실질 금리를 더 이상 내릴 여유분이 남아 있지 않다.

이자율을 더 인하할 수 없는 상황에서는 경제의 하향 속도를 멈출 장치가 어디에도 없다. 실업이 증가하면 소비 지출이 더욱 감소한다. 베스트바이Best Buy〔미국의 대형 전자제품 유통업체〕는 이번 주에 "지진이 일어난 듯한" 하락세를 이미 겪었다고 경고했다. 소비 지출이 위축되면 기업 투자 계획도 축소된다. 그리고 경제가 불안해지며, 일자리가 한층 줄어들고, 경기가 더욱 움츠러드는 악순환에 빠진다.

연속적 하향 곡선에서 빠져 나오려면 연방 정부가 지출을 보다 늘리고 곤궁한 사람을 더 돕는 형태로 경기 부양책을 써야 한다. 아울러 그 경기 부양책은 정치인과 경제 관료가 몇몇 낡은 편견에서 벗어나지 않는 한 빠르고 강한 효과를 기대하기 어렵다.

그런 편견의 하나가 적자 공포다. 보통 때라면 예산 적자를 걱정하는 태도가 올바르다. 그리고 재정 책임fiscal responsibility〔균형 예산〕은 이 위기가 지나가자마자 우리가 다시 익혀야 할 미덕이다. 그러나 불황 경제학이 우세한 때에 이 미덕은 악덕이 된다. 프랭클린 D. 루스벨트가 1937년에 수지 균형을 맞추려고 때 이른 시도를 하다가 뉴딜 정책을 거의 망칠 뻔했다.

또 다른 편견은 정책의 변화를 신중하게 꾀해야 한다는 믿음이다. 평상시라면 이치에 닿는 소리다. 이 경우는, 확실하게 꼭 필요하지 않는 한 정책에 커다란 변화를 초래해서는 안 된다는 의미다. 그러나 지금 상황에서는 신중한 태도가 도리어 위험하다. 경기 후퇴에 따른 커다란 변화가 이미 일어나고 있기 때문이다. 늑장 대처로는 경제 참사를 키울 가능성만 더 높인다. 정책 대응은 가능한 한 정교하게 세워야 하지만 그 시기가 무엇보다 중요하다.

마지막으로, 여느 때라면 정책 목표를 정할 때 절제하고 절약해야 옳다. 그러나 현 상황에서는 지나치다 싶을 만큼 적극적으로 행동하는 것이 소극적으로 행동하는 것보다 더 낫다. 경기 부양책이 필요 이상으로 과하다고 밝혀지면 경기가 과열해 인플레이션으로 이어질 위험이 있다. 하지만 연준이 이자율을 높여 이런 위협쯤은 늘 막아 낼 수 있다. 반면, 경기 부양책이 너무 미약하면 연준이 부족분을 메우기 위해 할 수 있는 일이 없다. 불황 경제학이 우세할 때에 검약은 어리석은 선택이다.

가까운 미래에 경제 정책을 세울 때 이러한 주장은 무슨 말을 전할까? 오바마 행정부는 상황이 지금보다 훨씬 더 악화해 보이는 경제에 직면해 출범할 것이 거의 확실하다. 아니나 다를까, 골드만삭스Goldman Sachs는 현재 6.5퍼센트인 실업률이 내년 말에는 8.5퍼센트까지 오를 것으로 예측한다.

모든 지표가 새 행정부는 강력한 경기 부양 종합 대책을 내놓아야 한다고 가리킨다. 내가 어림잡아 계산하기로, 그 종합 대책에는 약 6000억 달러에 상당하는 만만찮은 비용이 들어간다.

따라서 이런 질문을 던지지 않을 수 없다. 과연 오바마 행정부가 과감하게 저 규모에 맞먹는 대책을 제안할 것인가?

그 질문에 대한 답이 '그렇다'이기를 바라고, 새 행정부의 배포가 그만큼 두둑하기를 희망하자. 검약을 미덕으로 여기는 저 낡은 신념에 무릎을 꿇기에는 지금 우리가 처한 상황이 너무 위태롭다.

IS-LM 모델

◆

《뉴욕타임스》 블로그, 2011년 10월 9일

이 블로그뿐 아니라 여러 지면에서 많은 독자가 IS-LM 모델IS-LMentray에 대해 설명해 달라고 요청해 왔다. 가능하다. 이 블로그 공간에서는 경제학 전공자들 사이에서 의견이 오가기도 했으니까. 열에 아홉으로 일반인에게는 다소 이해하기 어려운 내용도 있으리라 본다(그래서 해당 글을 "공부벌레용wonkish"["경제 덕후용"]이라 칭한 것이다).

[수정: IS-LM은 투자investment−저축savings, 유동성liquidity 선호− 통화money 공급량을 가리킨다. 계속 읽어 나가다 보면 잘 이해할 수 있을 것이다.]

우리가 첫 번째로 알아야 할 내용은 IS-LM 모델을 올바르게 설명할 수 있는 방법이 여러 가지라는 점이다. 이는 IS-LM 모델이 상호 작용하는 시장을 다루기 때문인데, 따라서 우리는 다각도로 접근해 들어갈 수 있으며 그중 어느 방향이든 적절한 출발점이 될 수 있다.

내가 즐겨 사용하는 접근법은 금리를 결정하는 요소에 대해 양립할 수 없는 듯 보이는 두 관점을 아울러서 IS-LM 모델을 바라보는 것이다. 한 관점에서는 금리가 저축의 수요와 공급으로 결정된다. 이를 "대출 가능 자금loanable funds" 접근이라 한다. 다른 관점에서는 금리가 이자를 내는 채권과, 그렇지 않지만 거래에 사용할 수 있고 그 유동성 때문에 특별한 가치를 지니는 통화 사이의 균형trade-off으로 결정된다. 이를 "유동성 선호liquidity preference" 접근이라 한다(물론 일부는 통화처럼 이자를 내더라도 보통 유동성이 더 낮은 자산만도 못하다).

어떻게 두 관점이 다 맞을 수 있을까? 그것은 우리가 최소한 한 변수가 아닌 '두' 변수 곧 금리뿐 아니라 GDP도 다루고 있어서다. GDP를 조정하면 대출 가능 자금과 유동성 선호를 둘 다 한꺼번에 다룰 수 있다.

대출 가능 자금 측면에서 시작해 보자. 예상 저축desired savings과 예상 투자 지출desired investment spending이 현재 똑같으며 어떠한 이유로 금리가 떨어진다고 가정하자. 그런데 금리를 반드시 원래 수준으로 다시 올려놓아야 할까? 꼭 그럴 필요는 없다. 예상 투자가 예상 저축을 초과하면 경제 팽창을 낳으며, 이는 소득을 높인다. 늘어난 소득의 일부는 저축할 것이기에 —그리고 투자 수요가 그만큼 오르지 않는다는 가정하에— GDP에서 크게 증가한 부분이 금리를 새로 정하면서 예상 저축과 예상 투자 사이에서 균형을 회복할 수 있다.

이것은 대출 가능 자금이 금리 자체를 결정하지 않음을 가리킨다. 대출 가능 자금은 금리와 GDP 사이에서 여러 조합을 결정할 수 있으며 이때 이자율이 낮을수록 GDP가 올라간다. 이것이 IS 곡선이다.

한편, 부를 어떻게 배분할지 결정하는 사람들은 통화와 채권 사이에서 균형을 찾는다. 통화 수요가 하향세에 있다고 치자. 이자율이 오를수록 사람들은 점점 유동성을 포기하고 높은 수익을 쫓는다. 연준이 일시적으로 통화 공급을 고정한다고 가정하자. 이 경우에는 이자율이 통화 량에 대한 수요와 어느 정도 일치해야 한다. 그리고 연준은 통화 공급을 조절해 이자율을 조정할 수 있다. 즉 통화 공급을 늘리고 이자율을 떨어뜨려 사람들이 통화를 더 갖도록 유도할 수 있다.

하지만 이때에도 GDP를 계산에 넣어야 한다. GDP 수준이 오른다는 것은 앞으로 거래량이 늘어난다는 의미다. 통화 수요는 증가하지만 다른 요소들은 그대로다. 따라서 GDP가 오른다는 것은 통화의 수요와 공급에 맞추어 이자율을 올려야 한다는 뜻이다. 이는 대출 가능 자금처럼 유동성 선호가 이자율 자체를 결정하지 않음을 가리킨다. 유동성 선호는 이자율과 GDP 사이에서 여러 조합을 규정할 수 있다. 이것이 LM 곡선이다.

IS-LM 곡선은 다음과 같다.

두 곡선이 만나는 지점에서 GDP과 이자율이 모두 결정된다. 그리고

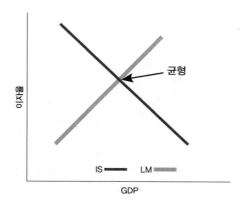

이 지점에서는 대출 가능 자금과 유동성 선호 둘 다 유효하다.

그렇다면 이 틀은 어디에 소용이 있을까? 우선 저축이 투자와 같아야 하는 만큼 정부 지출이 총지출에서 비중을 늘릴 수 없다는 개념과 같은 오류를 피할 수 있다. 그리고 시카고대학 유명 교수들이 어찌어찌해 신빙성이 있다고 찾아낸 논거보다 높은 수준으로 우리를 곧장 끌어 올린다. 또한 이 틀은 이자율을 올려 정부 적자가 커지면 실제로 경제가 위축될 수 있다는 개념과 같은 혼란도 피할 수 있다.

굉장히 놀랍게도 IS-LM 모델은 지금처럼 민간 수요가 매우 떨어져 이자율이 0퍼센트일 때조차도 경제가 침체를 벗어나지 못하는 심각한 상황을 두고 고심하는 경우에 특히 유용하다. 이때에는 그래프가 아래와 같은 모습을 띤다.

LM 곡선이 왜 0퍼센트에 머무르고 있을까? 이자율이 0퍼센트 아래로 떨어지면 사람들은 채권이 아니라 현금을 보유하려 든다. 이때 여유가 있는 경우 통화를 가치 저장 수단으로 간직하며, 통화 공급을 조정하더라

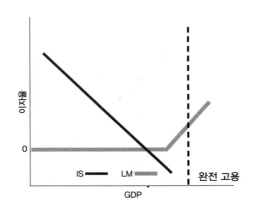

도 아무런 효과를 낳지 못한다. 이것이 바로 유동성 함정liquidity trap이다.

IS-LM 모델은 유동성 함정에 빠졌을 때 어떤 일이 일어나는지 몇 가지 예측을 내놓는다. 예산 적자는 IS 곡선을 오른쪽으로 옮긴다. 그런데 유동성 함정에 갇힌 경우 예산 적자는 이자율에 아무런 영향도 끼치지 않는다. 통화 공급을 늘려도 아무 소용없다.

이와 같은 이유로, 2009년 초《월스트리트저널》에서 오스트리아 학파와 이런저런 유력한 용의자가 똘똘 뭉쳐 이자율이 치솟고 인플레이션이 날뛴다고 아우성을 쳤을 때 IS-LM 모델을 이해한 이들은 이자율이 낮게 유지되고 본원 통화가 3배나 늘어도 인플레이션은 일어나지 않는다고 예측했다. 그 후 나타난 여러 결과는, 내 생각대로, IS-LM 모델에 확실한 정당성을 부여했고 ―물가에 떠밀려 인플레이션이 일어난다고 몇 차례 머리기사는 장식했지만― "이자율 급등과 인플레이션"을 주장하는 무리에는 쓰라린 패배를 안겼다.

물론 IS-LM 모델은 현실을 상당히 단순화하고, 그래서 모델을 최종적인 확답final word으로는 받아들일 수 없다. 그러나 IS-LM 모델은 훌륭한 경제 모델이 해야 하는 일을 해냈다. 곧 IS-LM 모델은 우리가 맞닥뜨린 상황을 파악하고 이례적인 경제 환경에서 어떤 일이 일어날지 예측하는 데 무척 유용했다. IS-LM 모델을 이해하는 경제학자라면 그렇지 않은 경제학자보다 현 위기를 훨씬 잘 진단해 낸다.

경기 부양 비용 계산
(공부벌레용이지만 중요한)

《뉴욕타임스》 블로그, 2009년 1월 6일

하나둘씩 오바마 경기 부양책에 관한 정보가 모이면서 이제 그 영향을 어림잡아 추산할 수 있게 되었다. 요점은 다음과 같다. 십중팔구 이 부양책으로는 앞으로 2년 동안 평균 실업률이 2퍼센트도 채 떨어지지 않을 수도 있고 어쩌면 그 수치에도 훨씬 못 미칠지 모른다는 것. 이 때문에 새 행정부가 양당 합의를 이끌어 내려고 경기 부양책 비용을 지나치게 낮춰 잡는 것은 아닌지 진심으로 우려하는 목소리가 높다.

여러 방향에서 내놓은 내 계산을 살펴보자.

이 논의에서 출발점은 오쿤의 법칙Okun's Law으로, 오쿤의 법칙은 실질 GDP 변동과 실업률 변동 사이 연관성을 다룬다. 오쿤의 법칙에서 추정하는 계수는 범위가 2에서 3인데 나는 2를 사용하고자 한다. 2는 현재의 의도에 맞게 낙관적 추정치라는 점에서다. 오쿤의 법칙에 따르면, 다른 상황인 경우에 실업률이 이르렀을 수치보다 1퍼센트 내리기 위해서는, 역시 다른 상황인 경우에 실질 GDP가 이르렀을 수치보다 2퍼센트 올려야 한다. GDP가 대략 15조 달러이니 실업률을 1퍼센트 줄이려면 GDP를 1년에 3000억 달러씩 올려야 한다는 의미다.

지금 우리가 전해 듣는 오바마 경기 부양책은 2년에 걸쳐 7750억 달러가 필요하며, 감세로 3000억 달러를 충당하고 지출로 나머지를 충당한다. 다시 말해, 감세로 1년에 1500억 달러가, 지출로 각 해마다 2400억 달러가 소요된다.

감세와 지출로 GDP가 얼마나 오를까? 이코노미닷컴economy.com의 마크 잔디Mark Zandi가 내놓은 널리 인용되는 추산법에서는 지출에 대한 승수가 약 1.5이고 감세에 대해서는 매우 다양한 추정치를 준다. 근로 소득세의 감면은 오바마 경기 부양책에서 절반을 차지하고 효과가 꽤 높으며 승수가 1.29다. 나머지 절반은 영업세 감면이 차지하는데 효과는 훨씬 떨어진다.

특히 사업자가 현 손실을 기준으로 과거에 낸 세금을 환불받을 수 있는 조치는, 전하는 바로는 이 경기 부양책에서 가장 두드러진 특징이지만 어떤 유인 효과도 없는 일괄 이전lump-sum transfer과 무척 닮아 있다.

통 크게 감세에 대한 전체 승수가 1이라고 가정해 보자. 그러면 오바마 경기 부양책이 매년 GDP에 끼치는 영향은 $1500 \times 1 + 2400 \times 1.5 = 5100$억 달러다. 실업률을 1퍼센트포인트 떨어뜨리는 데 3000억 달러가 필요하므로 이는 다른 상황인 경우에 실업률이 이르렀을 수치보다 1.7퍼센트포인트 줄인다.

마지막으로, 이를 경제 전망과 비교해 보자. "완전 고용"은 실업률이

5퍼센트에 가까울 때를 가리킨다. 의회예산처에 따르자면 물가안정실업률non-accelerating-inflation rate of unemployment, NAIRU이 5.2퍼센트인데, 내가 보기에는 높다. 현재 실업률은 약 7퍼센트로 점점 오르고 있다. 오바마는 경기 부양책을 실시하지 않으면 실업률이 두 자릿수대로 진입할 수 있다고 말한다. 그런데 지금 우리 눈앞에 놓인 경제가 어떤 부양책도 없으면 앞으로 2년 동안 평균 실업률이 9퍼센트에 이른다고 가정해 보자. 오바마 경기 부양책으로 그 수치를 7.3퍼센트까지 떨어뜨릴 수 있다면 이는 도움이 되더라도 실패라는 비판을 모면하기 힘들다.

그 때문에 우리는 정치 영역으로 들어선다. 이 오바마 경기 부양책은 강력한 부양책 지지자들의 기대에 훨씬 미치지 못하는 듯 보인다. 공화당 표를 얻으려 그렇게 한 듯 보인다. 그런데 상원에서 원하는 80표를 얻는다 해도, 이 표를 얻을지도 의심스럽지만, 오바마 경기 부양책이 실패라는 인식이 퍼지거나 실제로 실패로 돌아가는 경우 그 책임은 고스란히 민주당이 짊어진다.

어떤 각본이 이어질지 눈에 선하다. 약한 경기 부양책은, 어쩌면 지금 우리가 논의하는 수준보다 훨씬 더 약할 수 있으며, 공화당 표를 더 얻으려 공들인 안이다. 이 부양책으로 실업률 상승은 막더라도 열악한 상황은 바뀌지 않으며 실업률은 거의 9퍼센트까지 올라갔다가 아주 서서히 떨어질 것이다. 그러면 기회를 놓칠세라 미치 매코널이 이렇게 말하지 않을까. "거, 보세요. 정부 지출은 별 효과 없다니까요."

바라건대, 이 각본이 들어맞지 않기를.

오바마 격차

2009년 1월 8일

"흐름을 바꾸기에 때가 아주 늦지는 않았지만 가능한 한 신속하고 과감한 조치를 취하지 않으면 영영 때를 놓칠지도 모릅니다. 아무런 대책도 강구하지 않으면 이 경기 후퇴가 몇 년이나 지속될 수 있습니다."

버락 오바마 대통령 당선인이 목요일에 이렇게 언명하며 정부의 매우 공격적인 경기 침체 대응책이 왜 미국에 시급한지 역설했다. 맞는 말이다. 미국은 대공황 이후 가장 위태로운 경제 위기에 직면해 있다. 자칫 장기 침체로 번질 수 있는 위기다.

그런데 오바마의 처방전은 스스로 내린 진단에 부응하지 않는다. 오바마가 내놓은 경제 정책안은 경제에 닥친 위험에 대해 자신이 언급한 말만큼 강력하지 않다. 솔직히, 꼭 필요한 수준에도 한참 모자란다.

미국 경제 규모가 얼마나 거대한지 유념하자. 산출량에 대한 수요를 넉넉하게 감안하면 앞으로 2년 동안 미국은 그 가치가 30조 달러가 넘는 재화와 서비스를 생산한다. 하지만 소비 지출도 사업 투자도 곤두박질치는 상황에서는 미국 경제의 생산력과 판매력 사이에 커다란 격차가 생겨난다.

게다가 오바마 경기 부양책은 "실질 성장률과 잠재 성장률 사이 격차output gap"를 메울 만큼 크지 않다.

이번 주 초 의회예산처가 예산과 경제 전망에 대한 최근 분석을 내놓았다. 의회예산처에 따르면 경기 부양책을 실시하지 않을 경우 실업률이 2010년 초에 9퍼센트를 넘어서고 향후 수년 동안 높은 수치가 계속된다.

암울한 관측이지만 몇몇 독립적 기관이 제시한 예측과 비교하면 그나마 낙관적이다. 오바마는 경기 부양책이 없으면 실업률이 두 자릿수대로 들어갈 수 있다고 내내 언급해 왔다.

의회예산처조차 "앞으로 2년 동안 경제 산출량이 평균 6.8퍼센트로 잠재력을 밑돌 것"이라 지적한다. 이는 2조 1000억 달러의 생산 손실이 일어난다고 해석할 수 있다. "우리 경제는 최대 생산력에 1조 달러나 못 미칠 수 있습니다"라고 오바마는 목요일에 분명히 밝혔다. 그런데 실제로는 상황을 축소해서 말한 셈이다.

2조 달러 이상의 이 격차—의회예산처 예측이 지나치게 낙관적이었다고 드러나면 격차가 더 벌어질 수도 있는—를 좁히기 위해 오바마는 7750억 달러짜리 경기 부양책을 내놓았다. 이것만으로는 충분하지 않다.

또한 경기 부양책은 때때로 "승수" 효과"multiplier" effect를 낳는다. 필요한 사회 기반 시설에 투자하는 직접적 효과 외에도 소득이 높아져 소비 지출이 늘어나는 간접적 효과도 있다는 말이다. 표준 추산치에 따르면 공공 지출에 쓰이는 1달러당 GDP가 약 1.50달러씩 오른다.

그런데 오바마 경기 부양책에서는 공공 지출의 비중이 약 60퍼센트에 불과하다. 나머지는 세금 감면이 채운다. 여러 경제학자는 이런 감세가, 특히 기업의 감세가 실제로 지출을 얼마나 북돋을지에 대해 회의적이다(민주당 상원의원 다수도 이런 의구심을 품는 듯하다). 초당파적 조세정책센터의 하워드 그렉먼Howard Gleckman은 이 문제를 정리해 최근 블로그에 다음과 같은 제목으로 글을 올렸다. "소문난 잔치에 먹을 것 없다".

요점은 이렇다. 오바마 경기 부양책으로는 곧 부각할, 실질 성장률과 잠재 성장률 사이 격차를 좁힐 가능성이 낮고 부양책이 해야 할 일의 3분의 1도 제대로 해내지 못하기가 십상이라는 것.

오바마는 왜 그 이상을 해내려 하지 않을까?

부채 공포가 오바마 경기 부양책을 한계 지우는 걸까? 대규모 정부 대출과 관련해 여러 위험이 도사리고 있다. 그리고 이번 주에 나온 의회예산처 보고서에 따르자면, 올해 적자가 1조 2000억 달러로 추산된다. 그러나 경제를 구해 내기에 역부족하면 위험이 훨씬 더 커진다. 오바마 대통령당선인은 목요일에 부양책을 실시하지 않을 경우 어떤 결과가 초래될지에 대해 유려하고 정확한 표현으로 강조했다. 미국도 일본식 장기 디플레이션의 늪으로 미끄러져 들어갈 위험이 실재한다는 것이었다. 그러나 부양책을 제대로 실시하지 못하면 그 결과 또한 이보다 더 낫지 않다.

지출 기회의 부족이 오바마 경기 부양책을 속박하는 걸까? "곧 삽을 뜰 수 있는" 공공 투자 사업, 즉 단기간에 경제에 도움이 될 만큼 빠르게 시작할 수 있는 사업은 그 수가 한정되어 있다. 하지만 다른 형태의 공공 지출, 특히 보건 부문에서 찾을 수 있는 지출은 선행을 베풀면서도 곤경에 처한 경제를 도울 수 있다.

아니면 정치적 신중함이 오바마 경기 부양책을 구속하는 걸까? 지난 달 언론은 오바마 보좌진은 부양책에 붙이는 최종 가격표가 정치적으로 예민한 1조 달러 수준 이하로 머물기를 바랐다고 보도했다. 비용만 추가할 뿐 경제에 별 이롭지 않은 대대적 영업세 감면이 부양책에 포함된 이유가 의회에서 공화당 표를 얻으려는 시도라고 풀이하는 견해도 있었다.

그 이유가 무엇이든 오바마 경기 부양책은 현 경제 요구에 부응하지 못하는 듯 보인다. 전체 덩어리에서 3분의 1이라도 아예 없는 것보다는 분명 낫다. 그러나 지금 당장 우리는 경제와 관련해 주요한 격차 두 가지를 마주하고 있는 듯하다. 경제가 지닌 잠재력과 경제가 거둠 직한 성과 사이 격차와, 오바마가 경제를 언급하며 쓴 강경한 언사와 다소 실망스러운 경제 정책 사이 격차.

비극적 결말을 맞은 경기 부양책

2014년 2월 20일

오바마 대통령이 미국 경기회복및재투자법American Recovery and Reinvestment Act, ARRA—"경기 부양책"—에 서명을 하고 이를 법률로 정한 지 5년이 지났다. 시간이 흐르면서 경기회복및재투자법〔경기부양법〕이 미국 경제에 굉장히 이로웠다는 사실은 분명해졌다. 법은 경기 침체를 끝냈고, 일자리 수백만 개를 창출하거나 유지했고, 공공 투자와 민간 투자라는 중요한 유산을 남겼다.

법은 정치적 재앙도 안겼다. 그 정치적 재앙의 결과물인, 경기 부양책이 실패했다는 인식은 이후로 경제 정책에 늘 따라 다녔다.

먼저 이 경기 부양책이 어떤 실효를 거두었는지부터 살펴보자.

경기 부양책 옹호론자들은 미국은 지출 전반이 매우 부족한 탓에 어려움을 겪고 있었고, 금융 위기가 닥치고 이어 주택 시장 거품이 꺼지면서 경제가 입은 타격이 무척 심각했으며, 보통 단기 이자율을 내려 경기 후퇴에 맞선 싸운 연준이 이 경기 침체를 혼자 힘으로 극복해 나갈 수 없을 정도였다고 주장한다. 이 입장은 정부가 직접 지출을 늘려서, 그리고 감세와 공공 지원으로 민간 지출을 비롯한 가계 소득을 늘려서 한시적으로 경제에 활력을 불어 넣자는 것이다.

경기 부양책 반대론자들은 적자 지출이 이자율을 치솟게 해 민간 지출을 "구축驅逐할crowding out" 것이라고 시끌벅적하게 주장했다. 그러나 경기 부양책 옹호론자들은 이 구축 효과가 —경제가 완전 고용에 가까울 경우에는 정말 문제가 되는— 과잉 설비excess capacity와 과잉 저축excess saving이 넘쳐 나는 침체가 심한 경제에서는 일어나지 않는다고 응수했다. 결과를 보면 경기 부양책 옹호론자들이 옳았다. 이자율이 치솟기는커녕 사상 최저치로 떨어진 것이다.

이 경기 부양책의 편익을 뒷받침하는 확실한 증거는 어떤가? 이는 보다 까다로운데, 미국 경기회복및재투자법의 영향을 당시 함께 실시한 다른 정책의 영향과 구분하기가 어렵다는 점에서다. 그럼에도 매우 면밀한 연구들이 법이 고용과 산출량에 강력하면서도 긍정적 영향을 발휘했다는 증거를 밝혀냈다.

보다 중요한 것은, 주장하건대, 정부 지출에 급격한 변화가 일어나는 경우 어떠한 결과를 낳는지 유럽이 보여 준 거대한 자연 실험이다. 알다시피, 유럽 공동 화폐를 쓰는 국가 연합체인 유로존에서는 전부는 아니더라도 일부 국가에 매우 가혹한 긴축 재정, 곧 소극적인 경기 부양책을 강요했다. 경기 부양책 반대론자들이 세상이 움직이는 방식을 올바르게 파악했다면 이와 같은 긴축 정책이 경제에 심각한 역효과를 내지 않았어야 했다. 정부 지출 감소가 민간 지출 증가로 상쇄되었을 테니까. 그러나 긴축 정책은 사실 지독한, 때로는 대재앙에 가까운 산출량 축소와 고용 위축으로 이어졌다. 그리고 혹독한 긴축 정책을 실시한 국가에서는 민간 지출이 오르기는커녕 떨어지면서 정부 지출 삭감이 낳는 직접적 영향을 증폭했다.

모든 증거가 오바마 경기 부양책이 단기간에 상당히 긍정적 효과를 낳았음을 가리킨다. 물론 장기적 이점도 분명 있어서, 그린 에너지부터 전자 의료 기록까지 모든 부문에서 투자가 크게 늘었다.

그렇다면 모두가 —아니 더 정확하게는 그 문제를 진지하게 연구한 사람을 제외하고 모두가— 왜 오바마 경기 부양책이 실패했다고 여기는 걸까? 부양책을 실사한 후에도 미국 경제가 계속 초라한 —비참할 정도는 아니었어도 신통찮은— 실적을 냈기 때문이다.

그 이유에 수수께끼 따위는 없다. 미국은 거대한 주택 시장 거품이 남긴 잔해를 수습하고 있었다. 아직도 주택 시장은 극히 일부만 회복되었고, 소비자들은 여전히 저 거품 시기에 늘어난 어마어마한 빚을 이고 지고 있다. 그런데 오바마 경기 부양책은 규모도 작고 기간도 짧아 이 처참한 잔해를 극복해 내기엔 역부족이었다.

이러한 비판은 소 잃고 외양간 고치는 격으로 늘어놓는 변명이 아니다. 고정 독자라면 다 알다시피, 2009년 초 나는 머리를 거의 쥐어뜯다시피 하면서 미국 경기회복및재투자법은 불충분하며 그 부족함 때문에 경기 부양책이라는 취지를 퇴색시킨다고 거듭 경고한 바 있다. 그리고 그대로 나타났다.

오바마 행정부가 경기 부양책 규모를 더 키울 수 있었는지를 둘러싸고 오랜 논쟁이 있다. 오바마 행정부는 그 손실을 지나치게 낙관적 예측과 버무렸고 그 예측은 금융 체계가 일단 신뢰를 회복하면 경제가 빠르게 반등하리라는 잘못된 전제에 기초했다.

다 지나간 일이다. 중요한 점은 미국의 재정 정책이 2010년 이후 길을 완전히 잘못 들어섰다는 것이다. 오바마 경기 부양책을 실패로 인식하면서 일자리 창출이라는 주제가 워싱턴 정가에 확산하던 담론에서 이제는 거의 사라져 버렸고, 그 자리를 예산 적자에 대한 강박적 우려가 차지했다. 정부 지출은 미국 경기회복및재투자법과 식품 구매권이나 실업 수당 같은 사회 안전망 제도로 잠시 경제에 활력을 불어넣었지만, 정부 지출이 곧 줄어들면서 공공 투자 부분이 가장 심한 타격을 받았다. 그리고 이 같은 반反경기 부양책은 일자리 수백 만 개를 날려 버렸다.

달리 말해, 경기 부양책을 둘러싼 담론은 전반적으로 비극적 색채를 띤다. 정책 발상은 훌륭했지만 실패로 인식되지 않을 만큼 충분히 훌륭하지는 않았고, 엄청난 파괴력을 지닌 그릇된 전환에 발판을 마련해 주었다.

14장

진지하고 점잖은 척하는
긴축 좀비

매우진지한사람들

"매우진지한사람들Very Serious People"이라는 말은 아트리오스Atrious라는 필명으로 블로그를 운영하는 던컨 블랙Duncan Black에게서 빌려 왔다. 블랙은, 내가 보기에, 이라크 침공이 마땅한 조치라고 확신하는 유력 인사를 모두 가리키며 "매우진지한사람들"이라는 말을 썼는데, 유력 인사들이 하나같이 그 말을 썼기 때문이다. 그 말이 강인하면서도, 흠, 진중한 태도를 함의하는 듯한 인상을 준 때문이다. 하지만 이라크 문제만이 그런 현상을 말해 주는 유일한 사례가 아니었다.

내가 "매우진지한사람들"이라는 말을 자주 쓰기 시작한 때는 리먼브라더스Lehman Brothers가 파산하고 나서 1년쯤 지나서였다. 세계 금융 위기가 닥친 첫해에 주요 경제 대국의 경제 정책은 대체로 오른쪽으로 기울었지만 별반 효과가 없었다. 그럼에도 2009년 말 유명 정부 인사들이 점점 대량 실업 문제를 가벼이 여기고 그 대신 예산 적자의 위험성에 매달리는 것에 놀랍고 오싹한 기분이 들었다.

사실 적자는 사회가 경제 위기에 빠지면 치솟았다. 이것은 자연스러운 결과였다. 경기가 악화하면 수익이 급감하고 실업 수당과 같은 어떤 지출은 자동으로 늘어나기 때문이다. 적자 확대 또한 바람직한 일이었다. 거의 모든 세상 사람이 소득보다 덜 지출하려 애쓰면 극심한 경기 후퇴만 불러올 뿐이다. 내 지출은 네 소득이고 네 지출은 내 소득이기 때문이다. 피해를 더 키우지 않으려면 누군가 기꺼이 소득보다 더 지출해야한다. 그 중요한 역할을 바로 정부가 해내고 있었다.

실제로, 오늘날 정부가 1930년과 비교해 경제에서 훨씬 더 큰 비중을 차지한다는 사실과, 따라서 정부의 재정 적자 폭이 세계 경기 침체에 직면하면 훨씬 더 늘어난다는 사실이 대침체Great Recession가 대공황의 완벽한 재현으로 전개되지 않은 가장 큰 이유인지도 모른다. 게다가 예산 적자는 눈에 띄는 어떤 경제 문제도 일으키지 않았다. 이자율은 낮게 유지되었고, 이는 투자자들이 부채 걱정을 덜었다는 점과 정부 차입이 민간 투자를 "구축"하지 않았다는 점을 시사한다.

하지만 예산 적자를 우려하며 이를 줄여야 하는 희생—물론 다른 사람의 희생—을 요구하는 목소리는 진지하고 우직하게 들린다. 2009년 말 그리스가 심각한 예산 위기를 겪자, 이는 적자 유언비어를 퍼뜨리는 유포자에게 좋은 빌미를 제공했는데, 그리스 상황이 미국이나 영국이나 다른 대다수 선진 경제 대국이 직면한 상황과 전혀 같지 않았음에도 그러했다.

그래서 매우진지한사람들은 한통속이 되어 실업과의 싸움에서 물러나 긴축 재정과의 싸움으로, 주로 지출 삭감과의 싸움으로 선회해야 할 때라고 결정했다. 그런데 이렇게 긴축으로 전환하자 아주 고약한 결과가 초래되었다. 미국과 영국에서는 경기 회복 속도가 더디어졌고 유럽에서는 대다수 국가가 다시 경기 침체로 들어섰으며, 이에 더해 지출 삭감으로 피부에 와 닿는 어려움이 수없이 뒤따랐다. 결국 이와 같은 경제적 귀결은 훗날 브렉시트Brexit와 트럼프 같은 정치적 재앙에 길을 터 주는 계기가 되었다.

그렇다면 경제학자들은 이러한 상황에서 대체 어디에 있었을까? 안타깝게도, 거의 언제나 어딘가에는 어떤 경제학자든 있기 마련이다. 전에는 탄탄한 연구를 해 왔지만 이제는 매우진지한사람들이 듣고 싶어 하는 말을 전하는 경제학자도 경제학자니까. 그리고 이런 경제학자들이 전하는 말은 그 주장을 뒷받침하는 증거의 양이나 전문가의 수와 비교해 턱없이 부풀려진다.

바로 이런 경우다. 알베르토 알레시나Alberto Alesina와 실비아 아르다나Silvia Ardagna라는 두 경제학자는 공저 논문에서 정부의 지출 삭감이 상당한 민간 부문에 신뢰를 불어넣어 지출 전반이 실제로 늘어난다는 증거를 찾아냈다고 주장했다. 〈긴축이라는 신화〉에서 나는 이 주장이 "신뢰 요정"을 믿는 것이나 다름없다고 조소했다. 그 증거를 자세히 들여다보고 긴축을 실제로 겪어 본 결과 "팽창적 긴축expansionary austerity"이란 이론이 얼마나 틀렸는지 여실히 드러났다. 그런데도 핵심 정책입안자들은 그 이론을 놓지 못했다.

한편, 과거에 훌륭한 연구를 내놓던 카르멘 라인하트Carmen Reinhart와 케네스 로고프Kenneth Rogoff가 엉성한 논문을 하나 발표했다. 둘은 논문에서 부채가 GDP의 90퍼센트라는 마법의 문턱을 넘으면 경제에 끔찍한 사태가 벌어진다고 주장했다. 이 연구는 면밀한 검토를 거쳐 요절이 났는데, 대다수 유럽 국가에서 파탄으로 치닫는 정책을 실시하는 데 이미 명분을 제공하고 난 뒤였다.

마지막으로, 2013년 즈음 매우진지한사람들은 새 걱정거리를 찾아냈다. 그들은, 좀체 내려갈 줄 모르는 높은 실업률을 지나치게 적은 지출의 문제로 보는 대신 —자신들이 한목소리로 지지한 긴축 정책이 높은 실업률을 낳는 원인이었음에도— 미국 국민들이 일자리를 찾을 수 없는 이유가 그 개인들이 사회가 필요로 하는 기술을 가지고 있지 못하기 때문이라고 주장했다. 한동안 "기술 격차skills gap"라는 말에는 실업률이 위기 이전 수준으로 결코 되돌아가지 않는다는 의미를 담고 있음을 주요 유력 인사라면 다 알고 있었다.

이상하게도, 내가 이 글을 쓰는 지금은 실업률이 4퍼센트 아래다. 그런데 기술 격차는 어디에서도 보이지 않는다.

긴축이라는 신화

2010년 7월 1일

아직 젊고 순진하던 시절, 나는 요직에 앉은 인사라면 여러 의견을 심사숙고해 이를 토대로 정책을 구상한다고 믿었다. 지금은 그 정도로 세상 물정 모르는 샌님은 아니다. 매우 진지한 사람들이 신봉하는 내용은 대부분 분석이 아니라 편견에 의지한다. 그리고 이런 편견은 반짝 유행으로 그치기 쉽다.

생각이 여기까지 이르자 오늘 쓸 칼럼의 주제가 떠올랐다. 최근 몇 달 동안 나를 비롯해 많은 사람은 정책진이 즉각적 긴축 재정을 지지하며 합의에 이르는 과정을 놀랍고 오싹한 기분에 휩싸여 지켜보았다. 어찌 된 셈인지 세계 주요 경제 국가들이 사실 깊은 침체에 허덕이고 있음에도 지금은 지출을 크게 줄일 때라는 생각이 이미 통념으로 굳어 있는 듯했다.

이러한 통념은 증거에도 꼼꼼한 분석에도 근거하지 않는다. 그 대신에, 그것은 너그럽게 보면 순전한 추측이라 부를 만한 내용에, 덜 너그럽게 보면 정책 특권층의 상상이 빚어낸 허구라 부를 만한 내용에 기반을 둔다. 구체적으로는, 내가 보이지 않는 채권 자경단invisible bond vigilante과 신뢰 요정confidence fairy이라고 칭한 어떤 존재에 대한 믿음에 바탕을 둔다.

채권 자경단이란 투자자들로 정부가 부채를 갚을 능력이 없거나 그런 의지가 없다고 판단하면 두말없이 손을 떼버리는 존재를 가리킨다. 지금 국가들이 신뢰의 위기crisis of confidence를 겪을 수 있다는 데에는 의심할 여지가 없다(그리스 부채 사태를 보라). 그런데 긴축 지지자들은 (1) 채권 자경단이 곧 미국을 공격한다. 그리고 (2) 경기 부양책에 지출을 늘리면 그들이 떠난다고 주장한다.

우리가 이 주장 가운데 어느 한 가지라도 진실이라고 믿어야 할 이유가 무엇일까? 물론 미국은 오랫동안 예산 문제에 시달렸지만, 향후 2년 동안 우리가 경기 부양책에 쏟는 노력은 이 해묵은 문제를 푸는 우리의 역량과는 거의 관련이 없다. 의회예산처 위원장 더글러스 엘멘도르프Douglas Elmendorf가 최근에 다음과 같이 언급했다. "실업률이 오르고 많은 공장과 사무실이 돌아가지 않는 현 상황에서 경기 부양책을 추가로 내놓는 것과, 산출량과 고용이 십중팔구 잠재력에 가까이 다가설 것이라고 내다보며 향후 수년 동안 긴축 재정 조치를 취하는 것 사이에 근본적 모순은 없다."

그럼에도 채권 자경단이 도착했다느니 긴축을 지금 당장 실시해 그들을 달래야 한다느니 하는 소리가 몇 달마다 한 번씩 들린다. 급기야 석달 전에 장기 이자율이 아주 조금 오르자 병적 반응이 나왔다. "부채 공포, 이자율을 밀어 올리다."《월스트리트저널》머리기사 제목으로, 실제로 그런 공포를 드러내는 증거가 전혀 없음에도 그랬다. 그런데 앨런 그린스펀은 그 상승을 "탄광 속 카나리아"라고 표현했다.

그때부터 장기 이자율이 다시 치솟았다. 그러나 투자자들은 미국 정부 부채를 피해 멀리 달아나기는커녕 경제가 휘청거릴 때에는 이를 가장 안전한 선택이라고 본다. 반면 긴축 지지자들은 정부 지출을 당장에 대폭 줄이지 않으면 채권 자경단이 지체 없이 공격해 들어온다고 여전히 우리에게 입찬소리를 해 대고 있다.

걱정할 것 없다. 지출 삭감으로 상처를 입더라도 신뢰 요정이 고통을 없애 줄 테니까. "긴축 조치가 스태그네이션을 촉발할 수 있다는 견해는 옳지 않다"라고 유럽중앙은행 은행장 장-클로드 트리셰Jean-Claude Trichet 가 최근 인터뷰에서 밝혔다. 왜 그럴까? "신뢰를 불러일으키는 정책은 경제 회복을 북돋지 족쇄로 작용하지는 않을 것이기" 때문이다.

긴축 재정이 실제로는 경기를 팽창한다는 믿음을 뒷받침하는 증거가 고작 긴축 재정이 신뢰를 끌어올리기 때문이라고? (참고로 이는 1932년에 허버트 후버Herbert Hoover가 설명한 이론과 정확히 일치한다.) 그런데 지출을 삭감하고 세금을 인상하고 나서 경제 성장이 뒤따른 역사적 사례가 있었다. 하지만 내가 아는 한, 그런 사례는 자세히 들여다보면 하나같이 긴축이 낳은 부정적 결과를 이러저러한 다른 요인으로 메꾸어 놓은 경우임이 드러난다. 더구나 그 요인들은 오늘날 상황과는 관련 가능성이 거의 없다. 일례로 1980년대 아일랜드에서 나타났던 성장을 동반한 긴축의 시기는 무역 수지 적자가 무역 수지 흑자로 갑작스럽게 전환된 데 기인했으며 이는 모든 국가가 동시에 추구할 수 있는 전략이 아니다.

그리고 현재 실시하는 긴축 정책의 사례도 결코 청신호를 보내지 않는다. 아일랜드는 잔인하리만치 가혹하게 지출 삭감을 시행하는 위기에 훈련 잘된 군인이었다. 그 보상은 불경기에 맞먹는 경기 침체였다. 그리고 금융 시장은 그 경기 침체를 심각한 채무불이행 위험〔부도 위험〕으로 계속 다룬다. 라트비아나 에스토니아처럼 다른 길 잘든 군인의 경우는 상황이 더 좋지 않았다. 믿든 안 믿든, 이 세 국가 모두 산출량과 고용 면에서 아이슬란드보다 더 깊은 침체에 빠졌다. 아이슬란드는 순전히 금융 위기 규모 때문에 어쩔 수 없이 기존보다 약간 덜 가혹한 정책을 채택했다.

기회가 닿아 진지한 척하며 한 소리 하는 사람이 긴축 재정이 왜 필요한지 늘어놓는 설명을 듣게 되면, 그 주장을 잘 분석해 보라. 거의 확실하게, 냉철한 현실주의처럼 들리는 소리가 사실은 환상에, 곧 우리가 나쁜 짓을 하면 보이지 않는 채권 자경단이 우리에게 벌을 주러 오고 우리가 착한 일을 하면 신뢰 요정이 우리에게 상을 주러 온다는 믿음에 토대를 두고 있음을 깨달을 것이다. 현실 세계에서 추진하는 정책—수백 만 노동자들의 가정과 그 삶을 망가뜨릴 정책—이 저 기초 위에 세워져 있다.

엑셀발 불경기

2013년 4월 18일

오늘날 같은 정보화 시대에 계산 실수는 자칫 재앙으로 이어질 수 있다. 공학자가 깜빡 잊고 미터법으로 바꾸지 않은 탓에 나사의 화성 탐사 위성이 추락했다. 모델 창안자들이 평균이 아니라 총액으로 나누는 바람에 JP모건체이스JPMorgan Chase 은행의 "런던 고래London Whale" 사업이 커다란 손실을 낳았다. 그렇다면 엑셀 코딩 오류 때문에 서구 경제가 무너졌던 걸까? 〔"런던 고래"는 JP모건의 리스크 관리를 담당하는 최고투자책임실 소속 트레이더 브루노 익실Bruno Iksil의 별명이다. 최고투자책임실은 파생 상품 특히 기업이나 국가의 부도 위험을 사고팔 수 있도록 만든 파생 금융 상품인 신용부도스와프CDS를 사용해 은행의 리스크를 관리해 왔으나 2012년 2조 원에 가까운 손실을 발생시켰다.〕

지금까지의 이야기를 살펴보자. 2010년 초 하버드대학의 두 경제학자 카르멘 라인하트와 케네스 로고프가 논문 〈부채 시대의 경제 성장 Growth in a Time of Debt〉을 발표했다. 논문에서 둘은 정부 부채를 평가하는 중요한 임계점〔티핑 포인트〕tipping point인 "문턱threshold"을 찾아냈다고 주장했다. 주장에 따르면 일단 부채가 GDP의 90퍼센트를 넘으면 경제 성장이 급격히 둔화한다.

라인하트와 로고프는 앞서 금융 위기의 역사를 주제로 펴낸 저서가 널리 인정받은 덕분에 신뢰가 높았고, 논문 시기도 더할 나위 없이 맞아떨어졌다. 논문은 그리스가 위기에 빠진 직후에 나와 경기 부양 정책에서 긴축 정책으로 "전환"하고 싶은 다수 관료의 열망에 부응했다. 논문은 즉각 유명세를 탔다. 최근 몇 년 동안 가장 영향력이 큰 경제 분석이었고 지금도 역시 그렇다.

사실 라인하트와 로고프는 곧 자칭 재정 책임의 수호자 가운데 거의 성스러운 반열에 올랐다. 그리고 그 임계점 주장은 논란의 여지가 있는 가설이 아니라 의심의 여지가 없는 사실로 여겨졌다. 예컨대 올 초 《워싱턴포스트》는 사설에서 적자 전선에 어떠한 완화 지시도 내려서는 안 된다고 경고를 보냈다. "경제학자들이 지속 가능한 성장을 위협한다고 보는 90퍼센트 임계점에 우리가 위험스러울 정도로 가까이 다가간" 때문이다. 저 구절에 주목하자. "똑같이 훌륭한 자격을 갖춘 나머지 경제학자들에게서 거세게 논박당한 일부 경제학자"라는 표현은 고사하고 "일부 경제학자"라는 표현도 아닌 그냥 "경제학자들"이다. 이것이 현실이었다.

솔직히 라인하트와 로고프는 처음부터 상당한 비판을 면치 못했고, 논란은 시간이 지날수록 더욱 커졌다. 논문 발표 직후 다수의 경제학자가 부채와 경제 성과가 음의 상관관계에 있다고 해서 높은 부채가 반드시 낮은 성장을 일으킨다는 의미로 보아서는 안 된다고 지적했다. 그 반대의 경우 즉 낮은 경제 성과가 높은 부채로 이어지는 경우는 쉽게 일어난다. 실제로 일본이 그러했다. 일본은 1990년대 초 성장률이 곤두박질친 직후 부채의 늪에 깊숙이 빠졌다.

시간이 흐르면서 논문의 또 다른 문제가 불거졌다. 다른 많은 연구자가 유사하게 보이는 자료를 이용해 부채와 성장을 주제로 연구했다. 그런데 라인하트와 로고프가 내놓은 결과가 나오지 않았다. 늘 그렇듯, 높은 부채와 낮은 성장 사이 어떤 상관관계가 있음은 알아냈지만 90퍼센트에서 임계점처럼 보이는 것을 발견하기는커녕 어떤 특정한 의미를 띠는 부채 수준도 전혀 찾지 못했다.

결국 라인하트와 로고프의 허락하에 매사추세츠대학 연구자들이 논문의 스프레드시트 원본을 보았다. 그제야 왜 결과가 똑같이 나오지 않는지 수수께끼가 풀렸다. 첫째, 둘은 자료 일부를 빠뜨렸다. 둘째, 둘은 매우 미심쩍고 드문 통계 방법을 이용했다. 셋째, 둘은 역시나 엑셀 코딩 오류를 범했다. 이런 이상한 요소와 실수를 바로잡으면 다른 연구자들이 찾아낸 다음과 같은 결과를 얻는다. 높은 부채와 낮은 성장 사이에 어떤 상관관계는 있지만 어느 한쪽이 다른 한쪽을 낳는다는 어떤 암시도 없으며, 물론 그 90퍼센트 "문턱"을 가리키는 어떤 징후도 전혀 없다.

이와 같은 비판에 라인하트와 로고프는 코딩 오류를 인정했다. 하지만 논문의 나머지 결론은 옹호하면서 자신들은 부채가 반드시 낮은 성장을 낳는다고 단언한 적은 없다고 주장했다. 이는 좀 표리부동한 태도다. 둘이 공공연하게 드러내 놓고 말하지는 않았더라도 암암리에 그런 주장을 되풀이했기 때문이다. 그러나 어느 경우든 정말 중요한 문제는 둘이 어떤 의미로 말했느냐가 아니라 그 연구가 어떻게 읽혔느냐다. 열혈 긴축 옹호자들이 이른바 90퍼센트 임계점을 입증된 사실로, 그리고 대량 실업을 맞닥뜨린 상황에서도 정부 지출을 삭감할 근거로 나팔 불 듯 떠들어 댔으니 하는 얘기다.

그래서 라인하트-로고프 참사는 긴축 열풍이라는 보다 넓은 맥락에서 바라보아야 한다. 즉 전 서구 사회의 정책입안자와 정치인과 전문가 pundit가 실업자에게서 등을 돌리고 경제 위기를 구실 삼아 사회 복지 제도 비용을 축소하고자 하는 그 강렬한 열망 말이다.

또한 라인하트-로고프 사태는 잘못된 주장에 근거하더라도 어느 정도 긴축을 설득시킬 수 있다는 점을 예시해 준다. 3년 동안 긴축으로의 전환은 선택이 아니라 필수로 여겨졌다. 긴축 옹호자들은 부채가 GDP의 90퍼센트를 넘으면 재앙이 일어난다고 경제 연구가 증명했다며 우겨 댔다. 그런데 "경제 연구"는 그런 내용을 비치지도 않았다. 두 경제학자가 그렇게 내세웠을 뿐이고, 더구나 다수 경제학자는 그것을 인정하지 않았다. 정책입안자들이 실업자를 포기하고 긴축으로 전환한 이유는 그렇게 하고 싶었기 때문이지 그렇게 해야 했기 때문이 아니다.

라인하트-로고프 연구가 뿌리부터 흔들렸으니 이제부터라도 무엇이 달라질까? 그러리라고 믿고 싶다. 하지만 내 예상대로라면 유력한 용의자들은 또 다른 수상쩍은 경제 분석 논문을 찾아 떠받들 것이고, 그렇게 불경기가 끝날 줄을 모르고 계속 이어질 것이다.

일자리와 기술과 좀비

2014년 3월 30일

몇 달 전 JP모건체이스 최고경영책임자 제이미 다이먼Jamie Dimon과 잡스 포더퓨처Jobs for the Future 최고경영책임자 마를린 셀처Marlene Seltzer가 《폴리 티코Politico》에 〈기술 격차를 좁히자Closing the Skills Gap〉라는 글을 실었다. 두 사람은 불길한 어조로 글머리를 열었다. "오늘날 거의 1100만 명에 이르는 미국 국민이 실업 상태에 놓여 있다. 하지만 동시에 일자리 400만 개가 여전히 사람을 찾고 있다." 아마도 이는 "구직자가 현재 갖고 있는 기술과 고용주가 필요로 하는 기술 사이의 격차"를 입증해 주는지도 모른다.

사실 끊임없이 변화하는 경제에서 일부 노동자가 일자리를 구하지 못하더라도 항상 얼마간 구인되지 않는 일자리가 있기 마련이며, 아울러 현재 구인 일자리와 구직 노동자 사이 비율은 정상 수준에 한참 못 미친다. 한편, 다수 면밀한 연구에서도 노동자의 기술 부족이 높은 실업을 설명한다는 주장을 뒷받침하는 어떤 근거도 찾지 못했다.

그러나 미국이 심각한 "기술 격차"에 시달리고 있다는 믿음은 중요 인사들이 사실임에 틀림없다고 여기는 여러 신조의 하나로, 이 신조는 이 인사들이 아는 사람들이 하나같이 사실이라고 말하는 것이다. 이 기술 격차 신조는 증거를 제시하면 죽어야 하지만 죽기를 거부하는 사상 곧 좀비 사상의 가장 적절한 사례다.

좀비 사상은 무척이나 해롭다. 그런데 그 주제에 다다르기 전에 우리가 기술과 일자리에 대해 실제로 알고 있는 내용은 무엇일까?

정말 기술 부족이 실재한다면 우리가 무엇을 찾아 봐야 하는지 살펴보자. 우선 적합한 기술이 있는 노동자는 항상 일자리를 잘 구해야 하고 적합한 기술이 없는 노동자는 그렇지 않아야 한다. 우리는 그렇지 않다.

맞다, 정규 교육을 많이 받은 노동자는 그렇지 않은 노동자보다 실업률이 낮지만 이는 상황이 좋을 때나 나쁠 때나 항상 그렇다. 중요한 점은 실업이 금융 위기 이전과 비교해 각 교육 수준별 노동자 사이에서 전반적으로 매우 높아졌다는 것이다. 직업군 전체를 놓고 보더라도 사정은 같다. 즉 모든 주요 직업군의 노동자들이 2007년보다 일자리를 더 구하지 못하고 있는 실정이다.

일부 고용주는 자신이 필요로 하는 기술을 가진 노동자를 찾기 힘들다고 불평한다. 그러나 그만 한 비용을 치를 마음이 있는지 어디 증명해 보라. 고용주가 정말 어떤 기술이 절실히 필요하다면 그 기술을 가진 노동자를 끌어 모으려 기꺼이 보다 높은 임금을 제시해야 하는데 현실에서는 임금이 크게 올랐다는 노동자 집단을 찾기가 매우 어렵고 또 설사 찾았더라도 통념에 전혀 들어맞지 않는다. 예컨대 재봉틀 기술이 있는 노동자의 임금이 크게 오르는 것은 다행스러운 일이지만, 이런 기술이 이른바 기술 격차를 두고 이러쿵저러쿵 말하는 이들이 염두에 두고 있는 기술이라고는 볼 수 없다.

비단 실업과 임금에 대한 증거만이 기술 격차 담론을 반박하는 것은 아니다. 고용주들을 대상으로 한 세심한 설문 조사들—최근에 MIT대학이나 보스턴컨설팅그룹Boston Consulting Group 연구자들이 실시한 설문 조사와 같은—에서도 보스턴컨설팅그룹이 표명한 바와 유사한 내용을 찾아볼 수 있다. "기술 격차 위기에 대한 우려는 잔뜩 부풀려져 있다."

기술 격차 담론을 지지하는 증거로 인용할 수 있는 하나는 가파른 상승세를 보이는 장기 실업률로, 이는 다수 노동자가 고용주가 원하는 기술을 갖고 있지 않다는 증거로 볼 수도 있다. 실은 그렇지 않다. 현재 우리는 장기 실업자에 대해 상당히 파악하고 있고, 이들은 금방 새 일자리를 찾는 일시 해고 노동자와 기술에서 별 차이가 나지 않는다. 그렇다면 장기 실업자들의 문제는 무엇일까? 그것은 실업 상태라는 바로 그 사실 때문에 고용주들이 실업자들의 자격을 살펴보기조차 꺼린다는 점이다.

어떻게 기술 부족 신화는 끈질기게 명맥을 이어 나가고, 이에 더해 어떻게 기술 부족 신화는 "누구나 다 아는 상식"의 일부로 자리 잡았을까? 그 과정을 말해 주는 적당한 삽화 하나가 지난가을에 그려졌다. 이때 몇몇 언론에서 고위 임원의 92퍼센트가 정말 기술 격차가 실재한다고 말했다고 보도했다. 그 주장의 근거가 무엇일까? 한 전화 설문 조사에서 고위 임원들에게 물었다. "미국의 노동력 기술 격차에서 '격차'를 가장 잘 나타낸다고 생각하는 표현은 다음 중 어느 것입니까?" 그러고는 대체 표현을 열거했는데, 유도 질문임을 감안하더라도 응답자의 8퍼센트가 기술 격차는 없다고 흔쾌히 대답했다는 점이 사실 꽤 놀랍다.

요점은, 영향력 있는 인사들이 일정한 시차를 두고 기술 격차 담론을 되풀이해서 말하는 일 ―혹은 더욱 신빙성을 높이려 《폴리티코》 같은 언론 매체에 기술 격차를 주제로 글을 쓰는 일― 자체가 진지함의 징표이자 그 족속 정체성의 언명이라는 것이다. 이렇게 해서 좀비가 비척거리며 계속 돌아다니게 된다.

안타깝게도 기술 격차의 신화는, 임박했다는 부채 위기의 신화처럼, 현실 정책에 심각한 영향을 끼치고 있다. 연준의 재정 정책이 끔찍하리만치 외곬으로 치닫고 그 조치가 부절적해 경제가 멍들고 있다. 그러나 유력 인사들은 그런 상황에 초점을 맞추어 어떤 대책도 요구하지 않는다. 그저 미국 노동자의 기술 부족이 안쓰러운 듯 두 손만 모아 쥐고 있다.

더욱이, 노동자들이 자신이 겪는 곤경을 자기 탓으로 받아들이게끔 함으로써, 기술 격차 신화는 고용과 임금이 정체를 면치 못하는 상황임에도 수익과 특별 배당금이 눈이 휘둥그레질 정도로 치솟는 현실에서 주의를 돌리게 한다. 물론 그 때문에 기업 경영진이 유독 저 기술 격차 신화를 좋아하는 것일지도 모른다.

그러니 우리는 이 좀비를 죽여야 하고(할 수만 있다면), 아울러 노동자를 벌주는 경제 편에 서서 변명을 늘어놓는 일을 이제 그만두어야 한다.

구조적 협잡

《뉴욕타임스》 블로그, 2013년 8월 3일

그렇다. 정말 우울한 일이다. 〈PBS 뉴스아워PBS Newshour〉는 늘 최상의 분석을 얻을 만큼 훌륭한 프로그램은 아니지만 워싱턴에 자리 잡은 통념을 살피며 맥을 짚기에는 더할 나위 없는 프로그램이다. 그리고 딘 베이커 Dean Baker가 지적했듯, 그 통념이 미국의 높은 실업률은 "구조적"이라는 관점으로 확실히 기울었다. 단순히 수요를 끌어올려서 해결할 수 있는 수준이 아니라는 것이다.

질문 하나. 도대체 어디서 그런 소리가 흘러나오는 걸까?

딘 베이커가 말했듯, 전문가 사이에서 일치한 견해는 이와 방향이 전혀 달랐다. 몇 년 전과 비교하면, 자료를 실제로 연구하는 경제학자들에게서 구조적 요인과 관련한 소리가 훨씬 덜 나온다. 정치 성향에 따른 이견도 크지 않다. 에드워드 러지어 같은 골수 공화당 의원도 다음과 같이 말한다.

2007년에서 2009년 사이 경기 후퇴 때 보였던 높은 실업률이 느리게 떨어지고 있다. 이런 현상에 많은 이가 노동 시장에서 구조적 변화가 일어나고 있으며 경제가 가까운 과거에 전반적으로 기록했던 낮은 실업률로는 돌아가지 않는다고 결론지었다. 과연 사실인가? 이 질문이 중요한 것은 중앙은행이 주기적이되 구조적이지 않은 특성의 실업을 줄일 수 있어서다. 노동 시장에 대한 자료 분석에 따르면, 어떤 구조적 변화로도 최근 몇 년 동안의 실업률 추이를 설명할 수 없다. 산업 변동, 인구 변화, 기술과 구인 일자리 사이 부조화 모두 실업률 증가의 배경에 놓여 있지 않다. 경기 후퇴기에 부조화가 늘어났지만 그것은 다시 똑같은 비율로 줄어들었다. 이렇게 관찰되는 형태는 주기적 현상으로 일어나는 실업과 일치한다. 그리고 그 같은 주기적 현상은 과거의 경기 후퇴에서보다 현재의 경기 후퇴에서 더 자주 언급된다.

사실, 이 문제가 구조적이지 '않다'는 강력한 지표가 한 가지 있다. 경제가 (일부) 회복을 보일 때 그 회복세가 처음에 가장 혹독하게 타격을 입은 바로 그 지역과 그 직업에서 가장 빠르다는 점이다. 골드만삭스가 주택 시장 거품이 가장 컸던 "모래땅 주들sand states"의 실업을 미국의 나머지 주와 비교해 살펴본 결과, 모래땅 주의 실업률이 다른 주보다 가장 크게 올랐지만 2010년 이후 가장 빠르게 떨어졌다.

따라서 충격이 가장 컸던 주들이 나머지 주들보다 회복이 빨랐으며, 이는 구조적 변화가 아니라 주기적 변화일 때 기대할 수 있는 형태다.

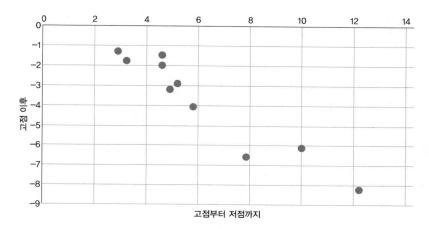

직업별 실업 추이, 자료 출처: 미 노동통계국

　　나는 직업별 실업을 간추려 취합한 다음 2007년 경기 순환이 고점에 이르렀을 때부터 2009∼2010년 실업이 고점에 다다르고 나서 이후 하향세를 보였을 때까지 실업률 추이를 살펴보았다. 바로 위의 표와 같다.

　　실업 관련 추이는 지역에 따른 현상과 똑같았다. 충격이 가장 컸던 직업이 회복세도 가장 두드러졌다.

　　요약하자면, 자료가 뚜렷하게 가리키는 내용은 실업률은 구조적이라기보다는 주기적이라는 점이다. 그리고 이에 관해 이번만은 경제학자들 사이에서 폭넓은 합의가 이루어졌다. 그런데 어찌 된 셈인지 워싱턴 정가의 집단 사고는 분명 정반대 결론에 다다른 듯 보인다. 완전히 극과 극이라서 이 문제에 대해 경제학적으로는 실제로 합의를 이루었다는 내용이 〈PBS 뉴스아워〉에서는 언급조차 되지 않았다.

　　처음에 말했듯, 정말, 정말 우울한 일이다.

15장

유로화, 의도는 선했으나
결말은 지옥인

머나먼 다리

제2차 세계 대전이 끝난 뒤 유럽이 일으킨 부흥은 인류 역사에서 가장 뿌듯하고 가장 자랑스러운 성공담이다. 서유럽의 여러 국가가 말 그대로 참혹한 전쟁이 남긴 폐허에서 쌓아 올린 위업은 단지 번영과 평화뿐만이 아니라 인류 역사상 가장 훌륭한 사회이기도 했다. 물론 이 비유에 미국도 들어간다. 나는 내 국가를 사랑하며 예나 지금이나 미국이 다른 어느 국가도 필적하지 못할 만큼 개인의 가능성이란 가치를 실현한다고 믿는다. 지중해 북쪽과 옛 철의 장막 서쪽 국가들과 견주어 사회적 약자를 돌보는 일에는 한참 뒤지지만.

유럽에서 좋은 성과를 거둔 이러저러한 정책에는 때때로 "유럽 프로젝트European project"라 부르는 계획이 바탕을 이루었다. 이 계획의 배경에는 정치적 연합이란 극적 행동이 아니라 한층 긴밀한 경제적 연대와 그 연대를 이끌 공동 기구로 유럽의 국가들을 한데 묶어 유럽 대륙을 처참하게 짓밟은 저 전쟁의 역사에 종언을 고하려는 의지가 자리하고 있었다.

먼저 1952년에 유럽석탄철강공동체Coal and Steel Community, ECSC가 출범했다. 프랑스와 독일의 중공업을 통합한 것으로, 여기엔 앞으로 전쟁이 일어나지 않기를 바라는 염원이 담겨 있었다. 이어 1959년에 공동 시장Common Market〔유럽경제공동체〕이 출범하면서 회원국 사이에 모든 관세를 철폐했다. 그리고 상대국에 대한 무역 정책도 통일해 나갈 것을 요구했다. 예컨대 캐나다산 밀에 프랑스와 독일이 각자 다르게 관세를 부과할 수 없었기 때문이다. 그 외에도 규제 조정, 사람들의 자유로운 이동, 낙후 지역의 공동 개발 지원 같은 정책이 이어졌고, 이러한 과정을 거치면서 기구의 명칭도 유럽연합European Union, EU으로 바뀌었다.

이 길을 걸어오는 동안 모든 일이 다 훌륭하지만은 않았다. 브뤼셀에 본부를 두고 범유럽 사업을 관장하는 관료 체계가 대다수 국가의 행정 기관보다 보통 사람의 삶으로부터 훨씬 유리되었으며 그 시각 또한 무척 편협해졌다. 나는 유럽연합 관료와 대화를 나눌 때에 이들이 유창한 영어로 말을 해도 그 말이 정말 무슨 의미인지 이해하려면 자막이 필요할 정도라고 농하곤 했다. "확대냐 심화냐"를 주제로 한 막연하면서도 애매한 논의도 사실은 "우리는 그리스를 받아들여서는 안 된다"로 풀이할 수 있었다.

국가 간 경쟁의식도 사라지지 않았다. 1990년 어느 쯤엔가 우스개 쪽지가 나돌았다. 아마도 유럽연합집행위원회European Commission에서 나온 것으로 보이는 유럽 공용어 채택에 관한 내용이었다. 쪽지에 따르면, 유럽의 공용어는 현실적으로 영어가 되어야 맞지만 몇 가지 개선해야 할 점이 있었다. 일례로 "c" 발음을 강세로 해야 하는지 약세로 해야 하는지 알 수 없어서 "c"가 강세인 경우는 "c"를 "k"로 바꾸어야 적확한korrekt 발음을 낼 수 있다, 리해komprehensibility를 보다 높이기 위해 동사는 모두 각 문장 끝에 놓아야 한다 등등이었다. 그런데 마지막에 이르자 쪽지는 거의 독일어로 쓴 것처럼 되어 있었다.

지금도 유럽 프로젝트는 대체로 엄청난 성공담을 쏟아 낸다. 유럽 프로젝트는 수억 명의 삶을 향상시켰을뿐더러 과거가 물려준 끔찍한 유산을 사람의 선한 의지로 어떻게 극복해 나갈 수 있는지 증명해 냈다.

그리고 마침내 유로화가 탄생했다.

정치적 상징으로서 유럽 단일 통화는 유럽 프로젝트에서 자연스럽게 밟아 나갈 다음 단계처럼 보였다. 유럽은 평화의 장이 되어 국경을 개방하고, 사람들이 자유롭게 왕래하고, 교통 표지판부터 소비자 안전 규격까지 모든 표준을 공유했다. 따라서 공동 통화를 채택해 사업을 더욱 수월히 경영하고 한 배를 탔다는 정체성을 한층 강화하면 안 될 이유가 있을까?

안타깝게도 화폐 경제학monetary economics에는 정치적 상징성 외에도 더 많은 요소가 들어 있다. 이웃 국가와 통화를 공유하면 사실 상당히 유리한 점이 있다. 나부터도 허드슨강을 건널 때마다 뉴욕 달러를 뉴저지 달러로 바꾸어야 한다면 귀찮을 테니까. 그런데 여기에는 불리한 점도 만만치 않다.

경제학자들은 한 국가가 이웃 국가와 통화를 공유하면 "비대칭적 충격asymmetric shock"에 대응할 국가의 능력이 약해진다는 점을 오래전부터 알고 있었다. "비대칭적 충격"은 골치는 아프지만 쓸모 있는 경제학 용어다. 예컨대 내가 핀란드라고 가정해 보자. 두 가지 주요 수출품으로 경제를 일구었다. 에릭슨Ericsson이 생산하는 휴대 전화와 종이 제조에 쓰이는 목재 펄프다. 그런데 기술 변화가 일어나면서 에릭슨의 시장 점유율은 떨어지고 사무실의 종이 사용도 줄어든다. 어떻게 해야 할까?

차세대 수출품이 필요하다. 그렇게 하려면 기업에 새로운 제품을 개발하도록 우대책을 내놓아야 한다. 보통은 다른 국가와 비교해 임금과 가격을 낮추는 식이다. 자국 통화를 쓴다면 이 우대책은 대개는 어렵지 않다. 평소처럼 임금을 자국 통화로 정하고 세계 시장에서 통화 가치를 낮추면 당장에 경쟁력이 오른다. 사실 1990년대 초 소련 붕괴와 지역 은행 위기가 한꺼번에 닥치며 지독한 경기 침체가 발생했을 때 핀란드가 이처럼 했다.

그러나 2008년 이후 여러 악재로 힘겨운 상황에 부딪혔을 때에 핀란드에는 더 이상 자국 통화가 없었다. 이 장 첫 번째 글에서 살펴볼 스페인도 마찬가지였다. 두 국가 앞에 놓인 유일한 탈출구는 높은 실업률에 맞서 임금 삭감이란 고통의 길을 오랫동안 묵묵히 걷는 것뿐이었다.

공동 통화가 갖는 편리함과, 문제가 생겼을 때 공동 통화가 부딪히는 어려움 사이에 까다로운 경제적 상관관계trade-off가 있다는 견해는 골치는 아프지만 쓸모 있는 또 다른 이름을 갖는다. 바로 "최적 통화 지역optimum currency area" 이론이다. 유로화를 발행하자는 제안이 처음 제기되었을 때 미국에 적籍을 둔 경제학자 다수가 그 이론을 거론했고 유로화는 발붙일 현실을 감안하면 위험한 발상이라 주장했다. 그러나 유럽인들은 자신들이 그려 놓은 미래에 마음을 홀랑 빼앗겨서는, 내 말로 하자면 그 달콤한 맛에 흠뻑 취해서는 귀를 닫았다.

유로화로 향한 여정에서 유럽을 묶는 조약이 1992년 네덜란드의 도시 마스트리흐트Maastricht에서 체결되었다. 네덜란드 도시를 잘못 골랐다는, 아른험Arnhem을 택했어야 했다는 농담이 있었다는 것을 기억한다. 아른험은 참패로 끝난 유명한 군사 작전이 전개되었던 도시다. 영화 〈머나먼 다리A Bridge Too Far〉(1977)에서 그린 바로 그 작전〔마켓 가든 작전〕 말이다. 안타깝게도 유로화가 겪은 간난신고는 저 우려가 사실임을 확인해 주었다. 몇 가지 새로운 문제들 즉 은행을 보호하는 통합 안전망 없이 단일 통화를 시행할 때 나타나는 이러저러한 문제가 생겨났다.

이 책 속 정치적이거나 경제적인 골칫거리에 대한 이야기는 대부분 못된 사람이 저지른 못된 짓을 다룬다. 그런데 유로화는 좀 다르다. 이 경우에는 비록 지옥에 이른 길이었으나 정말 선한 의도로 닦은 길이었다. 애석하게도 결국 똑같이 지옥에 이른 결말을 맞았지만.

죄수 신세 스페인

2010년 11월 28일

아일랜드 경제가 휘청이는 지금 그나마 다행스러운 점은 아일랜드가 작은 국가라는 것이다. 아일랜드만으로는 유럽이 그리는 전망에 막대한 타격을 입힐 수 없다. 그리스나, 그다음에 넘어질 도미노 패가 될 가능성이 가장 크다고들 점치는 포르투갈을 두고도 똑같이 말할 수 있다.

그런데 이번에는 스페인이다. 다른 국가가 전채에 불과하다면 스페인이야말로 주요리다.

스페인이 놀라운 것은, 미국의 시각에서, 경제 상황이 미국과 무척 닮아 있다는 점이다. 미국과 마찬가지로, 스페인도 어마어마한 부동산 거품을 겪었고 따라서 민간 부문 부채가 크게 늘었다. 미국과 마찬가지로, 스페인도 거품이 꺼진 뒤 경기 후퇴에 빠져들며 실업률이 급증했다. 미국과 마찬가지로, 스페인도 세수와 경기 후퇴 관련 비용이 급락하면서 예산 적자가 크게 불어났다.

그런데 미국과 달리, 스페인은 부채 위기에 빠지기 일보 직전이다. 미국 정부는 장기 연방 정부 부채에 대한 이자율을 3퍼센트 이하로 묶어 놓아 적자를 메꾸는 데 별 어려움이 없다. 반면, 스페인은 차입 비용이 최근 몇 주 사이에 치솟으며 채무 불이행이 곧 닥칠지도 모른다는 두려움이 커지고 있다.

스페인은 왜 이런 절박한 곤경에 처하게 되었을까? 한마디로 유로화 때문이다.

스페인은 1999년 유로화가 막 도입되었을 당시 가장 적극적으로 유로화를 채택한 국가였다. 한동안은 일이 술술 풀려 나가는 듯 보였다. 유럽 자금이 스페인으로 쏟아져 들어오며 민간 부문 지출에 박차를 가했고 스페인 경제는 빠르게 성장해 나갔다.

말이 난 김에, 호시절을 구가하는 내내 스페인 정부는 재정적으로나 금융적으로나 타의 모범이 되는 책임을 보여 주는 듯했다. 스페인은, 그리스와 달리, 흑자 예산을 운영했다. 스페인은, 아일랜드와 달리, (부분적 성공에 그쳤지만) 은행을 규제하는 데 각별히 노력했다. 2007년 말 스페인의 공공 부채public debt는 경제에서 차지하는 비중이 독일의 약 절반에 불과했다. 지금도 은행권은 아일랜드만큼 망가진 곳이 한 군데도 없다.

그런데 문제가 수면 아래에서 점점 커지고 있었다. 호황 동안 스페인은 다른 유럽 국가보다 가격과 임금이 급속히 올라 무역 수지 적자 폭이 크게 늘었다. 그리고 거품이 꺼지자 스페인 산업이 떠안은 비용 때문에 다른 국가와 비교해 경쟁력이 떨어졌다.

이제 어떻게 해야 할까? 스페인이 미국과 마찬가지로, 혹은 일부 특징이 똑같은 영국과 마찬가지로, 자국 통화를 썼다면 스페인은 그 통화 가치를 떨어뜨려 다시 산업 경쟁력을 갖출 수 있었다. 하지만 유로화를 쓰는 스페인으로서는 그런 선택을 내릴 수 없다. 스페인은 "내적 평가절하internal devaluation"를 단행해야 한다. 즉 비용이 이웃 국가와 엇비슷하게 돌아올 때까지 임금을 깎고 가격을 내려야 한다.

내적 평가절하는 고약스러운 일이다. 우선, 속도가 느리다. 보통 수년 동안이나 실업률이 오르고 임금이 깎인다. 이뿐만이 아니다. 임금이 깎인다는 것은 소득은 줄어들고 짊어진 빚은 여전히 똑같다는 의미다. 그래서 내적 평가절하는 민간 부문의 부채 문제를 더욱 악화한다.

이 모든 상황은 스페인의 경제 전망이 앞으로 몇 년 동안 매우 암울하다는 뜻이다. 미국의 경제 회복은 기대에 미치지 못하고 있으며 일자리 면에서 특히 그렇다. 하지만 적어도 미국은 어느 정도 성장을 보이고 있다. 실질 GDP가 위기 이전의 고점으로 거의 돌아왔으며 앞으로의 성장이 적자를 잡는 데 상당히 도움이 될 것으로 기대할 수 있다. 반면 스페인은 전혀 회복하지 못했다. 회복하지 못했다는 사실은 앞으로 스페인의 재정 상태가 심히 우려스럽다는 의미로 해석할 수 있다.

스페인은 이 덫에서 빠져나오기 위해 유로화를 폐기하고 자국 통화를 다시 구축해야 할까? 그럴 의지가 있을까? 두 질문에 대한 대답은 십중팔구 아마 그럴 수 없다는 것이다. 스페인이 유로화를 채택하지 않았더라면 지금 사정이 더 나았을지도 모른다. 그러나 유로화를 버리려 하면 예금자들이 너도나도 돈을 다른 곳으로 옮기려 들면서 대규모 은행 위기〔뱅크런〕사태가 벌어질 것이다. 이 대참사 같은 은행 위기—그리스에는 코앞으로 다가온 일인 듯 보이고, 아일랜드에는 점점 가능성이 커지는 일인 듯 보이고, 스페인에는 가능성이 낮지만 불가능한 일도 아닌 듯 보이는—를 겪지 않는 한 스페인 정부가 "탈유로화de-euroizing"라는 위험을 감수하기는 어렵다.

그래서 사실상 스페인은 유로화에 갇힌 죄수 신세가 되어 쓸 만한 선택지가 전혀 남아 있지 않다.

미국에 좋은 소식이라면, 미국은 저런 종류의 덫에 걸리지 않는다는 점이다. 미국은 말 그대로 유연성이 뛰어난 자국 통화를 쓰고 있어서다. 영국도 사정이 다르지 않다. 영국은 적자와 부채가 스페인과 맞먹지만 투자자들이 영국에 채무 불이행의 위험이 있다고는 보지 않는다.

미국에 나쁜 소식이라면, 강력한 정치 파벌이 연준에 족쇄를 채운 탓에 고통 받는 스페인과 비교해 미국이 누리는 커다란 이점 하나를 사실상 없애고 있다는 것이다. 공화당의 연준에 대한 공격—경제 회복을 촉진하려는 노력을 멈추고 그 대신 달러 강세를 유지해 인플레이션이라는 가공의 위협과 싸우는 데 진력하라는 요구—은 우리가 자청해서 스페인이 갇힌 감방으로 걸어 들어가야 한다는 요구나 진배없다.

연준이 공화당의 주장을 한쪽 귀로 흘려버리기를 바라자. 미국도 사정이 여의치 않다. 더 심해질 수도 있다. 경화硬貨, hard-money파가 고집을 꺾지 않으면 그렇게 될 것이다.

〔이 글의 원제 "The Spanish Prisoner(스페인 죄수)"는 일종의 신용 사기confidence trick를 지칭하는 말이다. 감옥에 갇힌 죄수가 자신이 왕년에는 잘나갔던 사람이라고 사칭하며 자신이 석방되게끔 돈을 융통해 주면 나가서 다 보상해 주겠다는 식의 사기를 말한다.〕

호박벌의 추락

◆

2012년 7월 29일

지난 주 유럽중앙은행 총재 마리오 드라기Mario Draghi는 유럽중앙은행이 "무슨 수를 쓰더라도 유로화를 지킬 만반의 태세를 갖추고 있다"라고 언명했다. 이에 시장은 축하를 보냈다. 특히 스페인의 채권 이자율이 급락했고 전 세계 주식 시장이 급등했다.

그런데 유로화가 정말 구제받을 수 있을까? 그 점은 여전히 매우 의심스럽다.

우선, 유럽 단일 통화는 구조에 심각한 결함이 있다. 드라기는 대단하게도 그 점을 실제로 인정하며 다음과 같이 단언했다. "유로화는 호박벌과 닮은 데가 있다. 자연의 신비라는 점에서 그렇다. 날아서는 안 되는데 날기 때문이다. 유로화는 몇 년 동안 아주 잘 날던 호박벌이었다." 그런데 지금 유로화는 날기를 멈추었다. 어떻게 해야 할까? 드라기가 내놓은 대답은 "이제 진짜 벌로 탈바꿈하는 것"이다.

어설픈 생물학에는 신경 쓰지 말자. 핵심만 이해하면 된다. 결국, 유로화는 유럽연합이 훨씬 더 단일한 국가처럼 바뀌어야만 제 기능을 발휘한다.

스페인과 플로리다주를 예로 들어 비교하며 살펴보자. 둘 다 주택 시장에서 커다란 거품을 겪은 다음 참혹하리만치 무너져 내렸다. 그런데 스페인이 맞은 위기와 플로리다주가 맞은 위기는 그 양상이 다르다. 왜 그럴까? 경기 침체가 불어 닥쳤을 때 플로리다주는 워싱턴에 기댈 수 있었고, 그래서 사회 보장 제도와 메디케어를 계속 감당하며 은행 지불 능력을 보장하고 실업자에게 긴급 지원을 제공하는 등 여러 업무를 유지해 나갔다. 스페인에는 그 같은 안전망이 없었다. 이는 언젠가는 꼭 개선해야 할 부분이다.

그러나 유럽합중국United States of Europe은 금방 탄생하지 않는다. 설사 그렇더라도 유로화의 위기는 당장 발등에 떨어진 불이다. 그럼 유로화를 살리려면 어떻게 해야 할까?

여기서 잠깐, 호박벌은 왜 잠시밖에 날 수 없었을까? 유로화는 왜 처음 8년 남짓한 동안에만 제 기능을 하는 듯 보였을까? 그것은 유로화의 구조적 결함을 남유럽의 호황으로 은근슬쩍 가렸기 때문이다. 유로화의 탄생은 그리스나 스페인처럼 과거에 위험하다고 판단되었던 국가에 대출을 해도 안전하다고 투자자에게 확신을 심었고, 그 결과 이들 국가에 자금이 쏟아져 들어왔다. 그런데, 그리스는 예외였지만, 주로 공공 차입이 아니라 민간 대출에 쏟아졌다.

한동안 모두 행복을 만끽했다. 남유럽에서 주택 시장에 거품이 크게 일어나 건설업 부문에서 고용이 대폭 늘었다. 하지만 제조업 부문은 점점 경쟁력을 잃었다. 한편 독일 경제는 활력을 잃어 가다가 남유럽에서 저 거품 경제가 일어나 수출이 빠르게 늘어난 덕분에 활기를 되찾았다. 유로화가 효력을 발휘하는 듯 보였다.

그때 거품이 꺼졌다. 건설업 일자리가 자취를 감추고 남유럽에서 실업률이 치솟았다. 현재는 그 실업률이 스페인과 그리스에서는 20퍼센트를 훨씬 웃돈다. 이와 동시에 세수가 급감했다. 대부분의 경우 불어나는 예산 적자는 위기의 결과이지 원인이 아니다. 그럼에도 투자자들이 줄행랑을 치고 대출 비용이 빠르게 올라갔다. 금융 시장을 진정시키려는 시도로 어려움을 겪는 국가는 혹독한 긴축 조치를 취했고 경기 침체는 더욱 심해졌다. 유로화가 뿌리째 흔들리는 듯 위태로워 보이는 상황이다.

어떻게 해야 이 위험천만한 상황이 호전될까? 대답은 꽤 명확하다. 정책입안자들이 (1) 남유럽 대출 비용을 떨어뜨릴 조치를 취해야 하고 (2) 호시절 동안 독일이 잡았던 바로 그 기회를 유럽 채무국들에 제공해 수출로 이 난국을 타개해 나가도록 해야 한다. 즉 1999년에서 2007년 사이 남유럽의 호황을 반영하며 독일이 누렸던 호경기를 창출해야 한다. (물론 그 때문에 독일에서는 일시적으로 인플레이션이 오른다.) 문제는 유럽 정책입안자들이 (1)은 울며 겨자 먹기로 할지언정 (2)는 극도로 꺼린다는 점이다.

내가 보기에 이 상황을 속속들이 파악하고 있는, 드라기 총재는 성명에서 유럽중앙은행이 남유럽 채권을 다량 매입해 대출 비용을 낮추겠다는 제안을 내놓았다. 하지만 이틀이 지나도록 독일 고위 관료는 그 제안에 트집만 잡는 듯 보였다. 원칙상, 드라기는 독일 측의 이의 제기를 기각할 수 있지만 그에게 그럴 마음이 정말 있을까?

채권 매입은 그나마 쉬운 축에 든다. 유로화는 독일이 앞으로 몇 년 동안 상당히 높은 인플레이션을 감수하지 않는 한 살리기 힘들 수 있다. 그런데 지금까지 나는 독일 관료가 꼭 필요한 이 조치를 받아들이기는 고사하고 이 문제를 논의할 의향이 있다는 어떤 낌새조차 보지 못했다. 오히려 실패에 실패를 거듭하면서도 ―아일랜드가 빠른 회복세에 접어들었다고 여기던 때를 기억하는가?― 채무국이 긴축 조치를 고수하면 곧 모든 것이 괜찮아질 것이라는 주장만 하고 있다.

그렇다면 유로화를 살릴 수 있을까? 그럴 수 있다, 십중팔구로. 그런데 유로화를 살려야만 할까? 그래야만 한다. 유로화의 탄생이 지금은 치명적 실수처럼 보이더라도 그렇게 해야 한다. 유로화가 실패하면 경제에 혼돈만 일으키는 것으로 끝나지 않는다. 비극의 역사로 물든 유럽 대륙에 평화와 민주주의를 선사한 유럽 프로젝트가 전반에 걸쳐 매서운 일격을 당할 것이다.

그런데 유로화는 실제로 살아남을까? 드라기가 투지를 불사르는 듯 보이지만, 내가 말했듯, 짙은 의심의 눈초리를 거둘 수 없다.

유럽이 꾸고 있는
불가능한 꿈

2015년 7월 20일

유럽발 소식이 잠시 뜸한 상태지만 물밑 상황은 여느 때와 다름없이 암울하다. 그리스는 대공황보다 지독한 경기 침체를 겪고 있는바 그래서 아무런 사건도 터지지 않는 지금이 오히려 회복의 희망을 전하는 듯하다. 스페인은 성공담을 쓰며 환호를 받고 있는데 경제가 마침내 성장세를 보이고 있어서다. 그래도 실업률이 여전히 22퍼센트에서 내려갈 줄 모르고 있다. 게다가 스태그네이션이 호를 그리듯 유럽 최북단을 가로지르고 있다. 핀란드가 남유럽에 맞먹는 불경기를 맞고 있고 덴마크와 네덜란드 역시 경기가 매우 어둡다.

상황이 어쩌다 이토록 나빠졌을까? 대답을 내놓자면, 이는 정치인들이 제멋대로 산술과 역사의 교훈을 무시할 때에 늘 일어나는 일이라는 것이다. 그리스나 다른 국가의 좌파를 보고 하는 말이 아니다. 베를린과 파리와 브뤼셀에서 지극히 존경받는 인물들을 말하는 것이다. 그들은 무려 사반세기 동안이나 환상 경제학을 토대로 유럽을 경영하려 애쓰고 있다.

경제학을 잘 모르거나 곤혹스러운 질문을 무시하기로 한 사람에게 유럽의 단일 통화 구축은 근사한 발상처럼 들렸다. 국경을 넘나들며 사업하는 것을 더 수월하게 해 줄뿐더러 통합의 명징한 상징으로 작용할 수 있다는 점에서다. 과연 누가 유로화가 나중에 커다란 문제를 일으키리라고 예견했겠는가?

사실 많은 이가 예측했다. 2010년 1월 유럽의 두 경제학자가 논문 〈있을 수 없다, 바람직한 생각이 아니다, 오래가지 못한다It Can't Happen, It's a Bad Idea, It Wont's Last〉를 발표했다. 논문 제목은 유로화가 적잖은 문제를 낳는다고 경고한 미국 경제학자들을 조롱하는 의미였다. 논문은, 밝혀졌다시피, 뜻하지 않게 유명세를 탔다. 논문이 발표된 바로 그때 유로화에 대한 온갖 심각한 경고가 정당성을 확보해 가던 차였다. 논문에서 거론한 불명예 전당의 회원 명단, 달리 말해 올곧게 비관론을 편 경제학자들의 기나긴 우등생 명단은 문제점을 거의 제대로 짚어 낸 경제학자들의 인명록이 되었다.

유로화 회의론자들이 범한 커다란 실수가 하나 있다면 단일 통화가 얼마나 피해를 입힐 수 있는지 과소평가했다는 점이다.

요지는, 정치적 통합에 기초하지 않는 단일 통화 계획은 매우 미덥지 못하다는 점을 처음부터 간파하기는 그다지 어렵지 않았다는 것이다. 그렇다면 유럽은 왜 그 계획을 밀고 나간 걸까?

내 생각에 주된 이유는, 유로화라는 발상이 너무나도 근사하게 들렸기 때문이다. 다시 말해 유로화는 진취적인 태도로, 유럽다운 정신으로,

더 정확하게는 다보스에서 연설하는 부류가 혹할 만한 내용으로 다가들 었다. 그런 부류는 자신들이 그리는 눈부신 이상이 잘못된 생각이라고 지적하는 책상물림 경제학자들이 영 마뜩찮았다.

아니나 다를까, 곧 유럽의 특권층 내에서 통화 계획에 이의를 제기하기가 무척 어려워졌다. 1990년대 초반의 분위기를 지금도 똑똑히 기억한다. 유로화의 건전성에 의문을 제기하면 누구든 사실상 논의에서 제외되었다. 게다가 의심을 내는 미국인이라면 으레 꿍꿍이속이 있다고 비난받았다. 유럽에 적대감을 품고 달러의 "과도한 특권exorbitant privilige"을 지키려 한다고.

그렇게 유로화가 탄생했다. 그리고 유로화 도입 후 10년 동안 거대한 금융 거품이 유로화 이면에 내재한 여러 문제를 감추었다. 그런데 이제, 내가 말했듯, 회의론자들이 내비친 온갖 불안에는 그 나름의 근거가 있었음이 속속 드러났다.

이야기는 여기서 끝나지 않는다. 이미 예상하던 그리고 예상이 가능하던 압박이 유로화에 가해지자, 유럽은 그에 대응해 채무국에 가혹한 긴축을 강요하는 정책을 내놓았다. 유럽의 대응은 그런 정책으로는 심각한 경제 손실만 낳을 뿐 약속대로 결코 부채를 줄여 나갈 수 없다고 시사하는 단순한 논리와 역사적 증거를 부정하는 처사였다.

유럽의 최고위직 인사들이 정부 지출을 줄이고 세금을 올리면 지독한 경기 후퇴에 빠진다는 경고를 얼마나 분별없이 무시했는지, 재정 통제로 신뢰를 북돋을 수 있는 만큼 다 잘될 거라고 얼마나 억지를 썼는지 지금 돌이켜봐도 놀라울 따름이다. (전혀 북돋지 못했으니까!) 사실, 긴축 정책만으로 —특히 경화 정책을 동시에 추구하면서— 대규모 부채를 감당하려고 하면 전혀 효과를 보지 못한다. 제1차 세계 대전 후 영국에서 엄청난 희생을 무릅썼지만 긴축 재정이 별 효과가 없었다. 그런데 도대체 어떤 이유로 그리스에서는 긴축 재정이 효과를 거두리라고 기대할 수 있단 말인가?

이제 유럽은 무엇을 해야 할까? 뾰족한 해결책이 없다. 그런데 뾰족한 해결책이 없는 까닭은 유로화가 빠져나오기 힘든, 로치 모텔Roach Motel〔바퀴벌레 약〕 같은 덫이 되었기 때문이다. 그리스가 아직 자국 통화를 썼다면, 그 통화를 평가절하해, 그리스의 경쟁력을 높여 디플레이션을 끝내자는 옹호론이 우세했을 것이다.

그리스에 더 이상 통화가 없다는 사실은, 그래서 아예 통화를 새로 발행해야 한다는 사실은 판돈을 크게 올린다. 짐작일 뿐이지만, 그리스의 유로화〔유로존〕 탈퇴는 앞으로 그 필요성이 입증되리라고 본다. 그리고 어느 경우든 그리스가 안고 있는 부채는 상당 부분 반드시 평가절하해야 한다.

그런데 이런 선택지를 두고 논의가 명확하게 이루어지지 않고 있다. 유럽 특권층이 올바르다고 믿고 싶지만 실은 그렇지 않다는 의견이 유럽 내 담론을 장악하고 있어서다. 그래서 유럽은 어처구니없는 부화방종浮華放縱, self-indulgence에 혹독한 대가를 치르는 중이다.

유럽이 앓고 있는 골칫거리

2018년 5월 21일

구성원 모두가 품위 있는 삶을 누리는 사회를 건설하자는 인도주의적인 꿈을 거의 실현할 뻔한 시간과 장소를 찾아야 한다면, 그 시간과 장소는 분명 제2차 세계 대전 이후 60년 동안의 서유럽일 것이다. 이는 역사가 이룬 기적의 하나였다. 독재와, 집단 학살과, 전쟁으로 유린된 유럽 대륙은 민주주의와 인류 공영共榮의 귀감이 되었다.

솔직히 21세기 초만 하더라도 유럽은 여러 면에서 미국보다 잘 살았다. 미국 국민들과 달리 유럽 국민들은 의료 보험을 보장받은 덕에 기대 수명은 훨씬 길었고, 빈곤율은 매우 낮았으며, 한창 일할 나이대는 미국의 경우보다 소득이 나은 일자리를 구할 가능성도 실제로 더 컸다.

그런데 지금 유럽은 심한 곤경에 빠져 있다. 물론 미국도 다르지 않다. 특히 민주주의가 대서양 양쪽에서 포위 공격을 받는 동안 자유가 붕괴하는 사태가 난다면, 십중팔구 미국에서 가장 먼저 일어날 것이다. 여기서 트럼프라는 악몽에서 잠시 눈길을 돌려 유럽이 짊어진 고민을 들여다보자. 이는 그럴 만한 가치가 있다. 유럽의 고민 가운데 전부는 아니더라도 일부는 미국과 매우 닮아 있다는 점에서다.

유럽이 안고 있는 많은 문제는 한 세대 전에 단일 통화를 채택하기로 한 참담한 결정에서 비롯한다. 유로화 탄생으로 스페인이나 그리스 같은 국가에 어마어마한 돈이 흘러 들어오면서 잠깐 행복이 넘실거렸다. 그러고는 곧 거품이 꺼졌다. 아이슬란드처럼 자국 통화 체제를 유지한 국가는 통화를 평가절하하면서 빠르게 경쟁력을 회복할 수 있었던 반면, 유로존 국가들은 장기 불황에 들어설 수밖에 없었고 비용을 낮추려 고군분투하면서 실업률은 크게 치솟았다.

이 불황은 특권층 사이 합의로 더욱 악화했다. 증거가 확실한 데도 유럽은 문제의 근원이 잘못 조정한 비용이 아니라 재정 낭비에 있으며 따라서 해결책은 가혹한 긴축이라고 주장했다. 그 결과, 불황은 그늘을 더욱 짙게 드리웠다.

유로화 위기의 희생양 가운데 일부 국가는 스페인처럼 마침내 온갖 고생을 해 나가며 경쟁력을 되찾았다. 하지만 다른 국가는 그렇지 못했다. 그리스는 재난 지역을 방불했다. 유럽연합에서 경제 규모가 세 손가락 안에 드는 이탈리아는 지금도 잃어버린 20년을 고통스럽게 겪고 있으며 현재 1인당 GDP가 2000년 수준에 머물고 있다.

따라서 이탈리아가 3월에 선거를 치렀을 때 반反유럽연합을 내세운 당인 포퓰리스트의 오성운동五星運動, Movimento 5 Stelle이나 극우 성향의 동맹Lega 등이 크게 승리를 거둔 사실은 그리 놀랍지 않다. 오히려 그런 일이 더 일찍 일어나지 않았다는 점이 놀랍다.

　현재 이들 정당이 정부 구성에 박차를 가하고 있다. 정부 정책이 아주 선명하게 드러나지는 않았지만 분명 여러 영역에서 나머지 유럽 국가들과 결별할 조짐을 보이고 있다. 긴축 재정에서 선회한다면 이탈리아는 유로존을 탈퇴할 가능성이 크다. 동시에 이탈리아는 이민자와 난민에 단단히 빗장을 걸어 잠글 태세다.

　이 길이 어떤 종착점에 다다를지 아무도 모른다. 그러나 나머지 유럽 곳곳에서 전개되는 양상을 살펴보면 으스스한 선례가 몇 보인다. 헝가리는 사실상 민족주의 이념이 지배하는 일당 독재 국가가 되었다. 폴란드도 똑같은 길을 가는 듯하다.

　무엇이 "유럽 프로젝트"를 이렇게 망가뜨렸을까? 어느 때보다 경제적·정치적 통합을 일구어 내며 평화와 민주주의와 번영을 향해 오랫동안 행진해 왔는데도? 지적했듯, 유로화라는 치명적 실수가 단단히 한몫했다. 그런데 폴란드는 유로화를 도입하지 않아 경제 위기를 별 탈 없이 헤쳐 나왔지만 어찌 된 셈인지 마찬가지로 민주주의가 무너지고 있다.

　여기에는 더 깊숙이 숨겨진 사연이 있다고 넌지시 귀띔하려 한다. (미국도 그렇지만) 유럽에는 암흑 세력이 항상 존재해 왔다. 베를린 장벽이 무너졌을 때 내가 아는 한 정치학자가 우스갯소리 삼아 이렇게 말했다. "이제 동유럽은 공산주의라는 외래 이념에서 벗어났으니 본래 역사의 길로 돌아갈 수 있겠네. 파시즘 말야." 우리 둘 다 일리 있는 소리라며 고개를 끄덕였다.

　저 암흑 세력을 견제하던 힘은 유럽 특권층이 민주적 가치에 헌신하면서 누리는 명망이었다. 그러나 그 명망은 그릇된 정책 시행으로 흩어졌다. 더구나 현재 일어나는 사태에 감연히 맞서지 않은 탓에 피해가 더 심각해졌다. 헝가리 정부는 유럽이 지지하는 모든 정책에서 등을 돌렸다. 그래도 아직 브뤼셀한테서 대규모 지원을 받고 있다.

내가 보기에 바로 이 지점이 미국에서 전개되는 양상과 비슷하다.

사실 미국이 겪은 대재앙은 유럽의 경우와는 양상이 달랐다. (물론 미국에는 전 대륙에서 널리 쓰이는 통화가 있다. 하지만 연방화한 재정과 금융 기관이 있어 그 통화가 통용될 수 있다.) 그런데 미국의 "중도주의자centrist" 고위층이 내리는 판단은 어리석기가 유럽의 중도주의자 고위층이 내리는 판단과 쌍벽을 이룬다. 기억나잖은가. 2010년에서 2011년 사이에 미국이 대량 실업으로 시달릴 때 워싱턴의 '매우진지한사람들'이 골몰한 일이 …… 복지권 개혁이었다.

한편, 미국의 중도주의자들은 다수의 언론 매체와 손잡고 수년 동안 공화당의 과격화를 부정하며 기계적 중립에 거의 병적이다시피 매달렸다. 그리고 지금 미국의 집권당은 헝가리의 피데스당만큼 민주적 규범이나 법치를 존중하지 않는다.

요점은, 유럽이 앓고 있는 골칫거리는 깊이 들여다볼수록 미국이 안고 있는 문젯거리와 다르지 않다는 것이다. 두 경우 모두 구원에 이르는 길이 멀고도 험하다.

16장

잔소리꾼들과 헛소리꾼들이 재정을 위협한다

번번이 속아 넘어가는
적자 잔소리꾼들

◆

"TV 인기 배우에게는 에미상이 있고, 운동선수에게는 에스피상이 있다. 이제 예산 전문가에게도 그들만의 권위 있는 상이 있다." 책임있는연방예산위원회Center for a Responsible Federal Budget, CRFB가 2011년 1월 발표한 소논문은 이렇게 거침없는 언사로 글머리를 열며 몇몇 정치인에게 "휘스키상Fiscy Awards"을 수여하는 시상식을 묘사했다.

CRFB는 무수한 "재정 책임" 조직의 하나로 2010년 무렵 워싱턴에서 꽤 인지도가 높았다. 이런 조직이 우후죽순처럼 생겨나는 듯했는데 알고 보면 이는 일종의 환상이나 다름없었다. 상당수 조직이 같은 사람들에의해 재정이 지원되었기 때문인데 특히 억만장자 피트 피터슨Pete Peterson이 대표적이었다. 하지만 그들 조직이 끼친 영향은 생생했다. CRFB가휘스키상 시상식에 "인기 스타가 총출동"했다고 묘사한 내용도 틀리지 않았다. 적어도 정치권에서는 스타들이 한자리에 모인 자리였으니까.

그런데 휘스키상 시상식에는 흥미로운 점이 두어 가지 있었다. 하나는 이 시상식이 열리던 때가 미국의 실업률이 여전히 9퍼센트를 웃돌던 시기였다는 점이다. 곧 미국 국민 1400만 명 이상이 일자리를 잃고 이 중 600만 명 이상이 6개월 이상의 실직 상태에 있었다. 다른 하나는 당시에 예산 적자가 빠르게 줄어들고 있었다는 믿을 만한 논거가 있었다는 점이다. 미국 경기회복및재투자법 —"오바마 경기 부양책"— 조항은 대부분 2010년 말에 시효가 끝나면서 이후 경기 부양책의 급격한 추동력 상실은 2011년 내내 실업률이 높게 나타나는 한 원인으로 작용했다.

그렇다면 적자 감소에 애썼다고 추정되는 이들을 칭송하는 시상식은 있으면서 일자리 창출에 애쓴 이들을 치하하는 시상식은 어째서 하나도 없을까?

다른 것은 다 제쳐 놓더라도, 휘스키상 3개 부문 중 하나가 나중에 하원의장이 되는 폴 라이언 하원의원에게 돌아갔다는 점은 그럴 수 없다. 2011년 1월에는 상황상 재정 적자 매파가 되었어야 옳다는 견해를 인정한다손 해도 라이언은 사실 재정 적자 매파가 아닌, 그냥 사기꾼이었다. 이른바 적자를 줄인다는 라이언의 법안, 다시 말해 라이언에게 수상의 영예를 안긴 바로 그 법안은 속이 빤히 들여다보이는 속임수였다. 무엇보다 그 법안이 기반을 둔 가정은 정부가 탈세 구멍을 막으면 세수를 1조 달러 더 올릴 수 있다는 것이었다. 그러나 라이언은 어느 탈세 구멍인지 구체적으로 밝히지 않았다.

아니나 다를까, 라이언은 2017년에 기회를 잡자 탈세 구멍은 하나도 막지 않고 국가 부채를 약 2조 달러나 늘리는 감세 법안을 억지로 밀어붙였다.

나는 휘스키상을 수여하는 이들에게 라이언은 사기꾼이라고 알려 줄 수 있었다. 실은 몇 달 전 이 장에 첫 번째로 실은 〈왜 미국 정치는 헛소리 꾼들에게 휘둘리는가?〉에서 그렇게 지적했다. 그럼에도 라이언은 계속 해서 여러 법안을 내놓았고, 게다가 그 "법안들"을 채운 헛소리가 갈수록 뻔뻔해졌다. 워싱턴 안에서 다수가 라이언에게 깊은 존경을 표했다.

그런데 라이언이 이처럼 승승장구할 수 있던 잘 속아 넘어가는 태도 는 보다 광범위한 현상의 일부였다. 적자를 두고 호들갑을 떠는 부류는 사실 정부 부채에는 일말의 관심도 없고 우파의 정치적 의제에만 열을 올 리는 사람들에게 잘 속는 호구임이 거듭 드러났다. 나는 이 "적자 잔소 리꾼들deficit scolds"이란 말을 누군가에게 분명 빌려 오긴 했는데 그게 누 구인지는 기억나지 않는다. 〈이념만 펄럭거리는 적자 위원회〉에서 썼듯, "진지하게 현안을 논의했어야 할 과정은 실종되었고, 정작 실종되었어야 할 이념적 의제는 버젓이 살아남았다." 저 이념적 의제가 얼마나 순수했 는지 곧 적자 잔소리꾼들의 진짜 동기가 얼마나 순박했는지 묻는다면 무 척 흥미로운 질문이 될 것이다.

그렇다면 도대체 문제의 핵심은 무엇일까? 2019년에 (비교적 당파에 서 자유로우면서도) 영향력이 무척 강한 우리 시대의 경제학자 올리비에 블 랑샤르Olivier Blanchard가 논문을 발표하면서 큰 파문이 일었다. 논문은 수 많은 증거를 내세우며 부채 문제가 하나같이 훨씬 과대평가되었다고 주 장했다. 나 역시 지난 몇 년 동안 비슷한 견해를 계속 내놓은 터였다. 블 랑샤르는 정곡을 정확하게 꿰뚫었다. 그리고 그 지적은 민주당이 2018 년 중간 선거에서 크게 승리를 거둔 이후 매우 유의미해졌다. 민주당은

2020년 백악관을 탈환하면 자신들이 추구해 온 정책 의제에 어떻게 비용을 댈 것인지, 보다 더 중요하게는 비용을 댈 것인지 말 것인지 따져 보기 시작했다.

왜 미국 정치는 헛소리꾼들에게 휘둘리는가?

2010년 8월 5일

미국 정치에서 드러나는 우울한 면모 하나는 주요 정치인들과 언론인들이 헛소리꾼들에게 쉽게 휘둘린다는 점이다. 지난 경험을 돌이켜 볼 때, 워싱턴 내부자라면 거창한 계획을 가진 보수주의자들에게 경계를 풀지 않을 것이라고 여길지 모른다. 그렇지 않다. 여전히 우파의 누군가가 대담하고 참신한 제안이 있다고 주장하면, 그는 혁신적 사상가로 환영을 받는다. 아무도 그 사람의 셈법이 어떤지 확인하지 않는다.

그런 이유로 나는 요즘 혁신적 사상가로 유명세를 타고 있는 위스콘신주 공화당 의원 폴 라이언을 주목하게 되었다.

라이언은 연방 정부 지출과 세금을 대대적으로 정밀하게 점검하는 법안인 "미국의 미래를 위한 청사진Roadmap for America's Future"을 제출했다. 이 법안 덕에 라이언은 신新 사고를 상징하는 공화당의 간판 주자가 되었다. 언론 또한 라이언에게 열렬히 호응했다. 《워싱턴포스트》는 월요일 자 1면에 라이언을 극찬하는 인물평을 싣고 "공화당의 재정 양심"이라 일컬 었다. 라이언은 종종 "대담한 지성"과 같은 표현으로 수식되기도 했다.

그러나 순 엉터리 내용이다. 라이언이 신사고라며 내놓은 음식은 갓 지어 따끈따끈한 먹을거리가 아니다. 1990년대가 남긴 찌꺼기에 헛소리 소스를 왕창 뿌린 것이다.

라이언 법안은 지출과 세금 둘 다 크게 삭감하라고 요구한다. 라이 언은 그 두 가지를 한꺼번에 줄여야 예산 적자를 더욱 낮추는 효과가 난 다고 우리를 설득한다. 《워싱턴포스트》의 보도에 따르면 라이언은 적자 를 "세상에 곧 종말이 닥칠 듯한 표현을 써서" 말한다. 게다가 《워싱턴포 스트》 역시 라이언 법안이 실제로 적자 흐름을 뚜렷이 줄인다고 전한다. "의회예산처는 폴 라이언 공화당 의원의 법안이 2020년까지 예산 적자 를 절반으로 줄일 것으로 추산했다."

그런데 의회예산처가 한 일은 그런 것이 아니었다. 의회예산처는 라 이언의 요청에 따라 라이언이 제안한 대로 지출을 삭감하면 예산에 어떤 영향을 낳는지 추산해 내놓았을 뿐이었다. 그게 다였다. 의회예산처는 라이언 법의 감세로 인한 세수 손실은 다루지 않았다.

초당파적 조세정책센터가 그 공백을 대신 채웠다. 그 수치에 따르자 면, 라이언 법안은 향후 10년 동안 세수를 거의 4조 달러 줄인다. 《워싱턴 포스트》가 인용한 수치에 이 세수 손실을 더하면 2020년에는 적자가 크 게 늘어나 약 1조3000억 달러에 이른다.

이는 의회예산처가 오바마 행정부의 안을 토대로 추산한 2020년 적 자와 거의 맞먹는 액수다. 다시 말해 라이언은 세상에 종말이 임박한 듯한 표현으로 적자를 말하지만, 라이언이 제안한 지출 삭감이 실현 가능하다고 보더라도 —물론 그럴 수 있다고 보이지도 않지만— 그 청사진으로는 적자를 축소하지 못한다. 고작해야 중산층이 누리는 혜택은 줄이고 부유층이 내는 세금은 대폭 낮출 뿐이다.

정말 대폭 낮춘다. 조세정책센터에 따르면, 라이언 법안은 최상위 부유층 1퍼센트에 부과하는 세금을 절반으로 줄인다. 그래서 이 법안에 의한 전체 감세의 117퍼센트가 부유층에 집중한다. 오자가 아니다. 그렇게 상위층에 부과하는 세금을 크게 내리는 라이언 법안은 인구 95퍼센트에 부과하는 세금은 올린다.

마지막으로 저 지출 삭감을 톺아보자. 라이언 법안에서 언급하는 이른바 절약은 대부분 첫 10년 동안 국내 재량 지출domestic discretionary spending이 0달러 증가한다는 가정에서 출발한다. 이 국내 재량 지출은 에너지 정책부터 교육, 사법 제도에 이르기까지 전 부문을 망라한다. 이것은 인플레이션과 인구 증가를 감안하면 25퍼센트까지 허리띠를 졸라매겠다는 의미다. 도대체 무슨 수로 그토록 혹독한 삭감을 단행하려는 걸까? 구체적으로 어떤 제도들에 그 칼바람을 몰아치려는 걸까? 그 문제에 라이언은 일언반구 언급을 하고 있지 않다.

2020년 이후 이른바 저 절약을 이룰 방법은 주로 메디케어의 대대적 삭감이 될 가능성이 크다. 우리가 아는 메디케어를 해체하고 그 대신 고령층에 상품권을 제공해 개인들이 보험을 구입하도록 권유하는 방법이 그 골자다. 이 말, 왠지 귀에 익지 않은가? 그럴 수밖에. 바로 1995년에 뉴트 깅리치가 설득하려 애쓴 그 법안이다.

우리는 메디케어 우대 제도Medicare Advantage program를 경험한 덕에 상품권 제도가 현행 제도와 비교해 비용이 낮지 않고 오히려 더 높다는 사실을 이미 알고 있다. 라이언 법안이 돈을 절약할 수 있는 유일한 방법이라면 저 상품권의 실효성을 아주 떨어뜨려 적절한 의료 보장을 받을 수 없게끔 하는 방법뿐이다. 부유한 미국 고령층이야 상품권을 추가로 구입해 필요한 치료를 받겠지만 나머지는 찬밥 신세가 될 것이다.

실제로 그런 일은 십중팔구 일어나지 않을 것이다. 미국의 고령층이 분노로 이글거릴 테니까. 그리고 투표할 테니까. 이는 이른바 라이언 법안의 예산 절약이 순 엉터리임을 가리킨다.

그렇다면 워싱턴에서 다수가, 특히 언론에서 다수가 왜 이런 헛소리에 현혹될까? 단순히 산수를 못하기 때문이 아니다. 물론 그런 이유도 일부 있지만. 여기에는 자칭 중도주의자들이 현대 공화당이 처한 현실을 일부러 직시하지 않으려는 태도도 한몫 거든다. 곧 이들은, 그렇지 않다는 차고 넘치는 증거를 거스르면서, 공화당 내부에 머리가 돌아가는 사람이 있는 척하고 싶어 한다. 끝으로 꼭 강조하고 싶은 말은 권력에의 맹종 또한 존재한다는 점이다. 공화당은 부활한 정치 세력이고, 그래서 어느 누구도 지성이 뛰어난 공화당의 영웅들이 벌거벗었다는 점을 지적해서는 안 된다.

하지만 이들 영웅은 벌거벗었다. 라이언 법안은 사기나 다름없다. 미국의 재정 미래를 두고 벌이는 논쟁에 이로운 기여를 눈곱만큼도 않는다.

이념만 펄럭거리는
적자 위원회

◆

2010년 11월 11일

버락 오바마 대통령이 국가재정·책임개혁위원회National Commission on Fiscal Responsibility and Reform, NCFRR—짐작하건대 국가의 장기 재정 문제들에 대한 해결책을 마련해야 할 초당파적 위원회—를 조직하면서 커다란 실수를 했다는 것이 내 한결같은 생각이다. 위원회 면면이 발표되자마자 "초당주의bipartisanship"가 워싱턴에서 종종 그렇듯 중도 우파와 강경 우파 사이의 타협을 의미한다는 점이 뚜렷해졌다.

　내 의구심은 위원회의 두 공동 의장이 어떤 시각을 견지하는지에 대해 보다 확실한 인상을 받으면서 더욱 커졌다. 곧 밝혀졌듯, 민주당 측 공동 의장 어스킨 볼스가 내놓은 작은 정부small-government 의제는 매우 공화당스러웠다. 한편 공화당 측 공동의장 앨런 심슨은 전국노인여성연맹National Older Women's League, OWL 이사에게 사회 보장 제도를 "젖꼭지가 3억

1000만 개 달린 젖소"와 같다는 모욕적인 내용의 이메일을 보내면서 스스로 자신이 어떤 유형의 중재자인지 여실히 드러냈다.

위원회가 알찬 결실을 맺지 못할 것이라는 점은 진작부터 알고 있었다. 그런데 수요일 두 공동 의장이 자신들의 안을 간추려 파워포인트로 발표했을 때 그 내용은 냉소주의자들이 예상한 것보다 훨씬 고약했다.

발표는 "우리가 지침으로 삼는 원칙과 가치"를 선언하며 시작한다. 그중에는 "GDP의 21퍼센트 이하의 세수 상한선"이 있다. 정말 이것이 지침 원칙이라고? 위원회는 균형 예산에 이르는 가능한 모든 방법을 찾는 책임을 안고 있다. 그런데 왜 세수에 (하한선이 아니라) 상한선을 정해 놓은 걸까?

문제가 세제 개혁 부문에 이르면 좀 더 명확해진다. 개혁 목표는, 볼스와 심슨이 밝혔듯, 글머리 기호bullet point를 사용해 7개 항목으로 나뉘어 제시되고 있다. "낮은 세율"이 첫 번째 항목이고 "적자 감소"가 일곱 번째 항목이다.

도대체 적자를 줄인다는 위원회가 어떻게 정확히 정반대로 세율 인하를 맨 위에 두고 적자 감축을 말 그대로 맨 아래에 둘 수 있을까?

사실 두 공동 의장이 내놓은 제안을 살펴보면 세금 인하와 세금 인상이 뒤섞여 있다. 곧 부유층 감세와 중산층 증세. 둘은, 사람들이 세금 우대 제도를 어떻게 생각하든 간에, 중산층 미국인들에게 매우 중요한 세금 우대 제도—의료 보험이나 주택 담보 대출 이자의 공제 등—를 없애고 그것으로 늘어난 세수의 상당 부분을 적자를 줄이기 위해서가 아니라 최고 한계 세율과 법인 세율 두 가지 다 대폭 내리는 데 쓰겠다는 것이다.

발표에 나온 수치를 하나하나 뜯어보려면 시간이 꽤 걸리겠지만, 위원회 제안은 분명 미국 내 중산층에서 극소수 부유층으로 소득이 대대적으로 상향 이동한다는 점을 똑똑히 가리킨다. 과연 그 가운데 어느 부분이 적자 감소와 연관이 있을까?

사회 보장 제도로 넘어가 보자. 앞서 위원회가 퇴직 연령 연장을 권고할 것이라는 소문이 무성했다. 아니나 다를까, 볼스와 심슨은 예상에서 한 치도 벗어나지 않는다. 둘은 사회 보장 제도의 혜택을 받을 수 있는 나이가 평균 기대 수명을 따라 오르기를 바란다. 이게 이치에 닿는 소리일까?

대답을 하자면, 전혀 그렇지 않다. 여기에는 여러 이유가 있다. 그중 69세까지 일해야 한다는 점도 들어 있는데, 사실 이는 사무직 노동자에게나 가능한 소리지 여전히 육체노동을 하는 미국 국민 다수에게는 턱없는 소리다.

이 외에도 위원회의 제안은 한 가지 결정적 사실을 무시하는 듯 보인다. 평균 기대 수명이 실제로 오르고 있지만 이것은 고소득자들의 경우에, 더 정확히는 사회 보장 제도가 거의 필요 없는 이들의 경우에 주로 그렇다는 것이다. 소득 분배income distribution에서 하위 절반은 기대 수명이 지난 30년 동안 거의 오르지 않았다. 따라서 볼스와 심슨의 제안은 기본적으로 오늘날 기업 고문 변호사들이 아주 늙어 꼬부라질 때까지 사는 만큼 경비원들이 더 오래 일해야 한다고 말하는 바나 진배없다.

자, 그 모든 결함에도 볼스-심슨 제안이 미국이 오랫동안 고심해 온 재정 문제와 진지하게 대적하려는 노력을 담고 있다고 말할 수 있을까? 아니다. 그렇다고 할 수 없다.

사실 파워포인트로 꾸민 내용에는 보기에 근사한 도표가 나온다. 도표에는 적자가 감소하고 부채 수준이 안정화한다고 나온다. 하지만 조금만 시간을 내어 내막을 따져 들어 파악해 보면, 맵시 나는 도표는 의료 혜택 비용의 증가율이 앞으로 갑작스럽게 낮아지리라는 가정을 그 주요 동인으로 삼고 있음이 분명해진다. 그런데 무슨 수로 의료 혜택 비용의 증가율을 대폭 낮출 수 있을까? "정기적으로 비용 증가를 평가하는 절차를 마련"하고 "필요할 때마다 추가 조치"를 취하면 된다고 하는데, 대체 이 말이 무슨 의미일까? 나로서도 알 길이 없다.

이 적자 위원회〔국가재정·책임개혁위원회〕에서 어떤 일이 벌어졌는지는 더 이상 수수께끼가 아니다. 곧 그것은 작금의 워싱턴에서 비일비재하게 일어나는 일이다. 진지하게 현안을 논의했어야 할 과정은 실종되었고, 정작 실종되었어야 할 이념적 의제는 버젓이 남았다. 재정 문제에 부딪혔다는 구실로 볼스와 심슨은 만날 보아 온 진부하고 만날 보아 온 교활한 수법, 다시 말해 부자 감세와 사회 안전망에 대한 침식을 몰래 실시하려 들고 있다.

이 난파선에서 무엇이든 구조할 만한 것이 있을까? 글쎄. 적자 위원회는 자리를 접고 그만 떠나라는 말밖에 들을 소리가 없다.

라이언 법안에는
무엇이 담겨 있나?

◆

《뉴욕타임스》 블로그, 2012년 8월 16일

라이언 법안이 실제로 어떤 내용을 담고 있는지 요약해 달라는 부탁이 쇄도했다. 그래서 여러 목적을 아울러 이 글을 쓴다.

우선 우리가 알아야 할 점은, 라이언 법안은 제출 연도에 따라 두 가지가 있다는 것이다. 그 두 법안은 세부 사항에는 약간 차이가 있지만 취지 전반에는 별반 차이가 없다. 공교롭게도 내 판단에 당파성이 가장 옅은 분석은 앞서 나온 법안에 대한 의회예산처 보고서다. 말했다시피, 몇몇 세부 사항은 달라졌지만 전체 논지는 같다.

그렇다면 라이언 법안에는 무엇이 담겨 있을까? 우선 우리가 아는 메디케어를 단계적으로 축소하기 이전인 처음 10년과 그 이후를 구분해야 한다.

처음 10년

처음 10년 동안 커다란 변화가 있다면 (1) 메디케이드가 정액 보조금 제도block grant program로 전환되면서 기금이 현행법상으로 추산하는 수준에도 훨씬 못 미친다는 점과 (2) 최고 세율과 법인세가 크게 줄어든다는 점이다.

그럼 라이언 법안은 적자 감축 계획일까? 언뜻 보아도 그렇지 않다. 기본적으로 라이언 법안은 부유층의 세금 감면과 빈곤층의 지원 감소를 절충trade-off해 놓은 것이다. 그런 특성의 정책안은 실제로 적자가 줄지 않고 오히려 늘어나는 결과만 낳는다. 그런데 라이언의 주장에 따르면 커다란 "마법의 별표magic asterisk"(불특정한 미래의 예산 삭감) 두 개로 적자를 크게 줄일 수 있다. 첫째, 라이언은 감세로 세수가 줄어들지 않는다고 주장한다. 그 이유는 감세가 불특정한 "세수의 저변 확대"로 상쇄된다는 것이다. 의회예산처의 설명을 보자. "라이언 의장의 참모진이 GDP 대비 백분율로 세수 확충 방침을 명시했다. 그 방침에 따라 세수는 2010년에 GDP의 약 15퍼센트에서 꾸준히 올라 2028년에 GDP의 19퍼센트에 이른 뒤 이후 그 수준을 유지한다. 하지만 이 방침을 뒷받침할 세수 항목에 대해서는 자세한 설명이 없었다."

조세정책센터의 하워드 그렉먼은 이와 같은 불특정한 세원稅源을 "정체불명의(수상한) 고기mystery meat"라 부르며 실제로 이런 일은 일어나지 않는다고 힘주어 말한다.

둘째, 라이언 법안은 현 정책과 관련한 재량 지출discretionary spending을 대규모로 삭감한다고 가정한다. 다시 의회예산처의 설명을 보자. "여타

의무 지출mandatory spending과 재량 지출을 합한 총액은 2010년에 GDP의 12퍼센트에서 2021년에 GDP의 약 6퍼센트로 떨어지고, 2022년부터는 GDP 디플레이터GDP price deflator〔종합 물가 지수〕에 따라 움직이는데 이때 GDP 대비 비율이 더 하락한다고 명시했다. 하지만 그런 방침을 뒷받침할 만한 계획을 하나도 제시하지 않았다."

따라서 사람들이 라이언의 적자 감축에 대해 이야기하는 것을 들을 때마다, 우리는 첫 10년 동안의 모든 적자 감축 주장은 "법안"에 실제로 설명된 정책에 따른 것이 아닌 한낱 주장에 불과한 수입과 지출 수치에 따른 것임을 명심해야 한다.

처음 10년 이후

처음 10년이 지나면서 메디케어는 점차 상품권 제도로 바뀌는데 상품권의 가치가 추산하는 의료 비용에 크게 못 미친다. 그나마 저 가상의 적자 감축이 대부분 메디케어보다는 GDP 대비 재량 지출을 더 삭감하면서 이루어지고, 그 수치는 결국 GDP의 3.5퍼센트까지 떨어진다. 여기까지 어떻게 다다를지 이번에도 구체적 설명이 없다. 잊지 말자. 이 수치에는 끝까지 지켜내야 할 마지노선이 있는바 현재로는 GDP의 약 4퍼센트다.

이것이 법안일까?

라이언이 기본적으로 제시한 점은 크게 세 가지다. 메디케이드의 혜택을 대폭 줄일 것, 법인세와 고소득자 세금을 낮출 것, 메디케어를 기금이 훨썬 덜 필요한 상품권 제도로 바꿀 것. 여러모로 뜯어보아도 이 구체적 제안들을 시행하면 처음 10년과 그 이후 내내 사실 적자만 늘어난다.

따라서 적자를 크게 줄인다는 주장은 전부 마법의 별표에 기반을 한다. 그런 의미에서 라이언 법안은 법안이라고 볼 수 없다. 그저 틀에 박힌 주장에 불과하다.

녹는 눈덩이와 부채의 겨울

2019년 1월 9일

부채의 겨울을 기억하는가?

2010년 말과 2011년 초 미국 경제는 2008년 금융 위기에서 회복할 기미가 아직 보이지 않았다. 노동 인구의 약 9퍼센트가 여전히 실업을 겪고 있었고, 장기 실업은 특히 가혹해 미국 국민 600만 명 이상이 6개월 이상의 실직 상태에 있었다. 그래서 끝나지 않는 고용 위기가 경제 정책을 논의하는 대다수 자리에서 초미의 관심사가 될 것이라고 예상했을지 모른다.

그런데 그렇지 않았다. 워싱턴은 부채 문제에 매달렸다. 볼스-심슨 보고서가 장안의 화제였다. 폴 라이언은 재정 적자를 열정적으로 (그리고 물론 위선적으로) 규탄해 언론의 찬사와 수상의 영예를 안았다. 그리고 부채에 집착하는 자본과 하원을 장악한 공화당 및 극우로 방향을 튼 주 정부 사이에서 미국은 전례 없이 높은 실업률에 맞닥뜨린 상황에서도 정부 지출을 삭감하는 시기로 막 접어들었다.

몇몇 경제학자는 이런 정책 전환에 격렬하게 반대하며 대량 실업이 휩쓰는 시기는 긴축 재정을 실시할 만한 때가 아니라고 주장했다. 그리고 그 경제학자들이 거의 옳았다. 그런데 어째서 "거의"일까? 이는 긴축 재정을 실시할 적당한 때가 과연 있는지 점점 의문이 커 가고 있어서다. 완전 고용을 이룬 시기에도 부채에 집착하는 태도는 어리석어 보인다.

다음은 올리비에 블랑샤르의 전미경제학회American Economic Association, AEA 회장 연설에서 내가 뽑은 내용이다. 객관적으로 보면 블랑샤르—세계 유수의 거시경제학자 중 한 사람이자 막강한 영향력을 발휘하는 IMF 전 수석 경제학자—는 공식적인 발언에 매우 신중을 기했다. 분명 현대 통화 이론Modern Monetary Theory, MMT으로 완전히 기울지도 않았지만 부채가 전혀 문제가 되지 않는다고도 말하지 않았다. 그럼에도 블랑샤르가 내놓은 분석으로 채무수정Fix the Debt(여전히 저 밖에 존재하는)에 대한 집착이 더욱 심해진 듯하다〔"채무수정"은 적자 감축과 세제 개혁 운동을 목적으로 2012년 7월 어스킨 볼스와 앨런 심슨에 의해 만들어진 단체다. 사회 보장 및 메디케어에 대한 지원 삭감 등을 주장한다〕.

블랑샤르는 정부 부채에 대한 이자율이 무척 낮다는 익숙한 견해로 논의를 시작하는데, 그 말 자체만으로도 부채 걱정이 잔뜩 부풀려져 있음을 가리킨다. 그런데 블랑샤르는 좀 더 구체적인 근거도 내놓는다. 부채 평균 이자율이 경제 성장률보다 작다("$r < g$")는 것이다. 더구나 이런 상황은 일시적 일탈이 아니다. 곧 이자율이 성장률보다 낮은 상황은 사실 정상이며 1980년대에 비교적 짧은 기간 동안만 그 상황에서 벗어나 있었

을 뿐이다.

이 점이 왜 중요할까? 낮은 이자율이란 말에는 사실 별개지만 연관된 두 가지 함의가 들어 있다. 첫째, 고삐 풀린 듯 점점 치솟는 부채에 대한 두려움은 신화에 토대한다는 것. 둘째, 민간 투자를 늘리는 일을 우선순위에서 높게 두어서는 안 된다는 것.

첫 번째 내용을 살펴보자. 부채를 비판하는 글에는 부채가 시간이 지나면서 눈덩이처럼 불어난다는 불길한 경고가 종종 따른다. 부채가 커지면 그만큼 이자 상환액도 많아지고, 그 때문에 적자가 늘어나서 부채를 더 끌어오게 되며, 다시 그 때문에 이자율이 더 높아지는 악순환이 계속된다는 것이다.

그런데 정부의 상환 능력에서 중요한 점은 부채의 절대 수준이 아니라 과세 표준에 따른 수준이며, 이것은 결국 기본적으로 경제 규모와 일치한다. 게다가 GDP 대비 달러 가치는 성장과 인플레이션으로 시간이 지나면서 보통 올라간다. 다른 조건들이 그대로라면, 그 결과 눈덩이가 조금씩 녹는다. 부채가 달러로 환산해 늘어나더라도 그것은 적자가 아주 크지 않는 한 GDP 대비 백분율로는 줄어든다.

대표적 사례를 들면, 제2차 세계 대전 때문에 미국이 진 빚이 그랬다. 언제 어떻게 그 빚을 갚았을까? 미국은 갚지 않았다. 그림1에서 보듯, 달러 부채가 계속 늘어났어도 1970년 즈음에는 성장과 인플레이션 영향으로 GDP 대비 부채 비율이 손쉽게 다룰 수 있을 정도로 떨어졌다.

그뿐만 아니다. 이자율이 GDP 성장률보다 낮으면 부채가 저절로 녹아 사라지는 결과로 이어진다. 부채 수준이 높으면 당연히 이자 상환액도 크다는 의미기도 하지만, 그것은 녹는 양이 더 많아진다는 의미기도 하

녹는 눈덩이와 부채의 겨울

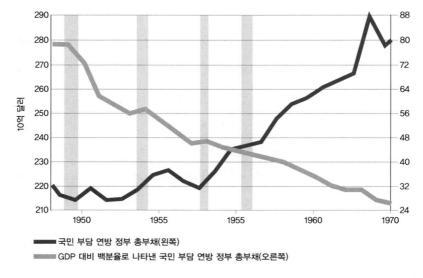

그림 1. 자료 출처: 미 경제분석국, 대통령경제자문위원회

다. 더구나 후자는 효과가 더 두드러진다. 따라서 부채가 자기강화 하는 악순환은 일어나지 않는다.

블랑샤르가 언급한 두 번째 내용은 보다 미묘하지만 여전히 중요하다. 부채 잔소리꾼들은 대개 정부의 상환 능력을 위협하는 요소에 대해서도 경고하지만 성장에 대해서도 그렇다. 부채 잔소리꾼들이 주장하기를 무거운 공공 부채로 현재를 위한 소비는 만끽할 수 있지만 미래를 위한 투자를 그 대가로 치른다. 경제가 완전 고용에 가까이 이른 경우 부채가 크면 그런 결과를 낳을지 모른다(2010년에서 2011년 사이 적자 지출을 더 늘렸으면 민간 투자로 더 이어졌을 테지만).

그런데 소비를 억눌러 투자 자원을 푸는 일이 얼마나 중요할까? 블랑샤르의 설명에 따르면, 이자율은 민간 부문이 투자 수익을 평가하는 지표

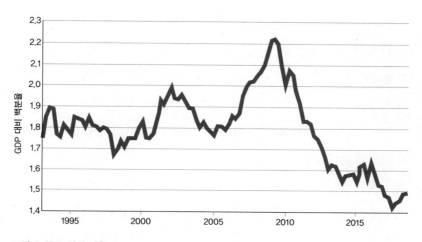

그림 2. 공공 건설 지출.
자료 출처: 미국 경제분석국, 미 인구조사국

로, 이자율이 낮으면 투자 수익 역시 낮으며, 따라서 민간 투자로 자원을 더 돌린다고 해도 성장에 별 영향을 끼치지 못한다는 것이다. 사실 투자 수익률은 미국 국채 같은 안전 자산 이자율보다 분명 높다. 그러나 블랑 샤르는 많은 이가 생각하는 만큼 그렇게 높지 않다고 강조한다.

그렇다면 우리는 먹고 마시고 즐기면서 미래는 나 몰라라 해야 한다 는 말일까? 결코 아니다. 그러나 민간 투자는 심각한 쟁점이 아닌 것이 십 중팔구 민간 투자가 가져올 수익률이 그다지 높지 않을 수도 있기 때문이 다. 블랑샤르가 그렇게 말하지는 않지만 우리가 우려해야 할 부문은 오히 려 사회 기반 시설에 대한 공공 투자일지도 모른다. 이 부문을 등한시해 온 탓에 미비한 기반 시설로 곤란을 겪고 있지 않은가.

그런데 부채에 매달리면 공공 투자를 더가 아니라 덜 하게 한다. 그림 2는 공공 건설 지출을 GDP 대비 백분율로 나타내 준다. 그 수치는 (GDP

가 떨어진 때문이기도 하지만) 오바마 경기 부양책을 실시한 동안 잠깐 오르고 나서 역사상 가장 낮은 수준으로 곤두박질친 뒤 아직 그 수준에 있다. 부채 잔소리꾼들은 미래 세대를 소중히 여겨야 한다고 입버릇처럼 말하지만 그들은 미래의 전망을 밝히기는커녕 더 어둡게 하고 있다.

여기서 내가 부채에 대한 집착을 떨쳐버려야 하는 이유를 경기 순환과 관련해 한마디도 언급하지 않았다는 점에 주목하길 바란다. 이자율이 계속 낮은 상황에서는 구조적 장기 침체secular stagnation 추세 곧 경기 침체가 고질적으로 되풀이하는 추세가 이어지지 않을까 우려하는 목소리가 높아지는데 경기 침체와 맞설 탄약이 연준에 충분하지 않다는 점에서다. 그런 경기 침체는 장기적 성장 역시 가로막는다. 곧 2008년 이후 경험으로 우리는 이력 효과hysteresis가 만만치 않음을 알고 있다. 단기적으로 보이는 경기 침체는 결국 경제 잠재력을 장기적으로 갉아먹는다.

그러나 이와 같은 우려가 없더라도 부채는 과도하게 부풀려진 문제처럼 보인다. 그리고 2010년과 2011년 사이 공개 토론에서 부채가 실업을 밀어내고 중심을 차지하는 모양새가 갈수록 심해지고 있다.

〔이 글의 원제 "Melting Snowballs and The Winter of Debt"에서 "The Winter of Debt(부채의 겨울)"은 "The Winter of Discontent(불만의 겨울)" 곧 영국에서 1978년 11월~1979년 2월(16년 만의 혹한이었던)에 정부의 공공 지출 삭감을 위해 노동당 정부가 임금 인상 상한선을 제시한 데 반대해 공공 부문을 중심으로 노동조합의 대대적 파업이 발생했던 시기를 빗댄 표현이다. "불만의 겨울"은 셰익스피어의 희곡《리처드 3세》에 나오는 대사다.〕

민주당, 부채, 그리고 이중 잣대

2019년 2월 11일

도널드 트럼프는 연두 교서를 발표하면서 교서의 절반 이상을 할애해 미국에 위협이 다가들고 있다고 주장했다. 주로 무시무시한 아시아인이 가하는 위협이지만 사회주의도 그 마수를 뻗치고 있다는 내용이었다. 언론은 트럼프가 저 주제로 언급한 내용을 앞다퉈 논했다.

그런데 연두 교서에서 매우 두드러진 한 측면에 대한 보도는 거의 없었다. 트럼프가 미국 정부가 역사상 가장 무거운 부채를 지고 있어 그 위협도 만만치 않다고 말한 내용이다.

잠깐, 여기서 이의를 제기할 수도 있겠다. 트럼프는 부채를 전혀 언급하지 않았다고. 사실 그랬다. 그는 "부채"의 "ㅂ"도 꺼내지 않았다. 그런데 그 문제는 확연히 드러나 있었다.

돌이켜 보면, 공화당은 오바마 행정부 시기 내내 부채가 위험하다고 끊임없이 맹비난하며 적자를 빠르게 줄이지 않으면 미국에 곧 위기가 닥친다고 경고했다. 그런데 지금 집권하고 나서는, 기업과 부유층의 세금을 대폭 감면해 적자가 치솟고 있음에도, 그 문제에 대해서는 입도 뻥긋 않는다.

ABC뉴스에 따르면, 트럼프 비서실장 직무대행 믹 멀베이니가 공화당 하원의원들에게 왜 부채가 연두 교서에서 전혀 언급되지 않았는지 이유를 설명했다. "아무도 신경 쓰지 않습니다."

알다시피, 멀베이니의 말이 어느 정도 옳은지도 모른다. 부채 걱정을 갑자기 뚝 그친 듯 보이는 이들이 비단 공화당뿐 만은 아니었다. 수년 동안 적자 잔소리꾼들이 워싱턴 정가의 내부 담론을 장악했다. 대다수 언론도 긴축 재정이 급박하다는 점을 의심할 여지 없는 사실로 다루며 보도 중립성이라는 통상적 규칙을 포기하고 긴축 지지로 공공연하게 돌아섰다. 그런데 트럼프가 대통령에 당선된 뒤로는 그런 목소리가 이상하리만치 잠잠해졌다.

지금 눈으로 보고 다시금 깨달은 내용을 일부 경제학자는 처음부터 전하려 애썼다. 부채 운운하며 울부짖는 소리는 전부 다 위선이라고.

공화당은 사실 부채에 눈곱만큼도 신경 쓰지 않았다. 버락 오바마 대통령이 내놓은 정책안을 방해하는 수단으로 재정 적자 매파인 척 행세했을 뿐이다. 그리고 밝혀졌다시피 다수 중도주의자는 이중 잣대를 들이대며 민주당이 집권하던 동안 내내 지치는 기색 하나 없이 부채에 우려를 쏟아냈다.

그런데 부채에 대해 180도로 돌변한 태도가, 내가 지적했듯, 매우 확연히 드러나는 동안 커다란 문제가 두 가지 떠오른다. 첫째, 우리는 부채를 얼마나 걱정해야만 할까? 둘째, 이중 잣대가 앞으로도 계속 기승을 부릴까? 달리 말해, 적자 잔소리꾼들은 민주당이 다시 집권하면 또 갑자기 목소리를 낼까?

첫 번째 질문부터 살펴보자. 2011년경에 최고조에 이른 부채 집착에서 놀라운 한 가지는 그 우려가 경제 분석에 전혀 토대를 두지 않았다는 것이다. 오히려 우리가 아는 모든 재정 정책이 다 실업률이 높고 이자율이 낮은 상황에서 적자 감축에 초점을 맞추는 방침은 잘못이라 말하는데, 적자 잔소리꾼들이 한껏 목소리를 높이던 시기가 바로 그런 때였다.

부채 우려에 대한 옹호론은 낮은 실업률을 고려하면 지금 더 설득력이 있다. 하지만 이자율이 과거 기준과 비교해 아직 매우 낮다. 이자율은 인플레이션을 감안하면 1퍼센트에도 미치지 못한다. 이처럼 이자율이 지나치게 낮은 상황에서 부채가 눈덩이처럼 불어난다고, 이자 상환액 때문에 적자폭이 크게 늘어난다고 두려워 할 필요가 없다. 또한 옹호론은 민간 투자 수요가 만성적으로 부족하다고 말한다(그런데 2017년 감세로도 민간 투자 수요를 진작한 듯 보이지 않는다).

그래서 지난 몇 달에 걸쳐 전 IMF 수석 경제학자와 오바마 행정부의 여러 수석 경제학자 등 많은 저명한 경제학자가 모여 연구 분석한 결과를 발표했다. 이에 따르기로, 실업률이 매우 낮은 지금도 부채가 과거에 생각했던 것보다 문제가 될 소지가 훨씬 적다.

뚜렷한 이유 없이 부채를 늘리려는 생각은 바람직하지 않다. 예컨대, 물론 공화당이 했던 일이지만, 기업이 자사주를 도로 사들이는 데 이용하도록 세금 우대 혜택을 제공하는 것은 올바르지 않다. 그런데 미래에 투자하려고, 예컨대 사회 기반 시설은 물론 내일의 일꾼인 젊은 세대를 위해 영양과 의료 같은 부문에 투자하려고 아주 낮은 이자율로 받는 대출은 옹호될 수 있다.

여기서 우리는 이중 잣대라는 문제에 이른다.

"그린 뉴딜" 정책안에 전부 동의할 필요는 없고, 그것이 그저 그런 곁들이가 아니라 투자 사업이나 다름없다는 점은 인정해야 한다. 그래서 이런 정책안에 대한 논평에서 민주당이 그 구상에 어떻게 비용을 댈 계획인지 당장 자세하게 설명하라고 요구하거나 구상 전체를 비실용적이라고 일축하는 모습을 수없이 확인할 때면 실망스럽기 그지없다. 공화당 감세에도 그만 한 반발이 있었을까? 아니었다.

자, 우리는 이런 일을 되풀이해서 보아 왔다. 1980년 이후 세 번씩이나. 공화당은 정권에서 물러나면 예산 적자에 비난을 퍼붓다가, 그러고는 세금을 감면할 수 있는 지위를 차지하면 그 모든 우려를 거둬들이고 적자를 치솟게 한다. 다시 민주당이 집권하면 민주당은 자신만의 정책 과업을 우선 이행하기보다는 공화당이 남긴 적자를 해소하라고 요구받는다. 뒤치다꺼리는 할 만큼 했다.

나는 민주당이 여러 정책을 펴 나가면서 재정에 미치는 영향을 완전히 무시해야 한다고 말하는 게 아니다. 특히 투자로 온전히 감당하지 못한다면, 예컨대 연방 정부의 보건 의료 지출을 대규모로 확대하는 경우처럼 지출이 정말로 막대하게 드는 계획이라면 새로운 조세로 비용을 충당해야 한다. 그런데 민주당은 정책을 수립할 지위에 오르면 웅지를 펼쳐야 한다. 적자 잔소리꾼들의 기세에 주눅 들어 옹졸하게 사고해서는 안 된다.

혁신적 정책안에 드는 비용

2019년 2월 19일

민주당이 대통령 후보로 누구를 지명하든 그 사람은 정부 지출 확대 정책을 일부라도 검토할 것이다. 우리는 이것이 무엇을 의미하는지 안다. 바로 그 후보에게 그 모든 비용을 어떻게 감당할지 설명하라고 요구하리라는 것이다. 그러한 요구는 대개 그릇된 믿음(자기기만, 악의)에 뿌리를 두고 감세에 대해서는 결코 똑같은 질문을 던지지 않는 사람들로부터 나온다. 하지만 혁신적 정책의 재정적 측면에서 몇 가지 현실적 질문을 던지려 한다.

흠, 나는 그 문제를 고심하면서 세금과 지출 두 부문을 다 다룬 엘리자베스 워런의 정책안을 보고 일부 영감을 받았다. 워런이 후보자 지명을 받을지 아니면 받아야 하는지 나는 잘 알지 못한다. 아무튼 워런은 지성이 뛰어난 주요 인물로 당이 진지한 정책 토론의 장으로 나아가게 지금 밀어붙이고 있으며, 이는 그간의 개인적 행보가 어떠했든 워런이 앞으로 커다란 영향력을 발휘할 그런 모습이다.

특히 워런이 최근 내놓은 보육 정책안은 —유력한 용의자들에게서 즉각 반발을 산— 내게 보육비를 받는 방식에 따라 구분한 지출 계획의 대략적 분류 체계를 이용할 수 있겠다는 생각을 떠올리게 했다. 구체적으로, 나는 혁신적 정책안에 드는 비용을 크게 세 범주로 나누어 제시하려 한다. 투자, 복지 혜택 증진, 주요 제도 정비가 그것으로, 각각을 재정적 관점에서 따로따로 톺아볼 필요가 있다.

우선 투자를 보자. 투자는 보통 사회 기반 시설이나 연구에 대한 지출을 말하지만 이 범주에는 아동기 성장 같은 부문의 지출도 넣을 만한 공간이 맨 끄트머리에라도 남아 있을 수 있다. 이 지출 부문을 규정하는 특성은 사회의 미래 생산성을 향상한다는 점이다. 그럼 그런 유형의 지출에는 어떻게 비용을 대야 할까?

대답을 하자면, 우리는 그렇게 해서는 안 된다는 것이다. 정부를 사업처럼 운영해야 한다고 말하는 사람들을 떠올려 보자. 사실 정부는 그래서는 안 되지만, 정부와 사업 이 두 제도에는 공통점이 있다. 곧 자금을 싸게 끌어 와 고수익을 낳는 사업에 넣을 수만 있다면 망설이지 말고 돈을 빌려 와야 한다는 것이다. 더구나 연방 차입 비용은 매우 낮고 —인플레이션을 감안하더라도 1퍼센트가 안 된다— 공공 투자는 우리에게 몹시 절실하고, 사회적 이익이 크다. 그래서 우리는 그 일을 해야만 한다. 비용은 나중에 생각하더라도.

그런 뉴딜에 포함될 듯한 여러 부문이 이 범주에 들어간다. 공공 투자 계획인 경우에 후원자들은 어떻게 비용을 감당할 것인지 밝히라고 요구하는데, 이때 요구는 국민총수요gross national demand, GND의 논리보다는 독설가의 나쁜 경제학에 더 치우쳐 있다.

내가 정한 두 번째 범주는 정의를 내리기가 약간 더 어려운데 내 생각에 기존 공공사업을 확대하거나 보조금을 이용해 우대책을 마련해서 사회적으로 바람직한 민간 제도를 확장하는 계획들을 가리킨다. 각각의 경우에 총비용이 꽤 들지만 아주 많지는 않은, 예컨대 GDP의 1퍼센트 내에서 극히 일부 정도가 필요하다.

부담적정보험법이 이 범주에 속한다. 부담적정보험법은 새로운 형태의 메디케이드가 아니다. 가계가 민간 보험을 더욱 잘 이용하도록 규정을 마련하고 동시에 보조금을 지급하면서 기존 메디케이드를 확대해 놓은 것이다. 워런이 내놓은 보육 정책안은, 보도에 따르면, GDP의 1퍼센트에서 약 3분의 1 정도가 소요되는데 그 역시 같은 범주에 들어간다. "메디케어포올"안 또한 마찬가지로, 사람들이 정부 보험에 돈을 내고 메디케어포올에 가입하는 것이지 보험료 없이 무료로 의료 보험을 사람들에게 제공하는 것이 아니다.

이와 같은 유형의 계획에 쓰이는 차입은 투자에 쓰이는 차입보다 정당한 근거를 제시하기가 어렵다. 사실 이자율이 낮고 수요가 작아 계속 적자로 운영되는 점도 어느 정도 이해할 만하지만 투자 요구가 만만치 않아 할당액이 다 고갈될 지경이다. 그래서 우리가 어느 정도 비용을 부담하길 바란다. 그러나 총비용이 크지 않아서 그와 관련한 세수는 매우 한정된 세금으로 마련할 수 있다. 특히 미국의 고소득층에만 물리는 세금으로.

사실 그러한 방식으로 오바마케어에 필요한 자금을 확보했다. 오바마케어의 세원稅源이 거의 고소득에 부과한 세금에서 나왔다(태닝 전용 업소 같은 대단찮은 항목도 일부 있었지만). 그런데 사실 워런은 부유층에 세금을 추가로 더 부과하자고 제안했다. 워런이 제안한 대로 5000만 달러 이상 재산에 세금을 부과하면 워런의 보육 정책안에 필요한 비용의 약 4배를 거두어들일 수 있다.

그래서 복지 혜택 증진에 들어가는 비용은, 주장하건대, 고소득과 거액 자산에 물린 세금으로 충당할 수 있다. 굳이 중산층에까지 세금을 부과하지 않아도 된다.

마지막으로, 내가 정한 세 번째 범주는 주요 제도 정비다. 대표적 유형이 고용주에 기반을 둔 민간 의료 보험을 세금으로 지원받는 공공 제도로 바꾸는 것이다. 순수주의자들이 주장하는 메디케어포올의 형태다. 사회 보장 제도를 대폭 확장하는 계획은 이 범주에 들어가지만 보다 규모가 작은 개선 계획은 그렇지 않을 수 있다.

이 범주에 드는 정책안은 복지 혜택 증진보다 비용이 막대하게 들어서 말 그대로 그 자릿수가 달라진다. 곧 민간 의료 보험이 현재 GDP의 6퍼센트에 이른다. 이들 정책안을 시행하려면 세수가 훨씬 더 필요하며, 이는 소득세 그리고/또는 중산층에 부과하는 부가가치세와 같은 항목에서 마련되어야 한다.

중산층 가계 대다수가 결국에는 부유해지고 복지 혜택이 늘어나 높은 세금을 보상하고도 남는다고 볼 수 있다. 십중팔구 맞을 것이다. 이는 또한 강력한 정치적 고양을 이루어낸다. 진보주의자 다수가 열망하는 목표일지라도 주요 제도 정비가 당장 민주당의 공약이 되어야 하는지 따져보려고 신자유주의의 도구가 될 필요는 없다.

무엇보다 지금 내가 말하는 주된 요점은, 사람들이 혁신적 정책안을 어리석을 뿐 아니라 그 정책을 감당해 낼 수 없다고 비웃을 때 무엇보다 그들 스스로 편견과 무지를 드러내고 있다는 것이다. 투자는 부채로 자금을 댈 수 있고 또 그래야 한다. 복지 혜택 증진은 고소득과 고액 자산에 부과하는 세금으로 비용을 거의 충당할 수 있다. 하워드 슐츠야 마음에 들지 않겠으나 그거야 그 양반 문제다.

17장

경제학의 위기

그릇된 믿음에 치르는 비용

◆

경제학자들이 어떤 사안이든 합의에 이르지 못하는 모습을 두고 많은 농담이 떠돈다. 그런 농담들은 대개 부당하다. 오히려 나머지 사람이 다 인정하는 생각이라 해서 그것을 올바르다고 여기며 무턱대고 따르는 무리행동herd behavior이야말로 불협화음보다 더 큰 문제다. 사실 경기 후퇴, 경기 회복, 인플레이션, 여타 경제 전반에 걸친 현상을 연구하는 하위 분야인 거시 경제학은 지금 첨예하게 갈라서 있다.

마지막 장을 여는 글에서 설명하듯, 거시 경제학의 한 갈래, 즉 1930년대 존 메이너드 케인스의 저작에서 비롯하는 갈래는 세계 금융 위기 이후 몇 년 동안 실제로 승승장구해 왔다. 그런데 또 다른 갈래는 견해가 매우 판이했다. 이들 학파 사이에 논쟁이 무척 요란하게 벌어졌고, 주장하건대 리먼브라더스가 파산하고 몇 달 동안은 서로 못 잡아먹어서 안달이었다.

경제학계 내부에서는 이들 학파를 종종 "짠물saltwater" "민물freshwa-ter"로 일컫는다. 공교롭게도 케인스주의 경제학자들은 대체로 연안에 위치한 미국 대학에 몸담고 있고 반反케인스주의 경제학자들은 내륙에 위치한 대학에 몸담고 있는 데서 생겨난 명칭이다. 〈어떻게 경제학자들은 그토록 틀릴 수 있을까?〉에서 이들 학파 사이의 차이점을 꽤 상세하게 다루는 만큼, 여기서는 몇 마디만 하려고 한다.

이야기는 대공황으로 시작한다. 엄청난 재앙을 안긴 그 경제 사건으로 다수 지식인은 자본주의를 실패한 체제라고 선언했다. 그러나 존 메이너드 케인스를 위시한 몇몇 경제학자는 그 실패의 원인이 예컨대 마르크스주의자들의 주장보다 훨씬 표면적이고 그 범위 또한 꽤 협소하기 때문에 테크노크라트를 등용해 원인을 해결할 수 있다고 주장했다. "점화 장치에 쓰이는 자기〔교류〕발전기에 문제가 있다"면서 케인스는 그 실패의 원인이 작동을 멈춘 엔진 탓이 아니라고 강조했다.

케인스는 또한 은연중에 자신의 분석이 "온건 보수주의"라고 밝혔다. 경기 침체에는 정부가 적절한 정책으로 맞설 수 있었다. 곧 비교적 가벼운 경기 후퇴라면 이자율을 낮추고 경기가 더 하락하면 적자 지출로 대처하면 되었다. 이런 정책을 실시하면 나머지 경제는 대개 시장에 맡겨놓을 수 있었다. 이 입장 곧 자유-시장 케인스주의free-market Keynesianism는 특히 1948년 폴 새뮤얼슨Paul Samuelson이 전혀 새로운 《경제학Economics》 교과서를 출간한 뒤에 대체로 미국 경제학자들의 표준 관점이 되었다.

보수주의자들은 이런 공식이 탐탁지 않았고 케인스 경제학을 쐐기의 가는 날이라고 여겼다. 일단 경기 후퇴와 싸우라고 정부 역할을 받아들이면 대개는 보다 포용적인 시각으로 정부를 바라볼 수 있다는 점에서다. 1940년대와 1950년대 동안 보수주의자들은 방어 작전을 펼치며 케인스주의 경제학자들이 대학에서 학생들을 가르치지 못하게 방해했다.

그러다 보수주의자들은 마침내 노련하고 탁월한 투사를 찾아냈다. 밀턴 프리드먼Milton Friedman은 대공황의 문제가 수요 부족에서 기인했다는 케인스주의 관점을 인정했다. 그러나 그는 케인스의 방안보다 테크노크라트에 의한 더 집중적인 정책으로 대공황을 막아 낼 수 있었다고 주장했다. 국내 통화 공급을 조정하는 연준이 천천히 그리고 꾸준히 통화 공급 비율을 계속해 늘려 나가기만 해도 심각한 경기 침체는 일어나지 않을 것이라고 강조했다.

프리드먼은 또한 정책을 마련해 실업률이 아주 높은 상황에 이르지 못하도록 막을 수 있다고 해도 실업을 언제까지나 낮게 유지해 나갈 순 없다고 역설했다. 그리고 이것이 인플레이션을 가속화하게 될 것이라고 했다. 1970년대 스태그플레이션이 프리드먼의 주장에 정당성을 크게 부여하는 듯 보였다.

그러나 이 정도로는 자유-시장주의free-market 경제학자들의 성에 차지 않았다. 자유-사장주의 경제학자들은, 정확하게 논리적 근거를 대면서, 사람들이 완벽하게 합리적인 존재라면 프리드먼 경제학도 효과가 없을 것이라고 설파했다. 곧 통화 공급을 조정해도 단기적으로 고용에 아무런 영향도 끼치지 않으며, 특히 인플레이션을 낮추려는 시도라 하더라도, 프리드먼조차 단언했다시피, 실업률이 일시적으로 상승하는 일은 결코 벌어져서는 안 된다는 것이었다.

멋쩍게도 현실은 이런 분석에 부응하지 않았다. 내가 〈저 80년대 쇼〉

에서 지적하듯, 1980년대 초 대대적인 디스인플레이션disinflation은 사실 심각한 경기 후퇴도 동반했다. 1930년대 이래 최악이었으며 2008년 금융 위기까지 이에 맞먹는 불경기는 없었다.

이때 흥미로운 일이 일어났다. 거시 경제학계 절반—짠물 절반—이 그 경험을 케인스주의 이론에 쇄신이 필요하지만 그럼에도 여전히 유익한 통찰이 곳곳에 번득이고 있다는 증거로 받아들였다. 거시 경제학계 나머지 절반은 사실상 현실이 우리 이론과 맞지 않으면 현실을 재해석해야 하며 자유—시장 신념을 지키려면 어떠한 지적 왜곡도 서슴지 않아야 한다고 내세웠다.

이와 같은 지적 논쟁이 과연 중요할까? 민물파 경제학이 정책에 직접 끼치는 영향력은 이제껏 놀라우리만치 미미했다. 〈그릇된 믿음, 연민, 그리고 공화당 경제학〉에서 설명하듯, 정치적 보수주의자들은 어떤 학파든 진정한 연구자가 아니라 매문賣文업자hack들로부터 조언을 더 얻고 싶어 한다. 그런데 민물파는 제언에 혼란을 키웠다. 정책입안자들이 무엇을 해야 하는가에 대해 명확한 방침이 필요하던 때에 그들이 들은 것이라고는 불협화음이 다였다.

참, 그리고 이 장의 마지막 글은 이른바 현대 통화 이론을 다룬다. 현대 통화 이론은 꽤 독특한 이론으로서 대체로 (앞장에서 설명한) IS-LM 모델의 특수한 경우로 볼 수 있는데 전에 없던 혼란을 조금 불러온다. 하지만 현대 통화 이론의 지지자들은 그런 점을 알지 못한다. 그들은 오히려 자신들이 심오하고 급진적인 통찰을 제공한다고 여긴다. 진보 정치인 가운데 소수는 현대 통화 이론에 이미 반쯤 설득당했다. 나는 절대 그럴 요량이 없다.

신화 속 70년대

《뉴욕타임스》 블로그, 2013년 5월 19일

매트 오브라이언Matt O'Brien이 마이클 킨슬리Michael Kinsley의 문제는 —그리고 실제로 그 일부가 정책에 영향을 끼치는 다른 상당수 사람의 문제는— 아직도 그들이 1970년대에 살고 있다는 점이라고 진단한 내용은 십중팔구 옳은 말일 것이다. 나로서는 60대한테 보내는 그런 소리에 정말 속이 상하긴 해도……

그런데 사실 상황은 오브라이언의 말보다 더 고약하다. 오브라이언이 언급한 부류가 경계警戒로 삼는 이야기로 기억하는 1970년대는 역사 속 실제 1970년대와 거의 닮은 점이 없다는 점에서다.

특권층이 받드는 신화에서 1970년대의 위기를 야기한 근원은, 그들이 보기에 현 위기를 초래했다고 추정하는 근원과 마찬가지로, 과잉에 있었다. 곧 부채도 지나치게 많았고, 탄탄한 복지 국가입네 뭐네 하며 꾀

죄죄한 노동자 계층을 지나치게 애지중지했다는 것이었다. 1979년에서 1982년까지 감내한 고통은 피할 수 없는 대가였다.

이는 전혀 사실이 아니다.

그들이 말하는 1970년대 당시에 적자 문제는 전혀 문제가 아니었다. 정부 부채는 낮은 수준이었고 안정적이었으며 1970년대 동안 GDP에서 차지하는 비중도 점점 떨어지고 있었다. 늘어나는 복지 수혜자 명단은 커다란 정치적 문제였을 수 있으나, 빠르고 폭넓은 복지 국가 구현은 쟁점이 아니었다. 에그머니나, 복지 수혜자들이 권리를 누리는 국가에 불만을 터뜨리는 오늘날의 우파는 의존성dependency이 낮던 1970년대를 기준으로 삼는 경향이 있다

우리는 임금-물가 상승의 악순환wage-price spiral을 겪었다. 곧 노동자들은 인플레이션이 심해질 것이라고 예상해 큰 폭의 임금 상승을 요구했고(그때는 노동자들이 실제로 그처럼 요구할 수 있던 시절이었다), 기업은 비용의 상승으로 가격을 높였으며, 모든 상황은 극심한 석유 파동으로 악화일로를 걸었다. 이는 대개 자기실현적 기대에 해당하는 경우였으며, 문제는 그 순환 고리를 어떻게 끊어 내느냐 하는 것이었다.

그렇다면 우리에게는 왜 끔찍한 경기 후퇴가 필요했을까? 그러한 경기 후퇴는 지난 과오 때문에 치르는 대가가 아니라 그저 열기를 식히는 방편이었다. 누군가는 —분명 마틴 베일리Martin Baily일 터인데— 인플레이션 문제를 축구 시합에서 선수를 더 잘 보려고 관람객들이 일제히 다 일어설 때 나타나는 현상과 비슷하며, 그 결과 일어선 모두가 다 다리만 아프고 실제로는 어느 누구 하나 시합 광경을 더 잘 보지 못하는 상황이라고 묘사했다. 그리고 경기 후퇴는, 사실상, 일어선 모두가 다 다시 자리

에 앉을 때까지 축구 시합을 중단시키고 있었다.

물론 차이점은 있었다. 이렇게 시합을 중단하면서 수백 만 개 일자리가 증발하고 수조 달러가 허비되었다는 것.

그런데 더 나은 길은 없었을까? 더할 나위 없으려면, 관련된 당사자들을 전부 다 한자리에 불러 모아서는 다음처럼 말할 수 있어야 했다. "자, 여러분, 이 인플레이션을 멈춰 세워야 합니다. 당신네 노동자들, 임금 인상 요구 폭을 줄이세요. 당신네 경영자들, 가격 인상을 취소하세요. 우리는 우리가 맡은 역할대로 통화 발행을 중단하는 데 동의하겠습니다. 이렇게 하면 이 모든 일이 끝납니다." 이와 같은 식으로 할 수 있었다면 우리는 경기 후퇴를 겪지 않고도 물가 안정을 이루었을지 모른다. 단합이 잘되는 작은 국가에서는 대체로 그런 과정을 거친다(1985년 이스라엘의 물가 안정 사례를 살펴보라).

그런데 미국은 그렇지 못했고, 험난하고 무자비한 방식으로 인플레이션을 멈추기로 결정 내렸다. 결코 정책으로 거둔 승리가 아니었다! 이것은 어떤 면에서는 절망에 찬 고백이었다.

인플레이션 전선에는 효과가 있지만, 저 모든 것을 다룬 일부 다른 신화는 1970년대를 다룬 신화만큼이나 거짓이다. 결단코, 미국에서 생산성 성장이 다시 폭발적으로 늘어나는 일은 없었다. 1990년대 중반까지 그러했다. 60대라면 볼커 디스인플레이션Volcker disinflation〔연준 의장 폴 볼커(1979~1987)의 초긴축적 통화 정책〕 이후 10년 동안 우리는 여전히 온 국가를 물들인 공포에 짓눌려 있었음을 기억해야 한다. 아울러 냉전이 끝났는데 알고 보니 승자는 일본이었다는 오래된 농담 또한 기억해야 한다.

따라서 1970년대에서 얻은 교훈이 오늘날 정책의 토대를 이루고 있다면 이는 잘못된 일이다. 그런데 결코 존재하지도 않았던 신화 속 70년대가 오늘날 정책의 바탕을 이루고 있으니 잘못되어도 한참이나 잘못된 일이다.

저 80년대 쇼

《뉴욕타임스》 블로그, 2014년 5월 19일

내가 이곳 옥스퍼드대학에서 다채로운 강연과 노변담화fireside chats를 나누고 있는 동안 한 가지 주제로 계속 되돌아가는데, 경제 사상이 발전해 나가는 과정에서 1980년대가 맡은 중심축 역할이 그것이다.

이는 흔히 듣는 소리가 아니다. 1970년대는 신화와 같은 위상을 띠며 인플레이션 걱정꾼들에 의해 끊임없이 소환되고, 1980년대는 소환되더라도 공급중시주의 경제학supply-side economics의 신빙성을 다소나마 증명하는 시기로 언급된다. 그러나 1980년대 초반에 실제로 일어난 일은 루카스 거시 경제학Lucasian macroeconomics에 대한 결정적 논박이었다. 비록 많은 곳에서 부정과 함께 반론에 맞닥뜨렸지만.

내가 무슨 말을 하는지 궁금한 사람을 위해 덧붙인다. 1970년대에는 합리적 기대 이론rational expectation을 쫓는 거시경제학자들이 막강한 영향력을 행사하며 행동주의자 정책에는 무엇이든 반대하는 주장을 내세웠고, 그 선봉에는 시카고대학의 로버트 루카스 주니어Robert Lucas JR.가 서 있었다. 그 이론에서 핵심 주장은 통화 정책에서 예상치 못한 조정만이 실질 효과를 낳는다는 것으로 루카스형 모델에 바탕을 두었다. 예컨대 중앙은행이 더 낮은 인플레이션율을 목표로 한다고 사람들이 이해하자마자 고실업을 감수할 필요 없이도 물가와 임금이 조정된다는 것이다.

그러나 1980년대에 실제로 일어난 일은 중앙은행들(가장 유명한 연준만 아니라 마거릿 대처의 정책을 지지하는 영란은행과 이러저러한 중앙은행)이 인플레이션을 낮추려 통화 정책을 단단히 옥죄었다는 것이다. 그 결과, 마침내 인플레이션이 떨어졌다. 하지만 그 과정에서 경기 후퇴가 무척 심각했고 실업이 크게 증가했으며, 이 상황은 예상하지 못한 통화 충격에 대해 아무리 그럴싸한 논리를 펴더라도 도저히 정당화할 수 없을 만큼 꽤 오래 지속되었다.

이는 경제에 대한 케인스주의적 관점을 열렬히 옹호한 셈이었으며, 사실 1980년대는 신케인스주의New Keynesian의 재기가 두드러진 시기였다. 그러나 많은 경제학자가 이미 제 무덤을 너무 깊게 파고 들어가서 케인스 경제학을 헛소리라고 비난하며 그것이 이미 명을 다했노라고 선언한 터였다. 그들은 자신들의 입장을 철회할 수 없자 제 무덤을 한층 더 깊이 파고들어서는, 겉으로 드러난 온갖 양상에도 통화 정책은 무엇이 되었든 간에 아무 실질 효과도 없었으며 오로지 기술 혁신이 낳은 충격이었다고 강변했다.

하지만 거시 경제학계의 절반은 일단 차치하더라도 나머지 우리에게는 정책에 대한 태도를 정할 때 1980년대가 1970년대만큼이나 중요했다. 뭐랄까, 1970년대가 정책의 한계를 여실히 드러냈다면 1980년대는 그 한계에 한계가 있음을 보여 주었다고 할까. 통화 정책은 (몇몇 조건하에 재정 정책과) 경제를 안정화하는 도구로서 여전히 강력했다. 그리고 그 통찰은 세월이란 시험을 견뎌 냈다.

어떻게 경제학자들은
그토록 틀릴 수 있을까?

《뉴욕타임스》, 2009년 9월 2일

I. 미를 진리로 착각하다

지금은 믿기 힘들지만 얼마 전까지만 해도 경제학자들은 자신들의 분야가 성공했다며 자축했다. 그 성공은 —혹은 경제학자들이 그렇다고 믿던 그 성공은— 이론과 현실에서 모두 이루었던 터라 경제학계는 황금기를 누렸다. 이론적 측면에서 경제학자들은 내부 논쟁을 일단락 지었다고 판단했다. 그래서 〈거시의 현 상황The State of Macro〉(2008)에서(여기서 "거시"는 경기 침체 같은 숲에 해당하는 문제에 대해 연구하는 거시경제학을 지칭) 현 IMF 수석 경제학자인 MIT대학의 올리비에 블랑샤르는 "현재 거시 경제학계 상황은 맑다"라고 단언했다. 그리고 지난날을 물들인 전쟁이 끝났다면서 "시각이 폭넓게 수렴"되었다고 언명했다. 한편 현실적 측면에서 경제학자들은 상황을 통제할 수 있다고 믿었다. 시카고대학의 로버트 루카스 주니어는 2003년 전미경제학회 회장 연설에서 다음과 같이 선언했다. "경기 침체를 예방하는 데 필요한 주요 문제를 풀었다." 2004년에 전 프린스턴대학 교수이자 현 연준 의장인 벤 버냉키는 지난 20년 동안 거둔 경제 성과를 되짚으면서 미국이 "대안정기Great Moderation"에 접어들었다고 축하하며 진일보한 경제 정책 수립에 일부 그 공을 돌렸다.

그런데 지난해 모든 것이 다 산산이 부서졌다.

우리가 지금 맞닥뜨린 위기를 내다 본 경제학자는 거의 없었다. 그런데 이 예측 실패는 경제학계의 여러 문제 가운데 지극히 하찮은 일부였다. 보다 중요한 문제는, 시장 경제에서는 대재앙을 부르는 실패를 언제든 겪을 수 있다는 일말의 가능성에 대해 학계가 아예 눈 감아 버린 태도였다. 황금기 동안 금융경제학자financial economist들은 시장이 태생적으로 안정하다고 믿기에 이르렀다. 정말로 주식과 여타의 자산에 늘 올바른 가치가 매겨진다고 믿었다. 널리 인정받던 여러 모델도 작년에 일어났던 것과 같은 시장 붕괴의 가능성을 전혀 예측하지 않았다. 한편 거시경제학자 사이에서는 견해가 갈리었다. 주요 분열은 자유-시장 경제는 결코 길을 잃지 않는다고 주장하는 이들과, 경제가 때때로 길을 잃을 수도 있지만 번영을 향한 장도에서 크게 벗어나더라도 전능한 연준이 상황을 바로잡을 수 있고 또 그렇게 하리라고 믿는 이들 사이에서 일어났다. 그 어느 쪽도 연준이 최선을 다했음에도 궤도를 이탈하는 경제에 대해서는 대처할 준비를 하지 않았다.

게다가 위기가 남긴 궤적을 따라 경제학계 내부의 단층선이 그 어느 때보다 크게 벌어졌다. 루카스는 오바마 행정부의 경기 부양책을 "엉터리〔싸구려〕경제학schlock economics"이라 했고, 시카고대학의 동료 존 코크런John Cochrane은 그 토대가 허황한 "가공의 이야기fairy tales"라 했다. 이를 맞받아치며 캘리포니아버클리대학의 브래드 드롱은 시카고학파Chicago School가 드러내는 "지성의 붕괴"intellectual collapse"를 주제로 글을 썼고, 나역시 시카고학파 경제학자들이 내놓은 단평이 값비싼 희생을 치르고 얻은 지식을 망각한 거시 경제학의 암흑시대Dark Age of macroeconomics가 낳은 산물이라 썼다.

도대체 경제학계에 어떤 일이 벌어졌던 걸까? 그리고 거기서 어디로 나아가고 있는 걸까?

내가 보기에, 경제학계는 길을 잃었고 그것은 경제학자들이 한통속이 되어 근사해 보이는 수학이란 옷을 걸친 미가 진리라고 착각한 때문이었다. 대공황이 닥치기 전 대다수 경제학자는 자본주의가 완벽한 혹은 거의 완벽한 체계라는 환상에 매달렸지만 그 환상은 어마어마한 실업과 맞닥뜨리며 오래가지 못했다. 대공황이란 악몽이 희미해지면서 경제학자들은 이번에는 멋들어진 수식으로 빼입은, 완전 시장perfect market에서 합리적인 개인이 상호작용하는 곳이 경제라고 이상화한 케케묵은 환상과 다시 사랑에 빠져들었다. 꿈에 그리던 시장과 새롭게 다시 시작하는 사랑은 분명 한편으로는 시시각각 바뀌는 정치적 훈풍에 대한 반응이었으며 한편으로는 재정적 보상에 대한 반응이었다. 후버연구소Hoover Institution에서 보내는 안식 휴가와 월스트리트에서 늘어난 고용 기회도 가벼이 넘길 수 없는 일이었지만, 경제학계가 실패한 주원인은 하나부터 열까지 다 아우르며 지성적으로 우아하면서 또한 경제학자들에게 그들의 수학 기량을 한껏 뽐낼 기회까지 주는 접근법에 대한 욕구였다

안타깝게도, 아름답게 포장해 살균 소독까지 마친 이 경제에 대한 환상에 사로잡혀 대다수 경제학자는 길을 잘못 들 수도 있는 온갖 경우의 수를 무시했다. 곧 이들은 인간의 합리적 태도가 갖는 한계 때문에 종종 거품이 일어났다 꺼지기도 한다는 점을, 제도에는 종잡을 수 없는 문제가 도사리고 있다는 점을, 시장—특히 금융 시장—은 불완전해서 경제 운영 체계에 갑작스럽고 예측 불가능한 고장이 일어나기도 한다는 점을, 규제 기관이 규정을 믿지 못할 때 위험이 닥치기도 한다는 점을 외면했다.

경제학계가 여기서부터 어디로 향하고 있는지 말하기는 더 어렵다. 그렇지만 경제학자들이 혼란과 더불어 살아가는 법을 배워야 하리라는 점은 거의 확실하다. 비합리적이며 때로 예측 불가능한 행동이 중요하다고 인정하고, 종종 시장이 드러내는 특유의 불완전성을 직시해 우아한 경제적인 "모든 것의 이론theory of everything"은 아직은 요원한 일이라고 시인해야 한다. 현실적 측면에서, 이것은 정책 조언을 더 신중하게 해야 한다는 말로 —아울러 시장이 모든 문제를 풀 것이라는 믿음으로 경제의 안전 장치를 해체하려는 의지를 굽혀야 한다는 말로— 옮길 수 있다.

II. 스미스부터 케인스까지, 그리고 그 뒤안길

경제학이 하나의 학문으로 탄생하는 데에는 1776년에 《국부론The Wealth of Nations》을 출간한 애덤 스미스Adam Smith의 공이 컸다. 이후 160년 넘게 흐르면서 경제 이론은 광범위한 영역을 구축하며 발전해 나갔다. 그 중심 내용은 다음과 같다. 시장을 믿어라. 물론 경제학자들은 시장이 실패할 수 있는 경우가 종종 있으며 그 경우 가장 중요한 요소는 "외부 효과externality"—교통 체증이나 환경 오염처럼 사람들이 그 값을 자신이 치르지 않고 다른 사람에게 지우는 비용—임을 인정했다. 그러나 (19세기 말 많은 이론가가 "고전파" 선배 학자의 개념을 정밀하게 다듬은 데서 그 이름을 딴) "신고전학파" 경제학"neoclassical" economics에서 기본으로 삼은 가정은 시장 체제에 믿음을 가져야 한다는 것이었다.

그런데 이 믿음은 대공황으로 산산조각 났다. 그럼에도 몇몇 경제학자는 처참히 붕괴한 현실과 맞닥뜨린 상황에서조차 시장 경제에서 어떤 사태가 벌어지든 옳을 수밖에 없다고 주장했다. "불황은 결코 악이 아니다"라고 조지프 알로이스 슘페터Joseph Alois Schumpeter는 1934년에 천명하기도 했다. 1934년에! 그리고 그는 불황이 "이루어져야만 하는 어떤 일을 이루는 방식"이라고 덧붙였다. 하지만 다수의, 그리고 나중에는 대다수의 경제학자가 이미 벌어진 사태를 설명하는 데서만 아니라 앞으로 닥칠 불황에 대한 해결책을 내놓는 데서 존 메이너드 케인스가 꿰뚫어 본 통찰로 돌아섰다.

케인스는, 여러분도 한번쯤 들었을지도 모르지만, 정부가 경제를 운영하기를 바라지 않았다. 1936년에 나온 역작《고용, 이자 및 화폐의 일반 이론The General Theory of Employment, Interest and Money》에서 그는 은연중에 자신의 분석이 "온건 보수주의"라고 밝혔다. 그는 자본주의를 뜯어고치고 싶어 했지 뒤집어엎고 싶어 하지 않았다. 그러나 케인스는 자유-시장 경제가 감시자 없이 제 기능을 다 할 수 있다는 생각에는 반기를 들면서 특히 금융 시장에 경멸을 표했다. 그가 보기에 금융 시장은 펀더멘털을 거의 무시하는 단기 투기가 판을 쳤다. 그리고 케인스는 경제 침체기에 실업을 타개하는 데서 정부의 적극적인 개입—통화를 더 발행하거나 필요하다면 공공사업에 지출을 크게 늘이는 등—을 요구했다.

중요한 점은, 케인스가 대담한 주장을 내놓는 것 이상의 일을 했음을 이해하는 것이다. 《고용, 이자 및 화폐의 일반 이론》은 심오하고 정교한 분석이 담긴 저서다. 당대 최고의 젊은 경제학자들을 매료시킨 분석이다. 그러나 지난 반세기 동안 경제학이 들려준 이야기는 상당 부분 케인스주의에서 후퇴해 신고전학파로 회귀하는 내용에 다름없었다. 신고전학파의 부활을 처음에 이끈 사람은 시카고대학의 밀턴 프리드먼이었다. 프리드먼은 일찍이 1953년에 신고전학파 경제학이 그 효과를 제법 톡톡히 내고 있다고 장담하면서 경제가 실제로 기능하는 양상이 "성과도 매우 좋거니와 아주 신뢰할 만하다"라고 표현했다. 그렇다면 불황은 어찌된 일일까?

프리드먼은 통화주의monetarism라고 알려진 이론으로 케인스에 반격을 시작했다. 통화주의자들이 이론적으로 시장 경제에는 신중한 안정화 조치가 필요하다는 생각에 동의하지 않았던 것은 아니다. "우리는 지금 모두 케인스주의자다"라고 프리드먼이 말한 적도 있었다. 나중에 문맥을 무시하고 인용했다며 반박하긴 했지만. 그러나 통화주의자들은 불황을 막든 데 필요한 정부의 개입은 매우 제한적이고 억제된 형태—중앙은행에 국가의 통화 공급을 즉 유통 중인 현금 및 은행 내 저축의 총합을 꾸준히 늘려 가라는 지시 정도—가 전부라고 주장했다.

프리드먼과 공동 저자 안나 슈워츠Anna Schwartz가 연준이 제 역할을 제대로 해냈다면 대공황은 일어나지 않았다고 주장한 일은 유명하다. 훗날 프리드먼은 실업률을 (현재 미국에서는 약 4.8퍼센트라고 잡고 있는) "자연 발생적natural" 수준 이하로 떨어뜨리려 정부가 의도적으로 기울이는 노력에 무조건 반론을 가하며 강렬한 논증을 펼쳤다. 곧 프리드먼은 과도한 팽창 정책은 인플레이션과 높은 실업을 동시에 낳을 것이라 예측했다. 이 예측은 1970년대 스태그플레이션으로 입증되었고 그 결과 반反케인스 운동의 신빙성을 크게 높였다.

그러나 결국 〔신고전학파 경제학자의〕 반케인스 반혁명counterrevolution 운동은 프리드먼의 입장보다 훨씬 멀리 나아갔고, 그래서 프리드먼은 그 후계자들의 주장과 비교해 상대적으로 온건하게 비춰졌다. 금융경제학자들 사이에서는 금융 시장을 "도박장casino"이라 폄하한 케인스의 시각이 "효율적 시장" 가설"efficient market" theory로 바뀌었는데, 그 가설에 따르면 금융 시장은 유효한 정보를 감안해 항상 자산 가격을 올바르게 매긴다. 한편, 거시경제학자 다수는 케인스가 경기 침체를 해석한 틀을 철저히 거부했다. 일부는 슘페터의 관점으로 돌아갔고 다른 대공황 옹호자들은 경기 후퇴를 좋은 현상으로, 경제가 변화에 적응하는 국면으로 바라보았다. 그리고 그렇게 멀리까지 나아갈 의향이 없는 이들마저 경기 침체에 맞서 싸우려는 어떤 시도도 득보다는 실이 많다고 주장했다.

모든 거시경제학자가 이 길을 따라 가려 한 것은 아니었다. 그 다수는 스스로를 신케인스주의New Keynesian라 칭하며 정부의 적극적 역할에 계속 지지를 보냈다. 그러나 이들조차도 대개 투자자와 소비자는 합리적이고 시장은 대체로 올바르게 작동한다는 견해를 받아들였다.

물론 이러한 흐름에도 예외는 있었다. 소수의 경제학자는 합리적 행동이란 가정에 이의를 제기하고 금융 시장이 믿을 만하다는 확신에 의문을 제기하며 경제에 파괴적 결과를 낳은 금융 위기의 오랜 역사를 지적했다. 하지만 이들은 물살을 거슬러 헤엄치는 격이었고 이미 구석구석 배어 있는, 돌이켜 보면 어리석기 짝이 없는 자기만족에 굴하지 않고 헤쳐 나아가기에는 힘이 부쳤다.

III. 팡글로스만큼 낙천적인 금융

1930년대 금융 시장은, 몇 가지 분명한 이유로, 크게 존중받지 못했다. 케인스는 금융 시장을 다음과 같이 비유했다. "참가자들이 사진 100장에서 가장 아름다운 얼굴 6장을 골라야 하는데, 대회는 참가자 전원의 평균 선호도에 가장 잘 들어맞는 사진을 고른 이에게 상을 주는 만큼 각 참가자는 자신이 아름답다고 여기는 얼굴이 아니라 다른 참가자들의 마음을 사로잡을 가능성이 가장 높다고 여기는 얼굴을 골라야 하는 언론사 주최 경연 대회"라고.

또한 케인스는 투기자들이 서로의 꼬리를 뒤쫓는 데 시간을 허비하는 그런 시장에 중요한 사업 결정을 지시하는 임무를 맡기자는 생각은 매우 위험하다고 판단했다. "한 국가의 자본 개발이 도박장 활동의 부산물이 되면, 그 일은 잘못될 공산이 매우 크다."

그런데 1970년 무렵에는 볼테르Voltair의 〔《캉디드 혹은 낙관주의》에 나오는〕 팡글로스 박사Dr. Pangloss가 금융 시장 연구를 다 장악한 듯했다. 팡글로스 박사는 우리가 선한 질서로 이루어진 최선의 세계에 살고 있다고 주장하는 인물이다. 투자자의 비합리성, 거품, 파괴적 투기를 주제로 한 논의가 학술 담론에서 거의 자취를 감추었다. 그 자리를 온통 차지한 것은 "효율적 시장 가설"인데, 이 이론은 시카고대학 유진 파머Eugene Fama가 주창한 것으로 금융 시장은 공개적으로 이용할 수 있는 정보를 전부 고려해 고유한 가치에 따라 자산에 정확한 가격을 매긴다는 내용이었다(예컨대 기업 주가는 기업 이익, 사업, 기타 전망 등등 알 수 있는 정보를 감안해 기업 가치를 항상 정확하게 반영한다는 것이다). 그리고 1980년대 무렵 금융경제학자들, 특히 하버드경영대학원의 마이클 젠슨Michael Jensen은 금융 시장이 항상 가격을 올바르게 정하는 만큼 기업의 수장이 할 수 있는 최선은 단지 자신뿐만 아니라 경제를 위해서도 주가를 최대치로 끌어올리는 것이라 주장했다. 달리 말해, 금융경제학자들은 국가의 자본 개발을 케인스 말을 빌리면 "도박장"에 맡겨야 한다고 믿었다.

이런저런 사건을 겪으면서 경제학계가 이렇게 변모할 수밖에 없었다고 주장하기는 어렵다. 1929년이 기억에서 점점 가물가물해진 것은 사실이지만 상승장이 계속 이어지다 투기 과열이라는 말이 퍼지면서 하락장이 뒤따랐다. 일례로 1973~1974년에는 주식의 가치가 48퍼센트나 하락했다. 1987년에는 주식 시장이 붕괴하며 다우 지수가 뚜렷한 이유 없이 하루 만에 23퍼센트 가까이 곤두박질쳤다. 적어도 그때 시장의 합리성에 일말의 의심이라도 품었어야 했다.

케인스라면 시장의 불확실성에 대한 증거로 여겼을 법한 이런 사태도 아름다운 이론이 부리는 힘을 무디게 하는 데는 별 소용이 없었다. 금융경제학자들이 각 투자자는 합리적으로 수익과 위험을 비교해 잘 판단한다는 가정을 토대로 개발한 이론 모델, 이른바 자본 자산 가격 결정 모델Capital Asset Pricing Model, CAPM, 캡엠은 실로 놀랍도록 우아하다. 전제를 받아들이면 이 모델은 매우 유용하기도 하다. CAPM은 투자 종목을 어떻게 고르는지 가르쳐 줄 뿐 아니라 —금융 산업의 관점에서 보면 훨씬 더 중요한 이론으로— 파생 금융 상품에 즉 권리에 대한 권리에 어떻게 값을 매기는지 알려 준다. 새 이론의 그런 우아함과 뚜렷한 유용성 덕에 주창자들은 잇달아 노벨상을 안았고, 그 이론의 지지자 대다수 역시 세속적 보상을 받았다. 새 모델과, 어마어마한 수학 실력으로 무장한 —CAPM을 보다 신비롭게 사용하려면 물리학자급 계산 능력이 필요한 터라— 점잖은 경영대학원 교수들은 월스트리트의 수완 좋은 금융가로 변신할 수 있었고 실제로도 그렇게 변신해 월스트리트의 급여를 받았다.

객관적으로 말해, 금융이론가들이 효율적 시장 가설을 우아하고, 편리하고, 수익성이 뛰어나다는 이유만으로 받아들인 것은 아니었다. 금융이론가들은 상당한 통계 증거도 내놓았고, 그 증거들은 처음에는 이론을 확실하게 뒷받침하는 듯 보였다. 하지만 이 증거들은 묘하게 제한된 형태를 띠었다. 금융경제학자들은 자산 가격이 예컨대 소득처럼 현실의 펀더멘털에 비추어 합당한지 아닌지 같은, (쉽게 대답하기 어렵지만) 다소 뻔해 보이는 질문은 거의 던지지 않았다. 그보다는 자산 가격이 다른 자산 가격에 비추어 합당한지 아닌지 물었다. 현 오바마 행정부 수석 경제자문위원 래리 서머스Larry Summers가 한번은 재정학 교수들을 "케첩 경제학자들ketchup economists"로 비유했는데, 이들이 "2리터짜리 케첩이 항상 1리터짜리 케첩의 정확히 2배 가격에 팔린다는 점을 밝혀내고는" 케첩 시장이 더할 나위 없이 효율적이라 결론 내린다고 빈정댄 것이었다.

그러나 이런 비웃음도, 예일대학의 로버트 실러 같은 경제학자들이 보내는 보다 정중한 비판도 별 효과가 없었다. 금융이론가들은 자신의 모델이 본질적으로 올바르다는 믿음을 한시도 버리지 않았고, 현실에서 결정을 내리는 많은 이도 그랬다. 그런데 이들 가운데 앨런 그린스펀이 있었다. 당시 연준 의장이던 그린스펀은 오랫동안 금융 규제 완화를 지지해 온 인물이었다. 그는 현대 금융경제학자들이 모든 것을 통제한다는 믿음에 크게 기대어 비우량 주택 담보 대출을 막으라는 요구도, 한없이 부풀어 오르는 주택 시장 거품을 해결하라는 요구도 거부했다. 2005년에 인상 깊은 순간이 있었다. 그린스펀에게 연준 종신 재직권을 수여하려 열린 행사에서였다. (놀랍게도 시카고대학의) 라구람 라잔Raghuram Rajan이라는 한 용감한 참석자가 금융 체계가 위태로울 정도로 잠재적 위험을 안고 있다고 경고하는 내용의 논문을 제출했다. 라잔은 거의 모든 참석자로부터 놀림을 받았다. 그중에는 어찌 된 셈인지 래리 서머스도 있었는데 그는 라잔의 경고를 "오판"이라며 일축했다.

그런데 지난 해 10월, 그린스펀은 자신이 "도무지 믿기지 않은 충격"에 빠진 상태라고 인정했다. 그 이유는 "전全 지성 체계"가 "붕괴"되었기 때문이라 했다. 이 지성 체계의 붕괴는 현실 시장의 붕괴이기도 해서, 그 결과는 심각한 경기 후퇴로 이어졌으며 어느 모로 보나 대공황 이후 최악의 불황이었다. 정책입안자들은 어디부터 손을 대야 했을까? 거시 경제학은 침체하는 경제를 어떻게 헤쳐 나가야 하는지 명확한 지침을 내놓아야 했지만 안타깝게도 자신만의 혼돈 속에서 허우적대고 있었다.

IV. 거시 경제학의 문제

"우리는 엄청난 혼란에 빠져 있다. 매우 민감한 기계를 제어하는 데 실수를 저질렀기 때문이다. 문제는 이 기계의 운전법을 우리가 이해하지 못한다는 점이다. 그 결과, 우리가 부를 쌓을 가능성이 한동안 사라질지도 모른다. 어쩌면 아주 오랫동안." 존 메이너드 케인스가 〈1930년 대공황The

Great Slump of 1930〉(1930)에서 쓴 내용이다. 글에서 케인스는 당시 전 세계를 덮친 재앙을 설명하려 애썼다. 그리고 전 세계에서 부를 쌓을 가능성이 정말로 아주 오랫동안 사라져 버렸다. 대공황은 제2차 세계 대전이 발발하면서야 끝이 났다.

케인스가 대공황에 내린 "엄청난 혼란colossal muddle"이라는 진단이 왜 처음에는 그토록 설득력이 강했을까? 그리고 경제학은 1975년경 케인스 시각의 의의를 두고 왜 양 진영으로 갈라져 대립했을까?

한 실화를 예로 들어 케인스 경제학의 핵심을 설명하고자 한다. 이 실화는 일종의 비유로 경제 전체에 피해를 입힐 수 있는 혼란의 축소판을 예시해 준다. 캐피톨힐 탁아 조합Capito Hill Baby-Sitting Co-op이 치른 진통을 되짚어 보자.

캐피톨힐 탁아 조합이 겪은 문제는 1977년《금융회보Journal of Money, Credit and Banking》에 실린 한 소론에서 상세히 다루어졌다. 탁아 조합은 젊은 부부 약 150쌍이 부모가 밤 나들이 때 서로 아기를 대신 돌보아 주며 함께 돕자는 취지로 결성한 모임이었다. 각 부부에게 탁아 시간을 고르게 보장하려고 탁아 조합은 두꺼운 종이로 만든 쿠폰scrip〔일종의 대용 화폐〕의 형식을 도입해서는, 부모들에게 쿠폰 1장에 아기 돌봄 시간 30분을 쓸 수 있게 했다. 부모들은 처음 조합원으로 가입할 때에 20장의 쿠폰을 받고 탈퇴할 때에 똑같은 수의 쿠폰을 돌려주어야 했다.

안타깝게도, 조합 회원들은 평균적으로, 아마도 잇달아 연속해 외출할 때를 대비해서인지, 20장 이상의 쿠폰을 보유하기를 원했던 것으로 드러났다. 그 결과, 상대적으로 적은 수의 회원이 쿠폰을 써서 외출하기를 원했고 많은 수의 회원이 외출 부모 대신 아기를 돌보아 쿠폰을 모으길 원했다. 누군가가 밤에 외출을 할 때에만 아이를 돌 볼 기회가 발생하는 만큼, 이는 곧 아이를 돌보는 일은 찾기가 힘들어지면서 조합 회원들은 외출을 더 꺼리게 되었고, 이는 다시 아기 돌보는 일을 점점 더 찾기 어렵게 하는 상황으로 이어졌다.

탁아 조합은 침체에 빠졌다.

자, 이 이야기를 어떻게 생각하는가? 어리석고 사소한 이야기로 무시하지 말자. 경제학자들은 규모가 작은 사례를 이용해 큰 문제를 풀 실마리를 얻고는 했다. 애덤 스미스가 핀 공장에서 경제 성장 원리를 깨달은 이후 경제학자들은 늘 그렇게 해 왔으며 또 경제학자라면 그렇게 하는 게 옳다. 문제는 경기 후퇴가 수요 부족에서 기인한 특별한 예—아기 돌봄을 하고 싶은 모두에게 그 일을 공급할 만큼 아이 돌봄 수요가 충분하지 않은—가 경기 후퇴에서 일어나는 현상의 본질을 짚느냐 못 짚느냐다.

40년 전이라면 대다수 경제학자가 이런 해석에 의견 일치를 보았을 것이다. 하지만 그때 이후 거시 경제학은 크게 두 파로 나뉘었다. (주로 연안의 미국 대학에 몸담은) "짠물파" 경제학자들은 대개 케인스주의 시각으로 경기 후퇴 문제를 바라본다. (주로 내륙의 미국 대학에 몸담은) "민물파" 경제학자들은 이런 시각을 헛소리로 치부한다.

민물파 경제학자들은 기본적으로 순수 신고전학파다. 이들은 경제 분석이 가치가 있으려면 인간은 합리적이며 시장은 잘 작동한다는 전제에서 출발해야 한다고 믿는다. 그런데 그 전제가 탁아 조합 이야기로 흔들렸다. 민물파 경제학자들의 관점에서는 보통 수요가 충분하지 않은 현상이 일어날 수 없는데 가격이 항상 오르내리며 공급을 수요에 맞추기 때문이다. 사람들이 아기 돌봄 쿠폰을 더 구하고 싶어 하면 쿠폰의 가치가 올라가서는, 예컨대 아기 돌봄 시간이 30분에서 40분으로 쿠폰 1장의 가치가 오른다. 아니면 이에 비례해 시간당 아기 돌봄 비용이 쿠폰 2장에서 1장 반으로 떨어진다. 그러면 문제가 해결될 수 있다. 곧 유통 중인 쿠폰 구매력이 오르고 따라서 사람들은 쿠폰을 더 쌓아 놓을 필요를 느끼지 않아 경기 후퇴도 오지 않게 된다는 것이다.

그런데 경기 후퇴는 일하려는 의지를 지닌 사람을 모두 고용할 만큼 수요가 충분하지 않은 상황처럼 보이지 않는가? 현상에 속아 넘어갈 수 있다고 민물파 이론가들은 말한다. 이들 관점에서는 온전한 경제학이라면 전반적 수요 부족이 일어날 수 없다고 주장한다. 그리고 이는 곧 수요 부족이 일어나지 않는다는 의미다. 시카고대학의 코크런은 케인스 경제학이 "틀렸음이 입증"된 셈이라고 빈정댄다.

맞다, 경기 후퇴는 일어난다. 왜일까? 1970년대에 손꼽히는 민물파 거시경제학자이자 노벨상 수상자〔1995〕 로버트 루카스 주니어의 주장에 따르면 경기 후퇴는 일시적 혼란에서 기인했다. 곧 노동자와 기업이 인플레이션 혹은 디플레이션으로 인해 물가 수준에서 일어나는 전반적 변동과, 자신들만의 특별한 사업 상황에 닥친 변화를 구분하는 데 애를 먹었기 때문이다. 그리고 루카스는 경기 순환business cycle에 맞서는 어떤 시도도 역효과를 낳는다고 경고했다. 행동주의자 정책은, 그 주장에 따르면, 혼란을 가중할 뿐이었다.

그런데 1980년대 무렵 다수의 민물파 경제학자가 경기 후퇴는 나쁜 현상이라는 견해를 매우 제한적으로 받아들이던 입장조차 거부하고 나섰다. 이 운동을 주도한 새로운 선두주자들에 따르면, 특히 (민물이란 별명이 어디서 유래했는지 알 수 있듯) 당시 미네소타대학의 에드워드 프레스콧

Edward Prescott에 따르면, 가격 변동과 수요 변화는 사실상 경기 순환과 아무 관련이 없다. 오히려 경기 순환은 기술 진보율rate of technological progress의 변동을 반영하고 그 변동은 노동자들이 합리적으로 대응하면 곧 자발적으로 경기가 좋을 때 더 일하고 경기가 나쁠 때 덜 일하면 증폭된다. 실업은 노동자들이 휴식을 취하려고 자의로 내리는 결정이다.

터놓고 말해, 이 이론은 바보 같은 소리로 들린다. 그렇다면 대공황이 실은 대太휴가였단 말인가? 솔직히 내 생각에는 어리석기 짝이 없다. 하지만 프레스콧은 "실물 경기 변동 이론real business cycle theory"의 기본 전제를 치밀하게 구성해 놓은 수학 모델 속에 끼워 넣었고 정교한 통계 기술을 이용해 실제 자료를 곳곳에 배치했다. 이 이론은 여러 대학의 거시경제학 수업을 대부분 차지하기에 이르렀다. 2004년에는 그 영향력을 반영하듯, 프레스콧이 카네기멜론대학의 핀 쉬들란Finn Kydland과 노벨상을 공동 수상했다.

그사이 짠물파 경제학자들은 우물쭈물했다. 민물파 경제학자들이 순수주의자라면 짠물파 경제학자들은 실용주의자였다. 하버드대학의 N. 그레고리 맨큐N. Gregory Mankiw, MIT대학의 올리비에 블랑샤르, 캘리포니아버클리대학의 데이비드 로머David Romer 같은 경제학자들은 경기 후퇴를 수요 측면에서 바라보는 케인스주의 관점과 신고전학파 이론을 융합하기가 어렵다고 깨닫는 한편 경기 후퇴를 사실 수요가 주도한다는, 너무 강력해서 거부할 수 없는 증거를 찾아냈다. 그래서 완벽한 시장 혹은 완벽한 합리성 혹은 이 둘 모두를 아우르는 가정에서 기꺼이 벗어나 불완전성을 보태어 그것을 케인스주의가 대개 경기 후퇴를 바라보는 시각에 담았다. 따라서 짠물파 경제학자들 입장에서는 경기 후퇴와 맞서 적극적으로 정책을 펼쳐야 바람직했다.

그런데 자칭 신케인스주의 경제학자들은 합리적 개인과 완벽한 시장이 발산하는 매력에 면역력이 없었다. 그들은 신고전학파가 내세우는 통설에서 가능한 적게 벗어나려고 애썼다. 이것은 곧 널리 통용되는 모델에는 주택 시장 거품이나 금융 체제 붕괴와 같은 사태가 끼어들 여지가 없음을 의미했다. 그런 사태가 현실 세계에서 계속 일어났지만 그 사실—1997~1998년 아시아 여러 국가에서 발생한 금융과 거시 경제 부문의 끔찍한 위기와, 2002년에 아르헨티나에서 발생한 불황에 맞먹는 경기 침체—은 신케인스주의의 주류 이론에 반영되지 못했다.

그래서 민물파 경제학자들과 짠물파 경제학자들이 서로 다른 세계관으로 경제 정책을 두고 의견 차이가 심해 끊임없이 갑론을박했을 것이라 여길지도 모른다. 그런데 꽤 놀랍게도 1985년 무렵부터 2007년까지 두 경제학파 사이의 논쟁은 주로 이론상에서 벌어졌지 정책상에서는 아니었다. 그 이유는, 내가 보기에, 신케인스주의가 구케인스주의와 달리 재정 정책—정부 지출이나 세금 조정—이 경기 후퇴에 맞서는 데 필요하다고 여기지 않았기 때문이다. 그들은 연준의 테크노크라트들이 관리하는 통화 정책만으로도 경제에 필요한 해결책을 다 내놓을 수 있다고 믿었다. 프리드먼의 90세 생일 축하연에서 전 프린스턴대학의 신케인스주의 교수이자 당시 연준 이사 버냉키는 대공황에 대해 다음과 같이 언명했다. "당신이 옳습니다. 우리가 해냈어요. 우리로서는 매우 유감입니다. 그래도 당신 덕에 다시는 그런 사태가 일어나지 않을 겁니다." 이 말의 의미는 분명했다. 불경기를 피하기 위해 우리에게 필요한 것은 오로지 더 똑똑한 연준뿐이라는 점.

거시 경제 정책을 그린스펀이란 거장에게 맡겨 놓는 한, 그리고 케인스주의 입장에 따른 경기 부양책이 아닌 한, 민물파 경제학자들은 불평거리를 거의 찾아낼 수 없었다. (그들은 통화 정책이 어떤 득이 된다고 여기지는 않았지만 어떤 해를 끼친다고도 보지 않았다.)

또 다른 위기가 닥치고 나서야 둘 사이에 공통점이 얼마나 적었는지, 그리고 신케인스 경제학조차 얼마나 팡글로스만큼 낙천적으로 변해 갔는지 여실히 드러날 터였다.

V. 누군들 미리 알았으랴……

최근 후회 섞인 경제학 논쟁에서 약방에 감초처럼 쓰이는 구절이 있다. "누군들 미리 알았으랴……Nobody could have predicted……." 예측할 수 있었고 예측했어야 하는 재앙을 가리키며 쓰곤 하는 말이다. 그런데 사실 그 재앙을 예측한 소수의 경제학자는 노력한 보람도 없이 비웃음을 샀다.

일례로 급작스럽게 오르락내리락하는 집값을 보자. 몇몇 경제학자는, 특히 로버트 실러는 거품을 포착하고 그것이 만약 꺼지면 고통스러운 파국이 기다린다고 경고했다. 하지만 주요 정책입안자들은 명백한 그 결과를 간과했다. 2004년 앨런 그린스펀은 주택 시장 거품을 우려하는 목소리를 묵살했다. "국내의 심각한 가격 왜곡은 허무맹랑한 소리"라고 단언했다. 2005년 벤 버냉키는 집값 인상이 "탄탄한 경제적 펀더멘털을 주로 반영한다"라고 밝혔다.

어쩌다 거품을 놓쳤을까? 객관적으로 말해, 이례적일만큼 이자율이 낮았고 이것이 집값이 상승한 이유를 일부 설명해 줄 것이다. 어쩌면 그린스펀도 버냉키도 경제가 2001년 경기 후퇴에서 벗어나자 연준이 거둔 성공을 축하하고 싶었는지도 모른다. 그 성공이 무시무시하게 부풀어 오르는 거품에 크게 기댄 것이라고 인정하면 잔치 분위기에 자칫 찬물을 끼얹는 격이 될 테니까.

그런데 뭔가 다른 요소가 깔려 있었다. 대개는 거품이 일어나지 않는다고 믿었다는 것이다. 그린스펀이 호언장담한 내용을 다시 읽어 보면, 그가 전혀 증거를 기반으로 하지 않았다는 점에 깜짝 놀란다. 그들은 단지 주택 시장에는 거품이 절대 낄 수 없다는 연역적 주장에 근거를 두었다. 금융이론가들은 훨씬 단호하게 이 견해를 고수했다. 2007년 한 인터뷰에서 효율적 시장 가설의 주창자 유진 파머는 "'거품'이란 말만 들어도 머리가 돌아 버릴 지경"이라고 목소리를 높였다. 그리고 우리가 왜 주택 시장을 믿을 수 있는지 설명을 이어 나갔다. "주택 시장은 유동성이 낮습니다. 그럼에도 사람들은 집을 살 때 매우 신중하지요. 보통은 생애 가장 큰 투자이니까요. 그래서 매우 조심스럽게 이 집 저 집 둘러보며 가격을 비교합니다. 흥정이 이루어지는 과정도 매우 세세하고요."

사실, 주택 구매자들은 대개 매우 찬찬히 가격을 비교한다. 다시 말해 잠재 구매 가격과 다른 주택 가격을 저울질한다. 그러나 이와 같은 태도가 집값 전반이 타당한지 아닌지에 대해 무언가를 알려주는 것은 아니다. 다시 케첩 경제학이다. 2리터짜리 케첩 가격이 1리터짜리 케첩 가격의 딱 2배라는 이유로 금융이론가들은 케첩 가격이 틀림없이 올바르다고 단언한다.

요컨대 금융 시장은 효율적이라는 맹신에 대다수는 아니더라도 다수의 경제학자가 눈이 멀었다. 그래서 그들은 역사상 가장 커다란 금융 거품이 눈앞에 나타났는데도 보지 못했다. 게다가 효율적 시장 가설 또한 맨 처음부터 거품을 부풀리는 데 중요한 요인으로 작용했다.

이제 진단을 내리지 못한 거품이 꺼졌기 때문에 안전하다고 여긴 자산은 숨겨 왔던 진짜 위험을 드러냈다. 그리고 금융 체계는 취약성을 여지없이 드러냈다. 미국 가계는 13조 달러에 이르는 부가 물거품처럼 사라지는 모습을 눈앞에서 지켜보았다. 일자리가 600만 개 이상 날아갔고, 실업률이 1940년 이후 가장 높은 수준으로 치닫는 듯 보인다. 그렇다면 현대 경제학은 그런 곤경에 빠진 우리에게 어떤 지침을 내놓아야 할까? 우리는 그 지침을 믿어도 될까?

VI. 경기 부양책 논쟁

1985년에서 2007년 사이 거짓 평화가 거시 경제학 분야 곳곳에 뙈리를 틀었다. 짠물파와 민물파 간의 관점은 사실 그때까지도 거리를 전혀 좁히지 못했다. 하지만 대안정을 누리던 시기였다. 오랜 기간 인플레이션은 진정세를 보였고 경기 후퇴는 비교적 가볍게 넘어갔다. 짠물파 경제학자들은 연준이 만사를 잘 통제한다고 믿었다. 민물파 경제학자들은 연준의 조치가 사실 이롭다고 여기지 않았지만 수수방관으로 일관했다.

그런데 위기가 찾아오며 거짓 평화에 마침표를 찍었다. 한순간에 양쪽에서 흔쾌히 받아들이던 테크노크라트에 의한 제한적인 정책이 더는 현실을 감당해 내지 못했다. 그리고 보다 폭넓은 정책 대응이 필요하다는 요구에 오랜 갈등이 불거지며 그 어느 때보다 적나라하고 격렬한 싸움이 벌어졌다.

그런데 그와 같은 테크노크라트에 의한 제한적인 정책 왜 충분하지 못했을까? 대답하자면, 한 마디로, 0 때문이다.

일반적 경기 후퇴를 겪고 있다면 연준은 대응책으로 단기 정부 부채인 단기 재정 증권Treasury bill, TB—재무부 발행—을 은행에서 사들인다. 이 조치로 정부 부채 이자율이 떨어진다. 그러면 더 높은 수익률을 쫓는 투자자들이 다른 자산으로 옮아가서 다른 이자율도 마찬가지로 떨어진다. 그리고 보통 이렇게 낮아진 이자율은 결국 경제적 반등을 이끈다. 연준은 단기 이자율을 9퍼센트에서 3퍼센트로 떨어뜨려 1990년에 시작된 경기 후퇴에 대처했다. 2001년에 시작된 경기 후퇴에는 이자율을 6.5퍼센트에서 1퍼센트까지 낮추었다. 현 경기 후퇴에는 이자율을 5.25퍼센트에서 0퍼센트로 내리며 대응하려 했다.

하지만 0퍼센트도, 밝혀졌듯, 현 경기 후퇴를 끝낼 만큼 낮지 않다. 그런데 연준은 이자율을 0퍼센트 아래로 떨어뜨릴 수 없다. 이자율이 0퍼센트에 가까우면 투자자들은 현금을 빌려 주느니 그냥 쌓아 놓는다. 2008년 말 이자율이 거시경제학자들이 "제로 금리 하한zero lower bound"이라 부르는 수준까지 결국 떨어졌지만 경기 후퇴는 깊어만 갔고 기존 통화 정책은 견인력을 전부 잃었다.

이제 어떻게 해야 할까? 미국이 제로 금리 하한에 맞닥뜨린 경우는 이번이 두 번째였다. 첫 번째는 대공황 때였다. 그리고 이자율에 하한이 있다는 정확한 관측 덕에 케인스는 정부 지출 증가를 옹호하기에 이르렀다. 곧 통화 정책으로는 역부족이고 소비를 늘리라고 민간 부문을 설득할 수 없을 때 공공 부문이 경제를 지원해야 한다는 것이다. 경기 부양책은 우리가 현재 처한 불황형 경제 상황에 케인스주의가 내놓는 처방전이다.

이러한 케인스주의 이론이 오바마 행정부의 경제 정책에서 기저를 이룬다. 이에 민물파 경제학자들이 격분을 토하고 있다. 25년 남짓 연준이 경제를 운영하는 노력은 너그러이 보아 넘겼지만 케인스주의의 완전한 부활은 전혀 다른 문제였다. 과거 1980년에 시카고대학의 루카스는 케인스 경제학이 너무 터무니없어 "연구 토론회에서 사람들이 케인스주의의 이론화를 더는 진지하게 받아들이지 않는다. 청중은 귓속말을 주고받으며 킥킥거리기 시작한다"라고 썼다. 케인스가 대체로 옳았다고 인정하면 너무 굴욕적인 몰락이 될 터였다.

시카고대학의 코크런은 정부 지출로 최근 경기 후퇴를 누그러뜨릴 수 있다는 의견에 격노하며 이렇게 주장했다. "1960년대 이후 아무도 대학원생들에게 가르치지 않는 내용이다. 이는〔케인스주의 논리는〕이미 거짓임이 드러난 옛날이야기다. 발등에 불이 떨어졌을 때 어린 시절 듣던 옛날이야기로 되돌아가면 위로야 받을 테지만 그렇다고 옛날이야기가 꾸미는 거짓이 줄어드는 것은 아니다." (코크런이 "아무도" 가르치지 않는다고 믿는 그 이론을 사실 프린스턴과 MIT와 하버드 등에서 가르치고 있다는 현실은 짠물파와 민물파 사이에 간극이 얼마나 깊은지 단적으로 예시해 준다.)

한편, 짠물파 경제학자들은 거시 경제학계를 크게 양분한 골이 넓지 않다고 여기며 스스로 위안해 오다가 민물파 경제학자들이 전혀 귀담아들으려 하지 않는 태도를 확인하고 충격에 휩싸였다. 경기 부양책을 맹비난 하는 민물파 경제학자들은 케인스주의 주장을 따져 보고 결함을 찾는 학자처럼 보이지 않았다. 그들은 오히려 케인스 경제학이 무엇인지 전혀 모르는 사람들처럼, 스스로 참신하고 심오한 내용을 말한다고 확신하며 1930년 이전의 오류를 다시 끄집어내는 사람들처럼 보였다.

잊힌 듯 보이는 것은 케인스의 사상만이 아니었다. 캘리포니아버클리대학의 브래드 드롱이 이 학파가 보이는 "지성의 붕괴"를 애도하며 쓴 글에서 지적했듯, 시카고학파의 현재 입장은 밀턴 프리드먼의 사상도 대부분 거부하기에 이른다. 프리드먼은 경제를 안정화하는 데 정부 지출의 조정보다 연준 정책을 써야 한다고 여겼지만 정부 지출의 증가가 어떤 상황에서도 고용을 늘릴 수 없다고 주장하지는 않았다. 사실 프리드먼이 자신의 생각을 요약한 〈통화 분석의 이론 체계A Theoretical Framework for Monetary Analysis〉(1970)를 찬찬히 살펴보면 논문이 얼마나 케인스주의처럼 보이는지 깜짝 놀란다.

또한 프리드먼은 대량 실업이 자발적 근로 활동의 축소를 가리킨다는 견해나 경기 후퇴가 실제로는 경제에 이롭다는 견해를 결코 받아들이지 않았다. 그런데 현 세대 민물파 경제학들은 이 두 견해를 다 주장한다. 일례로 시카고대학의 케이시 멀리건Casey Mulligan은 실업률이 그토록 높은 이유가 다수 노동자가 일을 하지 않기로 선택하기 때문이라고 말한다. "피고용인은 일을 하지 말라고 부추기는 재정 혜택과 마주한다. …… 고용 하락은 (고용주가 고용하려는 노동자 수인) 노동 수요보다는 (사람들이 일하려는 의지인) 노동 공급의 감소로 더 잘 설명된다." 특히 멀리건은, 노동자들이 실업 상태를 유지하기로 선택하는 이유는 그들이 주택 담보 대출을 구제받을 가능성이 높아지기 때문이라고 덧붙인다. 코크런은 높은 실업이 실제로는 경제에 이롭다고 언명한다. "우리는 경기 후퇴를 겪어야만 한다. 네바다주에서 못을 박으며 일생을 보낸 사람들에게는 다른 일이 필요하다."

개인적 생각을 밝히자면. 이는 정신 나간 소리다. 목수를 네바다주에서 나오게 하는 데 왜 온 국가를 휩쓰는 대량 실업이 필요할까? 일하고 싶은 미국 국민이 점점 줄어들어 670만 명이 일자리를 잃었다고 어느 누가 진지하게 주장할 수 있을까? 하지만 민물파 경제학자들은 꼼짝없이 막다른 골목에 몰릴 수밖에 없었다. 사람이 완벽하게 합리적이고 시장이 완전하게 효율적이라는 가정에서 출발한다면, 실업은 자발적이고 경기 후퇴는 바람직하다는 결론에 도달하기 때문이다.

그런데 위기가 닥쳐 와 민물파 경제학자들이 모순에 부딪히면서 짠물파 경제학자들 사이에서도 자아 성찰이 대거 일어났다. 짠물파 경제학자들의 틀은 시카고학파의 틀과 달리 비자발적 실업의 가능성을 인정할 뿐 아니라 이를 해로운 현상으로 바라본다. 하지만 교수와 연구 분야에서 우위를 차지하게 된 신케인스주의 모델에서는 사람은 완벽하게 합리적이고 금융 시장은 완전하게 효율적이라고 가정한다. 현 경기 침체 같은 상황을 모델에 담으려면 신케인스주의는 불특정한 이유로 잠시 민간 지출을 떨어뜨리는 일종의 오차 범위fudge factor를 도입해야만 한다(어느 글에선가 정확히 내가 쓴 방식이다). 그런데 우리가 현재 서 있는 현실에 대한 분석이 이 오차 범위에 의존하는 것이라면, 우리가 어디로 향하고 있는지와 관련해 이 모델이 내놓는 예측을 우리는 얼마나 신뢰할 수 있을까?

요컨대 거시 경제학은, 상태가 영 미덥지 못하다. 그렇다면 거시 경제학계는 여기서 어디로 나아가고 있을까?

VII. 결합과 마찰

한 학문으로서 경제학이 곤경에 빠진 이유는 경제학자들이 마찰 없는 완벽한 시장 체계라는 환상에 현혹되었기 때문이다. 거시 경제학계가 스스로를 구원하려면 덜 매혹적인 환상을 받아들여야만 한다. 여러 미덕을 갖추고 있지만 결함과 마찰로도 가득 차 있는 시장 경제라는 환상 말이다. 희소식이라면 우리는 밑바닥부터 출발할 필요가 없다는 점이다. 완전–시장 경제학이 전성기를 누리는 동안에도 이론적 이상에서 벗어난 실물 경제의 양상을 토대로 많은 연구가 이루어졌다. 십중팔구 결함과 마찰의 경제학flaws-and-frictions economics이 경제 분석의 주변부에서 중심부로 곧 자리를 옮기는 일이 일어날지도 모른다. 아니 사실 이미 일어나고 있는 중이다.

그런 유형의 경제학이 이미 꽤 탄탄히 발달했다는 본보기로 내가 염두에 두고 있는 분야가 있다. 바로 행동 금융학behavioral finance으로 알려진 학문 분과다. 이 접근법을 택한 전문가들은 두 가지를 강조한다. 첫째, 현실 세계에서 다수 투자자는 효율적 시장 가설에 나오는 냉철한 계산기와 닮은 점이 거의 없다는 점. 곧 투자자들은 무리 행동에 휩쓸리고 한바탕 비이성적 과열에 사로잡히며 불필요한 혼란에 빠져든다는 것이다. 둘째, 철저한 계산에 근거해 판단하려 애쓰는 사람도 종종 그렇게 할 수 없는 자신을 발견하며 신용과 신뢰와 제한된 담보라는 문제에 부딪히면 어쩔 수 없이 무리를 따른다는 점.

첫 번째 내용을 보자. 효율적 시장 가설이 주류를 이루던 시기에도 현실 세계의 다수 투자자는 주요 모델이 그것이 가정하는 만큼 합리적이지 않다는 점을 분명히 보여 주었다. 래리 서머스는 언젠가 재무 관련 소론에서 다음과 같이 언명하며 글머리를 열었다. "바보가 하나둘이 아니다. 주위를 둘러보라." 그런데 어떤 부류의 바보를 일컫는 것일까? (학술 문헌

에서 더 선호하는 표현은 사실 "소음〔잡음〕 거래자noise trader"다.) 행동 금융학은
"행동 경제학behavioral economics"으로 알려진 보다 넓은 흐름에서 갈라져
나왔다. 위 질문에 대한 대답을 구하려 연구해 나가면서 투자자들이 보이
는 뚜렷한 비합리성을, 작은 수익보다는 작은 손실에 더 애면글면하는 성
향이나 사소한 실례에서 너무 쉽게 추론하는 성향(예컨대 집값이 지난 몇 년
간 올랐으니 앞으로도 계속 오르리라고 가정하는 등)과 같이 우리가 잘 아는 인
간 인식의 편향성과 결부 짓는다.

위기가 닥치기 전까지, 유진 파머 같은 효율적 시장 가설 옹호자들
은 행동 금융학의 이름으로 내놓은 증거들을 실질적 중요성이 전혀 없는
"호기심 거리"를 모아 놓았을 뿐이라며 묵살했다. 하지만 그들은 거대한
거품—예일대학의 로버트 실러 같은 행동경제학자들이 "비이성적 과열"
을 보인 과거 몇몇 사건에 빗대어 정확하게 진단을 내린 거품—이 꺼지면
서 세계 경제가 마비 상태에 이르른 터라 자신들의 주장을 고수하기가 더
욱 난처해졌다.

두 번째 내용을 보자. 정말 바보들이 있다고 가정해 보자. 그들이 얼
마나 중요할까? 크게 중요하지 않다고 프리드먼은 1953년에 발표한 주
요 논문에서 주장했다. 곧 똑똑한 투자자들이 바보들이 팔 때 사고 살 때
팔면서 돈을 벌고 그 과정에서 시장을 안정시킬 것이라는 얘기였다. 그러
나 행동 금융학이 제시한 두 번째 내용에 따르면, 프리드먼은 틀렸다. 금
융 시장은 때때로 매우 불안정하며, 지금 당장 그 관점은 거부하기가 어
려울 듯하다.

십중팔구 이런 계보에서 가장 주목할 글은 1997년 하버드대학의 안
드레이 슐라이퍼Andrei Shleifer와 시카고대학의 로버트 비시니Robert Vishny가

발표한 논문일 것이다. 논문은 "시장의 비이성적 상황은 견딜 수 없을 만큼 오래도록 이어질 수 있다"는 오랜 문구를 공식화했다. 두 저자가 지적했듯, 싸게 사서 비싸게 파는 사람을 가리키는 차익 거래arbitrageur에는 그 차익을 내기 위해 자본이 필요하다. 그리고 펀더멘털 측면에서 보면 이치에 맞지 않을지라도 자산 가격의 심각한 폭락은 자본을 소진하는 경향이 있다. 그 결과, 상당한 돈이 어쩔 수 없이 시장 밖으로 빠져나가고 가격은 하방 악순환〔하방 소용돌이〕downward spiral에 빠질 수 있다.

현재 확산하는 금융 위기는 금융 불안정성이 얼마나 위험한지에 대한 좋은 본보기로 다가온다. 금융 불안정성을 보여 주는 모델에서 그 토대를 이루는 일반 개념이 경제 정책에 매우 적합하다고 밝혀졌다. 곧 금융 기관의 감소된 자본에 초점을 맞추면서 리먼브라더스 파산 이후 정책 결정을 내리는 데 길잡이로 삼을 수 있었으며 (행운도 따랐지만) 이런 조치로 보다 큰 금융 시장의 붕괴를 성공적으로 막았던 것처럼 보인다.

한편, 거시 경제학은 어떤가? 최근에 불어 닥친 이러저러한 사태를 보면 경기 후퇴가 기술 진보율의 변동에 따른 최적의 반응이라는 견해에 어떤 오류가 있는지 단도직입적으로 드러난다. 반면, 케인스주의 관점은 대체로 가장 타당하고 유효하게 다가온다. 하지만 신케인스주의 표준 모델은 우리가 지금 겪는 것과 같은 위기에 어떤 여지도 두지 않았다. 이들 모델은 대개 효율적 시장 가설에 따라 금융 부문을 바라보는 관점을 받아들이고 있기 때문이다.

몇 가지 예외가 있었다. 다름 아닌 벤 버냉키가 뉴욕대학의 마크 거틀러Mark Gertler와 함께 연구하며 개척한 한 연구 분야에서는 담보물이 넉넉하지 않은 경우 자금을 모으거나 투자 기회를 잡는 사업 능력을 방해할 수 있음을 강조했다. 프린스턴대학의 내 동료 노부히로 기요타키Nobuhiro Kiyotaki와 런던경제대학의 존 무어John Moore가 주도해 확립한 관련 연구 분야에서는 부동산 같은 자산 가격이 자기강화적 폭락으로 결국 경제 전체를 침체에 빠뜨릴 수 있다고 주장했다. 그러나 지금까지도 금융이 제 기능을 하지 못한 탓에 경제에 가해지는 충격은 케인스 경제학의 핵심에 놓이지 못했다. 분명 변화가 필요한 때다.

VIII. 케인스를 다시 포용하자

경제학자들이 해야 할 일은, 내가 생각하기에, 다음과 같다. 첫째, 금융 시장은 완벽함에 한참 미치지 못하며 군중의 터무니없는 착각과 광기에 여지없이 휩쓸린다는 불편한 현실을 직시해야 한다. 둘째, 케인스를 두고 귀엣말로 키득거린 사람에게는 무척 껄끄럽겠지만, 케인스 경제학이 우리가 지닌 틀 가운데 경기 후퇴와 불황을 이해하기에 가장 알맞다는 점을 인정해야 한다. 셋째, 최선을 다해 금융이 처한 현실을 거시 경제학 안으로 끌어들여야 한다.

경제학자 다수에게는 이와 같은 변화가 무척 혼란스럽게 다가올 것이다. 설사 변화를 받아들인다 해도 금융과 거시 경제학에 대한 보다 새로운 현실적 접근법이 완전한 신고전학파 접근법을 특징짓는 명확성과 완벽성과 지고한 미를 똑같은 수준으로 갖추려면 오랜 시간이 걸려야 한다. 몇몇 경제학자에게는 그런 상황이 신고전학파를 고수하는 명분이 될지도 모른다. 심각한 경제 위기를 이해하는 데 3대에 걸쳐 쓰라린 실패를 거듭해 왔더라도. 지금은 H. L. 멩켄H. L. Mencken의 말을 되새겨 보기에 적절한 때라고 여겨진다. "인간이 겪는 모든 문제에는 언제나 쉬운 해결책이 존재한다. 번듯하고 그럴듯하고 올바르지 않은."

경기 후퇴와 불황이라는 지극히 인간만이 안는 문제에 관한 한 경제학자들은 번듯하지만 올바르지 않은 해결책을, 다시 말해 모든 사람은 합리적이고 시장은 완벽하게 작동한다는 가정을 포기해야 한다. 경제학계가 토대를 다시 살펴보는 동안 나타나는 전망은 그다지 명확하지 않을지도 모른다. 그것은 분명 멋지지 않을 것이다. 그러나 우리는 그것이 적어도 조금이나마 올바름이란 미덕을 갖추게 되리라고 희망할 수 있지 않을까.

그릇된 믿음, 연민,
그리고 공화당 경제학

◆

2018년 12월 27일

2018년도 저물어 가는 이때, 우리는 경제 상황을 다루는 글을 여기저기서 접한다. 나는 다른 주제를 짚고 싶다. 바로 경제학계가 처한 상황으로 정치적 상황과도 어느 정도 맞물려 있다. 그와 같은 상태가 마냥 미덥지만은 않다. 보수 정치계 곳곳을 장악한 그릇된 믿음〔자기기만, 악의〕bad faith 이 우파 성향의 경제학자들을 물들이고 있기 때문이다.

이는 안타까우면서 한편 안쓰럽기도 하다. 한때 존경받던 경제학자들이 트럼프주의 앞에 스스로 몸을 낮추었어도 공화당이 그들의 봉직을 바라지 않는다는 점이, 오로지 매문업자만 물망에 오른다는 점이 더욱 분명해지고 있기 때문이다.

경제학과 정치학을 말할 때 꼭 알아두어야 할 점은 현대 미국에는 세 부류의 경제학자가 있다는 것이다. 자유주의적 전문 경제학자liberal profession economist, 보수주의적 전문 경제학자conservative professional economist, 전문적 보수주의 경제학자professional conservative economist.

"자유주의적 전문 경제학자들"은, 내가 의미하는 바로, 최선을 다해 경제를 이해하려고 노력하는 연구자지만 그 역시 인간인 까닭에 정치적 선호를 띠는 연구자들이다. 이들은 미국 정치 지형에서 왼편에 서 있으나 대체로 중심에서 살짝 왼쪽으로 기울어 있다. 보수주의적 전문 경제학자들은 자유주의적 전문 경제학자들에 상응하는 부류로 중심에서 약간 오른쪽에 서 있다.

전문적 보수주의 경제학자들은 사뭇 다르다. 중도 우파 전문가들조차도 사기꾼에 편집광이라고 여기는 족속이다. 경제학을 실제로 연구하는 척 시늉만 하면서 ―종종 부적격한 사람이― 밥벌이 하지만 실은 선전원에 불과하다. 더구나 상대 진영에는 이에 상응하는 부류가 없다. 여기에는 그 같은 선전 활동에 자금을 지원하는 재력가가 좌파이기보다는 우파일 가능성이 훨씬 높다는 데에도 일부 이유가 있다.

순 매문업자들은 잠시 한편으로 제쳐 놓고, 적어도 진짜 경제학을 힘써 연구하는 듯 보이는 이들에 대해 이야기해 보자.

경제학자들의 정치적 선호가 그들의 연구를 틀 지을까? 정치적 선호는 분명 경제학자들의 주제 선택에 영향을 끼친다. 곧 자유주의 경제학자들은 불평등의 심화나 기후 변화의 경제학에 보수주의 경제학자들보다 관심이 높을 가능성이 크다. 그리고 인간 본성이 그렇듯 그들 가운데 일부는 ―그래, 우리 가운데 일부는― 때때로 특정한 동기를 갖고 적극 추론해 나가면서 자신의 정치적 입맛에 맞게 결론을 이끌어낸다.

그러나 나는 이런 일탈이 예외이지 공식은 아니라고 믿었다. 내가 아는 자유주의 경제학자들은 그런 함정에 빠지지 않으려 무진 애를 쓰며 혹 그럴 경우에는 어김없이 잘못을 사과한다.

그런데 보수주의 경제학자들도 과연 그럴까? 갈수록 대답은 그렇지 않다는 쪽으로 기우는 듯하다. 적어도 공개 담론에서 그 역할이 두드러지는 사람들은 그렇다.

오바마 집권 시절에 공화당 성향의 다수 유명 경제학자가 경제 정책을 수립하면서 깜짝 놀랄 정도로 당 노선을 고수했다. 그 당 노선이 비정치적 전문가의 일치된 견해와 충돌할 때에도 그랬다.

그래서 민주당이 백악관에 입성하며 2008년 금융 위기와 그 후유증에 따른 비용을 경감할 수 있도록 여러 조치를 취했을 때 공화당 정치인들은 그 어떤 조치에도 반대했다. 많은 경제학자 역시 그랬다. 가장 유명한 일례를 들면, 2010년 공화당 경제학자로 이름을 올린 이들은 연준이 실업과 싸우는 노력을 맹비난하며 "통화 가치가 하락하고 인플레이션을 일으킬" 위험이 있다고 연준에 경고했다.

이들 경제학자가 과연 올바른 믿음[선의]good faith에 따라 주장했을까? 당시에도, 그렇지 않았다고 의심할 만한 근거가 충분했다. 우선 한 가지를 들자면, 가혹하고 무책임한 저 연준의 조치는 밀턴 프리드먼이 경제 불황에 내린 처방과 거의 판박이였다는 점이다. 또 다른 한 가지는 연준 비판론자들 가운데 일부는 트럼프스러운 음모론을 지어 내어 연준의 통화 발행이 경제에 이롭기보다는 "재정 정책을 구제한다"라고 곧 버락 오바마를 돕는다고 비난했다는 점이다.

주목할 점은, 인플레이션이 닥친다고 잘못 경고한 경제학자 가운데 훗날에라도 기꺼이 과오를 인정한 사람이 단 한 명도 없었다는 것이다.

그런데 진짜 시험은 2016년 이후에 닥쳤다. 철저한 냉소주의자라면 민주당이 집권할 때에는 예산 적자와 저리低利 자금에 비난을 퍼붓던 경제학자들이 공화당이 집권할 때에는 하루아침에 얼굴을 싹 바꾸리라 예측했을지도 모른다.

그렇다면 그 철저한 냉소주의자는 정확히 꿰뚫어 보았던 셈이다. 공화당 주류 경제학자들은 몇 년 동안 내내 적자가 낳는 폐해를 병적으로 지적하더니 이젠 예산 파탄을 부르는 세금 감면 정책에 전폭적 지지를 보냈다. 실업률이 하늘을 찔렀을 때 저리 자금 정책에 비난을 쏟아붓더니 실업률을 4퍼센트 이하로 떨어뜨리는 저금리 대책을 트럼프가 요구하자마자 일부는 부화뇌동하며 이 요구를 앵무새처럼 되풀이했다. 나머지는 눈에 띄게 입을 꾹 다물었다.

이런 그릇된 믿음이 역병처럼 번지는 현상을 어떻게 설명할까? 보수주의 경제학자들이 자신의 고위직 임명을 바라며 품는 야망에도 분명 일부 원인이 있다. 그리고, 내 짐작이지만, 권력을 쥔 인사와 한 울타리 안에 머무르고 싶은 욕망에도 일부 원인이 있다.

이들 전문가의 자기 비하에는 어쩐지 짠한 면이 있다. 중도 우파 경제학자들이 열망하는 보상은 오지 않았고 앞으로도 오지 않을 것이기 때문이다.

트럼프가 가장 실력 없고 아둔한 사람들로 행정부를 꾸려서만이 아니다. 사실 현대 공화당은 진지한 경제학자들이 어떤 정치색을 띠든 그들에게 귀 기울일 마음이 없다. 현대 공화당은 사기꾼과 편집광을 더 선호한다. 끼리끼리랄까.

지난 2년 동안 우리가 경제학에 대해 배운 점이라면 다수 보수주의 경제학자가 실은 정치적 목적을 앞세워 직업 윤리를 기꺼이 포기했다는 것이다. 그리고 그들은 결국 지조를 거저 팔아넘겼다는 것이다.

기능적 재정이 무슨 잘못일까?
(공부벌레용)

2019년 2월 12일

현대 통화 이론MMT 이면에 놓인 논리는 영리할지언정 완전히 올바르지는 않았다.

그런데 앞으로 두어 해 동안 정책 논쟁은 적어도 어느 정도는 MMT의 논리에 영향을 받을 듯 보이는데, 이것은 일부 진보주의자들이 생각하는 것처럼 그들이 자신들이 내놓은 구상에 어떻게 비용을 댈지 걱정할 필요가 없음을 가리킨다. 그 이론은 사실 틀렸다. MMT 분석에 대한 우려를 잠시 접어놓더라도 그렇다. 하지만 먼저 MMT에서 무엇이 옳고 무엇이 그른지 짚을 필요가 있는 듯 보인다.

안타깝게도 그 문제는 논쟁을 벌이기가 매우 까다롭다. 현대 MMT 옹호론자들이 구세주인 양 떠받드는 주장을 보면, 그들은 전통적 케인스주의가 틀렸음을 증명한다고 하면서도 그것이 기존의 관점과 정확히 어떤 점이 다른지는 분명하게 밝히지 않으며, 또한 몸에 깊숙이 배인 습관처럼 자신들의 주장을 이해하려는 어떤 시도도 즉각 묵살해 버린다. 그나마 다행이라면 MMT가 1943년에 아바 러너Abba Lerner가 내세운 "기능적 재정functional finance" 이론과 거의 똑같아 보인다는 점이다. 그리고 러너는 감탄을 불러올 만큼 명료해서 자신의 주장이 지닌 중요한 장점 뿐 아니라 여러 단점도 들여다보기가 수월하다.

따라서 나는 이 글에서 내가 왜 러너의 기능적 재정 이론을 온전히 믿지 않는지 이유를 설명하려 한다. 내가 보기에 이 비판은 MMT에도 적용할 수 있지만, 과거의 논쟁들이 어떤 지표가 될 수 있다면, 나는 그 즉시 내가 상황을 제대로 이해하지 못하고 있다거나 내가 과두 정치의 타락한 앞잡이라거나 하는 등등의 말을 듣게 될 것이다.

아무려나 상관없다. 러너의 주장을 살펴보자. (1) 명목 화폐flat money를 통제하고 이에 의존하며 (2) 다른 국가의 통화를 빌리지 않은 국가는 어떤 부채 압박과도 맞닥뜨리지 않는다. 항상 통화를 발행해 부채를 갚아 나갈 수 있어서다. 그 대신 이들 국가가 부딪히는 압박은 인플레이션이다. 재정적 경기 부양책이 지나치면 경기 과열을 일으켜서다. 그래서 예산 정책은 총수요aggregate demand의 규모를 올바르게 잡는 데 집중 또 집중해야 한다. 곧 예산 적자는 완전 고용을 낳을 만큼 커야 하지만 인플레이션으로 인한 과열 현상이 일어나지 않을 만큼만 커야 한다.

이는 영리한 견해이며 러너가 글을 쓴 당시에는 ─1930년대를 막 벗어난 시기였고, 전쟁이 끝나면 경제가 만성적인 허약 체질로 돌아가리라는 합리적인 예측과 함께─ 재정에 대한 전통적인 사고방식보다 정책 수립에 무척 유용한 지침이었다. 이는 또한 제로 금리에도 다시 한 번 장기간에 걸쳐 수요 침체를 겪으며 여전히 퍽 허약해 보이는 오늘날 우리 사회에도 꽤 잘 들어맞는 듯 보인다. 정말 거의 2010년대 내내 정책 토론을 장악하던 "아이쿠! 그리스 꼴 나겠네!" 공포보다 훨씬 나아 보인다.

그렇다면 무엇이 문제일까? 첫째, 러너는 통화 정책과 재정 정책 사이 상관관계trade-off를 아예 무시했다. 둘째, 러너는 부채가 눈덩이처럼 불어날 수 있다는 잠재적 문제를 고심하면서도 세금 인상 그리고/또는 지출 삭감에 대해 기술적 한계와 정치적 한계 둘 다 충분히 다루지 않았다. 이러한 한계를 감안하면 부채는 러너가 깨달은 것보다 문제가 될 소지가 더 다분하다.

현대 관점에서, "기능적 재정"은 통화 정책 토론에서 정말 기사도 정신이 투철한 기사다. 러너는 이자율은 "가장 바람직한 투자 수준"을 낳는 정도로 정해야 하고 그 이자율을 고려해 완전 고용을 이룰 수 있는 재정 정책을 선택해야 한다고 주장한다. 그렇다면 그 최적의 이자율은 무엇일까? 러너는 이 질문에는 대답하지 않는다. 어쩌면 1930년대 내내 제로 금리 하한을 겪어 오면서 그런 문제는 고려할 가치가 없었기 때문인지도 모른다.

어찌 되었든, 대부분의 시간 동안 —결정적으로 제로 금리 하한에 이르지 않았을 때에도— 실제로 일어난 현상은 거의 그 반대다. 정치적 역학 관계trade-off가 세금과 지출을 결정하고 통화 정책이 인플레이션 없는 완전 고용을 이루도록 이자율을 조정한다. 그런 상황에서는 예산 적자가 민간 지출을 밀어낸다. 세금 감면 혹은 지출 증가가 이자율을 더 끌어올리기 때문이다. 그리고 이는 그 특유의 방식으로 적자 지출 수준을 정확하게 결정할 수 없음을 가리킨다. 그 균형trade-off에 어떻게 값을 매기느냐에 따라 선택이 좌우되기 때문이다.

그렇다면 부채는 어떠할까? 대개 이자율이 경제의 지속 가능 성장률sustainable growth rate보다 높은가 낮은가에 달려 있다. 현재에도 그렇고 과거에도 대체로 그랬듯, r ⟨ g이면 부채 수준은 사실 크게 문제가 되지 않는다. r ⟩ g이면 부채가 눈덩이처럼 불어날 가능성이 있다. GDP 대비 부채 비율이 높을수록 다른 조건이 똑같은 경우 그 비율이 빠르게 늘어나기 때문이다. 그런데 부채는 한없이 늘어날 수 없다. 전체 부를 초과할 수는 없기 때문이다. 사실 부채가 더 늘어나면 사람들은 그 부채를 감당하려고 수익이 계속 오르기를 요구한다. 그래서 어느 지점에 다다르면 정부는 어쩔 수 없이 기본 (비이자) 기초 재정 흑자primary (non-interest) surplus를 충분히 늘려 부채 증가를 제한한다.

이제 러너는 기본적으로 이 점을 인정한다. 그런데 그는 정부가 필요할 때마다 항상 이런 흑자를 낼 수 있고 또 낼 것이라고 가정한다. 높은 세율이 낳는 유인 효과를 우려하는 목소리가 있지만 무시한다. 이때를 놓칠세라 '매우진지한사람들'이 이와 관련한 파급 효과를 몹시 과장해 주장한다. 그 소리가 완전 허구만은 아니다. 그리고 러너는 필요한 흑자를 내는 데 정치적으로 얼마나 어려운지 전혀 언급하지 않는다. 그런데 부채 수준이 매우 높은 경우 그런 어려움에 걸려 넘어질 가능성이 정말 크지 않을까.

수치로 예를 들면 간결하게 설명할 수 있다. 이래저래 부채가 GDP의 300퍼센트와 맞먹는 수준으로 올랐다고 가정해 보자. r − g = .015가 된다. 이자율이 1.5퍼센트로 성장률보다 높다. GDP 대비 부채 비율을 안정화하려면 기본 재정 흑자는 GDP의 4.5퍼센트와 같아야 한다.

그것이 불가능한 일은 아니다. 영국은 워털루 전투(1815) 이후 수십 년 동안 큰 폭으로 흑자를 냈다. 그러나 현대에는 정치에 바라는 요구 사항이 너무 많다. 메디케어와 사회 보장 제도에 드는 비용을 낮추어야 할까? 신규 사업을 지원하기 위해서가 아니라 부채를 감당하기 위해서 부가가치세value-added tax를 부과해야 할까? 가능이야 하겠지만 금융 억압financial repression과 채무 재조정과 인플레이션이 한데 얽힌 상황에 발을 들이밀고 싶은 유혹이 과연 얼마나 강할지 따져 보아야 한다. 보다 중요한 점은 투자자들이 이 상황에 의문을 품고 r − g를 더 높게 몰아붙인다는 것이다.

요점은, 기능적 재정에는 여러 장점이 있지만 러너가 ─그리고 내 생각에 현대 MMT 옹호론자들이─ 당연히 참이라고 상상하던 그런 이론이 아니라는 것이다. 적자와 부채는 중요할 수 있어도, 그 이유가 단지 총수요에 대한 적자 지출의 영향 때문만은 아니다.

그렇기는 해도 이와 같은 반대가 가까운 미래에 진보주의자들이 맞닥뜨릴 예산 쟁점에서 큰 걸림돌이 되리라고 보지 않는다. 우리는 혁신적인 대규모 제도에는 주요 수익원이 꼭 새로 필요하다고 믿는 적자 잔소리꾼들이나 부채 걱정꾼들이 굳이 될 필요는 없다.

18장

나의 연구 방법과
경제학 탐색법

우울한 과학

거의 20년 동안《뉴욕타임스》에 글을 써 오고 있지만, 어떤 의미에서, 나는 여전히 기고가는 부업일 뿐이라고 여기는 대학 교수다. 이 책 마지막 장에서는 내가 보통《뉴욕타임스》지면에서 내는 목소리보다 더 학자처럼 들리는 이야기 몇 가지를 나누고자 한다.

구체적으로 살펴보자. 학계의 꽤 실력 좋은 기고가가 좀 더 폭넓은 대중을 설득하려 애쓸 때 가장 크게 부딪히는 문제는, 전공자들이 서로 이야기할 때 활용할 수 있는 공통적 배경 지식을 쓰면 그 분야 전문가는 아니더라도 꽤 정통한 독자들마저 논의로 끌어들이지 못한다는 점이다.

경제학자들을 대상으로 말할 때에는 "수확 체증"과 같은 용어를 사용해도 이들이 그 개념—생산이 늘어날수록 단가가 낮아진다—을 알 뿐 아니라 그 개념과 관련한 쟁점들이 맞물려 있는 경계 영역 전반 또한 알아차리고 있다고 볼 수 있다. 예컨대 이들은 수확 체증은 수많은 소규모 회사가 똑같은 상품을 생산하는 완전 경쟁의 붕괴로 대개 이어진다는 점을 알아차릴 것이다. 또한 완전 경쟁이 표준 경제 모델로 얼마나 중요한지도 알아차릴 것이다. 그 밖에도 여러 사례를 들 수 있다. 까다로운 전문 용어를 쓴다고 쉽게 비난들을 하지만, 무척 복잡한 개념을 빠르게 설명하기 위해 사용될 경우 전문 용어는 경제 전문가가 서로 소통하는 데 매우 중요한 역할을 한다.

그런데 안타깝게도 전문적인 언어를 사용하면 비전문가는 무슨 말을 하는지 당최 알아듣지 못한다.

그러나 주의를 기울여 열심히 연구한다면 종종 일상에 쓰이는 영어로도 중요한 경제학적 통찰을 전할 수 있으며 생초보 독자에게도 그렇게 할 수 있다. 일례로 나는 이 글을 쓰기 직전에 미국 농촌의 쇠퇴를 주제로 글을 발표했는데, 사실은, 가장 많이 인용되는 내 학술 논문 〈수확 체증과 경제 지리학〉(1991)의 논지를 살짝 수정한 것이다. 이처럼 경제학을 일상 언어로 옮기는 작업은 중요할뿐더러 희열을 안겨 주기도 한다.

그런데 때때로 눈높이를 약간 높여 전문적 연구 논문은 아니지만 평소 내게 허락되는 양보다 전문 용어가 많이 등장하는 글이 쓰고 싶어진다. 이 장에는 그런 글을 뽑아서 실었다.

이 장을 여는 글은 요청을 받아 1991년에 썼다. 내 "인생철학"을 주제로 썼어야 했지만 그게 어쩐지 멋쩍었다. 경제를 연구하는 나만의 전략을 이야기하는 편이 훨씬 의미 있게 여겨졌다. 그리고 나는 이 글이 전문 용어를 약간 참아 낼 의향이 있는 일반 독자라면 내 삶을 이루는 다른 측면은 어떤 모습을 띠었는지, 수백만 독자를 향해 글을 쓰는 계기가 된 내 연구가 어떤 과정을 거쳐 이루어졌는지 어느 정도 이해를 높일 수 있다고 본다.

내 연구에서 중요한 부분은 거시 경제학, 특히 존 메이너드 케인스의 연구와 결부된 이론들과 관련 깊다. 우리가 지금 맞닥뜨린 위기에는 태연무심한 케인스주의의 정책이 필요하건만 유감스럽게도 유럽도 미국도 반응이 시큰둥했다. 〈불안정한 온건주의〉는 우리가 정책을 망친 이유를 파헤친 글이다. 케인스주의의 입장—시장 경제에 가치를 두지만 필요하다면 강한 정부가 이끄는 정책도 마다 않는—은 지혜로울지라도 지성적으로도 정치적으로도 일관하게 유지해 나가기가 어렵다는 것이 내 주장이다.

마지막으로, 2010년대 경제학을 쓰면서 비트코인이나 다른 암호 화폐를 언급하지 않을 수 없다. 나는 매우 회의적인 시각으로 바라보는데 여기 다시 실은 글에서 그 까닭을 설명한다.

나의 연구 방법론

《세이지Sage》, 1993년 10월 1일

이 글을 의뢰받을 때 공식적으로 내게 주어진 주제는 내 "인생철학"이었다. 처음부터 분명히 밝히건대, 나는 이 요구에 따를 의향이 없다. 내가 인생 일반에 대해 특별히 아는 것이 없어서다. 내 기억에 오스트리아에서 최고의 경제학자이자, 최고의 기수騎手이며, 최고의 사랑꾼이었다고 자랑한 이는 조지프 알로이스 슘페터였다. 나는 말도 타지 않기도 하거니와 이런저런 별다른 재주가 있다는 착각에도 빠져 본 적이 없다(요리는 꽤 하는 편이다).

이 글에서 내가 이야기하고 싶은 내용은 범위가 훨씬 좁다. 이 글은 생각하는 법에 대한 고찰, 특히 흥미롭게 경제학을 탐색하는 법을 살펴본다. 내가 보기에 우리 세대의 경제학자들 사이에서 나는 꽤 독특한 지적 방식의 소유자라 말할 수 있다. 그 방식이 동료들보다 반드시 낫다는 의미가 아니다. 훌륭한 경제학자가 되는 길은 여러 갈래니까. 하지만 한 가지 방식이 나와 잘 맞았다. 그 방식의 핵심 내용은 일반적인 연구 전략과 별 차이가 없으며 몇 가지 규칙으로 요약할 수 있다. 보다 정책 지향적인 내 글쓰기와 말하기 역시 결국은 동일한 원리에 바탕을 두고 있다. 나의 연구 규칙은 이 글 후반부에 가서야 나온다. 내가 어떤 우연들과 마주(했다고 생각)하면서 연구 여정을 밟아 왔는지 전하고 나서 그 규칙들을 더 잘 설명할 수 있다는 생각에서다.

출발

오늘날 젊은 경제학자들은 이미 최고의 경지에 오른 기량을 갖추고 이 분야로 들어온다. 애초에는 자연 과학이나 공학 계열에서 경력을 쌓을 작정이었지만, 이들은 계단을 쭉 미끄러져 내려와 가장 엄밀한 사회 과학 분야로 들어선다. 그 방향에서 경제학으로 들어오면 이점은 분명하다. 들어올 때부터 수학에 숙달해 있어서 정형 모델formal modeling 같은 개념을 매우 자연스럽게 받아들인다는 것. 그런데 나는 그러한 방향에서 들어오지 않았다. 내 출발은 역사를 향한 사랑이었다. 수학은 거의 공부하지 않았고 연구를 해 나가다 필요한 부문만 찾아서 익혔다.

　그럼에도 나는 일찌감치 경제학에 발을 꽤 깊이 들였다. 예일대 3학년생에 불과했지만 윌리엄 노드하우스William Nordhaus의 〈세계 에너지 시장〉 연구조교로 일했다. 대학원 진학은 자연스러운 과정이었고 나는 논문다운 논문을 처음으로 써 냈다. 국제 수지 위기를 이론적으로 분석한 내용이었다. MIT에서도 작은 수학 모델이 편했으며 이런 모델로 다루기 쉬운 단순화한 가설을 찾아내는 요령도 익혔다. 그럼에도 대학원을 마칠 때까지 아무튼 속마음으로는 아직 뚜렷한 진로를 정하지 못했다. 무엇을 연구해야겠다는 소신이 없었다. 내가 정말 연구를 좋아하는지조차 확신이 서지 않았다.

1978년 1월. 불현듯 나는 내가 걸어 온 지적 발자국을 깨닫게 되었다. 다소 막막한 기분이 들어 오래전부터 조언을 구해 오던 루디 돈부시 Rudi Dornbusch 교수를 찾았다. 몇몇 연구 구상을 설명했는데 그중에는 로버트 솔로Robert Solow가 강의하는 단기 과정에서 공부했던 독점 경쟁 모델 monopolistic competition model—특히 딕시트-스티글리츠의 작고 사랑스러운 모델—을 국제 무역과 연계해 연구해 볼 만한 점이 있다는 막연한 구상도 들어 있었다. 돈부시 교수는 그러한 내 구상에 표시를 하며 매우 흥미로운 가능성이 보인다고 조언했다. 나는 집으로 돌아와 진지하게 고민했다. 그리고 며칠도 안 되어 내가 평생 업으로 삼을 학문의 핵심이 될 무언가를 찾아냈다고 깨달았다.

내가 찾아낸 것이 무엇이었을까? 내 무역 모델들이 담고 있는 요지는 깜짝 놀랄 만한 내용이 아니었다. 누구나 한번쯤 생각하던 주제였다. 규모의 경제가 경쟁이란 이점이 없어도 국제 무역에서 독자적 요인으로 작용할 수 있다는 것이었다. 이는 내게 새로운 통찰이었으나 (곧 알게 되었듯이) 기존의 무역 이론을 비판하면서 이전에도 여러 차례 지적해 온 부분이었다. 아울러 내가 생각해 낸 모델에는 몇몇 미진한 면이 있었는데 특히 균형equilibrium이 대체로 많았다. 그렇다손 치더라도 모델을 다루기 쉽게 하려면 분명 비현실적 가설을 세워야 했다. 그리고 일단 이런 가설을 세우면 모델은 하찮을 정도로 단순해졌다. 그래서 모델을 구축해도 어떤 고도의 전문 기술을 드러낼 기회가 전혀 없었다. 어쩌면 내가 매우 시시한 연구를 하고 있다고들 여겼을지도 모른다(실제로 내 동료 일부는 이후 몇 년 동안 대놓고 그렇게 말하기도 했다). 그럼에도 나는 이러한 모든 특징이 실이 아니라 득이자 어떤 계획을 다년간의 생산적 연구로 이끌 수 있는 요소임을, 어떤 까닭에서인지 거의 바로, 알아차렸다.

물론 나는 기존의 이론에 대한 비판에서 수십 년 동안 지적해 온 어떤 내용을 다시 언급하고 있었다. 아직 내 주장은 국제 경제학에서 주류에 속하지 못했다. 내 주장이 깔끔한 모델로 표현된 적이 한 번도 없었기 때문이다. 그런데 새 독점 경쟁 모델이 내게 과거에 골치 아픈 불씨라고 치부하던 내용들을 활짝 열어젖힐 도구를 선사했다. 보다 중요한 점은, 내가 경제학의 방법론이 놀랄 만한 맹점을 낳는다고 별안간 깨달았다는 것이다. 우리는 형식화할 수 없는 요소를 보지 못한다. 무엇보다 가장 큰 맹점은 수확 체증과 연관이 있었다. 따라서 아주 가까운 곳에 내 소명이 놓여 있었다. 약간 다른 시각에서 문제를 바라보고 그렇게 함으로써 바로 우리 눈앞에 항상 존재해 온 요소를 명명백백히 드러내는 것.

그해 겨울과 봄에 걸쳐 종이에 옮긴 모델은 완벽하지 않았다. 누가 무엇을 생산하느냐 정확히 명시되기를 요구한다면 특히 그랬다. 그래도 나의 모델은 의미 있는 이론을 담고 있었다. 나는 내가 연구하는 내용을 분명히 표현해 내기 위해 오랜 시간을 들였고, 마침내 까다로운 문제를 다루는 한 가지 방법은, 특히 관점을 달리함으로써 질문을 바꾸는 것임을 깨달았다. 명세한 분석은 엄청난 고역을 치를 수 있지만 종합적이고 체계적인 데다 훨씬 간단한 그림이라도 사람들이 꼭 알아야 할 내용을 다 담아 낼 수 있다.

이 같은 체계를 갖추고 관점을 세워 그려 내려면, 당연히도, 딕시트-스티글리츠 모델과 그와 관련한 여러 모델의 토대를 이루는 대칭symmetry이라는 정말 우스운 가설을 받아들여야 한다. 그런데 이 우스운 가설로 나는 표준 경쟁 모델이라는 저 신성한 가설을 사용하라는 소리를 더는 듣지 않고도 설득력 있게 내 이론을 전할 수 있을 듯 보였다. 그리고 문득 우리는 경제학에서 항상 우스운 가설을 세우고 있다는 사실을 깨달았다. 이런 가설 가운데 일부는 너무 자주 끌어다 쓴 탓에 매우 자연스럽게 다가왔을 뿐이며, 따라서 가설이 다다르는 지점을 우리 눈으로 확인하기 전까지 그 모델을 우습다는 이유로 거부해선 안 된다는 것이었다.

끝으로, 모델이 갖는 단순성은 대학원에서 시간과 노력을 들여 애써 습득한 전문적 기량을 뽐내고 싶다는 내 오랜 욕구를 채우지 못할 수도 있었다. 그런데 그 단순성이야말로, 곧 알게 되었듯, 내 원대한 계획에서 고갱이였다. 이제껏 무역이론가들이 수확 체증의 역할을 규명하지 못했던 것은, 경험에 따른 확신에서 비롯했다기보다는, 무역이론가들이 그것을 모델화하기가 너무 어렵다고 판단했기 때문이다. 그런데 그 모델이 거의 유치하다시피 할 정도로 단순할 수 있음을 보여 준다면 기대 이상의 효과를 거두지 않을까.

그렇게 나는 스물다섯 살이 되기 전에 내가 무엇을 평생의 업으로 삼아 학문에 매진할지 찾아냈다. 내 거창한 계획이 다른 경제학자들의 반대에 부딪혔다면 어떻게 되었을지 모르겠다. 나는 어쩌면 성격이 괴팍하게 변했을 수도 있고, 어쩌면 확신을 잃고 노력을 포기했을 수도 있다. 그런데 사실 모든 일이 놀라우리만치 잘 풀렸다. 나 혼자만의 생각이긴 하지만, 1978년 1월 내 연구에서 핵심을 이루는 부분이 전환점을 맞고 난 뒤로 놀랍게도 나는 한결같은 길을 걸었다. 몇 달이 채 안 되어 나는 독점 경쟁 무역에 대한 기본 모델을 완성해 냈다. 알다시피, 한편에서는 애비너시 딕시트Avinash Dixit와 빅터 노먼Victor Norman이, 다른 한편에서는 켈빈 랭커스터Kelvin Lancaster가 동시에 하지만 독자적으로 비슷한 모델을 내놓았다. 나는 논문을 내는 데 약간 애를 먹긴 했어도 —경제학에서 혁신이 일어날 때마다 부딪히는 운명처럼, 가장 권위 있는 학술지(《계간경제학Quarterly Journal of Economics》)가 내 논문을 무시하며 게재를 거부했다— 굴하지 않았다. 1978년부터 약 1984년 말까지 사실상 내 모든 연구 역량은 국제 무역에서 수확 체증과 불완전 경쟁이 어떤 역할을 하는가라는 문제에 투입되었다(미국 정부에서 일하느라 1년을 떠나 있었다. 아래에서 설명한다). 여기까지는 나 홀로 나서 온 탐험이었으나 하나의 동향이 형성되면서 나와 똑같은 길을 걷는 사람들이 생겨났다. 누구보다 엘하난 헬프먼Elhanan Helpman—신실하고 자기 수양이 뛰어나 내 부박하고 번잡한 성격에 훌륭한 동반자였던 심오한 사상가—이 먼저 중요한 이바지를 하며 내게 공동 연구를 제안했다. 우리의 역작《시장 구조와 국제 무역Market Structure and Foreign Trade》(1985) 덕에 우리 이론이 존중받았으며 거의 표준으로 자리매김했다. 7년 만에 우상을 파괴하듯 정설을 뒤엎은 것이다.

이유야 어떻든, 나는 수확 체증을 다루겠다는 원대한 포부를 1980년대 몇 년 동안 묵히며 관심을 국제 금융으로 돌렸다. 이 분야에서 내 연구는 주로 현 정책 쟁점에 자극을 받은 작은 모델들로 이루어졌다. 이들 모델에는 내 무역 모델처럼 주제를 통합하는 면은 부족했지만, 지금 돌이켜 보면, 나는 금융 연구도 어느 정도는 무역 연구와 매우 비슷한 지적 방식으로 아울러 나갔다.

1990년에 나는 새로운 방향에서 수확 체증의 경제학으로 돌아왔다. 수확 체증이 무역에서 하는 역할에 정당성을 부여한 그 방식을 이용해 버림받은 한 분야를 온전히 개척할 수 있다는 데 문득 생각이 미쳤던 것이다. 그 분야란 바로 공간에서 생산 활동의 입지를 연구하는 경제 지리학economic geography 분야였다. 실증적 통찰이 번득이고 풍부한 이론이 깃들어 분명 실질적 중요성을 띨 만한 분야였다. 어쩌면 무역 분야보다 그 잠재력이 더욱 클 수 있었다. 아무도 형식화할 마땅한 길을 찾지 못해 바로 우리 코앞에서 눈길 한번 받지 못한 채 놓여 있는 분야였다. 내게 지적 유년기 최고의 순간이 다시 다가온 듯했다. 지리학 연구는 고된 작업이다. 고심에 고심을 거듭해야 모델이 분명하게 그려진다. 나는 자료 분석뿐 아니라 이론화에조차 컴퓨터의 도움이 필요하다고 점점 깨닫고 있다. 그럼에도 지리학 연구는 엄청난 보람을 안긴다. 이론화 과정에서 전율이 가장 짜릿하게 이는 순간은 모델이 이미 분명히 드러났어야 하던 무언가를, 세계에 대해 알고는 있지만 아직 진가는 모르던 내용을 바로 이해할 수 있게끔 무언가를 알려줄 때다. 지리학은 여전히 그런 매력을 지니고 있다.

내 지리학 연구는 논문을 쓰는 동안 나를 멀리 경계 밖으로까지 이끌었다. 특히 지리학적 모델에서 자연스레 떠오르는 개념과 기존의 개발 경제학development economics이 쓰는 언어 사이에는 분명한 연관이 있다. "고도 개발 이론high development theory"은 1940년대와 1950년대에 한창 번성하다 이어 쇠퇴했다. 그래서 나는 내 연구 계획의 기본 토대가 계속 범위를 넓혀 나갈 수 있으리라 기대한다.

연구 규칙

1978년 내 연구가 태동하던 순간을 이야기하는 과정에서 나는 이미 내가 세운 기본 연구 규칙 네 가지를 넌지시 내비쳤다. 이제 이들 연구 규칙을 분명하게 밝힌 다음 설명을 이어 나가려 한다. 규칙은 다음과 같다.

1. 타 분야 전문가의 말에 귀 기울여라.
2. 질문을 의심하라.
3. 기꺼이 우스워져라.
4. 첫째도 단순화, 둘째도 단순화.

타 분야 전문가의 말에 귀 기울여라

이 규칙이 가리키는 바는 "나와 행동 양식이나 분석 언어가 다르다 하더라도 현명한 사람이 하는 말에 귀 기울여라"다. 사례를 들어 설명하는 편이 요점을 가장 잘 설명하는 방법이 되리라. 국제 무역을 다시 살펴보기 시작했을 때, 난 이미 상당한 학술 문헌에서 기존의 무역 이론을 비판했다. 경험주의자들이 지적하듯 무역은 부존자원이 비슷해 보이는 국가 사이에서 주로 이루어졌으며 그리고 이런 무역은 대부분의 생산품이 비슷해 보이는 산업 내 교환과 관련 깊었다. 예리한 평자들은 실제 세계 시장에서 규모의 경제와 불완전 경쟁이 중요하다는 점에 주목했다. 그러나 이 날카로운 논평들은 주류 무역이론가들에 의해 전부 무시되었다. 어찌 되었든, 이러한 이론가들의 비평은 종종 비교 우위를 잘 이해하지 못하는 듯 비쳤으며 자신만의 논리 정연한 모델을 제시하지도 못했다. 그렇다면 왜 이들에게 관심을 기울여야 할까? 결론을 말하자면, 경제학계가 바로 코앞에 놓인 증거와 이론을 간과했기 때문이다.

똑같은 이야기가 지리학에서도 되풀이된다. 지리학자들과 지역과학자regional scientist들은 국지적 외부 경제 효과의 속성과 중요성에 대해 상당한 증거를 모으고 철저하지는 않더라도 논리정연하게 그 증거를 체계화했다. 경제학자들은 스스로 체계를 세워 이론을 내놓아야 했음에도 그 임무를 저버렸다. 증거를 말하는 사람들이 다른 언어를 썼기 때문이다.

정석에 따른 경제 분석이 가치가 없다거나, 경제 문제에 관해서라면 누구의 의견이든 다 똑같이 타당하다고 말하려는 게 아니다. 그 반대다! 나는 모델이 정말 중요하다고 생각한다. 모델과 우리 정신 사이 관계는 석기 시대의 창던지기와 팔 사이 관계와 같다. 모델은 통찰력이 발휘하는 힘과 범위를 크게 확장한다. 특히 모델 창안자들이 상황을 비현실적으로 단순화한다고 비난하면서 정작 자신이 세운 가설은 명확하게 밝히지 않은 채 자신이 보다 정교한 이론을 구축하고 있다고 여기는 이들에게 나는 전혀 공감하지 않는다. 요점은, 경제 모델은 은유이지 진리가 아님을 깨달아야 한다는 것이다. 수단과 방법에 구애받지 말고 생각을 모델로 표현해 내자. 되도록 멋지게(자세한 내용은 아래에 이어진다). 하지만 은유를 잘못 선택했을지도 모른다는 점을, 그리고 다른 은유로 누군가가 우리가 놓치고 있는 부분을 보고 있을지도 있다는 점을 항상 명심하자.

질문을 의심하라

1978년 전에는 외부 경제 효과와 국제 무역을 다룬 학술 논문이 많지 않았다. 그렇다고 그 논문들이 영향력이 아주 크지도 않았다. 논문들이 뒷부분으로 갈수록 뒤죽박죽인 듯 보였기 때문이다. 논문들은 매우 단순한 모델임에도 도출할 수 있는 여러 결과를 두고 분류라는 수렁에 빠져 버리곤 했다. 이후 외부 경제 효과와 국제 무역을 다룬 학술 논문들이 이 엉망진창 같은 결말로 끝나는 이유가 분명히 드러났다. 모델 창안자들이 자신의 모델에 기존 무역 모델이 하는 역할을 곧 특화와 무역의 정확한 형태를 예측하는 일을 요구했기 때문이다. 그렇다면 왜 저 특정한 질문을 던져야 할까? 헥셔-올린 모델Heckscher-Ohlin model에서조차 "어떤 국가든 자국에 풍부한 요소를 집약해 생산한 상품을 수출하는 경향이 있다"와 같은 내용을 강조하고 싶어 한다. 특정 모델이 자본이 풍부한 국가 홈Home이 자본 집약적 상품 X를 수출한다고 말할 때, 이 모델이 가치를 갖는 이유는 모델이 우리에게 그 통찰을 이해하기 선명하게 해 주어서지, 지나치게 단순화해 놓은 모델이 제시하는 그런 특정한 세부 사항을 우리가 정말로 중요하게 여겨서가 아니다.

알다시피 두 부문, 두 상품을 다루는 고전적 모델에서 그런 세부 사항을 이끌어 내야 한다고 요구하지 않으면 외부 경제 효과 모델은 전혀 뒤죽박죽이 될 필요가 없다. 복지와 세계 소득world income을 어떻게 분배하느냐와 같은 "구조system"를 질문하는 한 매우 단순한 모델을 깔끔하게 만들어 낼 수 있다. 그리고 이런 구조를 묻는 질문이야말로 우리가 진정 관심을 기울여야 하는 부분이다. 차고 넘치는 세부 사항에 초점을 맞추면, 터놓고 말해, 진부한 모델에 뿌리 깊이 박힌 편견을 단지 삶을 더 고달프게 하는 영역으로 옮겨 놓은 꼴이 되어 버린다.

이는 내가 연구해 온 수많은 부문에도 고스란히 적용된다. 보통 한 분야에 몸담고 있는 사람이 매우 골치 아파 보이는 문제에 빠져 헤어 나오지 못할 때, 자신이 정말 올바른 질문에 따라 연구하고 있는지 묻는 것은 매우 지혜로운 태도다. 종종 다른 질문이 대답하기 더 쉽고 실제로 더 재미난 법이다! (이 요령은 종종 사람들을 화나게 한다는 단점이 있다. 힘겨운 문제와 수년을 씨름해 온 학자는 누가 그의 분야가 에둘러 가도 다시 살아날 수 있음을 알려 주어도 그 제안에 거의 고마워하는 법이 없다.)

기꺼이 우스워져라

경제 이론으로 논문을 발표하고 싶을 때에 안전한 접근법이 있는데, 개념적으로는 사소하지만 수학적으로는 어렵게 몇몇 익숙한 모델로 확장하는 것이다. 모델의 기본 가설이 이미 익숙한 만큼, 사람들은 그 가설을 이상하게 여기지 않는다. 아울러 어려운 기술을 구사하며 연구한 만큼, 당신의 그 증명 능력은 높이 평가된다. 그런데 안타깝게도 당신은 인류 지식에 크게 이바지하지는 못한다.

새로운 무역 이론을 연구해 나가면서 내가 겪은 과정은 이와 거의 정반대였다. 내가 끌어 온 가설은 매우 생소했으며 그런 가설로 아주 단순한 연구를 했다. 이렇게 하려면 엄청난 자신감이 필요하다. 사람들이 (특히 심사위원들이) 처음에는 그 연구를 그저 비판하는 것을 넘어 비웃으려 들 게 뻔하기 때문이다. 어찌 되었든 그 가설은 매우 독특해 보일 것이다. 생산 함수production function가 동일한 상품의 연속체가 대칭적으로 효용을 갖는다고? 국가들이 경제 규모도 똑같을 뿐 아니라 거울에 비친 상처럼 부존자원도 똑같다고? 사람들은 왜 그토록 우스꽝스러운 가설의 모델에 관심을 갖는지 묻는다. 특히 어려운 문제를 풀어 자신의 역량을 증명해 낸 분명히 더 똑똑한 젊은이들의 경우에.

많은 경제학자가 실은 모델이 하나같이 우스운 가설에 기반을 둔다는 점을 받아들이기 몹시 힘들어하는 듯 보인다. 우리가 아는 인지 심리학의 관점에서 효용 극대화utility maximization라는 개념은 터무니없어 보인다. 다시 말해 균형은 금융 시장 밖에서는 매우 어리석게 여겨지고, 완전 경쟁perfect competition은 대다수 산업에서 어처구니없는 것으로 받아들여진다. 그런데 이러한 가설을 세우는 이유는 그 가설이 합리적이라서가 아니라 실제 세계에서 일어남 직한 일을 유용하게 은유하는 모델을 그려 내는 데 도움이 된다는 점에서다.

일부 경제학자가 단순히 유용한 모델이 아니라 신성한 진리를 드러낸다고 생각하는 예를 들어 보자. 애로-드브뢰 모델Arrow-Debreu model은 효용 극대화와 완전 시장complete market으로 완전 경쟁을 다루고 있다. 정말 멋진 모델이다. 이 가설이 조금이라도 타당해서가 아니라 그것이 경제 효율성의 속성과, 시장 체제에서 효율성을 이루어내는 전망을 보다 정확하게 사고하도록 우리를 이끌어서다. 애로-드브뢰 모델은 실제로 우스움이 지닌 탁월하고도 경이로운 면모다.

나는 우스움이 창의성을 발휘하는 시대가 지나갔다고 보지 않는다. 경제이론가에게 미덕은 이미 몇백 편에 이르는 논문에 쓰였다고 하여 자연스러운 듯 다가오는 가설에서 마지막 피 한 방울을 쥐어짜는 데 있지 않다. 새 가설이 가치 있는 통찰력을 다방면으로 비춘다면 이상하게 보이더라도 마음 쓰지 말자.

첫째도 단순화, 둘째도 단순화

"기꺼이 우스러워져라"라는 권고가 단련을 하지 않아도 좋다는 허가증은 아니다. 사실, 매우 혁신적인 이론을 연구하는 데는 확실히 인정받는 학술 논문으로 연구하는 경우보다 훨씬 탄탄한 지적 단련이 필요하다. 연구에서 꾸준히 노정을 밟아 나아가기가 정말 힘들다. 지형이 낯설어 다람쥐 쳇바퀴 돌 듯 제자리를 맴도는 자신과 아주 쉽게 마주친다. 어디에선가 케인스가 이렇게 썼다. "저 혼자만의 생각에 몰두하는 사람이 잠시라 할지라도 얼마나 어리석은 일을 믿을 수 있는지는 깜짝 놀랄 정도다." 또한 지난 몇 년 동안 나와 같은 문제를 씨름하지도 않았을뿐더러 앞으로 몇 년 동안 나와 같은 결론을 열심히 고심하지도 않을 사람이 별다른 노력을 기울이지 않고도 이해할 수 있는 방식으로 이론을 창출해 내는 일이 정말 중요하다.

다행히도 두 가지 임무를 다 이룰 수 있는 전략이 있다. 이 전략을 쓰면 스스로 깨달은 통찰을 견고하게 유지해 나가는 데 도움을 줄 뿐 아니라 그런 통찰이 다른 이들에게도 다가갈 수 있게 보탬을 주기도 한다. 그 전략이란 가능한 한 가장 단순한 모델로 이론을 표현하려고 노력하는 것이다. 해체를 거듭하며 최소주의minimalist 모델에 이르는 행동만으로도 말하고자 하는 내용의 핵심에 도달하게 된다(그리고 그런 상황 속에서는 사족을 달 필요도 없다는 점이 곧 확연해진다). 게다가 이 최소주의 모델은 다른 경제학자들에게도 마찬가지로 더 쉽게 설명을 전한다.

나는 이 "최소한의 형태에 필수적 내용을 담는 모델minimum necessary model" 접근법에 대해 거듭해서 썼다. 예를 들면 한 요소, 한 산업 모델로 무역에서 독점 경쟁의 기본 역할을 설명했고, 헥셔-올린의 최대 요소 대체full factor substitution가 아니라 부문별 노동을 가설로 삼아 산업 내 무역 효과를 논했고, 대칭을 이루는 국가로 연구해 상호 투매의 역할을 평가했고, 이 외에도 이러저러한 것을 더 열거할 수 있다. 그 결과, 사례마다 나는 무척 어렵게 다가오는 주제를 첫눈에 보기에 우스울 만치 단순한 도구로 폭넓게 다룰 수 있었다.

이 전략에도 당연히 단점이 있다. 여러 동료는 깜찍하고 앙증맞은 모델로 표현할 수 있는 통찰이 사소하면서도 분명해야 한다고 여기는 경향이 있다는 것이다. 단순성이 몇 년에 걸친 고된 사고의 결과물일 수 있다고 깨닫는 데는 지적 교양이 약간 필요하다. 이런 이야기를 들은 적 있다. 조지프 스티글리츠가 예일대에서 종신 교수 심사를 받고 있을 때였다. 한 선배가 스티글리츠의 연구가 대개 심오한 정리定理, theorem가 아니라 작은 모델로 이루어져 있다며 폄하했다. 그때 다른 동료가 물었다. "그런데 폴 새뮤얼슨이라도 똑같이 말할 수 있겠습니까? 아니잖습니까?" 그 선배는 "아니요, 그럴 수 있습니다"라고 대답했다. 내 연구에도 똑같은 반응이 나왔다고 전해 들었다. 다행스럽게도 지적 교양이 높은 경제학자들은 주위에 많아 결국 대개는 지성의 정의는 그 대우를 받는다. 무엇보다 이제껏 어느 경제학자도 밟지 않은 영역을 용감하게 헤쳐 나아가는 동안에는 물론이거니와, 이후 어린아이 장난 같아 보이는 방식으로 연구해 나아가는 동안에도 남다른 기쁨을 맛볼 수 있다.

지금까지 내 연구의 기본 규칙을 서술했다. 이 네 가지 규칙을 "새로운 무역 이론"을 전개해 나가면서 겪은 경험과 최근에 경제 지리학 연구로 확장해 나가는 과정을 실례로 들어 설명했다. 여기에 지면을 할애한 이유는 이 주제들이 내 연구에서 핵심을 이루기 때문이다. 이 밖에도 나는 다른 일도 꽤 해 왔다. (내가 보기엔) 어떤 의미에서는 같은 모험에 속하는 일들이다. 그래서 이 글 나머지에서는 그 다른 일에 대해, 특히 한 사람안에 어떻게 정책경제학자와 분석경제학자가 공존할 수 있는지에 대해 이야기해 보고 싶다.

정책 관련 연구

경제이론가들은 대개 현 정책과 관련한 쟁점에 간여하지 않는다. 아니면 정책과 관련한 논쟁에 개입하더라도 경력을 어느 정도 쌓은 중반 이후에나 그렇게 한다. 두 가지를 동시에 다 하느니 창의력을 발휘해 이론을 정립하는 길을 추구하는 일이 더 가치 있다고 여기는 데서 비롯하는 일인 듯하다. 그리고 훌륭한 이론을 세우는 데 필요한 전심전력을 기울어야 하는 명확한 목적과, 정치 논쟁에 활발하게 참여하는 데 요구되는 골치 아픈 논점을 기꺼이 용인하는 태도는 양립할 수 없다는 합의가 있는 듯하다. 하지만 내게는 꼭 그렇지 않았다. 나는 미국 정부에서 꼬박 1년 동안 자문역을 맡았고 여러 정부와 공공 기관에서도 수없이 자문을 맡은 바 있어 학자로서의 경력이 다채로운 편이다. 아울러 책도 써오고 있어, 《기대 감소의 시대The Age of Diminished Expectations》(1990)는 비전문가 독자를 대상으로 했다. 논문 또한 꾸준히 써 오고 있는데 그 동기는 연구에 따른 내적 논리가 아니라 시사와 관련 깊은 현 정책 논쟁을 이해하려는 시도에서였다. 예컨대 제3세계 빈곤 구제, 환율 안정을 도모하는 환율대target zones for exchange rates, 지역 무역권 부상 등등이다. 이 모든 것이 내 연구에 해롭지 않았다. 밝히건대, 내가 아끼는 몇몇 논문은 이러한 정책 지향적 연구의 결실이었다.

왜 정책 관련 활동이 내 "진정한" 연구와 충돌을 일으키지 않은 듯 보일까? 내가 보다 기본적인 연구 활동에 활용한 똑같은 방법을 거의 그대로 쓰면서 정책 쟁점에 접근해 나갈 수 있었기 때문이 아닌가 한다. 신문 보도 또는 중앙은행 총재나 재무장관의 우려에 관심을 보이는 행동은 타 분야 전문가들의 말에 귀 기울이는 일의 또 다른 형태다. 그들이 안고 있는 문제를 규명하는 유용한 방법을 찾으려는 노력은 이론 속 질문을 의심하는 일과 거의 다를 바 없다. 박식하다고 여겨지지만 어떤 사안에 비정통적 견해를 가진 사람과 맞부딪히는 일에는 기꺼이 자신이 우스워지려는 용기가 필요하다. 물론 가차 없는 단순화는 이론 그 자체에서보다 정책 논의에서 더 빛을 발한다.

정책과 관련한 경제학을 연구한다고 해서, 나에게는, 지적 방식이 급격히 바뀐다는 의미가 아니다. 그리고 그 나름의 보상도 있다. 솔직하게 인정하자. 화려한 학술회의나 강연에도 초청을 받으며 오로지 학문에만 전념하는 학자보다 사례도 훨씬 두둑이 받는다. 정책 연구가 주는 기쁨의 하나가 자본가 계급에 충격을 주고 공직의 무의미함이나 어리석음을 지적하는 기회라는 점 또한 인정하자. 예컨대 내가 알기로는 마스트리흐트 조약Maastricht Treaty〔유럽공동체EC의 통화 동맹과 정치 통합 등을 약속한 조약. 1992년 2월 서명〕의 모순을 지적하는 데 약간 재미를 붙인 국제 경제학자가 나만은 아니었다. 많은 사람이 오래전부터 예측해 온 유럽환율조정기구Exchange Rate Mechanism의 위기가 1992년 가을에 실제로 닥쳤을 때 심술궂은 즐거움 이상을 맛본 사람도 나만이 아니었다. 그러나 뭐니 뭐니 해도 정책 연구로 얻는 주된 보상은 다름 아닌 지적 자극이다. 현실 세계와 연관한 질문이 전부 흥미로운 것은 아니지만 ―조세 관련 내용은 어느 것이나 여느 수면제보다 효과가 좋다― 2년마다, 더 자주는 아니더라도, 국제 경제는 흥미로운 연구로 이어지는 질문을 던진다. 나는 프라자Plaza협정이나 루브르Louvre협정, 브래디플랜Brady Plan, 북미자유무역협정, 유럽통화동맹European Monetary Union에 이론적 논문을 써야겠다고 자극을 받았다. 이들 논문은 모두, 내가 생각하기에, 정책이라는 맥락이 없이도 독자적 체계를 갖추었다.

정책 순회 길에 오른 경제학자들에게는 연구다운 연구에 몰두할 시간이 턱없이 부족하다는 위험이 당연히 따른다. 분명, 나는 학회에 낼 논문을 정말 수없이 쓴다. 글을 매우 빠르게 쓰는 편인데 어쩌면 나는 그 재주를 남용하고 있는지도 모른다. 그런데 내가 보기에 정책 연구를 할 때 직면하는 가장 큰 위험은 시간을 소모하는 데 있지 않고 가치를 위협하는 데 있다. 그저 글만 쓰기보다는 정책에 직접적으로 영향을 끼치는 일이 더 중요하다는 믿음에 현혹하기 쉽다는 것이다. 여러 동료에게서 자주 그런 모습을 보아 왔다. 일단 그 길을 따라 발걸음을 떼면, 데이비드 멀포드David Mulford가 로버트 솔로보다 중요하다고 여기기 시작하면, 애비너시 딕시트와 이론을 논하기보다 루리타니아(가상의 왕국)의 재무장관과 담소 나누기를 더 좋아하기 시작하면 그 사람은 십중팔구 연구와 점점 담을 쌓을 것이다. 그러고는 곧 십중팔구로 "충격impact"을 동사로 사용하기 시작할지도 모른다.

다행히도, 나는 정책과 관련한 쟁점들을 매우 즐겨 다루지만 정책입안자들을 아주 진지하게 따를 수는 없었다. 이와 같은 진지함의 부족이 나를 종종 곤경에 빠트리고 ―언젠가 학회 논문에서 프랑스를 언급하며 삽입 어구로 가볍게 덧붙인 농담이 마침 학회에 참석한 프랑스 공무원의 격렬한 비판으로 이어졌던 때처럼― 또한 나를 중요한 정책들을 입안하는 직책에 오르지 못하게 막고 있는지도 모른다. 그래도 뭐 괜찮다. 결국 나는 실권을 쥐는 지위에 오르기보다는 유익한 논문을 몇 편 더 쓸 테니까. (정책 분야에 보내는 참조 사항: 그렇다고 내가 그런 자리를 제의받으면 꼭 거절하겠다는 뜻은 아니다!)

후회

내 삶과 성격에서 여러 가지가 후회스럽다. 학자로서는 놀라우리만치 잘 풀렸을지라도 그 외에는 그만큼 수월하지도 행복하지도 않았다. 하지만 이 글에서는 업과 관련한 후회만 털어 놓으려 한다.

가볍게 드는 후회라면, 실제로 진지한 실험 연구에 내가 참여해 본 적이 없다는 점이다. 내가 사실이나 실수實數를 싫어한다는 말이 아니다. 실은 도표나 그래프나 다소 고리타분해 보이는 형태로 가볍게 경험을 쌓는 일이 나와 꽤 들어맞았다. 그러나 자료를 축적하고 철저히 분석하는 만만찮은 일에까지 내가 관심을 둘 성싶지 않았다. 이는, 내 생각에, 나의 이론이 대체로 계량 경제학적 표준 시험에 쉬 적합하지 않기 때문이기도 하다. 그러나 대개는 인내심과 조직 능력이 부족한 탓이다. 해마다 참된 실험 연구를 하겠다고 다짐한다. 내년에는 정말 꼭 하고 말 것이다!

보다 막심한 후회라면, MIT 수업 평가에서는 나를 꽤 훌륭한 강의자로 인정하지만 아직 전도양양하고 실實다운, 선생의 명예를 드높이는 그런 제자들을 배출하지 못했다는 점이다. 그렇게 하지 못한 데에는 궁색하나마 변명을 댈 수 있다. 학생들은 종종 더 체계적이고 덜 직관적인 조언자를 따른다. 그런데 나는 수학을 덜 활용하고 경제학을 더 포용하라고 요구하면서 너무나 자주 학생들을 윽박는다. 내가 열에 아홉은 분주하고 산만해 보이는 것 또한 사실이고, 어쩌면 나 스스로 영감을 줄 만큼 인상이 강하지 않은지도 모른다(내 키가 몇 센티미터 더 컸다면 사정이 달라졌을까⋯⋯). 이유야 어쨌든 나는 더 잘 해낼 수 있기를 바라며 부단히 노력할 것이다.

대체로 나는 운이 무척 좋았다. 그리고 그 행운은 대개 우연히 내게 다가들었다. 많은 우연이 나를 내게 매우 잘 맞는 지적 방식과 만나게끔 이끌었다. 이 글에서는 그 지적 방식을 규명하고 설명하려 했다. 이것이 인생철학일까? 물론 아니다. 경제 연구 철학인지조차 확신할 수 없다. 한 경제학자에게 통한 방법이 다른 경제학자에게는 통하지 않을 수도 있다는 점에서다. 그럼에도 이것이 내 연구 방식이고 나는 그 덕을 톡톡히 보고 있다.

불안정한 온건주의

《뉴욕타임스》 블로그, 2010년 11월 26일

브래드 드롱은 대침체를 겪고 나서 우리의 역사 인식이 어떻게 바뀌어 왔는지 이렇게 쓴다. "우리는 할아버지 세대를 안타깝게 여기곤 했다. 대공황에 효과적으로 맞서 싸울 지식도 연민도 없었다는 점에서다. 그런데 지금 우리 모습을 보면 오래전에 했던 그 실수를 되풀이하고 있다." 드롱의 말에 공감한다.

지난 3년에 걸쳐 실패한 정책을 살펴보면서, 나는 이 실패는 뿌리가 깊다는 점을, 어떤 의미에서 우리는 이 길을 걸어갈 운명이라는 점을 더욱 확신하기에 이르렀다. 분명 지금 나는 드롱과 내가 함께 지지하는 온건한 경제 정책 체제, 다시 말해 시장이 스스로 돌아가게끔 놓아두지만 정부가 경기 과열에는 고삐를 쥐고 경기 침체에는 맞서 싸우는 체제가 태생적으로 불안정하다고 의심하고 있다. 한 세대 정도는 유지할 수 있겠지만 그 이상은 무리인 체제가 아닐까 하고.

"불안정"하다고 했지만 나는 [하이먼] 민스키(Hyman Minsky)식 금융 불안정을 가리키지 않는다. 물론 일부는 차지할 테지만. 그보다 결정적 요인은 이 체제가 지적으로도 정치적으로도 불안정하다는 데 있다.

지적 불안정

매일 연구를 해 나가면서 내가 적용하는 경제학의 갈래—여전히 지구상에서 단연코 가장 합리적인 접근법이라 여기는—는 대개 폴 새뮤얼슨이 1948년 모범적인 경제학 교과서 초판을 출판할 때 크게 정립해 놓은 체계다. 그것은 보이지 않는 손이 어떻게 전반적으로 바람직한 결과를 낳는지 강조하는 웅대한 전통의 미시 경제학과, 경제가 내연 기관에 문제를 일으킬 수 있으며 따라서 정책의 개입이 필요하다는 견해를 강조하는 케인스주의 거시 경제학을 결합한 접근법이다. 새뮤얼슨형 통합 이론에서는 어느 정도 완전 고용을 이루려면 정부의 힘이 필요하다. 따라서 이를 전제로 받아들일 때에만 자유–시장의 평범한 미덕이 부각된다.

이는 매우 이치에 닿는 접근법이다. 하지만 지적으로는 불안정하다. 경제를 바라보는 사유 방식에 약간의 전략적 모순을 필요로 한다는 점에서다. 미시 경제학을 연구할 때에는 합리적 개인과 빠른 시장 청산market-clearing을 가정한다. 거시 경제학을 연구할 때에는 마찰과 비상조치 행위를 꼭 가정해야 한다.

그렇다면 어떻게 해야 할까? 유용한 지침을 추구할 때 모순은 악덕이 아니다. 그리고 지도는 영토가 아니기에 이루고자 하는 바에 따라 여러 다른 지도를 활용해도 괜찮다. 운전을 하고 있다면 도로 지도야 차고 넘치고, 산을 타고 있다면 정말 필요한 지도는 지형도다.

그런데 경제학자들은 미시 경제학과 거시 경제학 사이에 놓인 경계선을 향해 나아갈 수밖에 없었다. 이는 실제로는 거시 경제학이 미시 경제학을 점점 닮아 가려 애쓰고 있으며 그 기초를 최적화와 시장 청산에 더 두려고 했음을 의미한다. "미시적 기초microfoundation"를 공급하려는 시도가 부족했다면 어땠을까? 글쎄, 인간 성향과 더불어 추종자 체감 법칙law of diminishing disciples을 감안해 보면 십중팔구 경제학계에서 상당수가 모델과 맞지 않다는 이유를 들어 어쩔 수 없이 경기 순환의 현실을 그냥 무시하지 않았을까.

그 결과, 나는 우리가 맞닥뜨린 시기를 거시 경제학의 암흑시대라 부른다. 대다수 경제학자가 말 그대로 1930년대와 1940년대에 어렵게 얻은 통찰을 전혀 알지 못했고 또한 그 무지를 지적당하면 으레 발작에 가까운 격분을 터뜨렸다.

정치적 불안정

보수주의자이면서 케인스주의자일 수 있다. 훗날 케인스는 스스로 자신의 연구를 "함축된 의미로 보면 온건 보수주의"라고 표현한 바 있다. 그러나 현실에서 만나는 보수주의자들은 항상 정부가 경제에서 어떤 역할이든 유용한 역할을 할 수 있다는 주장을 사회주의자들이 분열을 초래하려 밀어 넣는 쐐기의 가는 날이라고 바라보았다. 윌리엄 F. 버클리 주니어William F. Buckley Jr.가 《예일의 신과 인간God and Man at Yale》(1951)을 썼을 때, 그의 주된 불만의 하나가 예일대 교수진이, 세상에!, 케인스 경제학을 가르친다는 점이었다.

나는 통화주의가, 사실상, 거시 경제학적 현실을 부정하지 않으면서 보수주의자들의 정치적 편견을 누그러뜨리려는 시도라고 늘 여겨 왔다. 프리드먼이 내세운 주장은, 실은, 그렇다, 우리에게는 경제를 안정화할 정책이 필요하다는 것이었다. 하지만 우리는 그 정책을 전문적으로 그리고 대체로 기계적으로 마련할 수 있으며, 우리는 그 정책을 다른 모든 요소로부터 떼어낼 수 있다는 것이었다. 그냥 중앙은행에 총통화M2를 안정화하라고 지시하라, 그리하면 자유도 함께 울려 퍼질지니!

통화주의가 실패했을 때 ―입씨름을 불러오는 말이지만, 알다시피, 정말 실패했다― 그것은 독립적인 중앙은행 숭배로 바뀌었다. 다수의 은행가가 본원 통화를 책임지게끔 하고, 아울러 이들을 정치적 압력에서 차단하고 경기 순환에 대처하게끔 하자. 그러는 사이 다른 모든 요소는 자유-시장 원리에 따라 운영될 수 있다.

이는 한동안 대략 1985년부터 2007년까지로 보는 대안정기에 효과를 거두었다. 그 요인은 중앙은행이 어느 정도 지적으로 단절되어 있기도 했지만 정치적으로 더 절연되어 있었기 때문이다. 거시 경제학의 암흑시대를 살면서 중앙은행은 나머지 세상이 어떻게 돌아가는지 모르는, 고대 문서를 쌓아 놓고 연구에만 몰두하는 수도원이 되어 갔다. 실물경기변동real business cycle파가 전문 학술지를 장악하는 그 순간에도 연준 내 연구 부서는 재정 정책은 고사하고 통화 정책이 중요하다는 모델조차 발표하기도 매우 어려울 정도로 상대적으로 현실적인 방법을 찾으며 경기 대응적counter-cyclical 정책을 계속 연구해 나갔다.

하지만 이것도, 역시나, 불안정했다. 우선 머지않아 충격이 닥칠 수밖에 없었다. 그런데 그 충격이 너무 커서 중앙은행은 보다 폭넓은 재정 정책의 도움 없이는 그 충격을 감당해 낼 수 없었다. 이뿐만 아니라 곧 야만인이 수도원을 호시탐탐 벼를 터였다. 현재 양적 완화를 향한 광기가 보여 주듯이 침략자 무리들이 속속 도착하고 있다.

재정적 불안정

마지막으로 꼭 짚고 싶은 내용은, 중앙은행이 주도한 안정화 정책의 성공 자체가 금융 규제 완화—그 자체가 자유-시장 원리주의 부활의 부산물인—와 결합해 중앙은행이 감당하기엔 지나치게 벅찬 위기의 장을 키웠다는 점이다. 이것이 민스키주의Minskyism다. 장기간에 걸친 상대적 안정성이 보다 큰 위험 감수, 보다 큰 차입 자본 투자(레버리지)로 이어지다, 결국은 어마어마한 부채 줄이기(디레버리지)라는 충격을 불러왔다. 그리고 밀턴 프리드먼이 틀렸다. 경제를 유동성 함정으로 몰아넣은 정말 심각한 타격을 입자 중앙은행은 불경기를 막을 수 없었다.

게다가 그 거대한 충격이 다가올 무렵, 정치적 이유로 정책 행동주의를 거부하는 상황과 맞물린 지적 암흑시대로 추락하며 우리는 보다 폭넓은 대응에 합의할 수 없는 처지가 되었다.

결국 새뮤얼슨형 통합 이론의 시대는, 두렵지만 험악한 결말을 맞이했다. 우리 주위로 온통 부서진 잔해만 나뒹굴고 있다.

거래 비용과 연결 고리
: 내가 암호 화폐 비관론자인 이유

2018년 7월 31일

나는 아직 휴가를 즐기며 유럽 곳곳에서 산에 오르거나 자전거를 타고 있다. 뉴스를 되도록 놓치지 않으려 애쓰지만 사실 이따금 전혀 예측할 수 없는 장소나 상황에서 글을 써서 올리고 있다.

그러는 차에, 내가 돌아가서 해야 할 일을 미리 구상한 다음 그 일부는 글로 올리자는 생각이 떠올랐다. 구체적으로 말하자면, 2주 뒤에 나는 블록체인blockchain과 그와 관련한 주제를 다루는 한 학회에서 지정 상대인 이매뉴얼 골드스타인Emmanuel Goldstein과 다툴 예정이었다. 흠, 누군가 자신에게 호의를 보이는 청중에게만 이야기한다면, 그 사람은 스스로에게 충분히 도전하지 않는 셈이다. 그래서 나는 내가 암호 화폐 비관론자인 이유를 설명하는 일이 그 나름으로 의의가 있겠다고 생각했다.

그 이유는 두 가지로 요약된다. 하나는 거래 비용이고 다른 하나는 연결 고리의 부재다. 설명해 보겠다.

통화의 역사를 간략하게 훑어 보면, 시간이 흐르면서 그 변화하는 방향이 뚜렷했다. 다시 말해, 통화의 역사는 거래를 할 때 생기는 마찰과 이러한 마찰을 해결하는 데 필요한 실제 자원의 양을 줄이는 방향으로 나아왔다.

처음에 등장한 금화와 은화는 무겁거니와, 보안에 크게 신경을 써야 하고, 생산하는 데 자원이 많이 들었다.

이어 부분 지불 준비금fractional reserve으로 뒷받침하는 지폐가 나왔다. 지폐는 인기가 높았는데 동전 꾸러미보다 다루기가 훨씬 수월했기 때문이다. 또한 지폐는 천연 귀금속의 수요를 줄임으로써, 애덤 스미스의 말처럼 "공중으로 다니는 일종의 마차길"이 났으며 자원이 풀려 다른 용도에 쓰였다.

그렇지만 그 통화 체계에는 여전히 실물 화폐commodity money가 상당히 필요했다. 그런데 민간 은행이 중앙은행에 금이나 은이 아니라 예치금으로 지불 준비금을 보유하도록 하는 중앙은행의 역할로 실물 화폐가 그 필요성이 크게 떨어지고 명목 화폐로 전환되자 실물 화폐는 거의 완전히 사라지다시피 했다.

한편, 사람들은 차츰 현금 거래에서 벗어나 처음에는 수표로 지불하다가 이어 신용 카드 및 직불 카드와 이런저런 디지털 거래 방식으로 바뀌어 나갔다.

이러한 역사에 반해, 암호 화폐에 대한 열정은 매우 이상하게 보인다. 암호 화폐가 지금까지 통화의 장기 추세와 정반대 반향으로 진행되고 있기 때문이다. 암호 화폐는 마찰이 거의 없는 거래가 아니라 오히려 비용이 매우 높은 거래다. 비트코인Bitcoin이나 그 밖의 암호 화폐를 하나라도 옮기려면 지난 거래 이력을 빠짐없이 다 제공해야 하기 때문이다. 암호 화폐는 마우스를 클릭해서 생기는 돈이 아니라 자원 집약적 컴퓨터 작업을 통해 생기는 즉 채굴해야 하는 돈이다.

이는 부수비용이 아니며 혁신과는 거리가 먼 요소다. 마커스 브루너마이어Markus Brunnermeier와 조지프 아바디Joseph Abadi가 지적하듯, 고비용 곧 비트코인을 새로 생성하거나 혹은 기존의 비트코인을 이전하는 데 드는 비싼 비용은 탈중앙화 체계의 신뢰를 구축해 나가는 계획에서 결정적 요소다.

지폐가 유통되는 까닭은 사람들이 지폐를 발행하는 은행에 대해 어느 정도 알고 있기 때문이며, 또한 이들 은행에는 평판을 지켜야 할 동기가 있기 때문이다. 정부가 때때로 명목 화폐를 발행하는 특권을 남용하기도 하지만, 대체로 정부와 중앙은행이 자제력을 발휘하는 이유는 역시 평판에 신경을 쓰는 데 있다. 그런데 비트코인은 누가 발행하는지 알지 못한 채 그것이 진짜인지 확인해야 하는 터라 진위를 확인하려 금화를 깨물어 보는 것 같은 디지털 확인 과정이 필요하고, 아울러 그 시험을 만족하는 어떤 틀을 생산하는 데 드는 비용이 사기fraud를 단념시킬 만큼 높아야 한다.

다시 말해, 암호 화폐의 열혈 지지자들은 사실상 최첨단 기술을 사용해 통화 체제를 300년이나 뒤로 돌려놓고서는 환호하고 있는 격이다. 왜 그런 일을 하고 싶어 할까? 그러면 어떤 문제가 풀릴까? 나는 아직까지 그 명확한 대답을 듣지 못했다.

전통적 통화가 자신이 맡은 역할을 대체로 꽤 잘 해내고 있음을 명심하자. 전통적 통화는 거래 비용trandaction cost이 낮다. 지금부터 1년 뒤에도 1달러에 대한 구매력은 예측 가능성이 매우 높다. 비트코인 자릿수보다 달러 자릿수가 더 예측 가능하다. 은행 계좌의 사용은 은행을 신뢰한다는 의미며 대체로 은행은 그 신뢰를 저버리지 않는다. 암호 화폐 토큰을 보유한 회사보다 더욱 그렇다. 상황이 이러한데 영 미덥지 못한 통화 형태로 굳이 바꿔야 할 이유가 있을까?

사실 비트코인이 출현한 지 8년이 지났지만, 암호 화폐는 실제 상업 활동에 거의 진입하지 못했다. 몇몇 회사가 암호 화폐를 지불 수단으로 받아들이겠지만, 내 생각에, 그것은 실질적 유용성보다는 신호에 더 가깝다. "자, 여기 좀 보세요! 최첨단입니다!" 암호 화폐는 시장 가치가 매우 높지만 투기 활동이 그 시장을 거의 다 차지하고 있는 것은 암호 화폐가 교환 수단으로 별 쓸모가 없기 때문이다.

그럼, 암호 화폐가 순 거품이란 의미일까? 결국 쪼그라들어 흔적도 없이 사라질? 사람들이 실제로 통화로는 잘 사용하지 않지만 보유하고 있는, 통화와 같은 자산이 또 있다는 점은 지적해 볼 만하다. 금은 아주 오랫동안 실생활에서 통화로 쓰이지 않지만 가치는 아직 지니고 있다.

현금에 대해서도 거의 똑같이 말할 수 있다. 현금 거래가 다반사지만 현금은 구매 가치에서는 작은 부분을 차지하고 있고 이마저도 줄고 있다. 그런데 달러의 현금 보유는 사실 1980년대 이후 GDP에서 차지하는 비중이 늘었다. 그 증가분에서 50달러짜리 지폐와 100달러짜리 지폐가 주를 이루었다.

이제 고액권은 지불 수단으로 자주 사용되지 않는다. 사실 고액권은 여러 상점에서 받지 않는다. 그렇다면 그 많은 현금 보유액은 무엇일까? 우리 모두 그 대답을 알고 있다. 바로 탈세나 불법 행위 등등과 관련 깊다. 게다가 그 상당 액수가 미국 밖에 있다. 추정치에 따르면, 외국인이 미국 통화의 절반 이상을 보유하고 있다.

암호 화폐가 일부 그 똑같은 역할을 두고 사실상 경쟁을 벌이고 있다는 점은 분명하다. 극소수만이 비트코인으로 값을 치르고 있을 뿐이고 몇몇 사람은 비트코인을 마약을 사거나 선거를 뒤엎는 등의 용도로 쓰고 있다. 그리고 이런 종류의 수요는, 금과 고액권의 사례에서 보듯, 자산 가치를 상당히 뒷받침할 수 있다. 그렇다면 이것은 암호 화폐가 그 지지자들의 주장처럼 세상을 탈바꿈시킬 기술은 아닐지라도 거품이 아닐 수 있다는 소리일까?

바로 여기서 연결 고리tethering가, 좀 더 정확히 말하면 암호 화폐에 대한 연결 고리의 부재가 등장한다.

일상생활을 꾸려 나가면서 사람들은 죽은 대통령의 초상이 새겨진 초록색 종잇조각의 가치가 어디서 나오는지 걱정하지 않는다. 우리가 달러 지폐를 받아들이는 이유는 다른 사람이 달러 지폐를 받아들이기 때문이다. 그런데 달러의 가치는 오로지 자기실현적 기대에서만 나오지 않는다. 결국, 달러의 가치는 미국 정부가 납세 의무에 대한 지불 수단으로 달러를 받아들인다는 사실이 뒷받침한다. 그 의무를 정부이기 때문에 강제할 수 있다. 괜찮다면 이렇게 말할 수 있다. 명목 화폐가 가치의 토대가 되는 이유는 총을 든 사람이 그렇다고 말하기 때문이라고. 그리고 이것은 그 가치가 사람들의 신뢰를 잃어도 붕괴할 수 있는 거품이 아니라는 말이기도 하다.

더구나 마약 왕의 은신처나 다른 곳에 보관된 100달러짜리 지폐 다발의 가치는 다시 미국 내 더 액면가가 낮은 소액권의 가치에 매어 있다.

금도 어느 정도 비슷한 상황에 놓여 있다. 금 역시 대부분 어딘가에 보관되어 있으며, 금이 그 가치를 갖는 이유는 사람들이 금이 가치를 갖고 있다고 믿기 때문이다. 하지만 금은 보석으로든 치아 충전재로든 실생활에 쓸모가 있어 미약하더라도 실제로 실물 경제와 이어져 있다.

암호 화폐는, 이와 달리, 지지 기반도 없고 또 현실과의 연결 고리도 없다. 암호 화폐는 그 가치가 '전적으로' 암호 화폐의 자기실현적 기대에 달려 있다. 이는 암호 화폐가 실제로 완전히 붕괴될 가능성이 있다는 의미다. 암호 화폐 투기자들이 일제히 의심을 품는 순간이 닥치면, 그들이 갑자기 비트코인이 무가치하다고 불안에 사로잡히면, 흠, 비트코인은 가치를 전부 잃을 것이다.

그런 일이 일어날까? 내 생각에는 거의 확실히 그렇다. 암호 화폐가 구세주라도 되는 양 꾸며 내는 수사修辭와 세속에서 실제로 일어날 높은 가능성 사이의 간극 때문에라도 그렇다. 다시 말해 비트코인(십중팔구 다른 암호 화폐들은 그렇지 않겠지만)이 주로 암시장 거래나 탈세에 계속 쓰이는 잠재적 균형potential equilibrium에 있을 수 있지만, 그 균형은 비록 지금은 실재하더라도 여기서 더 나아가기는 힘들다. 곧 블록체인이 구축하는 미래라는 꿈이 사라지면 그 실망감이 십중팔구 전체를 폭삭 붕괴시키고 말 것이다.

바로 이것이 내가 암호 화폐 비관론자인 이유다. 내가 틀릴 수 있을까? 당연히 그렇다. 그러나 내가 틀리다고 주장하고 싶으면 다음 질문에 대답해 주기를. 암호 화폐로 어떤 문제가 풀리는가? 복잡한 최신 전문 용

어와 자유 지상주의자들의 헛소리를 뒤섞어 이 회의론자의 입을 막으려
고만 들지 말지어다.

트럼프 시대를 뜨겁게 산 경제학자

우석훈(경제학자)

1.

폴 크루그먼 산문집, 그래 아마도 이 책을 산문집이라고 불러야 할 것이다. 《폴 크루그먼, 좀비와 싸우다》의 글들을 읽으면서 그가 인용하는 수많은 미국 공화당 계열의 전문가들 이름을 넘어서며 내용을 따라가느라 정신이 없었다. 세계 경제와 미국 경제의 대체적 흐름을 안다고 해도 미국 내에서 벌어진 조세 및 재정과 관련한 수많은 정치적 논쟁을 나도 모두 꿰고 있는 것은 아니다. 책에서 크루그먼이 《뉴욕타임스》 등 언론에 기고한 글들은 2008년 글로벌 금융 위기 같은 현안을 둘러싼 논쟁이 많다. 책의 말미는 크루그먼이 학자로서 자신의 삶을 되돌아보는 글들이다. "인생철학"이라는 주제로 글을 부탁받았으나 자기 인생에 그 주제로는 도저히 글을 못 쓰겠고, 자신의 학자 생활에 대해 돌아보겠다고 했다. 찬찬히 그의 수다스러운 인생 독백을 읽어 나가면서 나도 내 삶을 돌아보게 되었다.

학부 시절, 천재이고 언젠가 노벨 경제학상을 탈 사람으로 꼽았던 사람은 알랭 리피에츠Alain Lipietz와 폴 크루그먼 두 사람이었다. 둘 다 공간과 관련된 연구를 하고 있었고, 이 분야에서 아마도 노벨 경제학상이 나오게 될 것인데, 그 수상자는 이 둘 중의 한 명일 것이라고 생각들을 한 모양이다. 한 명은 프랑스 조절학파의 젊은 천재이고 마르크스를 승계한 사람이다. 또 다른 한 명은 존 메이너드 케인스를 승계했고 그의 연구를 지리와 공간 그리고 국제 무역 등으로 넓혀 가고 있었다. 내가 경제학과 대학원에 가고, 공부를 계속하기로 마음을 먹게 하는 데 영향을 준 사람들이다.

알랭 리피에츠는 나중에 녹색당으로 갔고, 유럽의회European Parliament, EP 의원에 두 차례나 당선되었다. 나는 그의 영향을 많이 받아 결국 생태학을 공부하게 되었고, 생태 경제학으로 박사 논문을 쓰게 되었다. 만약 리피에츠가 녹색당으로 정치를 하는 대신 좀 더 온건 좌파인 사회당으로 정치를 했으면 어땠을까? 총리를 하고 대선 후보로 결국 참패를 하게 된 리오넬 조스팽Lionel Jospin 대신 리피에츠를 봤을 수도 있다는 생각을 가끔 한다. 아니, 그가 녹색당으로 직접 정치를 하는 대신 계속 경제학자로 살았다면 어땠을까? 결국 리피에츠는 노벨 경제학상을 받았을까?

폴 크루그먼은 2008년에 노벨 경제학상을 받았다. 받을 사람이 받았다고들 생각을 했다. 물론 보수 쪽의 경제학자들은 크루그먼의 수상을 별로 좋아하지 않았겠지만, 노벨 경제학상은 남들과 다른 얘기를 한 삐딱한 사람들을 선호한다. 누군가 한 얘기를 좀 더 가다듬은 사람에게 이 상을 줄 수는 없는 것 아닌가?

2008년 12월 KBS〈TV, 책을 말하다〉는《폴 크루그먼 미래를 말하다》를 다루었다. 그때 책 소개를 위해 방송에 나갔었는데, 결국 이 프로그램은 없어지게 되었다. 나중에 전해 들은 얘기는 KBS 사장이 크루그먼 편을 보고 크게 화를 냈고, 결국 크루그먼 책 방송이 프로그램이 폐지되는 계기가 되었다고 한다. 이명박 정부 시절의 일이다. 《폴 크루그먼 미래를 말하다》에는 미국의 "대압착Great Compression 시대"라고 부르는 1970년대까지의 미국 경제가 어떤 성과를 이루었고, 또 그 성과들이 어떻게 해체되고 엉망이 되어 가는지를 잘 다루고 있다. 보수 정권은 그 얘기를 아주 싫어했다. 물론 그런 얘기는 꼭 크루그먼이 아니더라도 할 수 있겠지만, 노벨 경제학상을 받은 사람이 그 얘기를 하는 걸 듣고 싶어 하는 사람이 많다.

폴 크루그먼의 책 말미에 실린 크루그먼 자신의 입장과 삶을 따라가면서 간만에 페이지 넘어가는 게 아깝다는 생각이 들었다. 〈TV, 책을 말하다〉 이후 13년이 지났다. 그동안에 미국에서는 트럼프 정부가 한 차례 지나갔고, 한국에는 이제 막 윤석열 정부가 출범했다.

그냥 책 여건만 두고 차이를 생각하면, 이명박 정부 시절에는 크루그먼 정도 되는 사람의 책이 나오면 KBS 같은 데에서 교양 차원으로 다루어 주고는 했는데, 이제 그런 시대도 한국에서 지나갔다. 시사와 이론이 적절히 섞여 있는 이 글들이 과연 한국의 독자들에게 온전히 당도할 수 있을까 그런 생각이 들었다.

2.

책을 덮고 나서 폴 크루그먼이라는 이름을 보며 떠오르는 사람이 있었다. 장하준과 이준구였다.

이론의 계열로 분류를 한다면, 크루그먼과 장하준 모두 케인스 계열의 학자들이다. 1929년 대공황 이후 한때 케인스 계열이 주류였던 시절도 있었지만, 신고전학파가 학계를 장악한 이후로 케인스 계열은 지금은 비주류다. 물론 케인스주의는 비주류 내에서 그래도 큰 비주류지만 무시당하기는 마찬가지다. 특히 한국에서 주류가 케인스를 인용하는 경우는 4대강 사업과 같은 대규모 토건 사업을 추진할 때뿐이다.

장하준은 발전 경제학 분야에서 주로 활동을 하는 경제학자로 한국에서는 상대적으로 평가 절하 되어 있다고 할 수 있다. 아프리카 등 제3세계에서는 '록 스타' 같은 존재다. 독일 역사학파 프리드리히 리스트Fried-rich List(1789~1846)의 '사다리 걷어차기'를 현대적 맥락에서 되살린 것만으로도 그는 노벨 경제학상을 받기에 충분할 것이다. 장하준은 주로 저개발 국가에서 많은 사업을 하는 세계은행이 가장 선호하는 경제학자 중의 한 명이기도 하다. 또한 장하준은 크루그먼이 "좀비"라고 표현하는 그런 보수주의자들이 별로 안 좋아하는 경제학자이기도 하다. 미국에 크루그먼이 있다면, 영국에는 장하준이 있다.

이론적 흐름은 조금 다르지만, 서울대 경제학과 명예교수 이준구는 언론을 통해 "이건 아니다"는 말을 때때로 하는 사람이다. 물론 그런 얘기를 이준구만 하는 것은 아니지만, 학계에서의 위치와 명예 등으로 그가 하는 말은 그야말로 '뉴스 밸류'가 다르다. 민주당 계열의 경제학자들이 "이건 아니다"라고 해도 대중은 "늘상 그는 그렇게 말했지" 이렇게 반응을 한다. 언제부터인가 우리는 그 사람이 하는 얘기보다 그 사람이 "누구 편이냐" 이런 걸 더 크게 본다. 아주 드물게 발언을 하지만 경제학자로서의 발언이 갖는 뉴스 밸류는 아직은 한국에서 이준구가 가장 높을 것이다. 4대강 사업 때에 이준구는 정말 경제학자로서 한국에서 누구도 갖지 못한 최고의 뉴스 밸류를 기록했었다. 이준구는 부정기적으로 드물게 사회적 발언을 한다. 사실 그의 힘은 그런 부정기성에서 나오는 것인지도 모른다. 이준구와 달리 크루그먼은《뉴욕 타임스》에 주기적으로 기고를 한다. 이론의 계열도 다르고 발언의 빈도도 다르지만, 언론에서의 영향력만큼은 적어도 한국에서 이준구가 크루그먼보다 낮다고는 하기 어렵다.

《폴 크루그먼, 좀비와 싸우다》는 기본적으로는 폴 크루그먼이 외부에 기고한 글로 구성되어 있지만, 책에는 그가 칼럼 등 외부 기고를 할 때 가지게 되는 다양한 생각도 담겨 있다. 책은 어떻게 보면 오랜 기간 글을 써 오고 있는 한 경제학자가 자신의 글에 대한 생각을 포괄적으로 정리한, 일종의 '글에 관한 글'의 성격도 있다. 경제학에 익숙하지 않은 독자라도 오랫동안 글로벌 금융 위기와 관련해서나 트럼프주의자들과 논쟁을 하며 계속해서 글로 자신을 표현해 온 한 경제학자가 어떤 마음과 자세를 가지고 있는지 살펴보는 일종의 '텍스트에 관한 텍스트'로 책을 읽을 수도 있을 것이다. 크루그먼은 책을 여러 권 썼고 그의 산문집도 적지 않지만,《폴 크루그먼, 좀비와 싸우다》는 글에 대한 그의 생각 그리고 학자로서의 그의 세계관에 대해 살펴볼 수 있는 거의 유일한 책이다. 글 각각의 지면은 길지 않지만, 자신의 삶을 꾹꾹 눌러 담아서 그런지 밀도만큼은 최고다. "나의 영웅담"으로 이 부분을 채우지 않아 지나칠 정도로 담백한 글들이다. 앞부분의 글들이 좀비에 대해 서늘할 정도로 과감한 언어를 쓰는 격문이라면, 뒷부분의 글들은 다분히 자기 성찰적이라 어떤 의미에서는 조선 시대 선비들의 문집에 실린 인생 회고록 같은 느낌이 들 정도다. 성공한 사람들이 이 정도로 차분하게 쓴 글을 읽기는 쉽지 않다. 혹시라도 트럼프나 푸틴 같은 사람들이 나중에 자서전을 내게 되면 크루그면과 정반대 스타일의 글일 것 같다.《폴 크루그먼, 좀비와 싸우다》의 글들을 차분하게 읽다 보면 최소한 '수확 체증이 법칙'이 무슨 의미인지는 알 수 있게 된다. 보너스로 암호 화폐에 대한 크루그먼의 견해도 아주 상세하게 볼 수 있다.

3.

현재 유럽의회에서는 극우파 정당들이 제1당을 차지하고 있다. 2022년 4월, 프랑스에서는 아버지 장마리 르펜Jean-Marie le Pen을 이어 그 딸 마린 르펜Marine Le Pen이 대통령 결선 투표까지 진출했다. 많은 유럽 국가에서 일반적으로 중도 성향의 보수를 뛰어넘는 극우파들이 약진하는 중이다. 보수 안에서 보다 인종주의적이며 급진적 극우파가 분화해서 정권을 차지하기 직전이다. 과거에 파시즘이 존재하기는 했었지만, 전후戰後에 선진국에서 극우파 정권은 아직 생겨나지 않았다. 프랑스의 경우, 사회주의 정권에서 경제부 장관을 지낸 에마뉘엘 마크롱Emmanuel Macron이 중도 정당을 만들고 대선에 나서게 되었다. 결국 극우 정권의 출범을 막기 위해 사회당이나 공산당의 당원들도 마크롱에게 투표를 하게 되었다. 그렇지만 이런 위태로운 상항이 언제까지 갈까? 극우 정당에 밀려 좌파 정당들은 이제 대통령 결선 투표에도 나서지 못하는 상태가 되었다.

여러 정당이 연정을 하면서 정치 구조가 복잡한 유럽과는 달리 미국은 사실상 양당제로 정치가 운영되는 구조다. 과거에는 중도 성향의 보수가 공화당을 끌고 갔으나 최근에는 그래도 어느 정도는 합리적이고 토론이 가능한 보수당 인사들이 공화당에서 발을 못 붙이고, 트럼프 스타일의 인사들이 공화당의 주류가 되었다는 것이 크루그먼의 설명이다. 일반적인 공화당 사람들보다 훨씬 더 과격하고 어이가 없을 정도로 황당한 사람들과 논쟁을 한 결과가 바로《폴 크루그먼, 좀비와 싸우다》에 실린 대부분의 글이다.

격렬한 논쟁이 벌어졌던 오바마 케어는 마이클 무어의 다큐 〈식코〉 (2007)에서 시작된 공공 의료 보험 개혁에 관한 얘기다. 건강 보험이 한국은 어느 정도 정착되어 있지만 미국은 아직 불완전하다. 정부 지출 계획과 균형 재정에 관한 얘기도 신랄하다. 한국 또한 코로나—19로 인한 팬데믹 국면에서 적자 재정과 채권 발행을 놓고 큰 논쟁이 벌어졌던 터라 익숙한 얘기다. 기계적 균형 재정을 위해 정부 지출을 줄여야 한다는 얘기에 내재하는 허구성에 대해 꽤 공들인 글들이 여러 편 있다. 기후 변화와 이를 극복하기 위한 대안으로의 그린 뉴딜에 관해서도 많은 지면이 할애되어 있고, 트럼프 때 유행한 '가짜 뉴스'와 언론의 문제도 다루어지고 있다. 화폐에 관한 얘기도 상당히 자세하게 짚고 있고, 중앙은행의 무기력함과 재정과 괴리된 중앙은행의 신비주의 또한 고민하는 주제다. 유로화의 위기와 함께 유럽 경제가 견지하는 시각 역시 참고할 만하다.

이제 한국에서 윤석열의 새로운 정부가 막 출범했다. 과연 윤석열 정부가 트럼프 정부와 유사하게 갈지 아니면 그와는 좀 궤를 달리하면서 그 나름대로의 안정성을 찾을지는 아직 좀 더 지켜볼 문제다. 정치인으로서는 신인에 가까운 윤석열 대통령이 어떤 경제 운용을 보여 줄지는 조금은 더 시간이 지나야 명확해질 것이다. 수많은 갈등만 남겨 놓은 트럼프와 비슷할지 아니면 자신의 길을 찾을지 모두가 숨죽이면서 지켜보는 중이다. 이와 관련해 우리보다 먼저 트럼프 시대를 경험한 크루그먼이 가슴으로 써 내려간 글들은 한국의 독자들에게 충분히 참고할 자료가 될 것이다.

지난 몇십 년을 돌아보면서, 때때로 폴 크루그먼의 이번 새 책을 매개로 그 사이의 논의와 논쟁을 정리하면서 그와 같이 나이 먹어 가는 재미가 있었다. 이제는 이렇게 이론적으로도 중요한 업적이 있음에도 대중과 어떻게 소통하고 이야기할 것인가를 고민하는 학자도 더 이상 나오지 않는 것 같다. "대가"라고 불리는 학자들의 시대도 이제 끝나 가는 것 같다. 폴 크루그먼 이전에 크루그먼처럼 대중과 적극적으로 대화하는 학자도 거의 없었는데, 아마 크루그먼의 시대가 끝나면 그처럼 활발하게 책과 글을 쓰는 사람은 또 나오지 않을 것 같다. 크루그먼식의 낭만, 그처럼 해학과 낭만이 가득한 경제학자가 이전에 또 있었는지 모르겠다. 경제학식 낭만의 세계로 독자 여러분을 초대하고 싶다. (IS-LM에 대한 설명 등 일부 읽기에 쉽지 않은 곳도 있지만, 이 책이 노벨상을 탄 경제학자가 쓸 수 있는 가장 쉬운 글이라는 점을 이해하시면 고맙겠다. 글은 프랑스 경제학자 토마 피케티Thomas Piketty도 쉽게 쓰지만 그래프와 표가 가득한 그의 책을 읽다 보면 정말로 눈 돌아간다. 이 책에는 그런 건 없다.)

세상은 과연 좋아질까? 오랫동안 가지고 있던 나의 질문이다. 나는 아직은 그 희망을 내려놓은 적이 없다. 폴 크루그먼도 그런 것 같다. 그는 지치지 않고 계속해서 무엇인가 얘기하고 있다. 그가 언젠가 미국의 많은 경제학자가 그랬던 것처럼 정부 관료의 역할도 하게 될 것인가, 그런 질문이 약간의 여운으로 남았다. 아래 인용문 괄호 안을 살펴보시기 바란다.

"그래도 뭐 괜찮다. 결국 나는 실권을 쥐는 지위에 오르기보다는 유익한 논문을 몇 편 더 쓸 테니까. (정책 분야에 보내는 참조 사항: 그렇다고 내가 그런 자리를 제의받으면 꼭 거절하겠다는 뜻은 아니다!)"

노벨 경제학상을 받고, 대중적으로 열광적이며 인기 있는 삶을 사는 폴 크루그먼에게도 아쉬움이 있고, 후회도 있다. 크루그먼의 생각만이 아니라 그의 삶을 잠시 들여다보면서, 누군가 그의 자서전을 쓰면 좋겠다는 생각을 태어나서 처음으로 해봤다. 그의 개인적 삶에 대해서도 좀 더 알고 싶고, 자신의 삶에 대한 그의 태도도 자세히 알고 싶다. 나의 크루그먼 독서는 아직 끝나지 않았다. 아니, 이제야 시작인지도 모른다. 이 책을 읽고 나서 개인으로서의 폴 크루그먼의 삶에 대해 비로소 궁금해지기 시작했다. 그 풋풋한 느낌을 독자 여러분들과 나누고 싶다.

인용

찾아보기

*쪽수의 기울임체는 "표' "그래프" 등의 시각 자료 정보를 말한다.

ㅊ

ㅋ